STUDIEN DES INSTITUTS FÜR OSTRECHT MÜNCHEN

Begründet von Professor Dr. Reinhart Maurach
Herausgegeben von Professor Dr. Friedrich-Christian Schroeder,
Dr. h.c. (Breslau), Regensburg

Band 74

Das System der Arbeitnehmervertretung und des Sozialen
im rumänischen Recht im Vergleich zum deutschen Re

Mirona Marisch

Das System der Arbeitnehmervertretung und des Sozialen Dialogs im rumänischen Recht im Vergleich zum deutschen Recht

Bibliografische Information der Deutschen Nationalbibliothek
Die Deutsche Nationalbibliothek verzeichnet diese Publikation in der Deutschen Nationalbibliografie; detaillierte bibliografische Daten sind im Internet über http://dnb.d-nb.de abrufbar.

Zugl.: Regensburg, Univ., Diss., 2012

Umschlaggestaltung:
© Olaf Glöckler, Atelier Platen, Friedberg

Diese Abhandlung wurde von der Fakultät für Rechtswissenschaft an der Universität Regensburg als Dissertation angenommen.

Gedruckt auf alterungsbeständigem, säurefreiem Papier.

D 355
ISSN 0073-8492
ISBN 978-3-631-62684-9 (Print)
E-ISBN 978-3-653-02402-9 E-Book)
DOI 10.3726/978-3-653-02402-9

© Peter Lang GmbH
Internationaler Verlag der Wissenschaften
Frankfurt am Main 2013
Alle Rechte vorbehalten.
PL Academic Research ist ein Imprint der Peter Lang GmbH.

Peter Lang – Frankfurt am Main · Bern · Bruxelles · New York · Oxford · Warszawa · Wien

Das Werk einschließlich aller seiner Teile ist urheberrechtlich geschützt. Jede Verwertung außerhalb der engen Grenzen des Urheberrechtsgesetzes ist ohne Zustimmung des Verlages unzulässig und strafbar. Das gilt insbesondere für Vervielfältigungen, Übersetzungen, Mikroverfilmungen und die Einspeicherung und Verarbeitung in elektronischen Systemen.

www.peterlang.de

Für meine Mutter
Für Max

Vorwort

Die vorliegende Arbeit wurde im Sommersemester 2012 von der Rechtswissenschaftlichen Fakultät der Universität Regensburg als Dissertation angenommen. Literatur und Rechtsprechung konnten bis Januar 2012 berücksichtigt werden.

Zum Gelingen einer derartigen Arbeit tragen stets viele Menschen bei. Mein herzlicher Dank gilt zuallererst meinem Doktorvater, Prof. Dr. Dres. h. c. Friedrich-Christian Schroeder für die vielfältige Unterstützung und wissenschaftliche Betreuung sowie für die freundliche Aufnahme der Arbeit in die Schriftenreihe des Instituts für Ostrecht München. Ich danke ferner Herrn Prof. Dr. Alexander Graser für die zügige Erstellung des Zweitgutachtens.

Danken möchte ich schließlich allen, die mich während der Entstehung dieser Arbeit begleitet und unterstützt haben, insbesondere Prof. Dr. Marita Körner und Dr. Janine Ziegler für ihre Hilfe auf den letzten Metern.

Mein ganz besonderer Dank gilt meiner Mutter Rodica, die mich in all den langen Jahren der Studien- und Promotionszeit unermüdlich unterstützt hat sowie meinem Freund Max. Ohne ihr Verständnis und ihre Geduld in allen Phasen wäre das Gelingen dieser Arbeit nicht möglich gewesen. Ihnen ist diese Arbeit gewidmet.

Mirona Marisch

Inhaltsverzeichnis

Abkürzungsverzeichnis 15
Einleitung 17
  I. Gegenstand der Untersuchung 17
  II. Gang der Darstellung 18
Teil A: Der Umbruch vom Sozialismus zur Marktwirtschaft und die
        Rechtsquellen des rumänischen Rechts 21
  I. Kollektives Arbeitsrecht im Sozialismus Rumäniens 21
  II. Rechtsquellen 25
    1. Internationale Regelungen 25
    2. Verfassung 25
    3. Arbeitsgesetze und sonstige Rechtsquellen 26
    4. Rechtsprechung und Arbeitsgerichtsbarkeit 27
Teil B: Gewerkschaftliche Interessenvertretung 30
  I. Vereinigungs- und Koalitionsfreiheit 30
    1. Vereinigungsfreiheit 30
    2. Koalitionsfreiheit 30
      a) Im rumänischen Recht („libertatea sindicala") 30
      b) Im deutschen Recht 32
    3. Zusammenfassung zu den rechtlichen Grundlagen im rumänischen
       und deutschen Recht 35
  II. Gewerkschaftssystem 36
    1. Gewerkschaften („sindicate") als Hauptakteure 37
      a) Rechtliche Stellung 37
        aa) In Rumänien 37
        bb) In Deutschland 41
        cc) Vergleich – Einschränkung der Koalitionsfreiheit? 43
        (1) Rechtsform der Gewerkschaften 43
        (2) Eintragungsvoraussetzungen 44
        (3) Mindestmitgliederzahl 44
        (4) Barrieren des Gewerkschaftsbeitritts 45
        (5) Zusammenfassung 47
      b) Rolle der Gewerkschaften als Sozialpartner 48
      c) Finanzierung der Gewerkschaften 51
        aa) Mitgliedsbeiträge der Arbeitnehmer 51
        bb) Beiträge der Gewerkschaften zu Spitzenorganisationen 54
    2. Gewerkschaften als Vertreter der Arbeitnehmerschaft 55

a) Repräsentativität versus Tariffähigkeit 55
aa) Repräsentativität in Rumänien 55
bb) Tariffähigkeit in Deutschland 61
cc) Vergleich: Tariffähigkeit und Repräsentativität 63
b) Allgemienverbindlichkeit, Vertretungsintensität und
Deckungsquote 66
aa) Allgemeinverbindlichkeit in Rumänien 66
bb) Vertretung der Mitglieder in Deutschland 68
cc) Vergleich – Legitimation der Tarifgeltung 68
c) Gewerkschaftspluralismus („Pluralismul sindical") 69
3. Zusammenfassung 73
4. Sozialpartner der Gewerkschaften 74
a) Rechtsgrundlagen 74
b) Stellung und rechtliche Behandlung der Arbeitgeber-
vereinigungen 75
c) Vergleich 79
III. Betätigungsfelder der Gewerkschaften 79
1. Koalitionsbetätigung 80
a) In Rumänien 80
b) In Deutschland 81
c) Koalitionsbetätigung im Vergleich 82
2. Gewerkschaftsrechte im Betrieb 83
a) Informationsrechte 84
aa) In Rumänien 84
(1) Inhalt der Informationsrechte 86
(2) Sanktionen und vertrauliche Informationen 87
(3) Inhalt der Anhörung 88
bb) In Deutschland 89
cc) Vergleich 90
b) Mitwirkungsrechte 93
aa) In Rumänien 93
(1) Mitwirkung bei Vorstands- bzw. Aufsichtsratssitzungen 94
(2) Verhandeln mit der Unternehmensführung 95
bb) In Deutschland 95
(1) Allgemein 95
(2) Teilnahme- und Beratungsrechte 96
(3) Gestaltungsrechte 97
(4) Initiativrechte 98
cc) Vergleich 98
c) Mitbestimmungsrechte 99

        d) Vergleich der Gewerkschaftsrechte im Betrieb 99
      3. Tätgkeiten ausserhalb der Betriebe 99
        a) In Rumänien 100
           aa) Besonderer Schutz der Rechte der Gewerkschaftsmitglieder..... 100
           bb) Vorschlagsrechte 101
           cc) Nationale und internationale Ebene 101
        b) In Deutschland 101
           aa) Befugnis zur Benennung und Entsendung von Vertretern 101
           bb) Nationale und internationale Ebene 102
        c) Vergleich 103
    IV. Zusammenfassung zur gewerkschaftlichen Interessenvertretung 103
Teil C: Interessenvertretung durch die Arbeitnehmer 104
    I. Arbeitnehmervertretung 104
      1. In Rumänien („representantii salariatilor") 104
      2. In Deutschland 107
      3. Arbeitnehmervertretung im Vergleich 110
    II. Das Recht der Arbeitnehmer auf Unterrichtung und Anhörung 114
      1. In Rumänien 114
      2. In Deutschland 115
      3. Vergleich 116
    III. Mitbestimmung im eigentlichen Sinne 117
      1. In Rumänien 117
        a) Mitbestimmungsrechte der Arbeitnehmervertretung 117
        b) Ausschuss für Arbeitsschutz und Gesundheit 117
      2. In Deutschland 120
        a) Mitbestimmungsrechte des Betriebsrats 120
           aa) Soziale Angelegenheiten 121
           bb) Personelle Angelegenheiten 124
           cc) Wirtschaftliche Angelegenheiten 125
           dd) Kontrolle des Betriebsrats 127
        b) Unternehmensmitbestimmung 127
      3. Vergleichende Betrachtung zur Mitbestimmung 130
        a) Bestehen von Ausschüssen 130
        b) Mitbestimmung im Betrieb 131
        c) Unternehmensmitbestimmung 132
        d) Zusammenfassung 133
    IV. Betriebsordnung und Betriebsvereinbarung 135
      1. Betriebsordnung in Rumänien („regulament intern") 135
      2. Gegensätze zu der deutschen Regelung 138

3. Zusammenfassung 140
V. Schutz der Arbeitnehmervertreter 140
    1. In Rumänien 141
        a) Kündigungsschutz 141
        b) Reduzierung der Arbeitszeit 142
        c) Arbeitslohn 143
        d) Weitere Rechte 144
        e) Fazit 145
    2. In Deutschland 145
        a) Gewerkschaftliche Vertrauensleute 145
        b) Betriebsratsmitglieder 147
        c) Fazit 148
    3. Vergleich der Rechte der Arbeitnehmervertreter 149

Teil D: Zusammenfassung: Arbeitnehmervertretung in Rumänien und das
    duale System in Deutschland 150

    I. Arbeitnehmervertretung in Deutschland und Rumänien 150
    II. Arbeitnehmervertreter im Aufsichtsrat 152
    III. Ergebnis 154

Teil E: Die Gewerkschaften bei der Durchführung des Sozialen Dialogs 160

    I. Das Konzept „Sozialer Dialog" 161
        1. Sozialer Dialog in Rumänien 162
            a) Dreigliedrigkeit 162
                aa) Wirtschafts- und Sozialrat 164
                bb) Nationaler Dreigliedriger Rat für den Sozialen Dialog 167
                cc) Weitere Institutionen für den Sozialen Dialog 168
                dd) Sozialdialog-Ausschüsse 169
            b) Zweigliedrigkeit 170
            c) Zusammenfassung 170
        2. Sozialer Dialog in Deutschland 171
        3. Vergleich mit den Regelungen in Deutschland 173
    II. Tarifverhandlungen 174
        1. Allgemeines 176
            a) Tarifvertragsparteien 178
            b) Formale Voraussetzungen 179
                aa) Rumänisches Recht 179
                bb) Vergleich mit dem Deutschen Recht 182
            c) Dauer eines Tarifvertrags 184
            d) Das Verfahren bei Tarifverhandlungen 185
                aa) Rumänisches Recht 185

bb) Vergleich mit dem Deutschen Recht 187
e) Die Ebenen der Tarifverhandlungen 188
   aa) Rumänisches Recht 188
   bb) Vergleich mit dem Deutschen Recht 189
f) Verhandlungsanspruch 192
g) Wirkung der Tarifnormen 196
2. Änderung und Beendigung von Tarifverträgen 197
   a) Änderung von Tarifverträgen 197
      aa) In Rumänien 197
      bb) In Deutschland 198
   b) Die Beendigung von Tarifverträgen im Vergleich 199
   c) Sanktionen bei Nichterfüllung von Tarifverträgen im Vergleich ... 200
3. Anwendungsfragen im Vergleich 201
   a) Staatliche Einflussnahme 201
   b) Anwendbarkeit von Tarifverträgen innerhalb von
      Individualarbeitsverträgen 203
   c) Auslegung von Tarifverträgen 203
   d) Die Allgemeinverbindlichkeit von Tarifverträgen und
      Allgemeinverbindlicherklärung 205
   e) Öffnungsklauseln 207
   f) Tarifpluralität und Tarifeinheit 208
   g) Dezentralisierte Tarifverhandlungen in Rumänien 209
4. Zusammenfassung 212

Teil F: Möglichkeiten einer Angleichung der Rechtssysteme im Rahmen
der Europäisierung 215

I. Ein guter Anfang? – Europäischer Betriebsrat, Arbeitnehmerbeteiligung in der Europäischen Aktiengesellschaft (SE), der
Europäischen Genossenschaft (SCE) und bei grenzüberschreitenden
Verschmelzungen 217
   1. Europäischer Betriebsrat (EBR) 217
   2. Europäische Aktiengesellschaft (SE) und Europäische
      Genossenschaft (SCE) und grenzüberschreitende Verschmelzung 218
II. Europäisches Arbeitsrecht 220
III. Fazit 227

Teil G: Zusammenfassende Betrachtung 229

I. Rechtliche Grundlagen 229
II. Gewerkschaften und Arbeitnehmermitwirkung 230
III. Sozialdialog 231
IV. Schlussbemerkung 232

Literaturverzeichnis 234
Abbildungsverzeichnis 245

Abkürzungsverzeichnis

BMAS	Bundesministerium für Arbeit und Soziales
B. Of.	Buletinul Oficial (Gesetzesblatt der Sozialistischen Republik Rumäniens)
bzw.	beziehungsweise
CCM	Contract Colectiv de Munca unic la nivel national pe anii 2007-2010; Nationaler Tarifvertrag von 2007-2010
D.C.C.	„Deciziile Curtii Constitutionale"; Entscheidungen des Verfassungsgerichts
DGB	Deutscher Gewerkschaftsbund
DringVO	Dringlichkeitsverordnung der Regierung
EuGH	Europäischer Gerichtshof
EuGHMR	Europäischer Gerichtshof für Menschenrechte
IAA	Internationales Arbeitsamt
ILO	International Labour Organisation
M. Of.	Monitorul Oficial (Gesetzesblatt Rumäniens)
OGH	Oberster Gerichtshof
RegAO	Regierungsanordnung
RegVO	Regierungsverordnung
u. U.	unter Umständen
VerfGH	Verfassungsgerichtshof

Für weitere Abkürzungen wird auf Kirchner/Butz, Abkürzungsverzeichnis der Rechtssprache verwiesen.

Einleitung

I. Gegenstand der Untersuchung

Gegenstand dieser Arbeit ist ein Vergleich der Arbeitnehmervertretung im rumänischen Recht mit der Arbeitnehmervertretung im deutschen Recht unter Berücksichtigung des Sozialen Dialogs. Das hiermit zu erreichende Ziel der Arbeit ist, wie von Zweigert/Kötz so treffend formuliert, Erkenntnis[1]. Denn gerade die Rechtsvergleichung im Bereich der Kollektivvertragswesen gehört zu den Schlüsselfragen der künftigen Arbeitsrechtsentwicklung.[2]

Ein Einblick in andere Rechtsordnungen kann den eigenen Horizont erweitern und eröffnet die Möglichkeit, das eigene Recht kritisch zu hinterfragen und neue Anregungen zu finden. Die Methode der Rechtsvergleichung liegt dabei in der Funktion. Vergleichbar sind rechtliche Regelungen, welche die gleiche Funktion erfüllen[3] und somit mehr als die reine Darstellung eines fremden Rechts ermöglichen. Dabei geht die Rechtsvergleichung nicht von den Rechtsnormen aus, sondern vom Lebenssachverhalt, wobei das zu untersuchende Problem nach der funktionalen Methode der Rechtsvergleichung frei von den Systembegriffen der eigenen Rechtsordnung formuliert wird.[4]

Die vorliegende Arbeit befasst sich mit einem Staat der Europäischen Union, über den in westeuropäischen Ländern wenig Erkenntnisse vorhanden sind und der in wirtschaftlicher sowie politischer Hinsicht meist nicht wahrgenommen wird. Rumänien erlangte in den letzten Jahren eine gewisse wirtschaftliche Stabilität und wurde durch die Osterweiterung der Europäischen Union zum wichtigen Wirtschaftspartner Deutschlands. Aus diesen Gründen ist es besonders für die Arbeitsrechtvergleichung, aber auch für Investoren bzw. Unternehmen von Bedeutung, wie das rumänische System der Arbeitnehmermitwirkung und des Sozialen Dialogs im Vergleich zum deutschen Recht ausgeprägt ist. Daher wird die vorliegende Arbeit eine Übersicht über das rumänische kollektive Arbeitsrecht schaffen und die Probleme dieser Rechtsordnung darstellen, die bislang noch nicht erarbeitet wurden[5]. Das Individualarbeitsrecht wird im Rahmen dieser Arbeit nicht betrachtet.

Gerade das kollektive Arbeitsrecht wird entscheidend geprägt von der Vielfalt der Arbeitsbeziehungssysteme und den spezifischen Wegen der Auseinandersetzung zwischen den Sozialpartnern.[6] Im rumänischen wie im deutschen

---

1 Zweigert/Kötz, S. 14
2 vgl. Krause, EuZA 2010, 19 (19)
3 Zweigert/Kötz, S. 33
4 vgl. Junker, Betriebsverfassung im europäischen Vergleich, S. 23
5 Bisher gibt es kaum Veröffentlichungen zum Tarifrecht in den Beitrittsländern.; siehe Schaub/Koch/Linck-*Schaub*, Arbeitsrechts-Handbuch, § 198, Rn. 71
6 Körner: Formen der Arbeitnehmermitwirkung, S. 22

Arbeitsrecht ist die Unterscheidung zwischen Gewerkschaften und Arbeitnehmervertretung grundsätzlich bekannt. Es besteht jedoch im rumänischen Recht kein duales System zwischen Tarifvertragsrecht und Betriebsverfassungsrecht, während das deutsche kollektive Arbeitsrecht beherrscht wird durch den Dualismus zwischen Gewerkschaften und Betriebsräten und damit zwischen der freiwilligen, auf Mitgliedschaft beruhenden und der demokratisch gewählten Interessenvertretung. Der Schwerpunkt dieser Arbeit liegt in dem Vergleich der betrieblichen Mitwirkungsstrukturen und damit auf den gewerkschaftlichen Befugnissen, da „der Handlungsspielraum der Gewerkschaften mitentscheidend dafür ist, ob in den Betrieben demokratische oder autoritäre Verhältnisse herrschen, ob Kompromisse ausgehandelt werden oder das Wort des Arbeitgebers „Gesetzeskraft" hat".[7] Die Untersuchung geht jedoch über den Vergleich der gewerkschaftlichen Befugnisse hinaus, da „gerade die Rechtsvergleichung im Bereich des Kollektivvertragswesens zu den Schlüsselfragen der künftigen Arbeitsrechtsentwicklung gehört"[8].

Für den Vergleich der Arbeitnehmervertretung und des Sozialen Dialogs in Rumänien ist das deutsche Recht, vor allem wegen seines langen Bestands und seiner damit einhergehenden großen praktischen Erfahrung von Bedeutung, aber auch wegen seiner im europäischen Vergleich umfangreichen Regelung. Der Vergleich soll auch dazu beitragen, Schwächen und Stärken beider Rechtssysteme zu erkennen und durch den jeweils anderen Blickwinkel besser zu verstehen.

Mit dieser Arbeit soll die Kenntnis des fremden Arbeitsrechts vermittelt werden, die auch in der Praxis aufgrund einer immer stärkeren Verflechtung der Wirtschaftsbeziehungen insbesondere in gemeinschaftsweit und international agierenden Unternehmen unerlässlich ist. Insbesondere durch das Herausarbeiten von Ähnlichkeiten und Gemeinsamkeiten, aber auch erheblichen Unterschieden in Strukturen, Kompetenzen und praktischer Umsetzung im Rahmen des Rechtsvergleichs im Bereich des kollektiven Arbeitsrechts Deutschlands und Rumäniens soll eine Vorarbeit geleistet werden für mögliche Angleichungen auf nationaler sowie auf supranationaler Ebene.

II. Gang der Darstellung

Diese Arbeit möchte einen Vergleich der noch unbekannten Rechtsordnung Rumäniens mit der zum Großteil als bekannt vorausgesetzten Rechtsordnung Deutschlands unternehmen. Dabei wird das Recht, soweit dies sinnvoll erscheint, direkt gegenübergestellt und abschnittsweise verglichen. Wo die Unterschiede der rechtlichen Regelungen größer sind, wird das Recht getrennt betrachtet und sodann gegenübergestellt.

---

7 vgl. Zachert AiB 1989, S. 372: "Das Schwungrad gewerkschaftlicher Praxis und Erfolge lag und liegt im Betrieb."
8 vgl. Krause, EuZA 2010, 19 (19)

Der erste Teil (A) besteht aus einer kurzen Einführung hinsichtlich des kollektiven Arbeitsrechts im Sozialismus und seiner Entwicklung im Rahmen der Marktwirtschaft sowie der Rechtsquellen in Rumänien. Diese ist notwendig, um die Zusammenhänge zu verstehen, auf deren Grundlage das rumänische kollektive Arbeitsrecht beruht. Denn gerade das Kollektivvertragsrecht, die Arbeitnehmermitwirkung im Betrieb sowie die Koalitionsfreiheit und der Umfang der staatlichen Einflussnahme lassen sich nicht nur anhand der Gesetzesregelungen erkennen, sondern hängen stark von der historischen, sozialen und politischen Entwicklung des Arbeitsrechts ab.

Im zweiten Teil (B) werden die Systeme der gewerkschaftlichen Interessenvertretung in beiden Ländern gegenübergestellt. Näher betrachtet werden die rechtlichen Grundlagen der Koalitionsbetätigung, die bei der weiteren Untersuchung dazu dienen, die Unterschiede der Einzelregelungen des kollektiven Arbeitsrechts zu verstehen und die Umstände der Vergleichbarkeit des Rechts vorzugeben. Zudem wird die rechtliche Stellung und Rolle der Gewerkschaften im jeweiligen Rechtssystem dargestellt. Das Hauptaugenmerk dieses Teils gebührt den Betätigungsfeldern der Gewerkschaften, die in der Koalitionsbetätigung liegen können, aber auch im Betrieb und außerhalb der Betriebe. Die Untersuchung der konkreten Befugnisse soll dabei vor allem der Herausstellung von Unterschieden und deren funktioneller Bedeutung dienen.

Im dritten Teil (C) wird auf die Institutionen der Arbeitnehmervertretung im Betrieb und die Mitbestimmung im eigentlichen Sinne eingegangen. Ebenso werden die Rechte der Arbeitnehmer auf Unterrichtung und Anhörung und die Unterschiede bei der Betriebsordnung bzw. Betriebsvereinbarung herausgestellt.

Die Teile B und C stellen den Schwerpunkt der Untersuchung dar, denn hier wird festgestellt, wie die Arbeitnehmermitwirkung durchgeführt wird, was in Teil D (vierter Teil) vergleichend zusammengefasst wird.

Im fünften Teil (E) wird die reale Ausgestaltung des Sozialen Dialogs sowie der Tarifverträge in beiden Ländern verglichen. Dabei wird der Fokus auf die Unterschiede der beiden Rechtssysteme, insbesondere den Verhandlungsanspruch und die Allgemeinverbindlichkeit gelegt.

Im sechsten Teil (F) der Arbeit werden die „neuen" europäischen Institutionen, die Europäischen Betriebsräte, die Europäische Aktiengesellschaft sowie die Europäische Genossenschaft untersucht und Überlegungen hinsichtlich eines einheitlichen Europäischen Arbeitsrechts angestellt.

Die Arbeit schließt mit einer kurzen Betrachtung der Ergebnisse der Untersuchung.

Während des Entstehens dieser Arbeit hat der rumänische Gesetzgeber ein neues Arbeitsgesetz erlassen. Dabei wurde das Arbeitsgesetzbuch (codul muncii, Gesetz Nr. 54/3003) geändert. Auch wurden die kollektivrechtlichen Gesetze[9] zu einem neuen Gesetz über den Sozialen Dialog (Gesetz Nr. 62/2011) zusammengefasst. Die Änderungen erfassen nicht lediglich formale Kriterien, sondern auch materiell-rechtliche. Daher ist es ein Vorteil der vorliegenden Arbeit, dass sowohl die bis Mai 2011 bestehende Rechtslage, als auch die neue Rechtslage – wo inhaltliche Änderungen wichtig erscheinen – erörtert wird. Daraus können vor allem Schlüsse gezogen werden, wie der rumänische Gesetzgeber auf die zunehmende „Europäisierung" reagiert. Dabei wird die alte Rechtslage mit der neuen vergleichen, sofern es sich um materiell-rechtliche Änderungen handelt. Bei unerheblichen Änderungen wird auf die alte Rechtslage vorwiegend in den Fußnoten hingewiesen.

---

9 Zum Gesetz über den Sozialen Dialog wurden folgende Gesetze zusammengefasst:
- Gesetz über die Gewerkschaften (Gesetz Nr. 54/2003)
- Gesetz über Arbeitgebervereinigungen (Gesetz Nr. 356/2001)
- Gesetz über Kollektivverträge (Gesetz Nr. 130/1996)
- Gesetz über die Organisation und Funktion des Wirtschafts- und Sozialrats (Gesetz Nr. 109/1997)
- Regierungsbeschluss Nr. 369/2009 über die Gründung und Funktion der Einrichtungen des Sozialen Dialogs
- Gesetz über die Beilegung von Arbeitskonflikten (Gesetz Nr. 168/1999)

Teil A: Der Umbruch vom Sozialismus zur Marktwirtschaft und die Rechtsquellen des rumänischen Rechts

„Man kann die Prinzipien und Regeln des modernen Arbeitsrechts nur verstehen, wenn man den historischen Hintergrund berücksichtigt, der zu ihrer Ausbildung geführt hat."[10]

I. Kollektives Arbeitsrecht im Sozialismus Rumäniens

Im sozialistischen Rumänien waren Propaganda und Realität zwei ganz verschiedene Seiten derselben Medaille.[11] „Die Sorge um den Menschen – das höchste Ziel der Parteipolitik, Inhalt und Zweck der gesamten Aktivitäten zum Aufbau des Sozialismus und Kommunismus in Rumänien – hat sich, Schritt für Schritt, in neuen Leistungen niedergeschlagen, die jedem Bürger ein immer reicheres und glücklicheres Dasein sichern." In diesem Sinne äußerte sich Staatschef Nicolae Ceausescu anlässlich des 25. Geburtstags der Republik, wobei dies keinesfalls der Wahrheit entsprach. Mittelpunkt seiner Diktatur waren Korruption und Verletzung der Menschenrechte, verbunden mit einer geschickten Politik der Einschüchterung und internationalen Isolierung.[12] Im Rahmen einer solchen Staatspolitik bleibt wenig Raum für Koalitionsfreiheit, geschweige denn für Arbeitnehmermitbestimmung. Die Verfassung der Volksrepublik Rumänien wurde im April 1948 verabschiedet, lehnte sich an die sowjetische Verfassung von 1936 an. Ebenso wurde auch das gesamte Rechtssystem nach sowjetischem Vorbild ausgestaltet.[13]

Während des sozialistischen Regimes von 1948 bis 1989 beruhte die Arbeitsgesetzgebung auf den Prinzipien einer zentralistischen Wirtschaftsstruktur und der sozialistischen Ideologie. Es galt einerseits ein Recht der Bürger auf Arbeit[14], das der Staat schrittweise garantierte und plante. Diesem Regime war die Erkenntnis fremd, dass Arbeitgeber- und Arbeitnehmerinteressen unterschiedlich und sogar entgegengesetzt sein können. Daher kannte es keine Kollektivverträge und kollektiven Konflikte.[15] Es bestanden zwar Gewerkschaften, sie waren

---

10   Münchener Handbuch ArbR, Bd. 1 - *Richardi*, § 2, Rn. 1
11   Popescu, Europäische Lernprozesse, S. 209
12   Popescu, aaO
13   Siehe hierzu Cismarescu, Einführung in das rumänische Recht, S. 12 f; Trappe. Julie: Rumäniens Umgang mit der kommunistischen Vergangenheit, S. 20
14   Normiert in Art. 19 der Verfassung von 1948 (Constitutia Republicii Populare Romane, 1948); abrufbar unter: http://legislatie.resurse-pentru-democratie.org/const_1948.php
15   vgl. hierzu Stefanescu: Tratat de dreptul muncii (Abhandlung über das Arbeitsrecht), S. 9

jedoch als Mitverwaltungsorgane in das sozial- und parteipolitische System integriert und damit keine Koalitionen im Sinne einer freiheitlichen Arbeitsverfassung. Sie waren nicht unabhängig und unterstanden der Führung der kommunistischen Partei; es bestand kein authentischer Sozialpartner, sie hatten kein reales Vorhaben, die Interessen der Arbeitnehmer voranzubringen oder deren Rechte zu schützen."[16] Gewerkschaften hatten in Staatsbetrieben die Hauptaufgabe, die Bemühungen der Arbeiterklasse bei der Steigerung der Produktion für die Erfüllung der staatlichen Wirtschaftspläne im Hinblick auf den Aufbau und die Stärkung der ökonomischen Basis der sozialistischen Gesellschaft zu organisieren und die Bemühungen um die Steigerung des Wohlstandes der Arbeitenden unterstützen.[17] Die Mitgliedschaft in einer Gewerkschaft war der Normalfall für die Arbeitnehmer und hatte eher den Charakter eines Beitritts zu einer Sozialversicherung als den Charakter eines Beitritts zu einer aktiven und agilen Interessenvertretungsorganisation, die im Spiel der unterschiedlichen Kräfte mitzumischen bereit war.[18] Daraus folgte, dass diese Gewerkschaften nicht die Interessen der Angestellten vertreten können, weil sie, wie Lenin erklärt hatte, größtenteils die „Ohren der Partei" innerhalb der Arbeiterklasse sind.[19] Sie mussten die staatlichen Organe darüber informieren „wie das Interesse des Staates gewahrt wird und welche Schritte unternommen wurden, um die verschiedenen Staatspläne zu erfüllen oder zu übertreffen."[20] Die Interessen der Angestellten durften nur innerhalb der Grenzen der von den Parteigremien bestimmten ökonomischen Ziele vertreten werden.[21] Arbeitskonflikte kamen zwar vor, jedoch verlangte das „Prinzip der Isolierung von Arbeitskonflikten in der klassenlosen Gesellschaft, dass ein Arbeitsstreit nicht zu einem Arbeitskampf auswächst."[22] Ein Streikrecht gehörte daher nicht zu den verfassungsmäßigen Rechten eines Bürgers.[23] Die Gesetzgebung ließ die Klärung individueller Streitigkeiten durch Gerichte zu, nicht jedoch kollektiver Streitigkeiten, „da das Regime keine kollektiven Konflikte oder Konflikte im Zusammenhang mit Tarifverhandlungen kannte"[24]. Lohnhöhe und Urlaubsansprüche hat der Staat direkt oder indirekt durch Regelungen, die auf dem zentralistischen Plan beruhten, festgelegt.[25]

---

16 vgl. Stefanescu: Tratat de dreptul muncii, S. 85
17 vgl. Pop, Das sowjetische und das rumänische Arbeitsrecht, S. 115
18 vgl. Hantke, Gewerkschaften im 21. Jahrhundert , S. 4
19 Pop, Das sowjetische und das rumänische Arbeitsrecht, S. 115
20 Pop, aaO
21 Pop, aaO
22 Pop, Das sowjetische und das rumänische Arbeitsrecht, S. 105
23 vgl. Pop, aaO.; Für den Streik gibt es keinen Platz, da der Arbeiter nicht gegen sich selbst streiken kann.; vgl. auch Dima, in Eurpoean Commission 2009, S. 422
24 vgl. Dima, aaO
25 vgl. Trif, Collective Bargaining Practices in Eastern Europe, S. 4; Zum Vergleich gab es in Polen oder Ungarn auch während des Zentralwirtschaftlichen Regimes eine gewisse Form von freiwilligen Kollektivverhandlungen; nicht jedoch in Rumänien.

Die Mitbestimmung der Arbeiter wurde durch zwei Organe realisiert: die Vollversammlung und das Führungskomitee.[26] Die primäre Aufgabe der Vollversammlung, welche in kleineren Unternehmen alle Beschäftigten umfasste, in größeren Unternehmen Delegierte, war die Wahl von Vertretern der Belegschaft in das Führungskomitee; das betriebliche Führungskomitee sollte strategische Entscheidungen treffen.[27] Allerdings klaffte zwischen der normativen Regelung der rumänischen Mitbestimmung und der betrieblichen Realität eine Lücke, vor allem, weil die unzureichende politische und fachliche Qualifikation seiner Mitglieder, schlechte Vorbereitung der Sitzungen, insbesondere zu späte Zusendung der erforderlichen Unterlagen, seltenes Vorlegen von Alternativ-Vorschlägen, dem Komitee praktisch nur eine eingeschränkte beratende Funktion ließ.[28]

Zusammenfassend betrachtet bestanden zwar grundsätzlich die Institutionen der Gewerkschaft sowie der Arbeitnehmermitbestimmung, diese hatten jedoch nichts mit den heutigen Begriffen zu tun. „Diese beiden Arten der Arbeitnehmermitwirkung waren in der Praxis nicht geeignet, tatsächlich im Betrieb eine Mitwirkung zu erzielen. Die Gewerkschaften haben vorwiegend das Interesse der Partei gewahrt und die Arbeitnehmer bespitzelt, die Vollversammlung und das Führungskomitee waren nicht wirklich organisiert und hatten de facto lediglich eine eingeschränkte, beratende Funktion. Eine Arbeitnehmermitbestimmung war also faktisch nicht gegeben. Im Gegensatz dazu waren Kollektivverhandlungen in Westeuropa (auch in Deutschland) seit Ende des zweiten Weltkriegs weit verbreitet, um Arbeitsbedingungen festzulegen."[29]

Arbeitgeberverbände existierten während des sozialistischen Regimes in Rumänien nicht.[30] Auch wurden in dieser Zeit die Bestimmungen über die Zuständigkeit für Entscheidung über Arbeitsstreitigkeiten häufig geändert. In der Hauptsache waren dafür die „gesellschaftlichen Gerichte", aber auch Gewerkschaftsorgane und jeweils übergeordnete Verwaltungsorgane zuständig. Arbeitsgerichte gab es nicht, und die ordentlichen Gerichte der untersten Stufe waren nur in begrenztem Maße zuständig für Arbeitsstreitigkeiten.[31]

Nach der Revolution im Jahre 1990 wurde Rumänien geöffnet und es startete ein langer und komplexer Prozess der Einführung nationaler Gesetze zu der neuen Wirtschafts- und sozialen Lage. Das Gesetz Nr. 15/1991[32] über die Beile-

---

26 Pop, Das sowjetische und das rumänische Arbeitsrecht, S. 111
27 Pop, aaO
28 vgl. Pop, Das sowjetische und das rumänische Arbeitsrecht, S. 111
29 Trif, Collective Bargaining Practices in Eastern Europe, S. 5; Traxler/Behrens Collective Bargaining Coverage and Extension Procedure, S. 80, unter (http://www.eurofound.europa.eu/eiro/2002/12/study/tn0212102s.htm, abgerufen am 19.07.2010)
30 Ciutacu, Constantin, The development and current situation of employers' organisations, unter <http://www.eurofound.europa.eu/eiro/2003/10/feature/ro03101 03f.htm>
31 vgl. Leonhardt, Forost Arbeitspapier Nr. 14, Seite 8
32 Veröffentlicht in M.Of. Nr. 33/11.02.1991

gung von Kollektivarbeitskonflikten war eines der ersten Gesetze, die im Bereich der Arbeitsbeziehungen erlassen wurden.

Die erste Arbeitgebervereinigung war die „Rumänische Nationale Arbeitgebervereinigung" (Patronatul National Roman, PNR), für deren Gründung und Satzung noch das Gesetz Nr. 21/1924 aus dem Jahre 1924 galt, bis 1991 eine Regierungsanordnung (Nr. 503/1991) für Arbeitgebervereinigungen erlassen wurde, nach der Arbeitgebervereinigungen staatliche Unternehmen im Sozialdialog vertreten sollten. In der Übergangsphase zu einer Marktwirtschaft erweist sich die Entwicklung der Arbeitgeberorganisationen jedoch als sehr schwierig.[33] Die langsame Entwicklung der gesetzlichen Rahmenbedingungen für die Arbeitgeberorganisationen ist auch nicht zu ihrem Vorteil verlaufen; es sind viele neue nationale Arbeitgeberorganisationen entstanden und es haben sowohl Fusionen als auch Trennungen stattgefunden bis im Jahre 2001 das Gesetz Nr. 356/2001 für die Entstehung und Funktion der Arbeitgeberorganisationen verabschiedet wurde.[34]

Die Zuständigkeit für Arbeitsstreitigkeiten wurde durch Gesetz Nr. 104 vom 22. September 1992 zur Änderung des Arbeitsgesetzbuchs von 1972[35] auf die ordentlichen Gerichte übertragen.

Im Jahre 1997 wurden mit der Gründung des „Dreigliedrigen Sekretariats für den Sozialen Dialog (*Secretariatului Tripartit pentru Dialog Social*)" die ersten Formen des Sozialdialogs eingeführt (Regierungsanordnung Nr. 349/1993).

Die Gewerkschaften mussten in der Folge ihre Strukturen umstellen und sich auf die neuen Aufgaben eines freien, kollektiven Arbeitsrechts einstellen. Für sie „war ein nahezu kompletter Paradigmenwechsel die größte Herausforderung: von der Zwangskorporation zur freiwilligen Vereinigung der Arbeitnehmer. Vormals waren sie Erfüllungsgehilfen innerhalb eines Unternehmens im „realen Sozialismus", konzentrierten sich auf das Management sozialer Belange jenseits der unmittelbaren Betriebssphäre (Urlaubs-, Wohnungsfragen etc.), waren in die vom Staat dominierte Lohnfindung nur beratend und eingebunden und hatten bei gleichzeitig garantierter Vollbeschäftigung keine Verantwortung für die Arbeitsplatzsicherung."[36] Die Rolle der Gewerkschaften in einer Gesellschaft, die den Gemeinschaftsinteressen einen unbedingten Vorrang einräumt, ist insofern beschränkter als in einer Gesellschaft, in der individuelle und kollektive Freiheit ihre Grenzen einzig durch das Interesse der Gruppen gesetzt findet.[37] Daher hat sich aus der Vergangenheit heraus eine Praxis der Interessenver-

---

33 Wannöffel/Kramer, Industrielle Beziehungen in Südosteuropa und der Türkei, S. 27
34 Wannöffel/Kramer, aaO
35 M. Of. Nr. 65 vom 12. 5. 1990
36 vgl. Kohl, Wo stehen die Gewerkschaften in Osteuropa heute?, S. 1
37 vgl. Pop, Das sowjetische und das rumänische Arbeitsrecht, S. 105

tretung eingeübt, die mehr Vertrauen in zentral geleitete Gewerkschaften als in dezentral gewählte Betriebsräte setzt.[38]

II. Rechtsquellen

Das rumänische Rechtssystem beruht auf der Verfassung. Die rumänische Gesetzgebung kennt Verfassungsrecht, Gesetze und sekundäres Recht.[39]

1. Internationale Regelungen

Rumänien ist seit 1919 ein Gründungsmitglied der Internationalen Arbeitsorganisation (ILO) und hat bisher 49[40] Übereinkommen ratifiziert. Die wichtigsten für diese Untersuchung sind: das Übereinkommen Nr. 87 über die Vereinigungsfreiheit und den Schutz des Vereinigungsrechts (1948)[41] und Nr. 98 über das Vereinigungsrecht und das Recht zu Tarifverhandlungen (1949)[42].

Außerdem hat Rumänien die Europäische Menschenrechtskonvention, den Internationalen Pakt über bürgerliche und politische Rechte, die Europäischen Abkommen und Protokolle betreffend Menschenrechte, die Europäische Sozialcharta u.a. ratifiziert.[43]

2. Verfassung

Die heutige Verfassung[44] enthält die Grundpfeiler des neuen politischen Regimes, wurde 1991 verabschiedet und zuletzt durch das Gesetz Nr. 429/2003[45] geändert. Die Verfassung des vorhergehenden kommunistischen Regimes verstand Arbeit als eine Verpflichtung aller Bürger. Die Verfassung von 1991 enthielt Im Gegensatz dazu das Prinzip der Freiheit der Arbeit. Sie ist der höchste gesetzgeberische Akt und enthält die Grundprinzipien und Regeln auf dem Gebiet der Arbeitsbeziehungen und des Arbeitsrechts: die Freiheit der Arbeit (Art. 41 Abs. 2), die Vereinigungsfreiheit (Art. 40 Abs. 1), die Koalitionsfreiheit

---

38 Höland, Mitwirkung der Arbeitnehmer im erweiterten Europa, S. 151 (161)
39 Dima, The evolution of labour law in Romania, S. 411
40 http://www.ilo.org/ilolex/english/newratframeE.htm; unter anderem: Übereinkommen zur Regelung von Arbeitskonflikten (1920), Übereinkommen über die Organisation der Arbeitsaufsicht (1927), Übereinkommen über den Schutz von Frauen und Kindern und über die Arbeitszeiten (1928), Übereinkommen über Arbeitsverträge (1929), Übereinkommen über einen garantierten Lohn und den Unfallschutz der Hafenarbeiter (1931), Übereinkommen über die Einführung einer Arbeitsgerichtsbarkeit (1933),
41 ILO Übereinkommen Nr. 87, ratifiziert am 28. Mai 1957
42 ILO-Übereinkommen Nr. 98, ratifiziert am 26. November 1958
43 vgl. Richardi, Individuelles Arbeitsrecht in Osteuropa, S. 157
44 Die Rumänische Verfassung wurde am 21. November 1991 verabschiedet und am 8. Dezember 1991 durch das nationale Referendum bestätigt. Veröffentlicht In M.Of. Nr. 233/21.11.1991.
45 Bestätigt durch das nationale Referendum am 18/19. Oktober 2003 und in Kraft getreten durch die Veröffentlichung im M. Of. Nr. 758/29.10.2003.

(Art. 9), das Recht auf Kollektivverhandlungen (Art. 41 Abs. 5), das Verbot der Zwangsarbeit (Art. 42 Abs. 1) sowie das Streikrecht (Art. 43).

3. Arbeitsgesetze und sonstige Rechtsquellen

Nach dem Fall des kommunistischen Regimes 1989 war die Gesellschaft und Wirtschaft reif für ein neues Arbeitsgesetz.[46] Die Ablösung des alten Arbeitsgesetzes von 1972 dauerte jedoch über 30 Jahre, bis zum Jahr 2003, als das Arbeitsgesetzbuch[47] („Codul muncii") verabschiedet worden ist. Zwischen 1990 und 2003 wurden die Regelungen des alten Arbeitsgesetzbuchs durch ergänzende Gesetzgebungsakte angepasst.[48] Das Arbeitsgesetzbuch von 2003 bedeutet einen weiten Schritt in die Angleichung des rumänischen Rechts mit den Europäischen Regelungen, insbesondere im Hinblick auf den damals anstehenden Beitritt in die EU. Zuletzt wurde es zum 01.05.2011[49] weitreichend geändert.

Die wichtigsten Gesetze im Bereich des Arbeitsrecht sind das Arbeitsgesetzbuch, Gesetz Nr. 54/2003 über Gewerkschaften, Gesetz Nr. 130/1996 über den Kollektivarbeitsvertrag, Gesetz Nr. 356/2001 über Arbeitgebervereinigungen, Gesetz Nr. 168/1999 über die Beilegung von Arbeitskonflikten, Gesetz Nr. 467/2006 über die Einführung von Rahmenbedingungen über die Informationsrechte der Arbeitnehmer sowie Gesetz Nr. 202/2002 (revidiert 2007) über die Chancengleichheit von Männern und Frauen. Davon wurden in einer weitreichenden Reform, die im Mai 2011 in Kraft trat, mehrere Gesetze (u.a. Gesetz Nr. 54/2003 über Gewerkschaften, Gesetz Nr. 130/1996 über den Kollektivarbeitsvertrag, Gesetz Nr. 356/2001 über Arbeitgebervereinigungen, Gesetz Nr. 168/1999 über die Beilegung von Arbeitskonflikten) zu einem „Gesetz über den Sozialen Dialog (Gesetz Nr. 62/2011)"[50] zusammengefasst.

Sonstige Rechtsquellen sind Personal- und Disziplinarstatuten, Betriebsordnungen und Arbeitsordnungen: Personalstatuten und Disziplinarstatuten bestehen für bestimmte Bereiche z.B. Transportwesen, Unterricht, Justiz, Zoll, Elektrizitätswirtschaft, Medizin und Diplomatisches Korps.[51] Es sind Rechtsquellen, die für jeden dieser Bereiche spezifische Aspekte des Arbeitsverhältnisses regeln.[52] Sie beruhen auf Gesetzen oder Regierungsanordnungen. Die Bereiche, in

---

46 Dima, The evolution of labour law in Romania, S. 412
47 durch Gesetz 53/2003, M. Of. Nr. 72/2003
48 Z.B. durch: Gesetz 13/1991 über Kollektivverträge, Gesetz14/1991 über Löhne, Gesetz Nr. 15/1991 über die Beilegung von kollektiven Arbeitskonflikten, Gesetz 54/1991 über Gewerkschaften, Eilverordnung der Regierung Nr. 98/1999 über Massenentlassungen, etc.
49 durch Gesetz Nr. 40 vom 31.03.2011 zur Änderung des Arbeitsgesetzbuches
50 Gesetz Nr. 62/2011, M. Of. Teil I, Nr. 322, vom 10.05.2011
51 vgl. Richardi, Individuelles Arbeitsrecht in Osteuropa, S. 156, vgl. Radu: Dreptul muncii, S. 10
52 Richardi, aaO

denen solche Statuten gelten, werden ständig erweitert.[53] Betriebsordnungen („Reglements über die innere Ordnung") sind nach Art. 98 Abs. 2 des Arbeitsgesetzbuchs interne Regelungen des Arbeitgebers, welche die Pflichten des Personals, die Ordnung in dem Betrieb, die Arbeitsorganisation und die Disziplin festlegen.[54] Arbeitsordnungen („Reglements für die Organisation und die Funktionsweise") bestimmen innerhalb des Betriebs: die Art der Arbeit, die Abteilungen des Betriebs und ihre Tätigkeitsbereiche, die Mitbestimmung, die Pflichten und Rechte des Personals und die Haftung.[55]

4. Rechtsprechung und Arbeitsgerichtsbarkeit

Im rumänischen Recht sind Rechtsprechung und Gewohnheitsrecht nicht als Rechtsquellen anerkannt.[56] Die Rechtsprechung spielt jedoch eine Rolle bei der Auslegung der Gesetzgebung. Die Richter haben ein Vorlagerecht zum Verfassungsgericht, wenn sie innerhalb eines Verfahrens eine Verletzung von Verfassungsrecht vermuten. Eine dahingehende Entscheidung des Verfassungsgerichts wirkt *erga omnes*.[57] Entscheidungen des Verfassungsgerichts sind nach Art. 147 Abs. 4 der Verfassung rechtsverbindlich.

Das arbeitsrechtliche Verfahren wird in Rumänien durch Art. 266 - 275 ArbGB geregelt. Eine eigene Arbeitsgerichtsbarkeit als separater Zweig des Gerichtswesens besteht in Rumänien nicht. Zuständig für Arbeitsstreitigkeiten sind die ordentlichen Gerichte (Art. 269 ArbGB). Der Gerichtsaufbau ist grundsätzlich vierstufig und besteht aus folgenden Instanzen: erstinstanzliche Gerichte (188 Amtsgerichte, *„judecatorie"*), Landgerichte der 41 Landkreise und des Munizipiums Bukarest (42 *„tribunale"*), 15 Berufungsgerichte (Oberlandesgerichte, *„curte de apel"*) und Oberster Gerichtshof. Das Gesetz Nr. 304/2004[58] über die Gerichtsorganisation hat die Bildung von Kammern bei den Landrichten und den Berufungsgerichten als Möglichkeit, nicht als Verpflichtung ausgestaltet (Art. 35 Abs. 2, 36 Abs. 3 Gesetz Nr. 304/2004). Vorschläge für eine einheitliche Arbeitsgerichtsbarkeit werden zwar immer wieder gemacht, konnten sich aber bislang nicht durchsetzen.[59]

---

53 Richardi, aaO
54 Richardi, aaO, vgl. Radu: Dreptul muncii (2008), S. 11 ff.
55 Richardi, Individuelles Arbeitsrecht in Osteuropa, S. 157
56 Richardi, Individuelles Arbeitsrecht in Osteuropa, S. 156
57 Dima, The evolution of labour law in Romania, S. 413
58 Gesetz 304/2004 vom 28.6.2004, zuletzt geändert durch Gesetz 202/2010, veröffentlicht in M. Of. Teil I Nr. 714 vom 26.10.2010.
59 Bereits im Jahr 2002 erging eine Novelle (Dringlichkeitsanordnung Nr. 20 vom 20. 2. 2002, M. Of. Nr. 151 vom 28. 2. 2002) hierzu, aus der sich ergibt, dass die Einführung von Arbeitsgerichten geplant ist. Eine Umsetzung ist bisher nicht erfolgt. Eine eigenständige Arbeitsgerichtsbarkeit bestand in früheren Zeiten Rumäniens bereits. Sie wurde zum ersten Mal durch Gesetz Nr. 16 vom 15. Februar 1933 (M. Of. Nr. 38 vom 15. 2. 1933) begründet; vgl. Stefanescu, Tratat de dreptul muncii, S. 722. "Die Kammern

Der Rechtsweg in Arbeitssachen ist zweistufig aufgebaut. Erstinstanzlich zuständig für Arbeitsrechtsstreitigkeiten sind grundsätzlich die Landgerichte. In der Berufungsinstanz sind die Oberlandesgerichte zuständig. Ausnahmen gelten beispielsweise bei Streitigkeiten über die Repräsentativität der Gewerkschaften auf Betriebsebene, die durch die Amtsgerichte verhandelt werden, sowie hinsichtlich der Suspendierung eines Streiks, für die das Oberlandesgericht allein zuständig ist.[60] Die Zweistufigkeit der gerichtlichen Kontrollmöglichkeit in Arbeitsrechtssachen ist als Beschränkung des Zugangs zur Justiz kritisiert worden[61], wird aber in ständiger Rechtsprechung von dem Rumänischen Verfassungsgericht als verfassungsgemäß befunden[62].

Innerhalb des rumänischen Arbeitsverfahrensrechts ist das Gericht örtlich zuständig, in dessen Gerichtsbezirk der Kläger wohnt (Art. 269 Abs. 1 ArbGB). Da die meisten arbeitsrechtlichen Klagen – statistisch gesehen – von Arbeitnehmern vorgebracht werden, begünstigt diese Regelung die Arbeitnehmer.[63]

Die für Arbeits- und Sozialrechtsstreitigkeiten erstinstanzlich zuständigen Kammern der Landgerichte sind gem. Art. 55 Abs. 1 Gesetz Nr. 304/2004 mit einem Berufsrichter und zwei Beisitzern besetzt, wobei die Beisitzer nicht bei der Entscheidung mitwirken, da sie nur eine beratende Stimme haben (Art. 55 Abs. 2 Gesetz Nr. 304/2004). Sofern ihre Meinung von dem Urteil abweicht, muss diese Meinung in der Urteilsbegründung erwähnt werden. Die Beisitzer werden von den Sozialpartnern vorgeschlagen und vom Justizministerium ernannt. Diese Regelung trifft vor allem in der Literatur[64] sowie bei Gewerkschaften als auch bei Arbeitgebervereinigungen überwiegend auf Missfallen, da der praktische Nutzen der beisitzenden Vertreter der Sozialpartner innerhalb der Kammer aufgrund des lediglich beratenden Charakters der Stimmen quasi nicht vorhanden ist.

---

der Arbeitsgerichte bestanden aus einem Richter und zwei Schöffen, einer davon vertrat die Arbeitgeber, der andere die Arbeitnehmer. Die mit diesem Gesetz geschaffenen Arbeitsgerichte wurden jedoch nach Einführung der Königsdiktatur 1938 beseitigt; nach dem später ergangenen Gesetz Nr. 711/1946 (Gesetz Nr. 711 vom 6. 9. 1946, M. Of. Nr. 206 vom 6.9.1946) waren in Arbeitssachen für Fälle von geringerer Bedeutung Gewerkschaftsausschüsse, im Übrigen die ordentlichen Gerichte zuständig." Leonhardt, Forost Arbeitspapier Nr. 14, S. 8.

60 Weitere Ausnahmen: Zuständigkeit der Amtsgerichte bei Kündigungen von Individualarbeitsverträgen aus dem öffentlichen Transportbereich sowie Streitigkeiten über Eintragungen im Arbeitsbuch.
61 Stefanescu: Tratat de dreptul muncii, S. 739
62 zuletzt DCC Nr. 13/2007, veröffentlicht in MO Teil I Nr. 79 vom 02.02.2007; Hennsler/Braun-*Gotha*, Teil Rumänien, Rn. 270 m.w.N.
63 Dimitriu, Romanian industrial relations law (2007), S. 115; Diese Regelung weicht von der des allgemeinen Zivilrechts ab, wonach das Gericht am Sitz des Beklagten das örtlich zuständige ist.
64 Stefanescu: Tratat de dreptul muncii, S. 732

Eine Besonderheit des rumänischen Arbeitsgerichtsverfahrens gegenüber dem deutschen liegt darin, dass das erstinstanzlich zuständige Landgericht in Arbeitsrechtsstreitigkeiten im Eilverfahren entscheidet (vgl. Art. 271 Abs. 1 ArbGB). Hierbei gelten verkürzte Ladungsfristen von mindestens 24 Stunden (Art. 271 Abs. 3 ArbGB). Die Begründung eines Urteils darf dabei nicht länger als 15 Tage dauern (Art. 271 Abs. 2 ArbGB). Trotz dessen führt dies in der Praxis zu Verfahrensdauern von ca. drei bis sechs Monaten mit ca. zwei bis vier Verhandlungsterminen.[65]

Viel schwieriger als eine Bestandsaufnahme der rumänischen Arbeitsgerichtsbarkeit ist eine Antwort auf die Frage, wie die Durchsetzbarkeit im Hinblick auf Arbeitsrechtsstreitigkeiten tatsächlich ist. Denn eine Rechtsordnung kann nur effektiv sein, wenn die geschriebenen Rechte - insbesondere die Kollektivverträge - auch in der Praxis durchgesetzt werden können. In Rumänien wird die Kontrolle in Arbeitssachen, die auch die Durchführung von Tarifverträgen umfasst, einerseits durch die Meldepflicht aller Tarifverträge an das Ministerium für Arbeit, Familie und Soziales bzw. deren örtliche Amtsstellen sowie durch eine Kontrolle durch die Arbeitskammern (*insprctoratul de muncia*)[66] durchgeführt. Laut einer Studie zum Thema „Koalitionsfreiheit, Arbeitnehmerrechte und Sozialer Dialog in Mittelosteuropa und im westlichen Balkan" leiden die Arbeitskammern in Rumänien unter den Defiziten, dass zu wenig Kontrollen durchgeführt werden und die Sanktionen bei Verletzungen eine zu geringe Wirkung haben.[67] In Deutschland bleibt die Durchsetzung [der Tarifverträge] hingegen der Initiative von Gewerkschaft und/oder Arbeitnehmern überlassen.[68]

---

65 Hennsler/Braun-*Gotha*, Teil Rumänien, Rn. 273
66 In Rumänien sind die Arbeitskammern („Inspectia Muncii") ein Spezialorgan der öffentlichen Verwaltung, das dem Ministerium für Arbeit, Soziales und Familie, mit Sitz in Bukarest untergeordnet ist und Rechtspersönlichkeit hat (Gesetz Nr. 108/1999 und Regierungsanordnung Nr. 767/1999). In Deutschland hat die Arbeitskammer relativ beschränkte Möglichkeiten: Erfasst sind nur die Vorschriften des Gesundheitsschutzes am Arbeitsplatz einschließlich der Einhaltung von Höchstarbeitszeiten (siehe Däubler, AuR 2010, 143 (146)).
67 Siehe Kohl, Koalitionsfreiheit, Arbeitnehmerrechte und sozialer Dialog, S. 44
68 vgl. Rebhahn, EuZA 2010, 62 (83)

Teil B: Gewerkschaftliche Interessenvertretung

Gewerkschaften sind freiwillige Zusammenschlüsse von Arbeitnehmern mit dem Ziel, die Vergütungs- und sonstigen Arbeitsbedingungen ihrer Mitglieder zu verbessern.[69] Bevor jedoch ein Vergleich der Gewerkschaftssysteme in Rumänien und Deutschland angestellt werden kann, muss festgestellt werden, ob die Basis der gewerkschaftlichen Betätigung auf vergleichbaren rechtlichen Grundlagen beruht. Ein Vergleich der Rechtsgrundsätze verschiedener Rechtssysteme bedeutet auch einen Vergleich der rechtlichen Rahmenbedingungen als Grundlage der Vorstellungen des Gesetzgebers. Die Voraussetzung für die Bildung von Arbeitnehmer- und Arbeitgebervereinigungen sowie für die kollektive Betätigung liegt in der Vereins- und Koalitionsfreiheit. Erst nach der Erfassung dieser rechtlichen Basis kann der Umfang und der Maßstab des Rechtsvergleichs festgelegt werden.

I. Vereinigungs- und Koalitionsfreiheit

1. Vereinigungsfreiheit

Die Vereinigungsfreiheit („libertatea de asociere") ist in Rumänien in Art. 40 Abs. 1 der Verfassung[70] geregelt. Danach können sich die Bürger frei zu politischen Parteien, Gewerkschaften, Arbeitgebervereinigungen und anderen Vereinigungsformen zusammenschließen. Zudem regelt Art. 7 ArbGB die Vereinigungsfreiheit speziell in Bezug auf Arbeitnehmer und Arbeitgeber.

Die Vereinigungsfreiheit wird im deutschen Recht durch Art. 9 Abs. 1 GG garantiert. Die Freiheit der Bildung von Vereinigungen zu beliebigen Zwecken gehört zu den elementaren Voraussetzungen der Persönlichkeitsbildung und -entfaltung.[71]

2. Koalitionsfreiheit

a) Im rumänischen Recht („libertatea sindicala")

Die wichtigsten rumänischen Rechtsgrundlagen der Koalitionsfreiheit sind die Verfassung, das ArbGB und das Gesetz über den Sozialen Dialog Nr. 62/2011. Nach Art. 9 der Verfassung bilden sich Gewerkschaften und entfalten ihre Tätigkeit gemäß ihren Satzungen im Rahmen des Gesetzes. Sie tragen zur Vertei-

---

69 Dütz/Jung, Arbeitsrecht, Rdnr. 39
70 Constitutia Romanei, M. Of. Nr. 767 vom 31.10.2003
71 ErfKomm - *Dieterich*, Art. 9, Rn. 1 GG; Das Grundgesetz versteht den Einzelnen nicht als selbstherrliches Individuum, sondern als gemeinschaftsbezogene und gemeinschaftsgebundene Person, die „zu ihrer Entfaltung auf vielfältige zwischenmenschliche Bezüge angewiesen ist (BVerfG 1.3.1979 E 50, 290 = AP MitbestG § 1 Nr. 1 unter C III 2 a)

digung der Rechte und zur Förderung der beruflichen, wirtschaftlichen und sozialen Interessen der Angestellten bei. Art. 7 ArbGB lautet: „Arbeitnehmer und Arbeitgeber können sich freiwillig zusammenschließen um die Wahrung ihrer Rechte und die Förderung ihrer Interessen in Bezug auf die Arbeits- und Wirtschaftsbedingungen zu erreichen." Speziellere Regelungen zu den gewerkschaftlichen Rechten und Freiheiten finden sich in Art. 217, Art. 218 Abs. 1 und 2 ArbGB bezüglich der freien Ausübung der gewerkschaftlichen Rechte sowie des Verbotes einer Intervention durch die öffentlichen Behörden oder einer Beeinflussung durch den Arbeitgeber oder Arbeitgebervereinigung und im Gesetz Nr. 62/2011 (Art. 3 Abs. 1, Abs. 3, Art. 7 Abs. 1, Abs. 2 und Art. 33 Abs. 1).[72] Hinsichtlich der Koalitionsfreiheit gelten auch die internationalen Dokumente, die sich auf Arbeit und Arbeitnehmer beziehen. Die wichtigsten sind: ILO-Übereinkommen Nr. 87 (1948)[73] über die Vereinigungsfreiheit und den Schutz des Vereinigungsrechtes, ILO-Übereinkommen Nr. 98 (1949)[74] über die Anwendung der Grundsätze des Vereinigungsrechtes und des Rechtes zu Kollektivverhandlungen. Daneben ILO-Übereinkommen Nr. 135 (1971)[75] über den Schutz und Erleichterungen für Arbeitnehmervertreter im Betrieb; ILO-Übereinkommen Nr. 144 (1976)[76] über dreigliedrige Beratungen zur Förderung der Durchführung internationaler Arbeitsnormen und ILO- Übereinkommen Nr. 154 (1981)[77] über die Förderung von Kollektivverhandlungen. Die ILO- Übereinkommen entfalten als internationale Übereinkommen – ebenso wie völkerrechtliche Verträge – zwar keine unmittelbare Bindungswirkung, die ratifizie-

---

72 **Art. 3 Abs. 1 Gesetz Nr. 62/2011:** Beschäftigte mit einem Individualarbeitsvertrag, Beamte, Beamte nach speziellen Vorschriften dieses Gesetzes, Mitglieder einer Genossenschaft und angestellte Landwirte eine haben das Recht, Gewerkschaften zu gründen und sich ihnen anzuschließen.
Art. 2 Abs. 3 Gesetz Nr. 54/2004: Niemand darf gezwungen werden, Mitglied einer Gewerkschaft zu werden oder nicht zu werden, sich aus einer Gewerkschaft zurückzuziehen oder nicht zurückzuziehen.
Art. 7 Abs. 1 Gesetz Nr. 54/2004: Die Gewerkschaften haben das Recht, unter Beachtung der Gesetze, eigene Vorschriften zu entwickeln, ihre Vertreter frei zu wählen, ihre Verwaltung und Aktivitäten und ihre eigenen Aktionsprogramme zu formulieren.
Art. 7 Abs. 2 Gesetz Nr. 54/2004: Öffentlichen Behörden und Arbeitgebern ist jede Einmischung untersagt, die die Ausübung der Rechte aus Abs. 1 einschränkt oder verhindert.
Art. 33 Abs. 1 Gesetz Nr. 54/2004: Mitglieder der Gewerkschaften haben das Recht, sich aus der gewerkschaftlichen Organisation zurückzuziehen, ohne verpflichtet zu sein, Ihre Gründe für den Austritt anzugeben.
73 Ratifiziert durch Gesetz 96/1992 (M.Of. Nr. 237 vom 24.09.1992)
74 Ratifiziert durch Verordnung Nr. 352/1958 (B.Of. Nr. 34 vom 29.08.1958)
75 Ratifiziert durch Verordnung Nr. 83/1971 (B.Of. Nr. 86 vom 02.08.1975)
76 Ratifiziert durch Gesetz 96/1992 (M.Of. Nr. 237 vom 24.09.1992)
77 Ratifiziert durch Gesetz 112/1992 (M.Of. Nr. 302 vom 25.11.1992)

renden Staaten verpflichten sich jedoch, die für die innerstaatliche Umsetzung erforderlichen Maßnahmen zu ergreifen.

Die Koalitionsfreiheit garantiert dem Einzelnen, der eine berufliche Tätigkeit ausübt, das Recht, eine Gewerkschaft zu gründen, ihr beizutreten sowie das Recht, sich aus einer Gewerkschaft zurückzuziehen als auch ihr gar nicht erst beizutreten.[78] Das Recht kein Mitglied einer Gewerkschaft zu sein repräsentiert die negative Koalitionsfreiheit, das in Art. 3 Abs. 3 des Gesetzes Nr. 62/2011 seinen Ausdruck findet.

Die Koalitionsfreiheit in Rumänien manifestiert sich auf drei Arten: Einerseits verfügt sie über eine individuelle Komponente. Diese umfasst das Recht des einzelnen Mitglieds der jeweiligen Berufsgruppe, in eine bestehende Gewerkschaft einzutreten, wieder auszutreten oder gar nicht erst einzutreten. Darüber hinaus wirkt sie im Verhältnis zwischen konkurrierenden Gewerkschaften. Die Koalitionsfreiheit manifestiert sich hier durch die Prinzipien der Gleichheit und Pluralität. Die Gewerkschaften haben alle grundsätzlich die gleichen Rechte; sie können frei gegründet werden sofern sie nicht gegen Gesetzesvorschriften verstoßen. Zudem ist die Koalitionsfreiheit bedeutsam im Verhältnis zwischen Gewerkschaften und Staat sowie zwischen Gewerkschaften und Arbeitgeber und findet ihre Ausprägung insbesondere durch die Unabhängigkeit von diesen. Ein Eingriff in die internen Belange der Gewerkschaften, durch den Staat oder einen Arbeitgeber/Arbeitgeberverband, ist verboten.[79] Ebenso sind Gewerkschaften unabhängig von politischen Parteien und von anderen Organisationen aus dem Zivilbereich (Stiftungen, Verbände).[80]

Das rumänische Rechtssystem schützt die positive und negative individuelle Koalitionsfreiheit unter anderem durch das Verbot, die Einstellung von Arbeitnehmern von einer Gewerkschaftszugehörigkeit abhängig zu machen (Art. 3 Abs. 3 des Gesetzes 62/2011). Eine Tarifvertragsklausel, die verhindert, dass Arbeitnehmer einer bestimmten Gewerkschaft angehören, ist nichtig.[81] Auch eine Klausel im Tarifvertrag, die eine Gewerkschaftszugehörigkeit oder Nichtzugehörigkeit auf die Liste der Kündigungsgründe bei Massenentlassungen setzt, verstößt gegen die negative Koalitionsfreiheit.[82]

b) Im deutschen Recht

Die Koalitionsfreiheit ist durch Art. 9 Abs. 3 GG in Gestalt eines Doppelgrundrechts gewährleistet. Als Individualgrundrecht gewährleistet sie dem Einzelnen die Freiheit, zur Wahrung und Förderung der Arbeits- und Wirtschaftsbedingungen, Koalitionen zu bilden und sich am Koalitionsleben zu beteiligen (posi-

---

78 Ticlea, Tratat de dreptul muncii, S. 168
79 vgl. hierzu Ticlea, Tratat de dreptul muncii, S. 168
80 vgl. Stefanescu, Tratat de dreptul muncii, S. 90
81 Dimitriu, Romanian industrial relations law (2007), S. 24
82 Dimitriu, aaO

tive Koalitionsfreiheit) oder ihr fernzubleiben (negative Koalitionsfreiheit)[83]. Als Kollektivgrundrecht schützt sie die Bildung und den Bestand der Koalitionen (Existenzgarantie) und deren spezifisch koalitionsmäßige Betätigung (Betätigungsgarantie) sowie die autonome Regelung der Organisation (Organisationsautonomie)[84] als Gegengrundrecht der Arbeitnehmerschaft zum Grundrecht der Arbeitgeber aus Art. 12 Abs. 1 GG (Unternehmerfreiheit) und Art. 14 Abs. 1 GG (Eigentumsgarantie)[85].

Die Koalitionsfreiheit ist in erster Linie ein Freiheitsrecht.[86] Sie ist ebenso wie das allgemeine Vereinigungsrecht des Art 9 Abs. 1 GG ein gemeinschaftsbegründendes Individualrecht.[87] Der Unterschied zwischen der Koalitionsfreiheit und der Vereinigungsfreiheit besteht zum einen im verschiedenen Umfang der grundrechtlichen Gewährleistung[88], zum anderen in der ausdrücklichen Gewährleistung der Zweckbestimmung, nämlich der Wahrung und Förderung der Arbeits- und Wirtschaftsbedingungen: „Den Koalitionen ist durch Art. 9 Abs. 3 GG die Aufgabe zugewiesen und in einem Kernbereich gewährleistet, die Arbeits- und Wirtschaftsbedingungen in eigener Verantwortung und im Wesentlichen ohne staatliche Einflussnahme zu gestalten."[89] Daraus folgt aber nicht, dass der Schutz der koalitionsmäßigen Betätigung auf einen Kernbereich beschränkt wäre, also nur das Unerlässliche für den Koalitionszweck in den Schutzbereich der Koalitionsfreiheit fiele. Das hat das BVerfG klargestellt.[90] Das Grundrecht der Koalitionsfreiheit schützt vor allem das Recht der Koalitionen, durch spezifisch koalitionsgemäße Betätigung die in Art. 9 Abs. 3 GG genannten Zwecke zu verfolgen, nämlich die Arbeits- und Wirtschaftsbedingungen ihrer Mitglieder

---

83 BVerfG vom. 30.11.1965, AP Nr. 7 zu Art. 9 GG; Löwisch/Rieble, TVG, Grundl. Rn. 16
84 vgl. BVerfGE 17, 319 (333 f.); 19, 303 (321 ff.); 28, 295 (304); 38, 281 (305); 38, 386 (393); 50, 290 (368); 57, 220 (245 f.);; vgl. auch für viele BVerfG 26. 6 .1991 E 84, 212, 225 = AP GG Art. 9 Arbeitskampf Nr. 117 unter C I 1 a; BVerfG 4. 7 .1995 E 92, 365, 393 = AP AFG § 116 Nr. 4 unter C I 1 a; Hromadka/Maschmann, Kollektivarbeitsrecht, S. 23; Löwisch/Rieble, TVG, Grundl. Rn. 17
85 BVerfG vom 18.12.1985 - 1 BvR 143/83, abgedruckt in NJW 1986, 1601; BVerfG, Urteil vom 01.03.1979 - 1 BvR 532/77, 1 BvR 533/77, 1 BvR 419/78, 1 BvL 21/78 abgedruckt in AP MitbestG § 1 Nr. 1; BAG vom 22.10.2003, Az. 10 AZR 13/03, abgedruckt in AP Nr 16 zu § 1 TVG Tarifverträge
86 BVerfGE 50, 290 (367) = AP Nr 1 zu § 1 MitbestG
87 Staudinger - *Richardi*, § 611, Rn. 514
88 Während die Vereinsfreiheit nach Art. 9 Abs. 1 GG nur allen Deutschen garantiert wird, besteht die Koalitionsfreiheit für jedermann, ist also verfassungsrechtlich als Menschenrecht ausgestaltet. Art. 9 Abs. 3 GG gilt deshalb auch für Ausländer (vgl. Richardi, Kollektives Arbeitsrecht, S. 10; Das Vereinsgesetz hat zwar die Vereinsfreiheit ebenfalls auf Ausländer erstreckt, sie gilt für sie aber nur aufgrund einfachen Gesetzes.
89 BVerfG vom 26.05.1970, Az. 2 BvR 664/65, BVerfGE 28, 295 (304)
90 ErfKomm – *Dieterich*, Art. 9 GG, Rn. 30 ff; BVerfG 14.11.1995 E 93, 352= AP GG Art. 9 Nr. 80 unter Aufhebung von BAG 13. 11. 1991 AP BGB § 611 Abmahnung Nr. 7

zu wahren und zu fördern. Das Ziel ist der Abschluss von Tarifverträgen durch kollektives Handeln (Tarifautonomie[91]) und damit der Ausgleich der grundsätzlichen Unterlegenheit der Arbeitnehmer beim Verhandeln von Individualarbeitsverträgen sowie von Kollektivverträgen.

Auch im deutschen Recht sind drei Übereinkommen der ILO besonders wichtig für die Gewerkschaftsrechte im Betrieb: ILO-Übereinkommen Nr. 87 über die Vereinigungsfreiheit und den Schutz des Vereinigungsrechtes, ILO-Übereinkommen Nr. 98 über die Anwendung der Grundsätze des Vereinigungsrechtes und des Rechtes zu Kollektivverhandlungen sowie ILO-Übereinkommen Nr. 135 über Schutz und Erleichterungen für Arbeitnehmervertreter im Betrieb. Selbst wenn man nicht so weit gehen will, eine unmittelbare Anwendbarkeit der ILO-Übereinkommen anzunehmen[92], muss man doch einräumen, dass sich das

---

91 Die Tarifautonomie gilt aber nur für die privatrechtliche Ordnung des Arbeitslebens; bei öffentlich-rechtlicher Gestaltung der Dienstverhältnisse findet das Tarifvertragssystem keine Anwendung; für Beamte besteht keine Tarifautonomie. Zu den Funktionsvoraussetzungen der Tarifautonomie gehört der Arbeitskampf. Das Streikrecht ist zwar kein Grundrecht; es fällt aber unter die Koalitionsbetätigungsgarantie, soweit es der Herstellung und Sicherung des Verhandlungsgleichgewichts dient, ohne dass die Tarifautonomie nicht funktionieren kann. Die Parität erfordert jedoch auch die Anerkennung der Aussperrung als Kampfmittel der Arbeitgeber; denn „wäre der Arbeitgeber auf ein Dulden und Durchstehen des Arbeitskampfes beschränkt, so bestünde die Gefahr, dass die Regelung der Arbeitsbedingungen nicht mehr auf einem System freier Vereinbarungen beruht, das Voraussetzung für ein Funktionieren und innerer Grund des Tarifvertragssystems ist". (vgl. Richardi, Kollektives Arbeitsrecht, S. 14 und BAG vom 21.04.1971 AP GG Art. 9 Arbeitskampf Nr. 43)

92 Die Übereinkommen sind unbestrittenermaßen völkerrechtliche Verträge. Problematisch ist jedoch, ob sie innerstaatlich auch verbindlich sind, also ob man sich vor den Arbeitsgerichten auf einzelne ihrer Vorschriften berufen kann. Bei völkerrechtlichen Verträgen wird generell zwischen der „Ratifikation", d.h. der Eingehung einer bindenden Verpflichtung gegenüber anderen Staaten, und der Transformation in innerstaatliches Recht unterschieden. Stimmt das Parlament einem Vertrag zu, so hat dies in aller Regel den baldigen Austausch der Ratifikationsurkunden und damit das völkerrechtliche Wirksamwerden zur Folge. Eine volle Transformation in innerstaatliches Recht, d.h. ein für und gegen den einzelnen Bürger wirkender „Gesetzesbefehl" liegt jedoch nur vor, wenn die Bestimmungen des Abkommens so präzise formuliert sind, dass sie von den Gerichten und Verwaltungsbehörden ohne weiteres in ihren Entscheidungen zugrunde gelegt werden können („self executing"), und wenn auch im Falle hinreichender Präzision das Abkommen nicht etwa selbst bestimmt, dass es ein bloßes Programm aufstellen will, das von den innerstaatlichen Instanzen verwirklicht werden muss, das dem Einzelnen aber keine Rechte einräumt. Das BAG (BAGE 11, 338, 342) nahm sogar eine volle Bindung an ILO-Abkommen an, als es in einem Urteil zur Lohngleichheit von Mann und Frau ausführte: „Der Grundsatz der Lohngleichheit von Männern und Frauen bei gleicher Arbeit gilt auch nach dem internationalen Übereinkommen der IAO Nr. 100 über die Gleichheit des Entgelts männlicher und weiblicher Arbeitskräfte für gleiche Arbeit (BGBL. 1965 II s. 23) und nach Art. 119 des Vertrags zur Gründung der Europäischen Wirtschaftsgemeinschaft vom 25.3.1957 (BGBL. 1957 II S. 766) über das

BAG insoweit als gebunden betrachtet, als es um die richterliche Konkretisierung der Grundsätze aus den Übereinkommen geht. Aus diesem Grund muss auch den Übereinkommen Nr. 87, 98 und 135 große Bedeutung bei der Konkretisierung von Art. 9 Abs. 3 GG und damit auch bei der Bestimmung der Gewerkschaftsrechte im Betrieb zukommen.[93] Weitere internationale Rechtsgrundlagen sind der internationale Pakt über wirtschaftliche, soziale und kulturelle Rechte sowie Art. 11 der Europäischen Menschenrechtskonvention, die wie ein innerstaatliches Gesetz verbindlich ist.[94]

3. Zusammenfassung zu den rechtlichen Grundlagen im rumänischen und deutschen Recht

Der Vergleich der Vereinigungs- und Koalitionsfreiheit im rumänischen und deutschen Recht zeigt, dass in beiden Rechtsordnungen hinsichtlich dieses Gesichtspunkts durchaus ein dem Vergleich zugängliches, rechtliches Gerüst besteht. In beiden Rechtsordnungen ist die Vereinigungsfreiheit in der Verfassung normiert. Art. 40 der Verfassung Rumäniens und Art. 9 Abs. 1 GG haben quasi denselben Inhalt, nämlich, dass sich die Bürger bzw. die Deutschen frei zu Vereinigungen zusammenschließen können. Auch bezüglich der Koalitionsfreiheit besteht eine gemeinsame rechtliche Basis: Art. 7 ArbGB und Art. 9 Abs. 3 GG sind nahezu wortgleich. Danach besteht das Recht, zur Wahrung und Förderung der Arbeits- und Wirtschaftsbedingungen Vereinigungen zu bilden; in Deutschland für jedermann, in Rumänien für Arbeitnehmer und Arbeitgeber. Zudem haben in beiden Rechtsordnungen die ILO-Übereinkommen eine große Bedeutung. Sie werden zur Auslegung des Gesetzes herangezogen.

Ein Unterschied besteht zwischen den beiden Rechtsordnungen hinsichtlich der genauen Ausgestaltung der gesetzlichen Regelungen. Die deutsche Ausgestaltung der Vereinigungs- bzw. Koalitionsfreiheit ist präzise und einheitlich in Art. 9 Abs. 1 bzw. Abs. 3 GG geregelt. Damit besteht je eine rechtliche Grundlage für diese Rechte. Die genauere Ausgestaltung dieser Rechte ist den Gerichten überlassen. In Rumänien dagegen, wird sowohl die Vereinigungsfreiheit als auch die Koalitionsfreiheit an mehreren Stellen des Gesetzes geregelt, mit teil-

---

gleiche Entgelt für Männer und Frauen bei gleicher Arbeit. Die Abkommen sind von der BRD ratifiziert und in Deutschland geltendes Recht." Auf derselben Linie liegt die in der Entscheidung vom 10.6.1980 enthaltene Aussage, das ILO-Übereinkommen Nr. 87 sei „unstreitig" durch Transformationsgesetz geltendes Recht geworden (BAG AP Nr. 64 zu Art. 9 GG Arbeitskampf Bl. 7 R). In neuerer Zeit wurde dasselbe in Bezug auf das ILO-Übereinkommen Nr. 111 betont (BAG AP Nr. 4 zu § 611 BGB Abmahnung). Vgl- zu alldem: Däubler, Gewerkschaftsrechte im Betrieb, S. 37 ff.
93 Däubler, Gewerkschaftsrechte im Betrieb, 11. Aufl. (2010), S. 40
94 Däubler, aaO; zu den spezifischen Schwierigkeiten bei der Durchsetzung völkerrechtlicher Abkommen siehe Krebber, JZ 2008, 53 (53 ff.)

weise gleichem Wortlaut. So wird die Koalitionsfreiheit in Art. 9 der Verfassung, Art. 7 ArbGB sowie Art. 3 Abs. 1 und 3, Art. 33 Abs. 1 Gesetz Nr. 62/2011 normiert. Dabei erklärt sich diese mehrmalige Regelung derselben Rechte nicht; die häufigen Regelungen enthalten keine Konkretisierung oder Erweiterung dieser Rechtsinstitute, sondern sind hauptsächlich eine Wiederholung mit teils unterschiedlichem Wortlaut. An der Regelung dieser Thematik kann man deutlich erkennen, dass der rumänische Gesetzgeber mit einer Ausgestaltung des Gesetzes im schnellen Wandel der Regierungsform überfordert war; zumal eine Koalitionsfreiheit im sozialistischen System für Gewerkschaften kaum, für Arbeitgeber gar nicht bestand. Die mehrfachen Regelungen desselben Instituts sind wenig hilfreich, vielmehr verwirrend und überflüssig. Hierbei hat auch die Neufassung des Arbeitsgesetzes und des Gesetzes über den Sozialen Dialog keine Abhilfe geschaffen. Waren die Rechte der Gewerkschaften ehemals in Art. 7 ArbGB sowie Art. 2 Abs. 1 und 3, Art. 33 Abs. 1 Gesetz Nr. 54/2003 mehrfach geregelt, so hat sich lediglich der Gesetzesname verändert. Die überflüssige, mehrfache Regelung wurde beibehalten. Damit wären – nach wie vor – deutliche Kürzungen und Vereinfachungen der gesetzlichen Regelung wünschenswert.

Trotz alldem ist zu erkennen, dass eine vergleichbare rechtliche Grundlage zur Sicherung der Vereinigungs- und Koalitionsfreiheit besteht. Die Anknüpfungspunkte sind mithin funktional vergleichbar, so dass eine Rechtsvergleichung des Gewerkschafts- Tarifvertragssystems möglich ist.

II. Gewerkschaftssystem

Während die Bestimmung der rechtlichen Grundlagen und damit der Basis der gewerkschaftlichen Betätigung die Frage beantworten sollte, ob und inwieweit ein Rechtsvergleich des rumänischen und deutschen Gewerkschaftsrechts möglich ist, sollen nun die einzelnen, dem zugrunde liegenden, Lebensverhältnisse verglichen werden. Denn die Rechtsvergleichung nimmt nicht die rechtliche Regelung zum Ausgangspunkt, sondern das Problem, die Rechtsfrage, das Lebensverhältnis.[95] Zu diesem Zweck wird das Gewerkschaftssystem in Rumänien im Einzelnen dargestellt und mit dem Deutschen verglichen. Dabei wird das deutsche Recht weitestgehend als bekannt vorausgesetzt und nur in Grundzügen dargestellt, soweit es für den Vergleich erforderlich erscheint. Das Ziel der Untersuchung ist daher keine umfassende Darstellung aller Einzelregelungen in diesem Bereich, sondern vor allem das Eingehen auf praktisch relevante Probleme und das Aufzeigen ihrer Lösungen in beiden Rechtsordnungen.

---

95 vgl. Junker, Grund und Grenzen der Arbeitsrechtsvergleichung, S. 705

1. Gewerkschaften („*sindicate*[96]") als Hauptakteure

„Der Arbeitnehmer verbringt mehr als ein Drittel seines aktiven Daseins im Betrieb. Sein sozialer Status, seine Freizeit, oft auch seine Gesundheit hängen davon ab, wie seine Arbeitsbedingungen beschaffen sind. Diese können von ihm als Individuum in der Regel so gut wie gar nicht beeinflusst werden."[97] Um die schlimmsten Konsequenzen dieses Systems zu mildern und – darüber hinaus – einen grundsätzlichen Wandel einzuleiten, gibt es Gewerkschaften.[98] Sie haben die Aufgabe, die einzelnen Arbeitnehmer vor der überlegenen Stellung der Arbeitgeber zu schützen. Dieses Ziel kann auf überbetrieblicher und auf betrieblicher Ebene erreicht werden, nicht aber allein auf betrieblicher Basis; nur der Zusammenschluss zu überbetrieblichen Organisationen eröffnet die Möglichkeit, auch und gerade im einzelnen Betrieb als Verhandlungspartner ernst genommen zu werden.[99] Die erste deutsche Gewerkschaft war der Zentralverband für Tabakarbeiter, der 1865 in Leipzig gegründet wurde[100]. Auch in Rumänien wurde die erste Gewerkschaft (*Uniunea Generala a Sindicatelor din Romania*) nicht wesentlich später, im Jahre 1872[101], gegründet.

Gewerkschaften sind im rumänischen Recht die Hauptakteure auf der Arbeitnehmerseite, da die Arbeitnehmermitbestimmung ohne einen Betriebsrat, wie er in Deutschland verstanden wird, erfolgen muss. Es besteht zwar auch in Rumänien die Möglichkeit der Gründung einer Arbeitnehmervertretung im Betrieb, sie erfolgt jedoch nur subsidiär zu den Gewerkschaften, so dass Gewerkschaften die Hauptverhandlungspartner bei der Wahrnehmung und Durchsetzung kollektiver Rechte sind. Im Folgenden wird ihre Stellung im Rechtssystem untersucht (a), dann ihr tatsächlicher Einflussbereich (b) sowie die Problematik bezüglich ihrer Ressourcenfindung (c) dargestellt und jeweils mit der deutschen Regelung verglichen.

a) Rechtliche Stellung

aa) In Rumänien

Gewerkschaften sind in Rumänien und in Deutschland juristische Personen ohne Gewinnerzielungsabsicht, die mit dem Zweck gegründet werden, kollektive und individuelle Rechte sowie berufliche, wirtschaftliche, soziale, kulturelle und sportliche Interessen ihrer Mitglieder zu schützen und zu fördern.[102] Die Stel-

---

96 Der Begriff „sindicat" stammt von dem lateinischen Wort sindiz, das Rechtsrepräsentant einer Kollektivität bzw. dessen Anwalt bedeutet.
97 Däubler, Gewerkschaftsrechte im Betrieb, S. 31
98 Däubler, aaO
99 vgl. Däubler,: aaO
100 Löwisch-Rieble - Münchener Handbuch ArbeitsR Bd. 2, § 159, Rn 1
101 Preda, The development and current situatuion of trade unions, S. 1
102 für Rumänien siehe. Art. 214 Abs. 1 Arbeitsgesetzbuch i.V.m. Art. 9 der Verfassung i.V.m. Art. 1 u) Gesetz Nr. 62/2011

lung der Gewerkschaften wird in der rumänischen Gesetzgebung durch das Gesetz Nr. 62/2011[103] geregelt.

Gewerkschaften zeichnen sich durch mehrere Eigenschaften aus. Sie sind gem. Art. 2 Abs. 1 des Gesetzes Nr. 62/2011 unabhängig von der öffentlichen Amtsgewalt, von politischen Parteien, Arbeitgebern und Arbeitgebervereinigungen. Sie sind das Ergebnis eines freien Zusammenschlusses von Personen aufgrund ihrer Arbeitsstelle, ihres Beschäftigungsfeldes, Berufes, Aktivitätszweigs oder Territorialität. Sie müssen professioneller Natur sein, nicht politischer. Sie dürfen zwar politische Mittel (beispielsweise Petitionen) zur Erreichung ihrer Ziele verwenden, sie dürfen jedoch nicht für ein politisches Programm einstehen oder sich selbst politisch betätigen.[104] Die gewerkschaftlichen Aktivitäten müssen auf der Grundlage der Gewerkschaftssatzung beruhen und im Einklang mit dem geltenden Recht stehen (Art. 5 Satz 1 Gesetz Nr. 62/2011). Gewerkschaften haben das Recht, Inhaber eines Vermögens zu sein, das nicht dafür verwendet werden darf, eine politische Partei zu unterstützen. Das Geschäftsführungsorgan einer Gewerkschaft ist die Hauptversammlung, die die Entscheidungen trifft.[105]

Der Personenkreis derer, die sich in Gewerkschaften organisieren und sich diesen anschließen können, beschränkt sich auf Beschäftigte mit einem Individualarbeitsvertrag, Beamte, Beamte nach speziellen Vorschriften dieses Gesetzes, Mitglieder einer Genossenschaft und angestellte Landwirte (Art. 3 Abs. 1 Gesetz Nr. 62/2011).

Eine wichtige Neuerung der Gesetzesänderung im Mai 2011 liegt in den Gründungsvoraussetzungen der Gewerkschaften. Nach dem früheren Recht, waren für die Gründung einer Gewerkschaft mindestens fünfzehn Personen derselben Branche oder desselben Berufs notwendig, auch wenn diese bei verschiedenen Arbeitgebern beschäftigt sind (Art. 2 Abs. 2 Gesetz Nr. 54/2003). Nach der neuen Regelung (Art. 3 Abs. 2 Gesetz Nr. 62/2011) sind 15 Arbeitnehmer eines Betriebes erforderlich. Dies schränkt die Gründungsmöglichkeiten der Gewerkschaften zwar ein, stärkt aber bei genauerer Betrachtung ihre Stellung im Betrieb, da die Gewerkschaften so durchsetzungskräftiger und repräsentativer sind im Vergleich zur Vorregelung, nach der eine Gewerkschaft evtl. nur einen oder zwei Arbeitnehmer des Betriebs repräsentieren konnte. Nach wie vor darf ein Arbeitnehmer bei einem Arbeitgeber jeweils nur Mitglied einer Gewerkschaft sein (Art. 3 Abs. 4 Gesetz Nr. 62/2011).[106]

Im Gegensatz dazu ist es Personen in Führungspositionen, öffentlichen Würdenträgern, Richtern und Staatsanwälten, militärisch angestellten Personen im Verteidigungs- und Innenministerium, im Justizministerium, im rumänischen Geheimdienst, im auswärtigen Geheimdienst, im Staatssicherheitsdienst und im

---

103 früher durch Gesetz Nr. 54/2003
104 Radu, Dreptul muncii, S. 51, Art. 2 Abs. 2 Gesetz Nr. 62/2011
105 Ticlea, Tratat de dreptul muncii, S. 197
106 vormals Art. 2 Abs. 4 Gesetz Nr. 54/2003 a.F.

Spezial-Telekommunikationsdienst sowie in den Einheiten, die diesen Behörden untergeordnet sind, verboten, eine Gewerkschaft zu gründen oder einer Gewerkschaft beizutreten (Art. 4 Gesetz Nr. 62/2011[107]). Nach Ansicht des Gesetzgebers ergibt sich das Beitrittsverbot für Personen in Führungspositionen aus der speziellen Eigenart ihrer Tätigkeit, durch das besondere Verhältnis, durch die Führung des Unternehmens und des besonderen Inhalts der Verpflichtung zur Treue gegenüber dem Arbeitgeber.[108] Rentner dürfen zwar keine Gewerkschaft gründen[109], können aber nach ihrer Pensionierung Mitglieder der Gewerkschaft bleiben, der sie zu Zeiten ihrer beruflichen Tätigkeit angehört haben. Schüler, Studenten und Arbeitslose können *de plano* keine Gewerkschaft gründen, da sie keine berufliche Tätigkeit ausüben, obwohl tatsächlich studentische Gewerkschaften bestehen.[110] Minderjährige dürfen ab einem Alter von 16 Jahren ohne die Einwilligung ihrer Eltern Gewerkschaftsrechte in Anspruch nehmen (Art. 3 Abs. 5 Gesetz Nr. 62/2011), können jedoch keine Gewerkschaft gründen. Zwischen 15 und 16 Jahren benötigen die Minderjährigen die Einwilligung ihrer Eltern um einen Arbeitsvertrag zu schließen und einer Gewerkschaft beizutreten.[111]

---

107 Vor der Gesetzesänderung durch Gesetz Nr. 62/2011 war nach dem Gesetzeswortlaut nur die Gründung, nicht der Beitritt zu einer Gewerkschaft gesetzlich geregelt. Daher besteht in der rumänischen Rechtsliteratur Uneinigkeit, ob auch den in Art. 4 Gesetz Nr. 54/2003 a.f. genannten Personen – insbesondere Personen in Führungspositionen – der Beitritt verwehrt ist. Nach der rumänischen Literaturmeinung musste der Gesetzeswortlaut "rational so ausgelegt werden, dass auch der Beitritt zu einer Gewerkschaft von der Regelung umfasst ist." Die Gesetzesänderung hat insofern Abhilfe geschaffen, da nach Art. 4 Gesetz Nr. 62/2011 ausdrücklich auch der Beitritt zu einer Gewerkschaft geregelt wurde.
108 Stefanescu, Tratat de dreptul muncii, S. 92
109 Rentnern ist es aufgrund der Regierungsanordnung (Nr 26/2000, geändert durch Gesetz 502/2004) erlaubt, sich zusammenzuschließen um die Ihnen gebührenden Rechte im Rahmen des Sozialversicherungssystems sicherzustellen.
110 Stefanescu, Tratat de dreptul muncii, S. 93; Exemplarische Beispiele für studentische Gewerkschaften: „Sindicatul Studentilor din Cibernetica" (http://sisc.ro/, abgerufen am 02.08.2011); Organizatia Sindicala Studenteasca a UTM (http://web.utm.md/index.php?option=com_content&view=category&id=64&Itemid=36&lang=en, abgerufen am 02.08.2011); Sindicatul Studentesc din Facultatea de Inginerie Mecanica (http://www.infoupb.ro/organizatii-studentesti/56-ssm-ing.html, abgerufen am 02.08.2011). Die studentischen Gewerkschaften sind jedoch kleine, meist universitätsansässige „Gewerkschaften", die die Sicherstellung und Stärkung der studentischen Rechte zum Ziel haben. Sie vertreten die Studenten gegenüber der Universitätsverwaltung und öffentlichen Institutionen. Die Aufgaben und Ziele dieser Gewerkschaften entsprechen eher einer „Fachschaft" an deutschen Universitäten, als Gewerkschafen im eigentlichen Sinne, da sie nicht mit dem „Gegenpart Arbeitgeber" verhandeln, sondern hauptsächlich mit der Universitätsverwaltung.
111 Athanasiu Alexandru: Dreptul Muncii, S. 254; Dimitriu, Romanian industrial relations law, S. 13

Ihre Rechtspersönlichkeit erhalten Gewerkschaften durch Eintragung in ein Gewerkschaftsregister, das beim örtlichen Amtsgericht geführt wird. Das genaue Verfahren zum Erhalt der Rechtspersönlichkeit erfordert mehrere Schritte (Art. 14 bis Art. 20 Gesetz 62/2011): Zuerst muss ein von den Gründungsmitgliedern unterschriebener Antrag auf Gründung einer Gewerkschaft beim örtlich zuständigen Amtsgericht eingereicht werden. Dem Antrag müssen die Satzung der Gewerkschaft und eine Liste mit den Mitgliedern des Führungsorgans der Gewerkschaft beiliegen, auf der Beruf und Adressen der Mitglieder genannt ist. Das Amtsgericht ist verpflichtet, die Gesetzmäßigkeit der Dokumente innerhalb von 5 Tagen nach Eingang zu untersuchen. Dabei stellt das Gericht lediglich formal fest, ob die Voraussetzungen des Zwecks, des Vermögensbestands und der Struktur einer Gewerkschaft erfüllt sind.[112] Sind diese Voraussetzungen nicht erfüllt, lädt der Vorsitzende des Spruchkörpers den Vertreter der Antragsteller ins Beratungszimmer und teilt ihm diese schriftlich mit. Innerhalb von 7 Tagen besteht die Möglichkeit einer Abhilfe. Sofern der Antrag ordnungsgemäß ist, geht das Gericht zur Erledigung des Antrags durch Ladung des Spezialbevollmächtigten innerhalb von 10 Tagen über. Das Gericht verkündet dann eine begründete Entscheidung entweder auf Zulassung oder auf Ablehnung des Antrags, die dem Unterzeichner des Antrags innerhalb von 5 Tagen ab Verkündung der Entscheidung zugestellt werden muss. Diese gerichtliche Entscheidung kann nur durch eine Rechtsbeschwerde angegriffen werden, die innerhalb einer Frist von 15 Tagen ab Zustellung zu erfolgen hat. Die Beschwerde wird vorrangig behandelt und unter Ladung des Bevollmächtigten der Gründungsmitglieder entschieden. Nach der Ausfertigung der Entscheidung gibt das Beschwerdegericht die Gerichtsakte innerhalb von 5 Tagen nach Verkündung an das Amtsgericht zurück. Das Amtsgericht ist nach Art. 17 Gesetz Nr. 62/2011 verpflichtet das Gewerkschaftsregister zu führen, in dem unter anderem Name und Sitz der Gewerkschaft, die Namen der Führungsorgane der Gewerkschaft, die Nummer und das Datum der endgültigen Entscheidung über die Zulassung des Antrags jeder Gewerkschaft festgehalten wird. Die Gewerkschaften erhalten ihre Rechtspersönlichkeit durch Eintragung der unanfechtbar gewordenen Gerichtsentscheidung in dieses Gewerkschaftsregister.[113] Bei dem Erwerb der Rechtspersönlichkeit wird die Frage der Unabhängigkeit einer Gewerkschaft nicht erörtert.[114]

Gewerkschaften können sich gem. Art. 41 Abs. 1 Gesetz Nr. 62/2011 zusammenschließen, wenn sie für denselben Sektor zuständig sind. Nach dem bis

---

112 vgl. Dimitriu, Romanian industrial relations law, S. 14
113 vgl. Art. 17, 18 Gesetz 62/2011; Nach dem früheren Gesetz (Nr. 54/1991) erhielten die Gewerkschaften die Rechtspersönlichkeit bereits mit der gerichtlichen Entscheidung, was vorteilhafter für sie war.
114 Bisher wurde die Unabhängigkeit einer bestimmten Gewerkschaft noch nie angefochten.

April 2011 geltenden Art. 41 Abs. 1 Gesetz Nr. 54/2003 a.f., waren Zusammenschlüsse nach den Kriterien Branche, Berufe oder Territorialität zulässig. Dies wurde durch das Gesetz über den Sozialen Dialog abgeschafft, so dass sich nur noch Gewerkschaften desselben Sektors zusammenschließen können. Ebenso können sich zwei oder mehr Gewerkschaften desselben Sektors in Verbänden (*"federatii"*) zusammenschließen (Art. 41 Abs. 2 Gesetz Nr. 62/2011). Zwei oder mehr Verbände unterschiedlicher Sektoren können sich zu Gewerkschaftsbünden („*confederatii*", Art. 41 Abs. 3 Gesetz Nr. 62/2011) zusammenschließen. Gewerkschaftsverbände oder Gewerkschaftsbünde können aus den Mitglieds-Gewerkschaften zusätzlich noch eine territoriale Gewerkschaftsunion (*"uniune"*) gründen (Art. 41 Abs. 4 Gesetz Nr. 62/2011).[115]

Gewerkschaftsverbande und Gewerkschaftsbünde erlangen ihre Rechtspersönlichkeit –ebenso wie Einzelgewerkschaften – mit der Eintragung der rechtskräftigen gerichtlichen Entscheidung des zuständigen Landgerichts ins Gewerkschaftsregister, das die Gründung bestätigt (Art. 47 Gesetz Nr. 62/2011). Eine Gewerkschaftsunion (Art. 43 Gesetz Nr. 62/2011) erlangt Rechtspersönlichkeit ebenso durch Eintragung der gerichtlichen Entscheidung in das Gewerkschaftsregister, die nur auf Antrag der Gewerkschaftsverbände oder -bünde, die die Unionssatzung beschlossen haben, erfolgt.

bb) In Deutschland

In Deutschland spielen Gewerkschaften und Arbeitgeberverbände neben der Gesetzgebung die Hauptrolle bei der Gestaltung der Arbeits- und Wirtschaftsbedingungen. Sie gehören zu den bedeutsamsten Akteuren in der deutschen Wirtschafts- und Sozialpolitik.[116] Gewerkschaften sind größtenteils und traditionell als nicht eingetragene Vereine (§ 54 BGB) mit nichtwirtschaftlicher Zielsetzung organisiert. Grund hierfür war, dass die Gewerkschaften der staatlichen Kontrolle über die Satzung eines eingetragenen Vereins entgehen wollten. Unabhängig von der Frage, ob der nicht rechtsfähige, nicht eingetragene Verein nach der neueren Rechtsprechung des BGH zur Gesellschaft bürgerlichen Rechts[117] inzwischen doch rechtsfähig ist, sind Gewerkschaften jedenfalls vor den Arbeits-

---

115 Nach dem vormals geltenden Gesetz Nr. 54/2003 konnten Verbände durch mehrere Gewerkschaften gegründet werden, die sich auf Unternehmensebene in verschiedenen Unternehmen, aber in der gleichen Branche oder dem gleichen Beruf konstituiert haben. Gewerkschaftsbünde konnten aus dem Zusammenschluss von Verbünden mehrerer Branchen oder Berufszweige gegründet werden (vgl. Art. 41 Abs. 2 und 3 Gesetz Nr. 54/2003).
116 vgl. Hromadka/Maschmann, Kollektivarbeitsrecht, S. 11
117 Die Gesellschaft bürgerlichen Rechts ist nach neuerer Rechtsprechung im Zivilprozess und im Arbeitsgerichtsverfahren aktiv und passiv parteifähig (BGH 29.01. 2001, Az. II ZR 331/00; BAG 01.12.2004, Az. 5 AZR 597/03)

gerichten partei- (§ 10 ArbGG) und tariffähig.[118] Für das Verbandsrecht der Gewerkschaften und Arbeitgeberverbände gibt es keine besondere Gesetzesregelung, ihre Organisation richtet sich nach dem Vereinsrecht des Bürgerlichen Gesetzbuchs[119], das eine Satzung voraussetzt.

Der Gewerkschaftsbegriff muss alle Voraussetzungen erfüllen, die man an eine Koalition im Sinne des Art. 9 Abs. 3 GG stellt, da Gewerkschaften vom Grundrecht der Koalitionsfreiheit Gebrauch machen.[120] Daraus folgt für den Gewerkschaftsbegriff im Einzelnen: „Tariffähige Gewerkschaften und Arbeitgeberverbände müssen frei gebildet, gegnerfrei, auf überbetrieblicher Grundlage organisiert und unabhängig sein sowie das geltende Tarifrecht als für sich verbindlich anerkennen; ferner müssen sie in der Lage sein, durch Ausüben von Druck auf den Tarifpartner zu einem Tarifabschluss zu kommen."[121] Alle Gewerkschaften haben in ihren Satzungen ihre parteipolitische Neutralität verankert.[122]

Die Mitgliedschaft in den Gewerkschaften[123] ist nicht auf aktuell beschäftigte Angestellte und Arbeiter beschränkt. Auch in Ausbildung stehende Personen können Mitglieder werden, unabhängig davon, ob es sich um ein Berufsausbildungsverhältnis, ein Praktikantenverhältnis oder ein Verhältnis als Studierender handelt.[124] Auch Arbeitslosen, die eine Beschäftigung im Organisationsbereich

---

118 vgl. Nipperdey - Ulf Kortstock, Nipperdey Lexikon Arbeitsrecht, unter V; ErfKomm - *Franzen*, § 2 TVG Rn. 4
119 Richardi, Kollektives Arbeitsrecht, S. 18
120 Richardi - *Richardi*, BetrVG, § 2 Rn. 41, 42
121 vgl. Richardi - *Richardi*, BetrVG, § 2 Rn. 39; mit weiteren Nachweisen
122 Münchener Handbuch ArbeitsR Bd. 2 - *Richardi*, § 159, Rn. 33
123 Die Satzung von „ver.di" sieht beispielsweise vor: Gewerkschaftsmitglied kann werden:
    a) wer im Organisationsbereich der ver.di in einem Arbeits-, Dienst-, Amts- oder Ausbildungsverhältnis steht,
    b) wer im Organisationsbereich der ver.di als freie/r Mitarbeiter/in, persönlich selbständig, freiberuflich oder als arbeitnehmerähnliche Person tätig ist,
    c) wer an Hochschulen, Akademien oder vergleichbaren Einrichtungen studiert, sofern sie/er ein Studienfach studiert, das eine spätere Tätigkeit im Organisationsbereich der ver.di ermöglicht oder sie/er eine Tätigkeit in diesem Bereich anstrebt; entsprechendes gilt für Schüler/innen,
    d) wer an Maßnahmen der beruflichen Aus-, Fort- und Weiterbildung sowie der Umschulung und Rehabilitation teilnimmt, sofern die Maßnahme eine spätere Tätigkeit im Organisationsbereich der ver.di ermöglicht oder sie/er eine Tätigkeit in diesem Bereich anstrebt,
    e) wer im Organisationsbereich der ver.di erwerbslos wurde oder wer erwerbslos ist und eine Beschäftigung im Organisationsbereich der ver.di anstrebt. (siehe unter: http://service.verdi.de/mitgliedschaft_leistungen/mitglied_werden/ satzung_auszuege, abgerufen am 02.11.2011)
124 vgl. § 6 Nr. 1 lit. c der Satzung ver.di.

der betreffenden Gewerkschaft anstreben, steht die Mitgliedschaft offen.[125] Die Mitgliedschaft endet auch nicht mit der Beendigung des Beschäftigtenverhältnisses. Wer in den Ruhestand tritt, arbeitslos wird oder eine Tätigkeit als Selbständiger aufnimmt, bleibt Mitglied, solange er nicht aus der Gewerkschaft austritt.[126] Der Gewerkschaftsbeitritt eines minderjährigen Arbeitnehmers ist von § 113 BGB gedeckt. Da nur tarifgebundene, also gewerkschaftlich organisierte Arbeitnehmer Anspruch auf die tarifvertraglichen Leistungen haben, würde der Minderjährige von der Gestaltung wesentlicher Teile seiner Rechte aus dem Arbeitsvertrag ausgeschlossen, wenn man die Ermächtigung auf unmittelbare Abreden mit dem Arbeitgeber beschränken und ihm die Möglichkeit eines Gewerkschaftsbeitritts nehmen würde (vgl. §§ 2 ff. TVG).[127]

cc) Vergleich – Einschränkung der Koalitionsfreiheit?

Vergleicht man die rechtliche Stellung der Gewerkschaften in Rumänien und in Deutschland, ergeben sich einige – vor allem praktische – Unterschiede. In manchen Teilbereichen, die für das Funktionieren der gewerkschaftlichen Interessenvertretung wichtig sind, gibt es in Rumänien eine eher hinderliche Überregulierung, was spezielle Gewerkschaftsgesetze, die anzuwendenden Repräsentativitätskriterien, Registrierungspflichten und Ausschlüsse bestimmter Personen von einer Mitgliedschaft betrifft,[128] die die tatsächliche Ausübung der Koalitionsfreiheit oft nahezu unmöglich machen. Im Folgenden wird daher untersucht, ob die Regelungen in Rumänien im Vergleich zu den deutschen Regelungen eine Einschränkung der Koalitionsfreiheit darstellen.

(1) Rechtsform der Gewerkschaften

Alle Gewerkschaften in Rumänien haben die Rechtsform einer juristischen Person, während sie in Deutschland auch als nicht eingetragene Vereine und damit als nicht-juristische Personen gegründet werden können. Da nicht eingetragene Vereine juristischen Personen durch die rechtsprechung des BGH rechtlich gleichgestellt sind, wird diese Unterscheidung unerheblich, so kann festgestellt werden, dass jede Gewerkschaft in Deutschland und Rumänien eine juristische Person oder einer solchen rechtlich gleichgestellt ist. Ebenso ist eine Gewerkschaft in beiden Rechtsordnungen durch eine Satzung organisiert. Auch kennen beide Rechtssysteme die Gewerkschaftsorganisation durch Verbände und Dachverbände, die bis zu vierstufig organisiert sein können. Der Vergleich ergibt hier, dass sich die beiden Rechtsordnungen in diesem Punkt kaum unterscheiden. Marginale Unterschiede sind in diesem Fall funktional unerheblich.

---

125 § 6 Nr. 1 lit. e der Satzung ver.di. Dies ist auch besonders sinnvoll, da Arbeitslose, die sich gewerkschaftlich organisieren wollen über die nötige Zeit verfügen, um sich sinnvoll einzubringen.
126 Münchener Handbuch ArbeitsR Bd. 2 - *Richardi*, § 159, Rn. 32
127 MünchKommBGB - *Armbrüster*, § 113, Rn. 24
128 Kohl, Koalitionsfreiheit, Arbeitnehmerrechte und sozialer Dialog, S. 17

(2) Eintragungsvoraussetzungen

Ein erheblicher Unterschied besteht jedoch in den Gründungsmodalitäten. Während eine Gewerkschaft in Rumänien nur durch eine gerichtliche Entscheidung gegründet werden kann und in ein Gewerkschaftsregister eingetragen werden muss, kann eine Gewerkschaft in Deutschland frei gegründet werden. Eine Eintragung in ein Register ist bei einem nicht eingetragenen Verein nicht erforderlich; bei einem eingetragenen Verein ist lediglich eine Eintragung ins Vereinsregister vonnöten.[129] Hier erkennt man, dass die Gründung einer Gewerkschaft im rumänischen System (siehe oben, unter Teil C. II. 1. a. aa) unnötig formalistisch und umständlich geregelt ist. Eine Gewerkschaft kann nicht frei gegründet, sondern muss zwangsläufig eingetragen werden. Erschwert wird eine betriebliche Gewerkschaftsgründung bereits durch die bestehende Registrierungspflicht, die gegenüber staatlichen Instanzen besteht, wo diese gegebenenfalls abgelehnt oder nur unter Auflagen erteilt werden kann.[130] Dies stellt eine Erschwerung der Gründung einer Gewerkschaft und damit eine Einschränkung der Koalitionsfreiheit dar.

(3) Mindestmitgliederzahl

Problematisch ist weiterhin, ob hohe Gründungsanforderungen eine Beschränkung der Koalitionsfreiheit darstellen. In Rumänien kann nach Art. 3 Abs. 2 Gesetz Nr. 62/2011 eine Gewerkschaft nur gegründet werden, wenn sich mindestens 15 Arbeitnehmer desselben Unternehmens zusammenschließen. In Deutschland genügt der Zusammenschluss von lediglich zwei Personen für einen nicht eingetragenen Verein und sieben (§ 56 BGB) für einen eingetragenen Verein. Besonders für kleine und mittlere Unternehmen stellt eine solch hohe Mindestgründungszahl von fünfzehn Personen einen weitgehenden Ausschluss einer gewerkschaftlichen Vertretung dar, da diese Mitgliederzahl für die Grün-

---

129 Beim Vereinsregister sind nach § 59 Abs. 1 und 2 BGB ein Anmeldungsschreiben, das Original und eine Abschrift (zum Beispiel eine Kopie) der Satzung, eine Abschrift des Gründungsprotokolls und eine Abschrift über die Bestellung des Vorstands einzureichen. Das Anmeldungsschreiben soll die Anmeldung des gegründeten Vereins zur Eintragung im Vereinsregister, die Namen, Geburtsdaten und Anschriften der gewählten Vorstandsmitglieder und die öffentlich beglaubigten Unterschriften der vertretungsberechtigten Vorstandsmitglieder enthalten. Die Anmeldung muss öffentlich beglaubigt sein. Beim Amtsgericht ist der Rechtspfleger für die Anmeldung zuständig. Er teilt die Anmeldung der zuständigen Verwaltungsbehörde mit. Circa sechs Wochen nach der Anmeldung wird der Verein ins Vereinsregister eingetragen, wenn kein Einspruch erfolgt. Der Vorstand wird von der Eintragung benachrichtigt. Damit erlangt der Verein die volle Rechtsfähigkeit. Die Anmeldung zur Eintragung ins Vereinsregister kann vom Amtsgericht nach § 60 BGB nur zurückgewiesen werden, wenn die formalen Erfordernisse der §§ 56 bis 59 BGB nicht erfüllt sind. Sobald die formalen Voraussetzungen vorliegen, wird der Verein eingetragen. Inhaltliche Voraussetzungen werden nicht geprüft.
130 Kohl, Koalitionsfreiheit, Arbeitnehmerrechte und sozialer Dialog, S. 18

dung einer Gewerkschaft zwingend vorgeschrieben ist. Insbesondere die Gesetzesänderung im Mai 2011 verstärkt diese Problematik noch. Nach dem vorhergehenden Gesetz waren zwar auch 15 Arbeitnehmer vonnöten um eine Gewerkschaft zu gründen, allerdings konnten diese bei unterschiedlichen Arbeitgebern angestellt sein. Dies ist nun nicht mehr möglich, so dass die Hürde für die Gründung einer Gewerkschaft höher gesetzt wurde. Bereits mit den gesetzlichen Bestimmungen über Mindestzahlen zur Gründung einer Einzelgewerkschaft vor Ort beginnt eine „detailversessene Regulierung"[131]. Fraglich ist, ob diese hohe Gründungsschwelle an sich zu einer Einschränkung der Koalitionsfreiheit führt. Im Vergleich zur deutschen Regelung kann man jedenfalls feststellen, dass sehr viele insbesondere kleine und mittlere Unternehmen in Deutschland die Möglichkeit haben, sich gewerkschaftlich zu organisieren; in Rumänien aufgrund dieser Voraussetzung jedoch nicht. Zudem fehlen in kleinen und mittleren Unternehmen meist die Chancen, um Mitglieder zu werben. Die gesetzlichen Möglichkeiten schränken die Forderung nach einer wirkungsvollen Interessenvertretung bislang oftmals unzumutbar ein[132]; insofern liegt eine Einschränkung der Koalitionsfreiheit vor.

(4)   Barrieren des Gewerkschaftsbeitritts

In beiden Rechtssystemen sind die Mitglieder bzw. die Personen, die nicht Mitglied einer Gewerkschaft sein können, durch Gesetz oder Satzung festgelegt. In Rumänien bestehen mehr Einschränkungen als in Deutschland (siehe oben A II 1 a, aa und bb). Dadurch bleiben bedeutende Arbeitnehmergruppen (z.B. Studierende, Auszubildende, Arbeitslose) von der Beteiligung am Sozialdialog ausgeschlossen, was weitreichende Folgen für ihre gesamte Lebensgrundlage haben kann. Die Bedeutung dieser gesetzlichen Bestimmungen kann man erst in seiner Gänze erkennen, wenn man dazu beachtet, dass sich vielfach das Tarifgeschehen nur im Betrieb abspielt.[133]

Im Zusammenhang mit dem Ausschluss bestimmter Arbeitnehmergruppen hat das Verfassungsgericht Rumäniens bereits mehrmals entschieden. Im Verfahren D.C.C. Nr. 147/2004 sowie Nr. 469/2003 hat es den Ausschluss bestimmter Personengruppen von einer Gewerkschaftsmitgliedschaft als zulässig erachtet. Vorgebracht wurde, dass Art. 4 Gesetz Nr. 53/2004 a.F. (entspricht Art. 4 Gesetz Nr. 62/2011) gegen Art. 40 Abs. 1 der Verfassung verstößt, der jedem Bürger die Freiheit einräumt, sich zu politischen Parteien, Gewerkschaften, Arbeitgebervereinigungen oder zu anderen Vereinigungsformen zusammenzuschließen, sowie gegen Art. 9 Abs. 2 des ILO-Übereinkommens Nr. 87/1948 und Art. 5 der Europäischen Sozialcharta. Das Verfassungsgericht hat dahingehend argumentiert, dass die in Art. 40 Abs. 1 der Verfassung garantierten Rechte

---

131 Kohl, Koalitionsfreiheit, Arbeitnehmerrechte und sozialer Dialog, S. 17
132 Hantke, Gewerkschaften im 21. Jahrhundert, S. 6
133 Kohl, aaO

nicht absolut ausgestaltet sind, sondern durch die Gründung oder den Beitritt zu Vereinigungen ausgeübt werden. Aufgrund dessen, dass in Art. 40 Abs. 1 der Verfassung die Art der Vereinigungen nicht abschließend genannt sind (politische Parteien, Gewerkschaften, Arbeitgebervereinigungen oder andere Vereinigungsformen), verhindert der Wortlaut dieser Norm auch keine einfachgesetzlichen Regelungen, nach denen bestimmte Personengruppen bestimmte Vereinigungen gründen oder nicht gründen können. Da sogar die Verfassung selbst in Art. 40 Abs. 3 Einschränkungen bezüglich der Personengruppen vorsieht, die nicht Mitglieder von politischen Parteien werden können (Richter, Armeemitglieder, Polizisten usw.), ist auch eine gesetzliche Regelung, die bestimmte Personengruppen von einer Mitgliedschaft in Gewerkschaften ausschließt, nicht verfassungswidrig. Dies würde auch nicht der Koalitionsfreiheit widersprechen, da auch aus Art. 9 der Verfassung die Möglichkeit hervorgeht, dass mehrere Arten der Vereinigungen mit unterschiedlichem Zweck und Tätigkeitsfeldern gegründet werden. Mitglieder verschiedener Vereinigungen haben unterschiedliche Interessen. Daraus folgt, dass auch ihre Ziele unterschiedlich sind. Daher ist das Verfassungsgericht der Ansicht, dass das Gesetz bestimmte zwingende Bedingungen bezüglich der Gründung und der Ausübung von Gewerkschaften vorsehen darf, darunter auch die Personengruppen beschränken, die Mitglieder von Gewerkschaften sein können. Diejenigen Personen, die von einer Gewerkschaftsbetätigung ausgeschlossen sind, könnten sich ja in anderen Vereinigungsformen zusammenschließen. So sei ihre Vereinigungs- und Koalitionsfreiheit nicht verletzt.

Auch in einem weiteren Verfahren war das Verfassungsgericht mit der Verfassungsmäßigkeit des grundsätzlichen Ausschlusses von bestimmten Personengruppen von der Gewerkschaftsbetätigung, durch die explizite Nennung von Personengruppen in Art. 2 Abs. 1 Satz 2 Gesetz Nr. 53/2004 a.F. (entspricht Art. 3 Abs. 1 Gesetz Nr. 62/2011), die einer Gewerkschaft beitreten können, befasst (D.C.C. Nr. 25/2003). Hier hat das Verfassungsgericht dahingehend argumentiert, dass es Art. 2 Abs. 1 Satz 2 Gesetz Nr. 53/2004 a.F. auch Personengruppen, die nicht in einem Arbeitsverhältnis stehen, ermöglicht, Mitglied einer Gewerkschaft zu werden. Eine solche Norm, die Rechte einräumt, ist nicht geeignet, die Vereinigungs- und Koalitionsfreiheit einzuschränken.

Die Argumentation des Verfassungsgerichts ist in beiden Fällen nicht geeignet, eine Einschränkung der Koalitionsfreiheit auszuschließen. Dabei ist die erste Argumentation besonders ausweichend. Aufgrund der Möglichkeit, Mitglied einer anderen Vereinigung zu werden, kann ein Verbot der Mitgliedschaft in einer Gewerkschaft nicht ausgeglichen werden. Die bloße Verweisung auf eine andere Vereinigungsmöglichkeit, kann nicht genügen. Diese Argumentation besagt nämlich, dass Personen, die von einer Gewerkschaftsmitgliedschaft ausgeschlossen werden, nicht in ihrer Vereinigungs- und Koalitionsfreiheit verletzt sein können, weil sie ja beispielsweise Mitglieder einer politischen Partei sein können und ihre Vereinigungsfreiheit dort ausleben können. Ebenso genügt es nicht zu behaupten, eine Verfassungsnorm beschränkt keine Rechte, weil sie andere Rechte einräumt. Auch eine implizite Einschränkung ist ein Einschnitt und kann in Rechte eingreifen.

In Deutschland bestehen Einschränkungen der Koalitionsfreiheit insbesondere bei folgenden Personengruppen: Richtern, Beamten und Soldaten sowie Angestellten des öffentlichen Dienstes und bestimmten Funktionseliten in der Privatwirtschaft.[134] Hierbei ist zwischen der Koalitionsberechtigung und der Koalitionsbetätigung zu unterscheiden. Hinsichtlich der Koalitionsberechtigung stehen prinzipiell alle arbeitnehmenden Berufe gleich; hinsichtlich der ihnen konkret erlaubten Koalitionsbetätigung ergeben sich jedoch vielfältige Differenzierungen (Grenzen der Koalitionsbetätigung nicht nur für Angehörige des öffentlichen Dienstes, sondern beispielsweise auch für bestimmte Funktionseliten im Bereich der Privatwirtschaft).[135] Grenzen (auch) im Koalitionsrecht ergeben sich für diese Gruppen erst im Rahmen der Koalitionsbetätigung (Grenzen des Arbeitskampfrechts etc.). Keine Arbeitnehmer im Sinne des Art. 9 Abs. 3 GG sind Angehörige freier Berufe, Unternehmer bzw. sonstig selbständig Berufstätige.[136]

Durch den Ausschluss vieler Personengruppen von der Mitgliedschaft in einer Gewerkschaft wird die Koalitionsbetätigung in Rumänien zwar etwas weiter eingeschränkt als in Deutschland, dies führt aber nicht einer weitergehenden Einschränkung der Koalitionsfreiheit.

(5) Zusammenfassung

Zusammenfassend betrachtet bestehen einige Unterschiede zwischen den beiden Rechtsordnungen. Fraglich ist, inwieweit solch hohe Voraussetzungen zur Gründung und zum Beitritt einer Gewerkschaft die Koalitionsfreiheit beeinträchtigen. Die Koalitionsfreiheit ist umso stärker, je größer ihr Spielraum und damit je geringer die staatlichen Hürden sind. Das Auffällige ist, dass in Rumänien äußerst detaillierte Gesetzesregelungen im Vergleich zu den deutlich geringeren Regulierungen in Deutschland bestehen. Diese „Überregulierung" beschränkt die Rechte der Arbeitnehmer unnötig. Nimmt man alle Hindernisse, vor allem die mengenmäßigen, jedoch auch die personenabhängigen Voraussetzungen zur Gewerkschaftsgründung und Gewerkschaftsmitgliedschaft zusammen (siehe unter (2) - (4)), ergibt sich in Rumänien ein faktischer Ausschluss von Beschäftigten vor allem in kleinen und mittleren Unternehmen. Dies kann erhebliche Anteile der Arbeitnehmer und damit mögliche Mitgliederpotenziale ausmachen, von schätzungsweise bis zu 40% und mehr[137], so dass im Extremfall nur eine Minderheit der abhängig Beschäftigten von einer Gewerkschaft vertre-

---

134 vgl. Maunz/Dürig – *Scholz*, Art. 9, Rn. 352
135 Maunz/Dürig - *Scholz* Art. 9, Rn. 179
136 Scholz, aaO
137 Kohl, Koalitionsfreiheit, Arbeitnehmerrechte und sozialer Dialog, S. 22

ten wird. Es wird deutlich, dass die Rechtsnormen in Rumänien strenger sind und zu einer erheblichen Auswirkung auf den tatsächlichen Lebenssachverhalt führen.

b) Rolle der Gewerkschaften als Sozialpartner

Die Rolle der Gewerkschaften als Sozialpartner hängt vorwiegend von ihrer Durchsetzungsstärke und damit von ihrer Mitgliederzahl ab. Nur Gewerkschaften mit entsprechend vielen Mitgliedern können sich zu überregionalen Vereinigungen zusammenschließen und so am Sozialdialog innerhalb des Landes teilnehmen. Der Mitgliedertrend geht bei Gewerkschaften in ganz Europa und besonders in Rumänien zunehmend zurück. 1993 hatte zum Beispiel eine der größten Gewerkschaften (CNSLR Frätia) ca. 2 Millionen Mitglieder, im Jahr 2006 weniger als 600.000. Die aktuelle Mitgliederzahl beträgt nach eigenen Angaben der Gewerkschaft „über 800.000".[138] Der gewerkschaftliche Organisationsgrad ist in Rumänien von annähernd 90% (1990) über 60% (1995) auf 35% (2007) geschrumpft. In Deutschland erfolgte zwar auch ein erheblicher Rückgang, jedoch nicht ganz so schwerwiegend, von 29 % (1995) auf 20 % (2007)[139].

Zu berücksichtigen ist hierbei auch die Einwohnerzahl an sich, aber auch die Anzahl der Arbeitnehmer. Die Einwohnerzahl Rumäniens liegt bei ca. 21,5 Millionen Menschen. Davon sind lediglich ca. 4,4 Millionen Arbeitnehmer.[140] Die Beschäftigungsquote liegt somit bei 20,46%. Die Arbeitslosenquote lag im Jahr 2009 bei 7,8%.[141] Eine offizielle Statistik, wie viele Arbeitnehmer gewerkschaftlich organisiert sind, besteht nicht. Aktuelle Daten über den Organisationsgrad und aktuelle Mitgliederzahlen lassen sich jedoch europäischen Studien entnehmen (Eurofound/Friedrich-Ebert-Stiftung)[142], sowie den eigenen, meist recht ungenauen Angaben der einzelnen Gewerkschaften. Die Einwohnerzahl Deutschlands dagegen ist ca. vier Mal so hoch, nämlich 81,8 Millionen. Davon waren im Jahr 2009 durchschnittlich 27,5 Millionen sozialversicherungspflichtig beschäftigt. Die Beschäftigungsquote liegt somit bei 33,61%. Die Arbeitslosenquote lag beispielsweise im Dezember 2009 bei 7,8%.[143] Damit kann man erkennen, dass in Rumänien weit weniger Arbeitnehmer sozialversicherungspflichtig beschäftigt sind. Dies lässt sich mit der sich noch im Aufbau befinden-

---

138 http://www.cnslr-fratia.ro; abgerufen am 02.11.2011
139 Werte aus: Kohl: Koalitionsfreiheit, Arbeitnehmerrechte und sozialer Dialog, S. 12
140 Quelle: Nationales Institut für Statistik (http://www.mmuncii.ro/pub/imagemanager/ images/file/Statistica/Statistici%20lunare/ s02.pdf). Im Dezember 2001 waren es noch ca. 4,47 Millionen Arbeitnehmer, im Dezember 2009 nun noch 4,36 Millionen.
141 Quelle: Nationale Arbeitsagentur (http://www.mmuncii.ro/pub/imagemanager/images/ file/Statistica/Statistici%20lunare/ s39.pdf)
142 Europäische Unternehmenserhebung 2009; Kohl, Koalitionsfreiheit
143 Quelle: Bundesagentur für Arbeit (http://www.destatis.de/jetspeed/portal/cms/Sites/ destatis/Internet/DE/Content/Statistiken/ Zeitreihen/WirtschaftAktuell/Arbeitsmarkt/ Content75/arb210a,templateId=renderPrint.psml)

den Wirtschaft erklären, da weite Teile der Bevölkerung ausschließlich von Landwirtschaft leben und daher keiner sozialversicherungspflichtigen Beschäftigung nachgehen.

Eine Studie der Europäischen Stiftung zur Verbesserung der Lebens- und Arbeitsbedingungen (Eurofound)[144] im Jahre 2010 ergab hinsichtlich des Organisationsgrads folgende Zahlen: Nach eigenen Aussagen der Befragten besteht eine Arbeitnehmervertretung (Gewerkschaft oder ersatzweise Arbeitnehmervertretung im Betrieb) in Rumänien in insgesamt 51,8%, in Deutschland in 19,1% der Betriebe. Die Studie der Friedrich-Ebert-Stiftung[145], hat im Jahre 2007 in Rumänien lediglich einen gewerkschaftlichen Organisationsgrad von ca. 35% erforscht. Man kann davon ausgehen, dass die Arbeitnehmervertretung im Betrieb in Rumänien wohl um die 40 % ausmachen könnte. Genauere Zahlen bestehen nicht und sind für diese Untersuchung auch nicht von vorwiegender Bedeutung. Es wird jedenfalls angenommen, dass ein Drittel bis die Hälfte der Arbeitnehmer von einer Arbeitnehmervertretung repräsentiert wird, was jedenfalls einen höheren Organisationsgrad darstellt, als in Deutschland mit ca. 20%.

„In Deutschland sind die Gewerkschaften in den letzten fünfzehn Jahren in eine Krise geraten. Änderungen der Wirtschaftsstruktur haben zum Niedergang bestimmter Industriezweige geführt, während andere aufgestiegen sind. Bisherige Organisationsstrukturen haben sich als veraltet und zu aufwendig erwiesen. Vor allem durch die hohe Arbeitslosigkeit, Änderungen in der Beschäftigtenstruktur und eine Entsolidarisierung ist ein erheblicher Mitgliederschwund im Bewusstsein der Arbeitnehmer, zu verzeichnen:"[146] Allein die IG Metall als größte Industriegewerkschaft hatte im Jahr 1992 nach einem durch die Wiedervereinigung bedingten Anstieg der Mitgliederzahlen 3.624.000 Mitglieder.[147] Zur Zeit (30.07.2011) verzeichnete sie einen Mitgliederstand von 2.263.020[148]. Auf diese Krise haben die Gewerkschaften des DGB mit einem Konzentrationsprozess reagiert, so dass viele Gewerkschaften fusionierten.[149]

---

144 Europäische Unternehmenserhebung 2009. In dieser Studie wurden in Rumänien insgesamt 500 Arbeitgeber/Führungskräfte sowie 137 Arbeitnehmervertreter befragt; in Deutschland 1.500 Arbeitgeber/Führungskräfte und 558 Arbeitnehmervertreter.
145 Kohl, Koalitionsfreiheit, S. 12
146 vgl. Münchener Handbuch ArbeitsR Bd. 2 - *Richardi*„ § 159, Rn. 13
147 Zahlen nach dem Statistisches Jahrbuch für die Bundesrepublik Deutschland 1992, S. 733
148 siehe unter http://www.igmetall.de/cps/rde/xchg/internet/style.xsl/ig_metall.htm
149 Bereits 1989 haben die Industriegewerkschaft Druck und Papier und die Gewerkschaft Kunst zur IG Medien fusioniert. Weiter fusionierten 1996 die IG Bau-Steine-Erden und die Gewerkschaft Gartenbau, Land- und Forstwirtschaft zur IG Bauen-Agrar-Umwelt (IG BAU), 1997 die IG Bergbau und Energie, die IG Chemie und die Gewerkschaft Leder zur IG Bergbau, Chemie und Energie (IG BCE), 1998 die IG Metall und die Gewerkschaft Textil-Bekleidung zur IG Metall neu (IGM). Zum 1. Januar 2000 ist die Fusion der Gewerkschaft IG Metall und der Gewerkschaft Holz und Kunststoff (GHK) erfolgt. Im März 2001 erfolgte der bisher größte? Zusammenschluss der Gewerkschaften

Bis zur Gesetzesänderung aufgrund des Gesetzes zum Sozialen Dialog (Gesetz Nr. 62/2011) könnte die Allgemeinverbindlichkeit der Tarifverträge auf alle Arbeitnehmer eine Ursache für diesen ausufernden Rückgang der Mitgliederzahlen in Rumänien gewesen sein. Viele sahen deshalb keinen Grund darin, sich gewerkschaftlich zu orientieren und dafür zu bezahlen, obwohl der Tarifvertrag dann auf alle Arbeitnehmer anwendbar ist. Auch aufgrund der ganz anderen Aufgabenstellungen der Gewerkschaften im Kommunismus – mit einer vergleichsweise kurzen Übergangsfrist der nun nahezu abgeschlossenen Transformationsphase – konnten sie die neuen Aufgabenstellungen nur höchst lückenhaft erfüllen, so dass ihr organisatorischer Niedergang durch Verlust an Mitgliedern und Personal besonders einschneidend ausgefallen ist.[150] Durch das Gesetz zum Sozialen Dialog wurde die Allgemeinverbindlichkeit der Tarifverträge zum Teil eingeschränkt. Es bleibt daher abzuwarten, ob sich diese Tatsache auf die Mitgliedszahlen der Gewerkschaften auswirkt.

Zusammenfassend sind diese massiven Verluste der rumänischen Gewerkschaften wegen ihrer völlig anderen Ursachen beim Übergang von einer monopolistischen, staatstragenden Arbeitnehmervertretung mit faktischer Zwangsmitgliedschaft hin zu einem Interessenverband auf freiwilliger Basis mit komplett neuen Aufgabenstellungen in der Marktwirtschaft[151] nicht mit dem Verlust an traditionellem Syndikalismus in Deutschland zu vergleichen. Dass dieser Mitgliederverlust einerseits am Niedergang des Sozialismus und an den begrenzten Handlungsmöglichkeiten innerhalb eines nationalen Sozialstaats im globalen kapitalistischen Umfeld liegt, erscheint naheliegend. Über die Attraktivität eines Interessenverbands entscheidet jedoch stets der für das einzelne Mitglied messbare und durch das Wirken der Organisation vermittelte Erfolg.[152]

Zwar geht die Macht von Gewerkschaften in erster Linie von ihren Mitgliedern aus, was sowohl quantitativ als auch qualitativ gilt. Denn die Zahl der Mitglieder bzw. der Grad ihrer Organisation in der jeweiligen Branche oder im Land ist eine wichtige Messgröße für die Möglichkeit ihrer Organisation, in der Politik maßgeblich Einfluss zu nehmen. Diese Macht kann jedoch nur in vielerlei Hinsicht eingesetzt werden, sofern die Gewerkschaften über Strukturen und Mechanismen verfügen, die Kompetenzen ihrer Mitglieder zu bündeln, zu fokussieren und in geeigneter Weise einzusetzen. Denn allein die Zahl der eingeschriebenen Mitglieder reicht nicht aus, um im politischen Interessenausgleich Druck auf andere Akteure auszuüben. Ein Blick auf unterschiedliche Länder mag genügen, um zu illustrieren, dass Mitgliedszahlen allein kaum Wirkung zeigen. So verfügen die Gewerkschaften in den meisten Transformationsländern

---

ÖTV, DAG, DPG, HBV und IG Medien zur Vereinten Dienstleistungsgewerkschaft, ver.di.; vgl. Münchener Handbuch ArbeitsR Bd. 2 - *Richardi*, § 159, Rn. 13
150 vgl. Kohl, Koalitionsfreiheit, 11
151 vgl. Koh,: aaO
152 Kohl: Koalitionsfreiheit, S. 12

oft über mehr Mitglieder bzw. über einen höheren Organisationsgrad als viele westeuropäische Länder in der EU, haben aber zumeist wesentlich weniger Einfluss.[153] Dabei muss auch berücksichtigt werden, dass der Organisationsgrad allein nichts über die Wirkung der Gewerkschaften aussagt. Trotz höherem Organisationsgrad bleiben die Gewerkschaften in Rumänien in ihrer Wirkung oft schwach.[154] Zumeist sind die Gewerkschaften in den Regionen um die Hauptstädte sowie in den wenigen Regionen bzw. Orten stark, wo es Großbetriebe oder Industrieansammlungen gibt. Weite Flächen dagegen sind zumeist fast „gewerkschafts- frei" und werden dies auch bleiben, wenn die Gewerkschaften dort nicht stärker Präsenz zeigen.[155]

c) Finanzierung der Gewerkschaften

aa) Mitgliedsbeiträge der Arbeitnehmer

Die Art und Weise der Ressourcenerhebung der Gewerkschaften ist ein wichtiges Indiz für die tatsächliche Ausgestaltung der Koalitionsfreiheit. Dabei bestehen zwei Möglichkeiten. Der Gewerkschaftsbeitrag kann entweder von der Gewerkschaft selbst eingezogen werden oder der Arbeitgeber kann ihn direkt vom Lohn des Arbeitnehmers einbehalten und an die Gewerkschaft weiterleiten. Im letzteren Fall kann und wird sich das faktisch abschreckend gegenüber einer Beitrittsabsicht auswirken, da der Arbeitgeber dann genau darüber informiert ist, welche seiner Arbeitnehmer Gewerkschaftsmitglieder sind.

In Deutschland ist es üblich, den Gewerkschaftsbeitrag direkt an die Gewerkschaften zu zahlen. Der Arbeitnehmer kann aufgrund einer Pflicht aus dem Arbeitsverhältnis nicht verpflichtet werden, die Entrichtung seiner Gewerkschaftsbeiträge direkt durch Lohnabzug zu dulden.[156] „Entsprechend kann der Arbeitgeber nicht durch Tarifnormen verpflichtet werden, die Gewerkschaftsbeiträge seiner Arbeitnehmer direkt an die Gewerkschaften abzuführen. Zwar wird die für die Tariffähigkeit erforderliche Gegnerunabhängigkeit nicht dadurch gefährdet, dass die Gewerkschaften die Arbeitgeber in Dienst nehmen, doch fällt der Beitragsabzug nicht unter die Tarifmacht. Einmal handelt es sich um eine Lohnverwendungsklausel, die auch nicht dadurch zulässig wird, dass die betroffenen Arbeitnehmer einverstanden sind. Zum anderen setzt eine Tarifnorm zugunsten Dritter voraus, dass die Leistung an den Dritten sich als Leistung im Arbeitsverhältnis begreifen lässt, also im Interesse der Arbeitnehmer und nicht der Gewerkschaft erfolgt. Das ist nicht der Fall."[157] Der Direktabzug

---

153 vgl. Hantke: Gewerkschaften im 21. Jahrhundert, S. 12
154 vgl. Hantke: Gewerkschaften im 21. Jahrhundert, S. 4
155 Hantke: Gewerkschaften im 21. Jahrhundert, S. 15
156 vgl. Rieble/Klumpp - Münchener Handbuch ArbR, § 171 Rn. 15, mit weiteren Nachweisen
157 Löwisch/Rieble, TVG, § 1, Rn. 855; Wiedemann - *Wiedemann*, TVG, Einleitung Rn 452

der Gewerkschaftsbeiträge kann zwar schuldrechtlich vereinbart werden, hierfür muss der Arbeitnehmer jedoch zustimmen und sich damit dem Vertrag zu seinen Lasten unterwerfen.[158] Heute wird das kaum mehr praktisch, weil Arbeitnehmer ein Bankkonto unterhalten und mit der Beitrittserklärung typischerweise dem Lastschrifteinzug zustimmen.[159] Zur genauen Höhe der Beiträge wird hier exemplarisch die Satzung von ver.di herangezogen.[160] Danach beträgt der Beitragssatz bei einem Arbeitsverhältnis 1% des Bruttolohnes.

---

158 Löwisch/Rieble, TVG, § 1, Rn. 856
159 Löwisch/Rieble, TVG, § 1, Rn. 858
160 § 14 Höhe der Beiträge (Satzung ver.di)
1. Mitglieder im Beschäftigungsverhältnis zahlen jeweils ein Prozent ihres regelmäßigen monatlichen Bruttoverdienstes bzw. ihrer regelmäßigen monatlichen Ausbildungsvergütung als Mitgliedsbeitrag pro Monat. Zum regelmäßigen monatlichen Bruttoverdienst bzw. zur Ausbildungsvergütung werden Einmalzahlungen wie Urlaubsgeld, Weihnachtsgeld und Jahresprämie sowie unregelmäßige Schicht- und Erschwerniszuschläge nicht gezählt.
2. Für Rentner/innen, Pensionäre/innen, Vorruheständler/innen, Krankengeldbezieher/innen und Erwerbslose beträgt der Monatsbeitrag 0,5 Prozent des regelmäßigen Bruttoeinkommens aus dem Gesamteinkommen, das seinen Ursprung in einem Arbeits-, Dienst- oder Amtsverhältnis hat. Der Mindestbeitrag beträgt € 2,50 monatlich.
3. Für die nachfolgenden Gruppen gilt jeweils folgende Beitragshöhe:
    a. Hausfrauen/Hausmänner, Schüler/innen, Studierende, Wehr-, Zivildienstleistende, Erziehungsgeldempfänger/innen und Sozialhilfeempfänger/innen zahlen jeweils einen Betrag von monatlich € 2,50.
    b. Freie Mitarbeiter/innen, persönlich selbstständig, freiberuflich oder als arbeitnehmerähnliche Personen Tätige zahlen jeweils einen Beitrag in Höhe von einem Prozent ihrer Einkünfte aus Tätigkeiten im Organisationsbereich von ver.di. Berechnungsgrundlage ist der Monatsdurchschnitt der steuerpflichtigen Einkünfte oder 75 Prozent der monatlichen Bruttoeinnahmen. Ist auf dieser Grundlage eine Beitragsberechnung nicht möglich, wird ein Beitrag von mindestens € 15 festgesetzt.
    c. Mitglieder in abhängiger Beschäftigung mit stark schwankenden monatlichen Einkommen zahlen einen Beitrag in Höhe von einem Prozent ihres monatlichen Bruttoverdienstes. Bereitet der Nachweis ihres monatlichen Bruttoarbeitseinkommens Schwierigkeiten, so wird der Monatsdurchschnitt aus dem letzten Bruttojahreseinkommen, abzüglich von Einmalzahlungen im Sinne von Absatz 1 Satz 2, zugrunde gelegt.
    d. Für Mitglieder im Versicherungsaußendienst gilt c) entsprechend.
4. Ein höherer freiwilliger Mitgliedsbeitrag kann geleistet werden.
5. Die Mitglieder sind verpflichtet, die Berechnungsgrundlage ihrer Beitragspflicht auf Verlangen nachzuweisen. Kommt ein Mitglied einem solchen Verlangen nicht nach, wird seine Beitragspflicht auf der Grundlage einer geschätzten Berechnungsgrundlage ermittelt.
6. Die Mitgliedsbeiträge werden vom Bundesvorstand eingezogen und entsprechend der vom Gewerkschaftsrat erlassenen Budgetierungsrichtlinie verteilt.

In Rumänien beträgt der monatliche Gewerkschaftsbeitrag 1% des Bruttolohnes (Art. 24 Gesetz Nr. 62/2011)[161], wird aber direkt durch den Arbeitgeber vom Lohn abgezogen. „Diese Handhabe für diskriminierende und die Gewerkschaftsrechte verletzende Maßnahmen des Arbeitgebers ergibt sich aus der von der früheren staatssozialistischen Ära übernommenen und nach wie vor verbreiteten Praxis des Beitragseinzugs durch den Arbeitgeber, der zur Kontrolle und ggf. Einschüchterung von Mitgliedern und im Einzelfall zu einer verweigerten Weiterleitung der Beiträge an die Basisorganisation führt."[162] Zwar kann der Einzug des Beitrags direkt durch den Arbeitgeber auch für die Gewerkschaften sehr bequem sein, er birgt jedoch mittlerweile mehr Gefahren als er Nutzen bringt. So ist es beispielsweise schon geschehen, dass sich ein Arbeitgeber weigert, diese Dienstleistung für die Gewerkschaft weiterhin zu übernehmen, oder dass er dieses System im Falle von betrieblichen Auseinandersetzungen gar als „Kampfmittel" gegen die Gewerkschaft benutzt. In einem solchen Fall steht die Betriebsgewerkschaft zunächst einmal machtlos vor dem Problem, an die Mitgliedsgelder heranzukommen.[163] Auch wird dadurch für den Arbeitgeber die gesamte Liste der gewerkschaftlich organisierten Beschäftigten einsehbar[164], was dazu führen kann, dass Gewerkschaftsmitglieder im Falle von notwendigen Kündigungen zuerst gehen müssen. Diese Praxis schafft mehr Möglichkeiten einer Repression und unliebsamen Kontrolle, als es die Vorteile einer komfortablen und vormals einfachen Finanzierungsmethode ausmachen können.[165]

In Rumänien profitieren durch die Allgemeinverbindlichkeit von Tarifverträgen auch die Nicht-Gewerkschaftsmitglieder von den durch die Gewerkschaften ausgehandelten Tarifverträgen (dies wurde durch die Gesetzesänderung durch das Gesetz zum Sozialen Dialog, Nr. 62/2011, eingeschränkt). Früher konnte gemäß Art. 103 des Nationalen Tarifvertrags 2007-2010 (*Contractul colectiv de munca unic la nivel national pe anii 2007-2010; CCM*) in einem Tarifvertrag auf Betriebsebene vereinbart werden, dass auch Nicht-Gewerkschaftsmitglieder einen monatlichen Beitrag für die kollektiven Verhandlungen zahlen, sofern sie von der Geltung des Tarifvertrags profitieren. Dieser Beitrag floss jedoch nicht an die Gewerkschaft, sondern in einen Fond, der von den Gewerkschaften und den Arbeitgebern gemeinsam geführt wurde. Die Einnahmen wurden zur Finanzierung des Kollektivverhandlungsprozesses verwendet. Der Beitrag sollte laut Art. 103 CCM nicht geringer sein als 0,6% des Lohnes und den gewerkschaftlichen Beitragssatz von 1% nicht übersteigen. Problematisch hierbei war, dass auch Nicht-Gewerkschaftsmitgliedern ein An-

---

161 Satzungen der Gewerkschaften, beispielsweise http://sindicat.usamvcluj.ro/statut.htm; http://www.bjmures.ro/sindicat/ Statutul%20sindicatului.pdf, abgerufen am 02.11.2011
162 Kohl, Koalitionsfreiheit, S. 23
163 Hantke, Gewerkschaften im 21. Jahrhundert (2009), 32
164 Hantke, aaO
165 Hantke, aaO

teil des Lohnes für die gewerkschaftliche Tätigkeit zwangsweise abgezogen wurde, sobald sie unter den Geltungsbereich eines Tarifvertrages fielen. Sie waren zwar nicht Mitglied einer Gewerkschaft, zahlten aber trotzdem für die Anwendbarkeit eines Tarifvertrags auf ihr Arbeitsverhältnis. Dadurch entstand ein Phänomen eines „faktischen Gewerkschaftsmitglieds" oder „Quasi-Mitglieds", so dass 100% der Arbeitnehmer zur Finanzierung beitrugen. Diese Handhabung war besonders problematisch im Hinblick auf die Koalitionsfreiheit. Es führte zwar nicht zu einer Mitgliedschaft in einer Gewerkschaft, allerdings zu einer faktischen Finanzierung der Tarifverhandlungen. Für viele Arbeitnehmer war es unverständlich, dass sie nicht Mitglied einer Gewerkschaft sind und auch nicht sein wollen, dennoch für die Betätigung der Gewerkschaft einen Teil Ihres Lohnes monatlich abgeben müssen. Zwar profitierten sie von den ausgehandelten Tarifverträgen, da die Tarifverträge für alle Arbeitnehmer eines Betriebes galten und Betriebstarifverträge vorteilhafter für die Arbeitnehmer waren als beispielsweise Branchentarifverträge oder der frühere nationale Tarifvertrag. Jedenfalls handelte es sich hierbei um eine faktische Auswirkung, die das Grundrecht der Koalitionsfreiheit nicht nur unmittelbar rechtlich trifft.

bb) Beiträge der Gewerkschaften zu Spitzenorganisationen

Die Verteilung der finanziellen Mittel zwischen Einzelgewerkschaft und Dachverbänden wird in Deutschland durch Satzung geregelt. Die DBG-Satzung sieht beispielsweise vor, dass die Mitgliedsgewerkschaften 12% ihres Beitragsaufkommens an den Gewerkschaftsbund zahlen.[166] In Rumänien liegt dieser Wert lediglich bei 5 %[167]. Dies stärkt die örtlichen Gewerkschaften, soweit sie präsent sind, da sie mehr finanzielle Mittel zur Verfügung haben, schwächt aber die Spitzenorganisationen. Allerdings legt jeder Dachverband diese Quote selbst fest. Die seit 2005 bestehende Spitzenorganisation der Beamten „Sed Lex" erhebt von ihren Mitgliedsgewerkschaften sogar 30% der monatlichen Beitragseinnahmen; die Spitzenorganisation BNS erhebt dahingegen einen monatlichen Mitgliedsbeitrag von 0,12% des Mindestlohns für jedes beitragszahlende Gewerkschaftsmitglied. Hierbei sind die Gewerkschaften in Rumänien und Deutschland völlig frei.

---

166 § 4 Beiträge (Satzung des DGB vom Juni 2006)
    1. Zur Erfüllung seiner Aufgaben haben die Gewerkschaften an den Bund Beiträge in Höhe von 12 vom Hundert des Beitragsaufkommens zu zahlen. Das Beitragsaufkommen setzt sich aus den von den Mitgliedern der Gewerkschaften gezahlten Beiträgen (Voll-, Anerkennungs-, freiwillige Beiträge) zusammen.
167 Kohl, Koalitionsfreiheit, 24

2. Gewerkschaften als Vertreter der Arbeitnehmerschaft

Tarifvertragsschlüsse bezwecken den Ausgleich der individualvertraglich unterlegenen Stellung des Arbeitnehmers gegenüber dem Arbeitgeber.[168] Bevor Tarifverträge geschlossen wurden, waren die Arbeitgeber gegenüber den Arbeitnehmern in einer überlegenen Stellung, da eine kollektive Organisation der Arbeitnehmer fehlte und die Arbeitnehmer aufgrund eines Überangebots an Arbeitskraft leicht austauschbar waren.[169] Daher ist eine Gewerkschaft die kollektive Vertretung der Arbeitnehmerschaft gegenüber dem „stärkeren" Arbeitgeber. Durch den Zusammenschluss und die damit einhergehende Machtbündelung, können die Tarifvertragsparteien beim Abschluss von Tarifverträgen grundsätzlich als gleichstark im Verhältnis zueinander angesehen werden.

a) Repräsentativität versus Tariffähigkeit

Solange das rumänische Recht bestimmte Kriterien für die Vertretungsberechtigung einer Gewerkschaft auferlegt, bedeutet Koalitionsfreiheit nicht gleich das Recht, Tarifverhandlungen zu führen.[170] Nicht jede im Einklang mit dem Gesetz gegründete Gewerkschaft kann Tarifverhandlungen führen. Ebenso verhält sich das im deutschen Recht, das tariffähige und nichttariffähige Koalitionen kennt.

aa) Repräsentativität in Rumänien

Im Kontext der Gewerkschaftspluralität werden die Gewerkschaftsrechte durch das rumänische Recht nur anerkannt, wenn die Gewerkschaft repräsentativ ist,[171] d.h. sie eine Anzahl von quantitativen Kriterien erfüllt. Die essentielle Gewerkschaftsaufgabe, nämlich die Arbeitnehmer zu vertreten und sowohl Tarifverträge zu verhandeln als auch abzuschließen, kann nur von repräsentativen[172] Gewerkschaften durchgeführt werden. Daher befinden sich rumänische Gewerkschaften in einem ständigen Konkurrenzkampf, wetteifernd um Repräsentativität. Die

---

168 vgl. Wendeling-Schröder, Auf der Suche nach einem modernen Tarifvertragsrecht, S. 174 (175)
169 Die Dominanz der Arbeitgeber ist auch heute noch typisch für kleine Betriebe, die ungelernte Arbeiter beschäftigen. In diesen Betrieben können Gewerkschaften wegen der hohen Marktfluktuation, dem immensen Wettbewerb um Arbeitsplätze sowie dem oft illegalen Status der Arbeitnehmer schwer Arbeiter organisieren.
170 vgl. Dimitriu, Romanian industrial relations law , S. 18; Athanasiu Alexandru, Dreptul Muncii, S. 279
171 Die Voraussetzung der Repräsentativität wurde erst durch Gesetz 130/1996 a.F. eingeführt. Davor gab es eine solche Regelung überhaupt nicht. Siehe zur Repräsentativität auch Dima, The evolution of labour law in Romania, S. 408 (419)
172 Die Repräsentativität der Gewerkschaften ist ebenso relevant im Falle eines Arbeitskampfes, da repräsentative Gewerkschaften Streiks organisieren. Sie repräsentieren die Streikenden gegenüber dem Betrieb und vor Gericht während des Streiks.

Repräsentativität wird durch das Gericht für vier Jahre festgestellt, danach müssen die Gewerkschaften das Vorliegen der Voraussetzungen erneut ausweisen. Der Bereich über Gewerkschaften des Gesetzes Nr. 62/2011 erwähnt beispielsweise in Art. 30 Abs. 1 und Abs. 2 die Repräsentativität von Gewerkschaften und räumt diesen Rechte ein, präzisiert und definiert jedoch nicht, was eine repräsentative Gewerkschaft ist und welche Voraussetzungen sie erfüllen muss. Die Eigenschaften und rechtlichen Voraussetzungen der Repräsentativität wurden vor der Gesetzesänderung im Gesetz über Kollektivverhandlungen normiert, nämlich Art. 17 - 19 Gesetz Nr. 130/1996. Sie sind nun richtigerweise bei den Regelungen über Gewerkschaften in Art. 51 - 53 des Gesetzes Nr. 62/2011 aufgeführt.

Die Kriterien, die eine Gewerkschaft erfüllen muss, damit sie auf Betriebs-, Sektor-, Unternehmensgruppen[173]- oder nationaler Ebene repräsentativ ist (Art. 51 Gesetz Nr. 62/2011), sind sehr hoch:

Auf **nationaler Ebene** muss die Organisation den rechtlichen Status eines Gewerkschaftsbundes besitzen, über eine eigene Gewerkschafts- und Finanzstruktur verfügen und in mindestens der Hälfte der Landkreise Rumäniens, inklusive der Stadt Bukarest vertreten sein. Darüber hinaus muss der Gewerkschaftsbund eine Mitgliederzahl von mindestens 5% der Anzahl der Gesamt-Arbeitnehmer Rumäniens haben (Art. 51 Abs. 1 A a-d Gesetz Nr. 62/2011)[174]. Dies wären bei 4,4 Millionen Arbeitnehmern in Rumänien 220.000 Mitglieder pro Gewerkschaftsbund.

Auf **Sektor- oder Unternehmensgruppen-Ebene** muss die Organisation über den rechtlichen Status eines Gewerkschaftsverbandes sowie über eine eigene Gewerkschafts- und Finanzstruktur verfügen. Die Mitgliederzahl des Gewerkschaftsverbands muss mindestens 7% der Arbeitnehmer des jeweiligen Sektors bzw. der jeweiligen Gewerkschaftsgruppe betragen (Art. 51 Abs. 1 B a-c Gesetz Nr. 62/2011)[175].

---

173 Der Begriff der „Unternehmensgruppe" wird im rumänischen Gesetz genannt. Im Deutschen würde man dies mit „Konzern" übersetzen. Allerdings wird der begriff der Unternehmensgruppe in Anlehnung an die europäische Gesetzesterminologie, die beispielsweise in der Richtlinie zum Europäischen Betriebsrat (2009/38/EG) selbst von Unternehmensgruppen spricht, beibehalten. In Art. 2 Abs. 1 b definiert die Richtlinie 2009/38/EG den Begriff „Unternehmensgruppe" als „eine Gruppe, die aus einem herrschenden Unternehmen und den von diesem abhängigen Unternehmen besteht".

174 Dabei wurden die Voraussetzungen der Repräsentativität auf nationaler Ebene durch die Gesetzesänderung sogar erleichtert. Nach dem früheren Art. 17 Abs. 1 Gesetz Nr. 130/1996 a.F. musste eine national repräsentative Gewerkschaft zusätzlich mindestens 25% der Berufszweige abdecken. Von dieser Voraussetzung wurde nun abgesehen.

175 Die Voraussetzungen haben sich im Vergleich zum früheren Recht nicht geändert, dafür jedoch der Bezugspunkt. Vormals kam es statt dem Sektor oder der Gewerkschaftsgruppe auf die Arbeitnehmer der jeweiligen Branche an, vgl. Art. 17 Abs. 1 b Gesetz Nr. 130/1996.

Auf **Betriebs-Ebene** fand eine einschneidende Änderung durch das Gesetz über den Sozialen Dialog statt. Eine Gewerkschaft musste vormals den rechtlichen Status einer Gewerkschaft innehaben und eine Mitgliederzahl von mindestens einem Drittel der Arbeitnehmer des Betriebs haben (Art. 17 Abs. 1 c Gesetz Nr. 130/1996 a.F.) oder einer repräsentativen Gewerkschaft auf Branchen– oder nationaler Ebene angegliedert sein (Art. 18 Abs. 3 Gesetz Nr. 130/1996 a.F.). Nach der neuen Regelung (Art. 51 Abs. 1 C a-c Gesetz Nr. 62/2011) muss die Gewerkschaft den rechtlichen Status einer Gewerkschaft innehaben, über eine eigene Gewerkschafts- und Finanzstruktur verfügen und mindestens die Hälfte plus eins der Arbeitnehmer als Mitglied haben.

Diese Änderung der zahlenmäßigen Voraussetzung im Hinblick auf die Mitgliederzahl einer Gewerkschaft auf Betriebsebene wird dazu führen, dass die Anzahl der repräsentativen Gewerkschaften auf Betriebsebene zurückgehen wird aber auch zu einer Verfestigung und erhöhten Mächtigkeit der bestehenden Gewerkschaften, die diese erhöhten Kriterien erfüllen.

Darüber hinaus ist die Möglichkeit entfallen, dass die Gewerkschaft von einem Übertrag der Repräsentativität profitiert, wenn sie einer repräsentativen Gewerkschaft auf Branchen– oder nationaler Ebene angegliedert ist. Diese Möglichkeit der Repräsentativität auf Betriebsebene durch Angliederung zu einer repräsentativen Gewerkschaft wurde in Rechtsprechung und Literatur heftig diskutiert. Man spricht von einem „Transfer der Repräsentativität"[176], da die Gewerkschaft selbst nicht repräsentativ ist und ihre Repräsentativität lediglich von einem Gewerkschaftsverband ableitet, der die Voraussetzungen erfüllt. Dagegen wehrten sich manche Ansichten in der Literatur, da die Ableitung der Repräsentativität die eigentlichen Repräsentativitätskriterien, insbesondere die grundsätzlich erforderliche Mitgliederanzahl, außer Acht und lediglich die Angliederung an eine repräsentative Gewerkschaft auf Branchen– oder nationaler Ebene genügen ließ. Mit dieser Regelung war auch das Verfassungsgericht bereits befasst.[177] Es hatte über die Verfassungsmäßigkeit der sich daraus ergebenden Problematik zu entscheiden, da durch diese Regelung viele Gewerkschaften in einem Betrieb gegründet werden können, die sehr wenig Mitglieder haben und trotzdem an den Tarifverhandlungen teilnehmen durften obwohl sie ihre Repräsentativität nur durch die Zugehörigkeit zu einem Gewerkschaftsverband – oder Dachverband herleiteten. Das Gericht hat die Beschwerde abgewiesen, da Art. 18 Abs. 3 Satz 2 Gesetz Nr. 130/1996 a.F. nicht gegen eine Verfassungsnorm, insbesondere nicht gegen Art. 9 der Verfassung verstöße. Danach entfalten Gewerkschaften ihre Tätigkeit gemäß ihren Satzungen im Rahmen des Gesetzes. Das Verfassungsgericht ist der Auffassung, dass diese Normen weder die konkreten Modalitäten der Ausübung der Tätigkeiten regeln noch die Bedingungen, durch die sie die Mitglieder vertreten. Daher ist die Festlegung der Voraus-

---

176 Ticlea: Tratat de dreptul muncii, S. 332
177 D.C.C. Nr. 68/2000 (M.Of. Nr. 335/19.7.2000)

setzungen für die Verhandlungen von Tarifverträgen allein Sache des Gesetzgebers, der dies mit Art. 18 Abs. 3 Satz 2 Gesetz Nr. 130/1996 a.f. angemessen geregelt hat. Als Folge dessen konnte eine Gewerkschaft, die nur 15 Mitglieder repräsentiert[178] einen Tarifvertrag aus der gleichen Position heraus verhandeln wie eine Gewerkschaft, mit mehreren tausend Mitgliedern.

Die frühere Regelung in Art. 18 Abs. 1 und Abs. 2 Gesetz Nr. 130/1996 a.F. verfügte in Ergänzung hierzu, dass national repräsentative Gewerkschaftsdachverbände auch auf niedrigerer Ebene repräsentativ waren, in denen sie durch Mitglieds-Gewerkschaftsverbände vertreten waren. Ebenso waren Gewerkschaftsverbände der Branchen- und Unternehmensgruppenebene repräsentativ auf der Betriebsebene, sofern sie in diesem Bereich über Mitglieds-Gewerkschaften verfügten. Diese Regelung garantierte das Recht, Tarifverträge auch in Betrieben abzuschließen, die zwar Betriebsgewerkschaften haben, diese aber nicht die Repräsentativitätskriterien erfüllen. Damit wurde eine weitere Abdeckung durch Tarifverträge erreicht, was für die Arbeitnehmer von Vorteil war, da ein Tarifvertrag auf einer niedrigeren Ebene nicht zu Lasten der Arbeitnehmer von dem der höheren Stufe abweichen darf. Der Unterschied zwischen dem Regelungsgehalt dieser beiden Rechtsvorschriften bestand darin, dass durch Art. 18 Abs. 1, 2 Gesetz Nr. 130/1996 a.F. die Dachorganisation repräsentativ war und die Tarifverträge verhandeln konnte, während Art 18 Abs. 3 Gesetz Nr. 130/1996 a.F. der nicht repräsentativen Gewerkschaft selbst das Verhandlungsrecht einräumte. Diese Konkurrenz konnte durch interne Gewerkschafts- bzw.- Dachverbandsregelungen in den Satzungen gelöst werden.

Durch die Gesetzesänderung ist die Anlehnung einer nicht repräsentativen Gewerkschaft an einen repräsentativen Gewerkschaftsverband jedoch nicht gänzlich entfallen. Nach Art. 135 Abs. 1 a Gesetz Nr. 62/2011 kann im Falle, dass im Unternehmen eine ordentlich gegründete Gewerkschaft besteht, die die Repräsentativitätskriterien nicht erfüllt, jedoch einem Gewerkschaftsverband angegliedert ist, ebendieser Gewerkschaftsverband in Kooperation mit der gewählten Arbeitnehmervertretung im Betrieb, Tarifverhandlungen führen.

Die weitreichende Folge dieser Gesetzesänderung – abgesehen von dem zahlenmäßigen Kriterium - besteht darin, dass eine Gewerkschaft, die rechtmäßig gegründet wurde aber auf der Ebene, auf der gerade verhandelt wird, nicht repräsentativ ist, ihre Mitglieder beim Verhandeln und beim Abschluss eines Tarifvertrages nicht vertreten darf, unabhängig davon ob sie einem repräsentativen Gewerkschaftsverband, einem repräsentativen Gewerkschaftsbund oder einer nationalen Gewerkschaft angegliedert ist. Lediglich der Gewerkschaftsverband kann für die Gewerkschaft in die Verhandlungen eintreten, muss sich aber mit der gewählten Arbeitnehmervertretung im Betrieb arrangieren.

---

178 Das ist das Minimum, das das rumänische Recht in Art. 2 Abs. 2 Gesetz 53/2003 a.F. für die Erlangung der Rechtspersönlichkeit vorschrieb.

In einer Entscheidung des Verfassungsgerichts[179] aus dem Jahre 2006 hat dieses die Repräsentativitätskriterien bei einer Gewerkschaft ohne Anschluss an eine übergeordnete Organisation für verfassungsgemäß erachtet. Die Hauptargumentation bestand darin, dass die Handlungen der repräsentativen Gewerkschaften nicht nur ihre Mitglieder betreffen, sondern alle Arbeitnehmer eines Betriebes bzw. auf nationaler Ebene alle Arbeitnehmer des Landes. Daher war das Gericht der Ansicht, dass die Repräsentativitätskriterien in keinster Weise die Koalitionsfreiheit oder die Garantie der rechtsverbindlich geschlossenen Kollektivvereinbarungen beschränken und somit verfassungsgemäß sind. Diese Argumentation für die Voraussetzungen der Repräsentativität wird auch nach der Gesetzesänderung im Mai 2011 noch beibehalten werden können, da hierdurch die Allgemeinverbindlichkeit der Tarifverträge nicht gänzlich entfallen ist.

Eine wichtige Neuerung wurde mit dem Gesetz Nr. 62/2011 durch Art. 153 eingeführt. Danach kann eine ordnungsgemäß gegründete, aber nicht repräsentative Gewerkschaft mit dem Arbeitgeber oder der Arbeitgebervereinigung „jegliche" Vereinbarungen schriftlich abschließen, die für den Arbeitgeber und die Gewerkschaftsmitglieder bindend sind. Dies ist eine erhebliche Erweiterung der Gewerkschaftlichen Befugnisse und Möglichkeiten, die zu einer interessanten rechtlichen Konstellation führt, sollten die Gewerkschaften vermehrt davon Gebrauch machen, da die Geltung von gewerkschaftlichen Vereinbarungen nur für Ihre Mitglieder im rumänischen Recht bisher unbekannt war.

Auf nationaler Ebene bestehen sechs repräsentative Gewerkschaftsdachverbände:
1. C.N.S.C.A. - Confederatia Nationala Sindicala "Cartel Alfa" (Gründung 1990)[180];
2. C.N.S.L.R. - Confederatia Nationala a Sindicatelor Libere din Romania – Fratia (Gründung 1993);[181]
3. B.N.S. - Blocul National Sindical (Gründung 1991);[182]

---

179 D.C.C. Nr. 862/2006 (M.Of. Nr. 45/22.1.2007)
180 Der Dachverband „**C.N.S.C.A - Confederatia Nationala Sindicla – Cartel Alfa**" besteht aus 49 Gewerkschaftsverbänden und 5 angegliederten Organisationen; ist in 42 Landkreisen vertreten (ca. 1.000.000 Gewerkschaftsmitglieder). (Quelle: http://www.cartel-alfa.ro/default.asp?nod=2, abgerufen am 02.11.2011)
181 Der Dachverband „**C.N.S.L.R - Confederatia Nationala a Sindicatelor Libere din Romania - Fratia**" besteht aus 38 Gewerkschaftsverbänden und ist in 42 Landkreisen vertreten (ca. 800.000 Gewerkschaftsmitglieder). (Quelle: http:// www.cnslrfratia.ro/default.asp?nod=19, http://www.cnslr-fratia.ro/default.asp?nod=24, abgerufen am 02.11.2011)
182 Der Dachverband „**B.N.S. - Blocul National Sindical**" besteht aus 39 Gewerkschaftsverbänden und ist in 36 Landkreisen vertreten (ca. 320.000 Gewerkschaftsmitglieder). (Quelle: http://194.117.236.69:7893/Promotor.aspx, abgerufen am 02.11.2011)

4. C.S.D.R. - Confederatia Sindicatelor Democratice din Romania (Gründung 1994);[183]
5. C.S.N. Meridian - Confederatia Sindicala Nationala Meridian (Gründung 1994).[184]
6. Sed Lex – Alianta Nationala a Sindicatelor Bugetarilor (Gründung 2005) (Beamten-Gewerkschaft)[185]

Der wichtigste Dachverband ist „C.N.S.C.A. - Confederatia Nationala Sindicala - Cartel Alfa". In diesem Dachverband sind 49 Gewerkschaftsverbände aus allen Berufszweigen Mitglieder, was ca. 5800 Gewerkschaften darstellt, die in allen 42 Landkreisen vertreten sind. Es handelt sich dabei um ca. 1.000.000 Gewerkschaftsmitglieder.[186]

Obwohl sich Beamte aufgrund Art. 27 Gesetz Nr. 188/1999 betreffend den Beamtenstatus zu Gewerkschaften zusammenschließen können (siehe Sed Lex), haben sie keine Rechte, Tarifverträge zu verhandeln. Dieses Gebiet ist wie im deutschen Recht geregelt. Auch hier besteht für Beamte keine Tarifautonomie. Zentrales Beispiel ist der Ausschluss von Tarifautonomie und Arbeitskampf[187] für Beamte, der aus den hergebrachten Grundsätzen des Berufsbeamtentums aus Art. 33 Abs. 5 GG hergeleitet wird.[188] Beamten-Gewerkschaften haben jedoch die Möglichkeit, Vereinbarungen in folgenden Bereichen zu treffen: Fortbildung, Arbeitsbedingungen, Arbeitssicherheit und Gesundheitsschutz. Ausgenommen sind Lohnverhandlungen, da die Lohnhöhe für jede Beamtengruppe in einem speziellen Gesetz festgelegt ist.

Auch Arbeitgebervereinigungen müssen gem. Art. 72 Gesetz Nr. 62/2011 bestimmte Repräsentativitätskriterien erfüllen, um an Tarifverhandlungen teilnehmen zu können. Auf nationaler Ebene muss die Organisation den rechtlichen

---

183 Der Dachverband „**C.S.D.R. - Confederatia Sindicatelor Democratice din Romania**" besteht aus 20 Gewerkschaftsverbänden und ist in 40 Landkreisen vertreten (ca. 320.000 Gewerkschaftsmitglieder). (Quelle: http://www.util21.ro/institutii/confederatii-federatii-sindicale.htm, abgerufen am 02.11.2011)

184 Der Dachverband „**C.S.N. Meridian - Confederatia Sindicala Nationala Meridian**" besteht aus 27 Gewerkschaftsverbänden und 5 angegliederten Organisationen; ist in 42 Landkreisen vertreten (ca. 170.000 Gewerkschaftsmitglieder). (Quelle: http://www.csnmeridian.ro/articol/ro/22/csnm-Organizatii+membre.html, abgerufen am 02.11.2011)

185 Der Dachverband „**Sed Lex – Alianta Nationala a Sindicatelor Bugetarilor**" besteht aus 6 Gewerkschaftsverbänden und ist in 42 Landkreisen vertreten (185.000 Gewerkschaftsmitglieder). (Quelle: http://www.sedlex.ro/mtop/dn_prezentare.php, abgerufen am 02.11.2011)

186 Wobei die Zahl im Vergleich zu 1993 sehr reduziert ist, wo die Mitgliederzahl bei ca. 2.000.000 lag

187 Nach Art. 28 Gesetz Nr. 188/1999 haben Beamte in Rumänien sogar ein Streikrecht. In Deutschland ist ein Streikrecht für Beamte ausgeschlossen, siehe Scholz, Art. 9, Rn. 154-335 ff.

188 Löwisch-Rieble - Münchener Handbuch ArbeitsR Bd. 2, § 155, Rn. 87

Status eines unabhängigen Arbeitgeberbundes (*confederatie patronala*) besitzen sowie organisatorisch und finanziell unabhängig sein und über territoriale Strukturen in mindestens der Hälfte der Landkreise Rumäniens, inklusive der Stadt Bukarest, verfügen. Zudem muss ein Arbeitgeberbund eine Mitgliederzahl von mindestens 7% der Anzahl der Gesamt-Arbeitgeber Rumäniens haben (Art. 72 Abs. 1 A a-d Gesetz Nr. 62/2011).[189] Auf Sektor-Ebene muss die Organisation über den rechtlichen Status eines Arbeitgeberverbandes verfügen sowie organisatorisch und finanziell unabhängig sein. Die Mitgliederzahl des Verbands muss mindestens 10% der Arbeitgeber des jeweiligen Sektors betragen (Art. 72 Abs. 1 B a-c Gesetz Nr. 62/2011). Art. 72 Abs. 1 C Gesetz Nr. 62/2011 stellt ausdrücklich klar, dass Arbeitgeber auf Betriebsebene *per se* zum Verhandeln von Tarifverträgen berechtigt ist. Eine solche Regelung bestand vor der Gesetzesänderung zwar nicht, wurde jedoch als selbstverständlich erachtet.

bb) Tariffähigkeit in Deutschland

Tariffähigkeit ist die Fähigkeit, durch Vereinbarungen mit dem sozialen Gegenspieler unter anderem die Arbeitsbedingungen des Einzelarbeitsvertrags mit der Wirkung zu regeln, dass sie für die tarifgebundenen Personen unmittelbar und unabdingbar wie Rechtsnormen gelten.[190] Die Tariffähigkeit ist eine Voraussetzung für die Wirksamkeit des Tarifvertrags. Ist eine der Tarifvertragsparteien beim Abschluss des Tarifvertrags nicht tariffähig, ist der Tarifvertrag unwirksam.[191]

Der Begriff der Tariffähigkeit wurde durch die Rechtsprechung entwickelt; er wird nirgends im Gesetz definiert. Die Rechtsprechung des Bundesarbeitsgerichts stellt an die Tariffähigkeit einer Arbeitnehmervereinigung gewisse Mindestvoraussetzungen. Die Vereinigungen müssen die Wahrnehmung der Interessen ihrer Mitglieder in deren Eigenschaft als Arbeitnehmer als satzungsgemäße Aufgabe haben und die Absicht haben, Tarifverträge abzuschließen. Weiterhin ist erforderlich, dass sie frei gebildet, gegnerfrei, unabhängig gegenüber dem Staat und dem Gegner und überbetrieblich[192] organisiert sind sowie das geltende

---

189 Durch die Gesetzesänderung des Gesetzes Nr. 62/2011 sind die Kriterien für einen Arbeitgeberbund erleichtert worden. So entfiel die Voraussetzung, dass ein Arbeitgeberbund mindestens 25% der Berufszweige umfassen muss und über eigene Niederlassungen in mindestens der Hälfte der Landkreise Rumäniens, inklusive der Stadt Bukarest verfügen muss (vgl. Art. 15 Gesetz Nr. 130/1996 a.F.).
190 BVerfG 19. 10. 1966 AP TVG § 2 Nr. 24; Nicht tariffähige Koalitionen können die Arbeitsbedingungen ihrer Mitglieder nur zivilrechtlich über sogenannte „Richtlinien-" oder „Normenverträge" regeln.
191 ErfKomm - *Franzen*, TVG, § 2, Rn. 5
192 Das Erfordernis der überbetrieblichen Organisation hat vielmehr historische Bedeutung. Die Funktionsfähigkeit des Tarifvertragssystems fordert keine Überbetrieblichkeit. Sie ist heute nur noch ein Indiz für die Unabhängigkeit, wie die Beispiele der Postgewerkschaft und der Eisenbahnergewerkschaft, siehe (Löwisch/Rieble, TVG, § 2, Rn. 52; ErfKomm - *Dieterich*, Art. 9 GG, Rn. 25

Tarifrecht als verbindlich anerkennen. Darüber hinaus wird vorausgesetzt, dass die Arbeitnehmervereinigung ihre Aufgabe als Tarifpartnerin sinnvoll erfüllen kann; dazu gehört einerseits Durchsetzungskraft gegenüber dem sozialen Gegenspieler, soziale Mächtigkeit[193], zum anderen eine gewisse Leistungsfähigkeit der Organisation.[194] Für den Fall, dass eine Arbeitnehmervereinigung noch nicht aktiv am Tarifgeschehen teilgenommen hat, verlangt das BAG[195] die Darlegung von Tatsachen, die anhand einer prognostischen Beurteilung den Schluss rechtfertigen, die Arbeitgeberseite werde die Arbeitnehmervereinigung voraussichtlich nicht ignorieren und sich Tarif-Verhandlungen auf Dauer nicht entziehen können. Als hierzu geeignete Tatsachen benennt es die Organisationsstärke sowie die Fähigkeit, durch Arbeitnehmer in Schlüsselpositionen Druck auszuüben.[196] Diese zusätzlichen Voraussetzungen können dadurch begründet werden, dass die sinnvolle Ordnung des Arbeitslebens unter Mitwirkung der Sozialpartner allein Koalitionen übertragen werden könne, die gewisse Mindestanforderungen erfüllen.[197] Die Versagung der Tariffähigkeit führt jedoch nicht zur Geschäftsunfähigkeit einer Arbeitnehmervereinigung; sofern sie Rechtsfähigkeit besitzt, kann sie mit einem Arbeitgeber oder einem Arbeitgeberverband schuld-

---

193 Mit Beschluss vom 09.07.1968, Az. 1 ABR 2/67 hat das BAG erstmals das Erfordernis der sozialen Mächtigkeit eingeführt; ErfKomm - *Dieterich*, Art. 9 GG, Rn. 26. Die Rechtsprechung wird zum Teil kritisiert, sie erschwere durch dieses Erfordernis die Bildung weiterer Gewerkschaften. Dem wird entgegengehalten, dass das Merkmal der sozialen Mächtigkeit nicht bereits die Bildung behindere. Es würden allein höhere Anforderungen an die Tariffähigkeit gestellt; dies rechtfertige sich aus der Aufgabenstellung und Verantwortung, die den Verbänden durch ihre Mitglieder übertragen und durch die Verfassung anerkannt wurden.
194 vgl. zuletzt BAG vom 28.03.2006, Az. 1 ABR 58/04, AP Nr. 4 zu § 2 Tariffähigkeit Henssler, Arbeitsrechtliche Praxis; Richardi, RdA 2007, 117 (117); Wank/Schmid, RdA 2008 (2008), 257 (257)
195 Mit Beschluss vom 20. 10. 1981 (Az. 1 BvR 404/78) hat das BVerfG die Rechtsprechung des Bundesarbeitsgerichts zum Erfordernis der sozialen Mächtigkeit gebilligt. Allerdings dürften keine Anforderungen an die Tariffähigkeit gestellt werden, die erheblich auf die Bildung und Betätigung einer Koalition zurückwirken, diese unverhältnismäßig einschränken und so zur Aushöhlung der durch Art. 9 Abs. 3 GG gesicherten freien Koalitionsbildung und -betätigung führen. Durchsetzungsfähigkeit gegenüber dem sozialen Gegenspieler könne nicht bedeuten, dass die Arbeitnehmerkoalition die Chance des vollständigen Sieges haben muss. Jedenfalls sei die „Verbandsmacht" ein Umstand, von dem die Tariffähigkeit einer Arbeitnehmerkoalition abhängig gemacht werden könne, weil er von der Sache selbst gefordert werde und also der im allgemeinen Interesse liegenden Aufgabe der Ordnung und Befriedung des Arbeitslebens diene. (Zit. Wank/Schmid, RdA 2008 (2008), 257 (262))
196 vgl. Wank/Schmid, RdA 2008 (2008), 257 (261); BAG vom 28.03.2006, Az. 1 ABR 58/04
197 vgl. BVerfG vom 18.11.1954, Az. 1 BvR 629/52; BVerfG vom 06.05.1964, Az. 1 BvR 79/62; BVerfG vom 26.01.1995, Az. 1 BvR 2071/94, NJW 1995, 3377 f.

rechtliche Vereinbarungen, sog. Koalitionsvereinbarungen, schließen.[198] Derartigen Vereinbarungen kommen nicht die normativen Wirkungen eines Tarifvertrags zu; sie bedürfen vielmehr der vertraglichen Umsetzung in das Individualarbeitsverhältnis.[199]

Spitzenorganisationen von Gewerkschaften und Arbeitgeberverbänden können gem. § 2 Abs. 3 TVG in eigenem Namen Tarifverträge abschließen, wenn der Abschluss von Tarifverträgen zu ihren satzungsgemäßen Aufgaben gehört. Sind die Mitgliedsverbände für sich nicht oder nur teilweise mächtig, erfüllen sie aber in ihrem Zusammenschluss als Spitzenverband diese Voraussetzung, ist der Spitzenverband selbst tariffähig. Auf der anderen Seite genügt es auch, dass bloß die Mitgliedsverbände mächtig sind, der Spitzenverband, etwa wegen fehlender Finanzkraft, aber nicht. § 2 Abs. 3 TVG macht es gerade überflüssig, den Spitzenverband und jeden seiner Mitgliedsverbände gesondert auf Mächtigkeit zu untersuchen. Erforderlich, aber auch ausreichend ist eine Gesamtschau.[200]

Auf Arbeitgeberseite werden sowohl tariffähige als auch nicht tariffähige Zusammenschlüsse als Arbeitgeberverbände bezeichnet. Waren nicht tariffähige Arbeitgeberverbände bis vor kurzem praktisch unbekannt, so gibt es mittlerweile in zahlreichen Tarifbereichen Verbände, die ihren Mitgliedern zwar die üblichen Dienstleistungen (Rechtsberatung, Information, Prozessvertretung) anbieten, aber keine Tarifverträge abschließen. Andere – tariffähige – Verbände bieten eine sog. „OT (= ohne Tarifbindung)"-Mitgliedschaft[201] an, d. h. eine Mitgliedschaft, die zur Inanspruchnahme der Verbandsleistungen, u. U. sogar zum Anspruch auf Unterstützung bei Firmentarifverhandlungen führt, nicht aber zur Bindung an den Verbandstarifvertrag.[202]

cc) Vergleich: Tariffähigkeit und Repräsentativität

In diesem Punkt sind erhebliche Unterschiede der beiden Rechtssysteme erkennbar, obwohl ein ähnlicher Lebenssachverhalt geregelt wird. In beiden geht es um die Beschränkung der kollektiven Betätigungsmöglichkeit von Arbeitnehmer- und Arbeitgebervereinigungen im Sozialen Dialog. Beide Systeme lassen diesen Lebenssachverhalt nicht ungeregelt und haben hierfür unterschiedliche Regelungswerke. Im funktionalen Vergleich der beiden Rechtsordnungen fragt man nach den Voraussetzungen der Vereinigungen, die Tarifverträge verhandeln können: Während die Voraussetzungen der Repräsentativität auf jeder Ebene in Rumänien durch Gesetz genau geregelt sind, wird die Tariffähigkeit in

---

198 Richardi, Tarifeinheit im tarifpluralen Betrieb, S. 732
199 Richardi, aaO
200 Münchener Handbuch ArbeitsR Bd. 2 - *Richardi*, § 164 Rn. 40
201 Eine „OT-Mitgliedschaft" hat folgende Vorteile für die Arbeitgeber: Rechtsberatung und Rechtsbeistand, Information und Erfahrungsaustausch und die Vertretung der gemeinsamen Interessen.
202 Hromadka/Maschmann, Kollektivarbeitsrecht, S. 15; zur Zulässigkeit siehe BAG 18.07.2006, Az. 1 ABR 36/05

Deutschland durch die Rechtsprechung ausgestaltet. § 2 TVG geht schon vom Vorliegen der Tariffähigkeit aus, legaldefiniert diese jedoch nicht. Ein weiterer Unterschied besteht in der Mitgliederzahl der repräsentativen/tariffähigen Gewerkschaften: Die Mindestgrenze für die Repräsentativität in Rumänien ist eine absolute, quantitative Regelung, nämlich die Hälfte der Belegschaft plus eins auf Betriebsebene, 7% der Arbeitnehmer eines Sektors auf Sektor-Ebene und 5% der Gesamt-Arbeitnehmer Rumäniens auf nationaler Ebene. Auch kann eine Gewerkschaft, die die notwendige gesetzliche Quote nicht erreicht, im Betrieb durch ihren repräsentativen Gewerkschaftsverband aktiv sein, solange sie einem repräsentativen Gewerkschaftsverband angegliedert ist. In Deutschland dagegen gibt es keine zahlenmäßige Regelung. Eine Gewerkschaft über soziale Mächtigkeit verfügen also ein Mindestmaß an Durchsetzungsfähigkeit besitzen. Dies wird im Einzelfall durch ein Gericht entschieden. Diese Regelungsdifferenz führt zu weitreichenden, dogmatischen Unterschieden.

Während in Deutschland nur Gewerkschaften Tarifverträge verhandeln können, die eine gewisse Mächtigkeit besitzen und die auch Druck auf ihren Gegenpart ausüben können, kann in Rumänien jede noch so kleine und unwichtige Gewerkschaft Tarifverträge verhandeln, solange sie die zahlenmäßigen Voraussetzungen erfüllt. Das relativiert sich zwar, wenn man bedenkt, dass eine repräsentative Gewerkschaft auf Betriebsebene über die Hälfte der Belegschaft als Mitglieder haben muss. Hat allerdings ein Betrieb 31 Arbeitnehmern, wovon 16 Mitglieder einer Gewerkschaft sind, ist diese Gewerkschaft mit lediglich 16 Mitgliedern genauso repräsentativ wie jede andere Gewerkschaft mit mehreren hundert oder gar tausend Mitgliedern. Die quantitative gesetzliche Festlegung einer Mindestrepräsentativitätszahl führt dazu, dass kleine, wirtschaftlich unbedeutende Gewerkschaften in manchen Fällen einen großen Einfluss ausüben können, wohingegen die deutsche Regelung dies nicht zulässt. Als Folge hieraus ergibt sich, dass die Regelung in Rumänien zwar zu fragwürdigen Repräsentativitätsfolgen führt, andererseits verspricht sie eine überragende Rechtssicherheit. Die deutsche Ausgestaltung birgt nicht immer dasselbe Maß an Rechtssicherheit, da die Tariffähigkeit von einer gerichtlichen Auslegung des Rechtsbegriffes „soziale Mächtigkeit" abhängt und dies öfters in einem mehrjährigen sowie mehrere Instanzen durchlaufenden Gerichtsprozess gipfelt.[203] Sie führt jedoch auch dazu, dass kleine und unbedeutende Gewerkschaften keine Tarifverhandlungen führen können.

Das Erfordernis der Repräsentativität in Rumänien ist eine Folge der Aufgaben und Befugnisse, die Gewerkschaften im Rahmen von Kollektivverhandlungen wahrnehmen, und daher einen großen Teil der Arbeitnehmer erfassen sollen. Schließlich gilt ein Tarifvertrag nicht nur für die Gewerkschaftsmitglieder

---

203 wie man an der Entscheidung der Christlichen Gewerkschaft Zeitarbeit BAG, Beschluss vom 14.12.2010, Az. 1 ABR 19/10, sehen kann

selbst, sondern auch für alle anderen Arbeitnehmer der jeweiligen Ebene. Dieser erweiterte Geltungsbereich ist daher eine gesetzesausfüllende Vereinbarung, für die eine erweiterte Legitimation erforderlich ist. Damit sind nur repräsentative Vereinigungen zur Ausfüllung gesetzlicher Regelungen geeignet. In Deutschland ist die Durchsetzungskraft der Gewerkschaften demgegenüber ein „Korrelat zur autonomen Normsetzungskompetenz der Verbände"[204]. Das Ziel, die gestörte Vertragsparität zwischen den Parteien des Arbeitsvertrags durch die autonome Bestätigung kollektiver Vertragsautonomie auszugleichen, bedingt das Erfordernis der sozialen Mächtigkeit.[205]

Die Tariffähigkeit beginnt in Deutschland, wenn alle ihre Voraussetzungen vorliegen. Weil Rechtsfähigkeit keine Voraussetzung ist, kommt es für einen Verein nicht auf die Eintragung an, selbst wenn diese beabsichtigt ist. Wenn dann schon Tarifwilligkeit vorliegt, besteht die Tariffähigkeit bereits vor der Eintragung.[206] In Rumänien ist eine Gewerkschaft durch Eintragung ins gerichtliche Register per Dekret erst ab diesem Zeitpunkt repräsentativ. Auch damit beweist sich die deutsche Regelung als flexibler und freier und entspricht mehr dem Grundsatz der Koalitionsfreiheit.

Ein weiterer weitreichender Unterschied liegt darin, dass die Repräsentativität in Rumänien durch ein Gericht, das lediglich die formellen Voraussetzungen überprüft, für vier Jahre festgestellt wird. In Deutschland dagegen wird die Tariffähigkeit nicht turnusmäßig kontrolliert, sondern nur im Streitfall von einem Gericht[207] versagt oder bestätigt. Auch hier wird dieser Sachverhalt durch das rumänische Gesetz genau geregelt, wohingegen das Deutsche keine Vorkehrungen enthält. Hier endet die Tariffähigkeit, wenn eine ihrer Voraussetzungen wegfällt oder der Verband selbst nicht mehr existiert.[208]

Diese über-detaillierten Regelungen in Rumänien zeugen von einer gewissen Unsicherheit des Gesetzgebers im arbeitsrechtlichen Bereich. Es muss alles bis ins kleinste Detail gesetzlich vorgeschrieben sein, Auslegungen und Flexibilität sind nicht vorgesehen, was sich auch durch die umfassende Gesetzesänderung im Mai 2011 nicht geändert hat. Auch die Rechtsprechung hat keinen besonders großen Anteil an der Rechtsgestaltung. In diesem Sinne verwundert es nicht, dass keine eigene Arbeitsgerichtsbarkeit besteht.

---

204 Schulze-Doll, Kontrollierte Dezentralisierung, S. 80
205 Schulze-Doll, Kontrollierte Dezentralisierung, S. 80
206 Münchener Handbuch ArbeitsR Bd. 2 - *Richardi*, § 164, Rn. 28
207 §§ 2a Abs. 1 Nr. 4, 97 ArbGG eröffnen innerhalb des Beschlussverfahrens die Möglichkeit, Tariffähigkeit und Tarifzuständigkeit gesondert feststellen zu lassen. Im Interesse der Normenklarheit soll nicht erst der Tarifvertrag abgewartet und einer repressiven Normenkontrolle unterzogen werden; vielmehr ist es so möglich, die Fähigkeit zum Abschluss von Tarifverträgen überhaupt und in einem bestimmten maximalen Geltungsbereich präventiv zu überprüfen. (vgl Münchener Handbuch ArbeitsR Bd. 2 - *Richardi*, Rn. 101)
208 Münchener Handbuch ArbeitsR Bd. 2 - *Richardi*, § 164, Rn. 29

Es bleibt jedoch festzustellen, dass in beiden Rechtsordnungen nicht alle Koalitionen berechtigt sind, Tarifverträge zu verhandeln und abzuschließen. Die Forderung nach Repräsentativität bzw. der sozialen Mächtigkeit als Teil der Tariffähigkeit soll eine gewisse Gewähr für den Inhalt und die Durchsetzung der Kollektivverträge im Sinne einer effektiven Interessenvertretung bieten[209], denn sie sollen ein Ergebnis erzielen, das den Interessen der Mehrheit der dadurch betroffenen Arbeitnehmer zugutekommt. Die Anknüpfungspunkte sind mithin funktional vergleichbar.

b) Allgemienverbindlichkeit, Vertretungsintensität und Deckungsquote

aa) Allgemeinverbindlichkeit in Rumänien

Gewerkschaften repräsentieren im rumänischen System nicht nur ihre Mitglieder, sondern vertreten die kollektiven Interessen der vom Tarifvertrag erfassten Arbeitnehmergruppe[210] (eines ganzen Betriebs, Unternehmensgruppe, Sektors und bis zur Gesetzesänderung im Mai 2011 sogar des ganzen Landes).

Ein Tarifvertrag war bis zur Gesetzesänderung durch das Gesetz zum Sozialen Dialog absolutes Recht und galt nicht nur für Gewerkschaftsmitglieder, sondern auch für alle Angestellten des Betriebs (Art. 9 Gesetz Nr. 130/1996 a.F.). Diesen Grundsatz hebt die Gesetzesänderung nicht auf, sie schränkt ihn jedoch ein.

Dieser allgemein geltende Grundsatz hat nach der Gesetzesänderung noch uneingeschränkten Bestand auf Betriebsebene sowie auf der Ebene von Unternehmensgruppen für die Unternehmen, die zu der Unternehmensgruppe gehören, für die der Tarifvertrag geschlossen wurde. Die Neuerung in Bezug auf die Allgemeinverbindlichkeit betrifft die Sektor-Ebene. Während nach dem früheren Recht Tarifverträge auf Branchenebene für alle Arbeitnehmer der Branche galten, schränkt das neue Gesetz Nr. 62/2011 die Anwendbarkeit eines Tarifvertrags dahingehend ein, dass nur die Arbeitnehmer vom Geltungsbereich umfasst werden, deren Arbeitgeber bzw. Arbeitgeberverband den Tarifvertrag unterschrieben hat. Darüber hinaus sieht das Gesetz 62/2011 eine Ausweitung der Anwendbarkeit des Sektortarifvertrags auf alle Arbeitnehmer des Sektors vor, sofern die Anzahl der Arbeitnehmer der unterzeichnenden Arbeitgebervereinigungen über 50 % beträgt und eine dahingehende Anordnung des Ministeriums für Arbeit, Familie und Sozialen Schutz mit der Zustimmung des Nationalen dreigliedrigen Rats für den Sozialen Dialog (*Consiliul National Tripartit pentru Dialog Social*). Dies hat zur Folge, dass auf Sektor-Ebene eine Legitimierung auf der Arbeitgeberseite erfolgt. Auf der Arbeitnehmerseite ändert sich hieran

---

209 vgl. Bardenhewer: Der Firmentarifvertrag in Europa, S. 108
210 Dieses Prinzip wird im rumänischen Recht als „erga-omnes"-Anwendbarkeit bezeichnet. Im Rahmen dieser rechtsvergleichenden Arbeit wird es zur besseren Lesbarkeit „Allgemeinverbindlichkeit" genannt.

nichts. Nach wie vor kommt es nicht auf die Mitgliedschaft des Einzelnen in einer Gewerkschaftsorganisation an, sondern lediglich auf das bestehen einer repräsentativen Gewerkschaft, die alle Arbeitnehmer des Unternehmens vertritt, unabhängig von der individuellen Zugehörigkeit und damit Legitimation.

Dieser weitreichende Geltungsbereich von Tarifverträgen und die nicht zwingende Verbindung zur individuellen Auswahl der Mitgliedsgewerkschaft erfordern eine Limitierung der inhaltlichen Befugnisse der Tarifvertragsparteien. Die Sozialpartner sind traditionell aufgrund der umfassenden Tätigkeit des Gesetzgebers allein zur Gesetzesausfüllung befugt um günstigere Bedingungen für die Arbeitnehmer zu schaffen. Darüber hinaus verlangt die Allgemeinverbindlichkeit eine entsprechend weitreichende Legitimation der Gewerkschaften zur Verhandlung mit Wirkung für die gesamte Arbeitnehmerschaft. Die Erfüllung der Repräsentativitätskriterien stellt diese Legitimation dar. Die Gewerkschaften sind als Folge dieser weitreichenden Geltungswirkung verpflichtet, alle Arbeitnehmer fair und unparteiisch zu vertreten.

Auf einer Ebene (Betrieb/Unternehmensgruppe/Sektor) kann zur gleichen Zeit jedoch nur ein Tarifvertrag Anwendung finden (Art. 11 Abs. 2 Gesetz Nr. 62/2011); daher entsteht keine Konkurrenz auf gleicher Ebene. Die Konkurrenz mehrerer Tarifverträge auf unterschiedlicher Ebene wird durch das Spezialitätsprinzip gelöst. Es gilt in einem Betrieb der jeweils auf niedrigerer Ebene geschlossene Tarifvertrag. So ist immer der Betriebstarifvertrag anzuwenden, wenn ein solcher abgeschlossen wurde.

Für das Verhältnis zwischen der individuellen Koalitionsfreiheit und dem Tarifvertrag gilt daher Folgendes: Die Arbeitnehmer haben freie Wahl unter den Gewerkschaften. Jeder Tarifvertrag kann durch die Unterzeichnung einer repräsentativen Gewerkschaft legitimiert werden. Aufgrund des Gewerkschaftspluralismus ist unter den Gewerkschaften nicht zwingend der Mitgliedsverband allein befugt, Tarifnormen zu setzen. Daher können auch Ergebnisse der Tarifverhandlungen anderer Verbände unmittelbare und zwingende Wirkung für anders oder gar nicht organisierte Mitglieder entfalten.[211] Das individuelle Grundrecht des Einzelnen, zur Wahrung und Förderung der Arbeitsbedingungen und Wirtschaftsbedingungen Vereinigungen zu bilden und an der verfassungsrechtlich geschützten Tätigkeit seiner Koalition teilzunehmen, wird nicht generell dadurch verletzt, dass für sein Arbeitsverhältnis Inhaltsregelungen gelten, die

---

211 Die nicht zwingende Verbindung zwischen der individuellen Koalitionsfreiheit und dem Tarifvertragsschluss zeigt sich ebenso in der nicht zwingenden Verknüpfung zum Recht auf Streik. Das Streikrecht ist ein individuelles Recht, das kollektiv auszuüben ist. Es dient dem Ausgleich des Ungleichgewichts zwischen Arbeitgebern und Arbeitnehmern. Streiks müssen nicht allein auf den Abschluss von Tarifverträgen bezogen sein. Die Führung des Streiks durch eine repräsentative Gewerkschaft ist mithin nicht erforderlich . Die nicht zwingende Verknüpfung von Streik- und Tarifrecht bedingt die fehlende Bedeutung von Verhandlungs- und Kampfparitäten bei der Zulässigkeit von Arbeitskampfmaßnahmen. Siehe hierzu Schulze-Doll, Kontrollierte Dezentralisierung, S. 38

von ihm fremden Verbänden ausgehandelt worden sind, da hierdurch seine Möglichkeit, sich mit anderen zu einer Koalition zusammenzuschließen oder einer konkurrierenden Koalition beizutreten, nicht beeinträchtigt wird.

Im rumänischen System ist besonders zu beachten, dass die allgemeinverbindliche Wirkung das Recht, nicht in eine Gewerkschaft einzutreten, die Koalitionsfreiheit sogar schwächt. Als Folge daraus muss die Freiheit, nicht in eine Gewerkschaft eintreten zu müssen, in einer sehr nuancierten Art und Weise geschützt werden.[212] Allerdings wird nach deutschem Verständnis die Freiheit, sich einer anderen als der vertragschließenden oder keiner Koalition anzuschließen, durch die Allgemeingeltung von tariflichen Inhaltsnormen nicht beeinträchtigt, Zwang oder Druck in Richtung auf eine Mitgliedschaft nicht ausgeübt.[213]

bb) Vertretung der Mitglieder in Deutschland

Den Sozialpartnern in Deutschland kommt im Gegensatz dazu eine originäre Rechtssetzungskompetenz zu. Sozialpartner nehmen keine hoheitliche Gestaltungsaufgabe wahr, die autonome Regelungsbefugnis der Tarifvertragsparteien basiert auf dem legitimierenden Beitritt der Verbandsmitglieder und ist durch Art. 9 Abs. 3 GG anerkannt. Das Gesetz selbst beschränkt in Art. § 3 Abs. 1 TVG die Wirkung des Tarifvertrags ausdrücklich auf die Mitglieder der Tarifvertragsparteien.[214] Die kollektive, koalitionsmäßige Betätigung ist mithin als Realisierung und Verstärkung der individuellen Koalitionsfreiheit zu verstehen.[215] Im deutschen Recht ist damit eine zwingende Verbindung zwischen der individuellen Koalitionsfreiheit und dem Tarifvertragsschluss gegeben. Die Tarifvertragsparteien haben Anspruch auf die Wahrnehmung der Interessen ihrer Mitglieder sowie eine effektive und umfassende Normsetzung. Dafür bildet der Tarifvertrag die wichtigste Betätigungsform.[216]

cc) Vergleich – Legitimation der Tarifgeltung

Hier besteht ein erheblicher, dogmatischer Unterschied zwischen den Regelungen in Rumänien und in Deutschland. Die Legitimation der Gewerkschaftsvereinigungen zum kollektiven Tätigwerden begründet sich in Deutschland durch den Beitritt der Mitglieder[217], in Rumänien durch das Erreichen der Repräsentativität. Daher ist es in Rumänien möglich, dass ein Arbeitnehmer unter den Tarifvertrag fällt, der von fremden Tarifvertragsparteien abgeschlossen wird. Dieser Unterschied beruht auf den verschiedenen Rechtsgrundlagen. In Deutschland steht den Tarifvertragsparteien eine autonome Regelungsbefugnis zu, in Rumä-

---

212 Dimitriu, Romanian industrial relations law, S. 24
213 vgl. BVerfG vom 24.05.1977, Az. 2 BvL 11/74
214 vgl. BVerfG vom 24.05.1977, Az. 2 BvL 11/74; BVerfG vom 14.06.1983, Az. 2 BvR 488/80
215 Bayreuther, Tarifautonomie als kollektiv ausgeübte Privatautonomie, S. 59
216 BVerfG vom 03.04.2001, BVerfGE 103, 293 (304); Bayreuther: Tarifautonomie als kollektiv ausgeübte Privatautonomie, S. 169
217 Einzige Ausnahme in Deutschland ist die Allgemeinverbindlicherklärung.

nien nehmen sie eine hoheitliche Gestaltungsaufgabe wahr. „Im Rahmen des Art. 9 Abs. 3 GG hat der Staat seine Rechtsetzungszuständigkeit zurückgenommen und die Ausgestaltung der Rechtsordnung in weitem Maße den Tarifvertragsparteien überlassen. Die Verfassungsvorschrift lässt Rechtsetzung durch die Tarifvertragsparteien aber grundsätzlich nur gegenüber ihren Verbandsmitgliedern zu."[218] In Deutschland besteht daher eine Verbindung zwischen der Repräsentation der Mitglieder und dem Tarifvertragsschluss, die ein Ausdruck der kollektiven Privatautonomie darstellt, in Rumänien ist dies jedoch nicht zwingend.

Gewerkschaften müssen gegenüber den Arbeitnehmern legitimiert sein, ansonsten wären diese schrankenlos der normsetzenden Gewalt der Tarifvertragsparteien ausgeliefert, die ihnen gegenüber weder staatlich-demokratisch noch mitgliedschaftlich legitimiert sind. Eine mitgliedschaftliche Legitimation besteht in Rumänien nur für einen Teil der Arbeitnehmer. Es stellt sich die Frage, ob die Gewerkschaften dem anderen Teil gegenüber - den Außenseitern - staatlich-demokratisch legitimiert sind. Da die hoheitliche Gestaltungsaufgabe mit der Erfüllung der Repräsentativität begründet wird, muss beleuchtet werden, ob die Repräsentativität eine staatlich-demokratische Legitimation darstellen kann. Der Staat hat hierbei seine Zuständigkeit zur Rechtsetzung zurückgenommen und sie den Koalitionen überlassen, die nachweisen können, dass sie einen bestimmten Teil der Beschäftigten auf nationaler Ebene, der Branchen auf Branchenebene, der Arbeitnehmer auf Betriebsebene vertreten. Dadurch hat der Staat die Schranken festgelegt, in denen die Koalitionen demokratisch legitimiert sind um nicht nur ihre Mitglieder zu vertreten, sondern auch die Außenseiter. Insofern liegt zwar eine andere Art der Legitimierung als in Deutschland vor, jedoch eine demokratische.

c) Gewerkschaftspluralismus („Pluralismul sindical")

In Rumänien ist der Gewerkschaftspluralismus eine Manifestation der Demokratie.[219] Aus dem Prinzip der Koalitionsfreiheit ergibt sich die Folge, dass mehrere Gewerkschaften in derselben Branche, auf demselben Gebiet oder sogar im selben Betrieb bestehen können.[220] Durch das Bestehen mehrerer Gewerkschaften auf einer Ebene wird das Gewerkschaftsmonopol bekämpft. In Rumänien wird der Gewerkschaftspluralismus als eine andere Form der Tariffreiheit angesehen.[221] Dies ist vorwiegend mit der kommunistischen Vergangenheit zu erklä-

---

218 BVerfG vom 14.06.1983, Az. 2 BvR 488/80, BVerfG vom 24.05.1977, Az. 2 BvL 11/74; Zur Erstreckung auf Nichtmitglieder (die sogenannten Außenseiter) bedarf es eines normierenden Aktes einer staatlichen Stelle; er steht in Gestalt des Rechtsinstituts der Allgemeinverbindlicherklärung zur Verfügung
219 Ticlea: Tratat de dreptul muncii, S. 199
220 Stefanescu: Tratat de dreptul muncii, S. 90; vgl. auch Ticlea: Tratat de dreptul muncii, S. 199
221 vgl. Stefanescu, Tratat de dreptul muncii, S. 90

ren, in der es nur „eine Gewerkschaft" gab. Nach dem Ende der Revolution im Dezember 1989 hat sich die Anzahl der Gewerkschaften, Gewerkschaftsverbände- und Dachverbände explosionsartig vermehrt, wobei ein hoher Konkurrenzkampf herrschte.[222]

Die Arbeitnehmer haben das Recht, sich eine Gewerkschaft auszusuchen, die ihre Interessen am besten vertritt. Sollte keine bestehende Gewerkschaft dies tun, so können sie eine neue Gewerkschaft gründen. Allerdings darf ein Arbeitnehmer nicht zur selben Zeit Mitglied zweier verschiedener Gewerkschaften sein (Art. 3 Abs. 4 Gesetz Nr. 62/2011).

Bis zur Gesetzesänderung im Mai 2011 konnten in einem Betrieb mehrere Gewerkschaften repräsentativ und damit zuständig für die Durchführung von Tarifverhandlungen sein. Es war hypothetisch möglich, dass alle Arbeitnehmer in einem Betrieb Gewerkschaftsmitglieder waren, so dass bis zu drei repräsentative (Mindestmitgliederzahl 1/3 der Arbeitnehmer) und mehrere nichtrepräsentative Gewerkschaften in einem Betrieb bestehen konnten. Die hohe Anzahl an Gewerkschaften bedingte naturgemäß eine ebenso ausgeprägte Zersplitterung der organisatorischen, finanziellen wie auch personellen Ressourcen der Gewerkschaften[223] und führte somit grundsätzlich zu einer Schwächung. Es wurde sogar von einer „Atomisierung"[224] der Gewerkschaftsbewegungen gesprochen. Als Folge dessen wurde eine Modifizierung des Gewerkschaftsrechts dahingehend diskutiert[225], dass die Voraussetzungen der Repräsentativität auf nationaler Ebene strenger werden sollen, so dass nur noch drei bis vier starke Gewerkschaften bestehen und nur mit diesen verhandelt wird, bzw. nur diese in Fällen des dreigliedrigen Dialogs beratend teilnehmen. Eine solche Gesetzesänderung wurde durch das Gesetz zum Sozialen Dialog teilweise umgesetzt, nämlich auf Betriebsebene. Die Repräsentativitätsvoraussetzungen auf nationaler Ebene, der Sektorebene (früher Branchenebene) sowie Unternehmensgruppen-Ebene sind mengenmäßig unverändert geblieben. Daher bleibt die hohe Anzahl an Gewerkschaften und die dadurch bedingte Zersplitterung auf Sektor- und nationaler Ebene weiterhin problematisch.

Lediglich auf Betriebsebene ist für die Repräsentativität einer Gewerkschaft nun eine Mindestmitgliederzahl von 50% plus einem erforderlich, so dass in einem Betrieb faktisch nur noch eine repräsentative Gewerkschaft auf Betriebsebene bestehen kann. Damit entfallen aus Sicht der Koalitionsfreiheit problematische Regelungen:

Nach der alten Rechtslage konnte sich im Fall des Bestehens mehrerer repräsentativer Gewerkschaften in einem Betrieb der Arbeitgeber die Gewerkschaft, mit der er verhandelt, nicht aussuchen, die Gewerkschaften bildeten eine

---

222 Ticlea, aaO
223 vgl. Kohl, Koalitionsfreiheit, Arbeitnehmerrechte und sozialer Dialog, S. 16
224 vgl. Kohl, Koalitionsfreiheit, Arbeitnehmerrechte und sozialer Dialog, S. 84
225 vgl. hierzu Ticlea, Tratat de dreptul muncii, S. 200

Tarifgemeinschaft, die den jeweiligen Tarifvertrag aushandelte. Die Zusammensetzung der verhandelnden Tarifgemeinschaft wurde im Vorfeld von den simultan repräsentativen Gewerkschaften vereinbart.[226] Nach der neuen Rechtslage kann nur eine repräsentative Gewerkschaft auf Betriebsebene existieren; ein Zusammenschluss von tarifverhandelnden Gewerkschaften erübrigt sich damit.

Allerdings führt die Gesetzesänderung nicht dazu, dass absolut nur eine Gewerkschaft auf Betriebsebene bestehen kann. Es können durchaus mehrere Gewerkschaften in einem Betrieb bestehen, jedoch nur eine die repräsentativ ist und damit Tarifverhandlungen führen und Tarifverträge schließen kann. Die nicht repräsentativen Gewerkschaften können andere Vereinbarungen - außer Tarifverträge - mit den Arbeitgebern schließen, die nur für die jeweiligen Gewerkschaftsmitglieder wirken.

Diese Gesetzesänderung stellte einen Schritt in die von der rumänischen Literatur gewünschte Richtung dar, wurde jedoch nur zu einem kleinen Teil umgesetzt, nur auf Betriebsebene. Eine weiterreichende Verschärfung der Repräsentativitätskriterien bis zur nationalen Ebene war für den Gesetzgeber zu weitreichend. Im Ergebnis kann diese Änderung als durchaus gelungen angesehen werden, da ein gewisser Gewerkschaftspluralismus unabdinglich für das erfolgreiche Funktionieren des Sozialen Dialogs ist, jedoch die Zersplitterung und gewerkschaftliche Tarifgemeinschaften auf Betriebsebene dadurch eingeschränkt wurden. Zudem stellt es einen Anfang dar für die Entwicklung der Gewerkschaften als Vertreter ihrer Mitglieder, was bisher im rumänischen Recht gänzlich fehlte.

Zentral bleibt nach wie vor die Frage auf Unternehmensgruppen- und Sektorebene, ob dieser Gewerkschaftspluralismus auch eine Kooperation innerhalb der jeweiligen Bänke der Arbeitnehmer und Arbeitgeber im Sinne eines effizienten Sozialen Dialogs erlaubt oder aber diesen eher verhindert.[227] Die durch den Pluralismus begründete Verbandskonkurrenz kann die Interessenvertretung beeinträchtigen – je nachdem, ob trotz organisatorischer Vielfalt doch eher Kooperation angestrebt wird (wie etwa in Ungarn), oder aber Widerstreit das wechselseitige Verhältnis prägt (wie lange Zeit in Polen).[228] Es kommt oft vor, dass zwei repräsentative Gewerkschaften ein jeweils unterschiedliches Konzept bzw. unterschiedliche Verhandlungsziele haben. So hätten beide Gewerkschaften in einem tatsächlichen Fall eine schwache Mitgliederzahl und es schien, als wollten sie unterschiedliche Programme durchsetzen um ihre jeweilige Existenz vor ihren Mitgliedern zu rechtfertigen. Dies zeigt das Fehlen von Vertrauen zwischen verschiedenen Gewerkschaften, die zum selben Verhandlungsteam gehö-

---

226 Dimitriu, Romanian industrial relations law, S. 15; Ticlea: Tratat de dreptul muncii, S. 333
227 vgl. Kohl, Koalitionsfreiheit, Arbeitnehmerrechte und sozialer Dialog, S. 16
228 Kohl, Koalitionsfreiheit, Arbeitnehmerrechte und sozialer Dialog, S. 18

ren.²²⁹ Aus der Verbändevielfalt resultiert mitunter heftige Konkurrenz, wenn sich die Gewerkschaften in den wesentlichen Fragen der Arbeitnehmervertretung nicht einig sind, sowie das Erfordernis der internen Abstimmung und des einheitlichen Auftretens nach Außen, bis hin zum Zwang einer Kooperation auf Betriebsebene, um überhaupt zu einem Tarifvertragsabschluss zu gelangen. Denn sich widersprechende Forderungen, interne Auseinandersetzungen oder gar Absprachen einer Gewerkschaft mit dem Verhandlungspartner führen zu einer Schwächung der Verhandlungsposition. In der Praxis werden diese „Wettkämpfe" unter gleich repräsentativen Gewerkschaften innerhalb eines Betriebs üblicherweise durch den Abschluss einer Vereinbarung zwischen den Gewerkschaftsverbänden, denen die Gewerkschaften angehören, beigelegt.²³⁰ Dieser Pluralismus bewirkt auch, dass rechtlich gleichgestellte Gewerkschaften in Bezug auf die Fähigkeit, eine Arbeitnehmerschaft zu repräsentieren ungleich sind, denn eine Gewerkschaft, die nur wenige Mitglieder hat, kann nicht so viel Gewicht und Macht haben wie eine, die beispielsweise 90 % der Angestellten eines Betriebs vertritt.²³¹

Das Problem der Gewerkschaftspluralität stellt sich in Deutschland im Betrieb nicht. Auch hier besteht zwar ein Gewerkschaftspluralismus. Die meisten Rechte aus dem BetrVG können von mehreren Gewerkschaften nebeneinander ausgeübt werden, ohne dass sich dadurch besondere Schwierigkeiten ergeben (beispielsweise die Wahl eines Betriebsrats zu initiieren).²³² Teilnahme-, Beratungs- und Kontrollrechte stehen allen im Betrieb vertretenen Gewerkschaften nebeneinander zu.²³³ Die Thematik des Gewerkschaftspluralismus wird auf der Ebene der Tarifeinheit diskutiert, denn eine „Zwangstarifgemeinschaft" lässt sich mit Art. 9 Abs. 3 GG nicht vereinbaren.²³⁴ „Folge der Tarifpluralität ist zu-

---

229 Trif, Collective Bargaining Practices in Eastern Europe, S. 8
230 vgl. Dimitriu, Romanian industrial relations law, S. 15
231 Ticlea, Tratat de dreptul muncii, S. 205
232 Däubler, Gewerkschaftsrechte im Betrieb, S. 251
233 Däubler: Gewerkschaftsrechte im Betrieb, S. 252; Die Teilnahme an Betriebsratssitzungen kommt allerdings nur für solche Gewerkschaften in Betracht, welche die in § 31 BetrVG genannten Voraussetzungen erfüllen: Sie müssen im Betriebsrat durch mindestens eine Person vertreten sein und außerdem muss sich ein Viertel der Betriebsratsmitglieder für die Zuziehung der fraglichen Gewerkschaft aussprechen.
234 BAG vom 9.12.2009, NZA 2010, 712, Rdnr. 51 und BAG, Beschluss vom 29.07.2009, Az. 7 ABR 27/08: „Die Auswahlfreiheit hinsichtlich des Vertragspartners gilt für Arbeitnehmerkoalitionen wie auf Arbeitgeberseite für die Arbeitgeberverbände und den einzelnen Arbeitgeber gleichermaßen. Die Pflicht zur Einbeziehung einer weiteren Tarifvertragspartei greift in die Koalitionsfreiheit der Arbeitgeberseite und die Koalitionsfreiheit der mit ihr zum Tarifvertragsabschluss bereiten Gewerkschaft ein. Das durch sie bewirkte Erfordernis zur Bildung einer „Zwangstarifgemeinschaft" ist mit der kollektiven Koalitionsfreiheit nicht vereinbar und berücksichtigt die Gegnerschaft von konkurrierenden Gewerkschaften nur unzureichend. Ein solcher Eingriff in die durch Art. 9 Abs. 3 GG geschützte Abschlussfreiheit könnte allenfalls dann zu erwägen sein,

nächst, dass für jeden Arbeitnehmer der kraft Organisationszugehörigkeit maßgebliche Tarifvertrag gilt"[235] und jede Gewerkschaft einen Tarifvertrag mit dem Arbeitgeber schließen kann. Insofern ist eine Zwangstarifgemeinschaft bei Tarifpluralität auch nicht erforderlich.

3. Zusammenfassung

Die Grundvoraussetzungen für die Hürden der Gewerkschaften zum Führen und Abschließen von Tarifverhandlungen sind funktional vergleichbar. Dabei darf jedoch nicht außer Acht gelassen werden, dass die Beweggründe dieser Beschränkung in beiden Rechtsordnungen grundverschieden sind. In Rumänien sind aufgrund des durch die Allgemeinverbindlichkeit erweiterten Geltungsbereichs eines Tarifvertrags als gesetzesausfüllende Vereinbarung für alle Arbeitnehmer eines Betriebs oder eines Sektors sowie der Aufrechterhaltung des Gewerkschaftspluralismus nur Gewerkschaften berechtigt, Tarifverträge zu schließen, die eine hinreichende Anzahl an Arbeitnehmer vertreten. Die Allgemeinverbindlichkeit eines Tarifvertrags erfordert eine besondere Legitimation der tarifschließenden Gewerkschaften, die durch das Erfordernis der Repräsentativität erfüllt wird. Demgegenüber ist die geforderte Durchsetzungskraft deutscher Gewerkschaften ein „Korrelat zur autonomen Normsetzungsbefugnis der Verbände"[236]. Die gestörte Vertragsparität zwischen den Parteien des Arbeitsvertrages wird durch die kollektive Betätigung autonomer Gewerkschaften ausgeglichen. Dies kann jedoch nur durch sozial mächtige Vereinigungen legitimiert sein. Die Soziale Mächtigkeit wird in Rumänien durch die starre Repräsentativität und in Deutschland durch die flexible tatsächliche Mächtigkeit erfüllt.

In der rumänischen Rechtsordnung, mit dem nun neu ausgebildeten Gewerkschafts- bzw. Verbandspluralismus, besteht eine sehr detaillierte gesetzliche Regelung zur Repräsentativität. Im Gegensatz dazu sind die Tätigkeiten der Gewerkschaften und die Voraussetzungen hierfür aufgrund der allgemeinen Verfassungsgarantien sowie der Koalitions- und Verhandlungsfreiheit deutlich weniger gesetzlich geregelt. Es bestehen keine Gesetzesnormen zur Sozialen Mächtigkeit oder spezielle Gewerkschaftsgesetze.

Diesbezüglich ist in Rumänien über die bereits gesetzlich normierte Einschränkung der Koalitionsfreiheit durch die Repräsentativitätskriterien hinaus auch eine weitverbreitete „Missachtung von Gesetzen zu verzeichnen, die die Gewerkschaftsarbeit schützen sollen"[237]. „Arbeitgeber verbieten ihren Beschäftigten mehr oder weniger offen die Mitgliedschaft in einer Gewerkschaft. Dies

---

wenn die von dem beabsichtigten Tarifvertragsschluss ausgeschlossene Gewerkschaft nicht nur vorübergehend, sondern dauerhaft an einer Normsetzungsbefugnis für ihre Mitglieder gehindert wäre."
235 Willemsen, NZA 2010, 1313 (1313)
236 Schulze-Doll, Kontrollierte Dezentralisierung, S. 80
237 Hantke, Gewerkschaften im 21. Jahrhundert, S. 6

geschieht manchmal beim Einstellungsgespräch oder später, wenn gewerkschaftliches Interesse bei Beschäftigten sichtbar wird. Gerade in multinationalen Unternehmen kommt hinzu, dass mit besseren Löhnen und Gehältern sowie mit oftmals guten Arbeitsbedingungen dafür „geworben" wird, eine Gewerkschaftsmitgliedschaft auszuschließen. Gründe für das Nichteinklagen von Arbeitnehmerrechten sind in der hohen Arbeitslosigkeit in den Transformationsländern bzw. in den fehlenden beruflichen Alternativen zu sehen. So beugen sich viele Menschen aus Angst, ihren Arbeitsplatz zu verlieren, dem Druck der Arbeitgeber. Dennoch darf nicht unerwähnt bleiben, dass zu derartigen Gesetzesbrüchen zwei Parteien gehören. Denn bislang haben sich auch die Gewerkschaften oft nur wenig darum bemüht, solche Gesetzesbrüche zu verhindern und den Druck auf die Arbeitgeber zu erhöhen."[238]

4. Sozialpartner der Gewerkschaften

Nach einer Studie der Europäischen Stiftung zur Verbesserung der Lebens- und Arbeitsbedingungen (EUROFOUND) hat Rumänien die komplizierteste Struktur der Arbeitgeber-Vertretung auf nationaler Ebene.[239]

a) Rechtsgrundlagen

Die Rechtsgrundlage zur Gründung von Arbeitgebervereinigungen ist – ebenso wie zur Gründung von Gewerkschaften – die Vereinigungsfreiheit, die in Art. 40 Abs. 1 der Verfassung normiert ist. Bis zum Jahre 2001 war die Rechtsgrundlage für die Gründung einer Arbeitgebervereinigung (*patronat*[240]) das Gesetz über die Gründung von Gesellschaften von 1924.[241] Dieses Gesetz wurde 1991 teilweise angepasst, so dass die Gründung von Arbeitgebervereinigungen grundsätzlich erlaubt war, sogar für staatliche Unternehmen, die damals den überwiegenden Teil der Unternehmen darstellten. Dieses Gesetz enthielt keine Regelungen für die Teilnahme einer Gesellschaft am Sozialen Dialog.[242] Erst im Jahre 2001 trat das Gesetz Nr. 356/2001[243] in Kraft, das die rechtlichen Rahmenbedingungen für die Existenz und Betätigung von Arbeitgebervereinigungen geschaffen hat. Durch das Gesetz über den Sozialen Dialog vom Mai 2011 wurde

---

238 vgl. Hantke, Gewerkschaften im 21. Jahrhundert, S. 6
239 European Foundation for the Improvement of Living and Working Conditions: „Industrial relations developments in Europe 2004", Seite 54, abrufbar unter: www.eurofound.europa.eu
240 Das Wort „patronat" stammt von dem lateinischen Wort „patronus" ab, was im Römischen Recht meistens Besitzer der Sklaven bedeutet hat.
241 Gesetz 21/1924
242 Dimitriu, Romanian industrial relations law, S. 33
243 Veröffentlicht in M. Of. Nr. 380/12.07.2001; Weitere Rechtsgrundlagen waren bis Mai 2011: Art. 230-235 des Gesetzes Nr. 53/2004, das Arbeitsgesetzbuch, Rechtsverordnung 26/2000 sowie das Gesetz Nr. 130/1996.

das Gesetz Nr. 356/2011 mit einigen Änderungen in das Gesetz Nr. 62/2011 integriert.

b) Stellung und rechtliche Behandlung der Arbeitgebervereinigungen

Nach Art. 1 lit. v) Gesetz Nr. 62/2011[244] ist der Arbeitgeber eine natürliche oder juristische Person, der Vermögen mit Gewinnerzielungsabsicht unter den geltenden Wettbewerbsbedingungen, unabhängig von seiner Natur, verwaltet und Arbeitnehmer anstellt. Arbeitgebervereinigungen sind selbständige Organisationen ohne politischen oder Vermögenszweck und werden als juristische Personen des Zivilrechts gegründet (Art. 1 lit. f) Gesetz Nr. 62/2011[245]). Arbeitgebervereinigungen vertreten, erhalten und verteidigen die Rechte ihrer Mitglieder gegenüber der öffentlichen Verwaltung, den Gewerkschaften und anderen juristischen oder natürlichen Personen, in Bezug auf ihren Tätigkeitsbereich und unter Einhaltung ihrer Satzungen und der gesetzlichen Vorschriften (vgl. Art. 62 Gesetz Nr. 62/2011). Eine weitere wichtige Aufgabe ist die Benennung von Repräsentanten für das Verhandeln und den Abschluss von Tarifverträgen, anderen Verträgen und Vereinbarungen mit den Behörden, Gewerkschaften sowie im Sozialen Dialog. Sie sind vertreten auf Betriebs-, Sektor- und auf nationaler Ebene (Art. 72 Abs. 1 Gesetz Nr. 62/2011) und können, ebenso wie Gewerkschaften, Arbeitgeberverbände oder Arbeitgeber-Dachverbände gründen bzw. solchen beitreten (Art. 71 Gesetz Nr. 62/2011). Auf Betriebsebene ist das Führungsorgan des Arbeitgebers, das durch Gesetz, Satzung oder Geschäftsordnung festgelegt ist, zuständig für tarifliche Verhandlungen (Art. 134 lit. A. Gesetz Nr. 62/2011). Auf Sektorebene übernehmen die repräsentativen Arbeitgebervereinigungen diese Aufgaben (Art. 134 lit. A. Gesetz Nr. 62/2011)[246]. Für die Gründung einer Arbeitgebervereinigung waren gem. Art. 3 Abs. 2 Gesetz Nr. 356/2001 a.F. mindestens 15 juristische oder natürliche Personen, die durch Gesetz dazu berechtigt sind, erforderlich. Sofern diese Hürde nicht erreicht wurde, ermöglichte Art. 3 Abs. 3 Gesetz Nr. 356/2001 a.F. die Gründung einer Arbeitgebervereinigung ab mindestens 5 Mitgliedern, wenn die entsprechenden Arbeitgeber in einer Branche mindestens 70% des Produktionsvolumens abdecken. Nun sind nach dem neuen Recht keine zahlenmäßigen Beschränkungen vorhanden. Gem. Art. 55 Abs. 1 a bis c Gesetz Nr. 62/2011 können sich Arbeitgeber zu Arbeitgeberorganisationen zusammenschließen. In Auslegung des Gesetzeswortlauts kann eine Arbeitgeberorganisation bereits ab zwei Arbeitgebern gegründet werden, ein Arbeitgeberverband ab zwei Arbeitgeberorganisationen sowie ein Arbeitgeberbund ab zwei Arbeitgeberverbänden. Tarifverhandlungen können jedoch entsprechend den Regelungen zu Gewerkschaften, ebenso nur repräsen-

---

244 Vormals nahezu Wortgleich Art. 2 Gesetz Nr. 356/2001 a.F.
245 vormals Art. 1 Gesetz Nr. 356/2001 a.F.
246 Art. 14 a Gesetz Nr. 130/1999 a.F.

tative Arbeitgebervereinigungen schließen. Ähnlich wie bei der Repräsentativität der Gewerkschaften müssen auch die Arbeitgebervereinigungen Kriterien erfüllen, damit sie auf Betriebs- Sektor- oder nationaler Ebene repräsentativ sind (Art. 72 Gesetz 62/2011). Auf nationaler Ebene sind folgende Arbeitgebervereinigungen repräsentativ, die organisatorisch- und vermögensunabhängig sind, Arbeitgeber vertreten, die über territoriale Strukturen in mindestens der Hälfte der Bezirke (21 von den insgesamt 42 Bezirken) verfügen, darunter insbesondere die Stadt Bukarest; deren Betriebe mindestens 7 % der gesamten nationalen Arbeitnehmer beschäftigen. Auf Sektorebene dürfen Arbeitgebervereinigungen bei den Verhandlungen der kollektiven Tarifverträge teilnehmen, die unabhängig sind in Bezug auf die Organisation und das Vermögen sowie Arbeitgeber vertreten, deren Betriebe mindestens 10 % der gesamten Arbeitnehmer des Sektors beschäftigen. Die Übereinstimmung mit den Kriterien für die Repräsentativität wird durch Gericht festgestellt und bleibt für vier Jahre gültig.

Arbeitgebervereinigungen sind unabhängig von der staatlichen Gewalt, ebenso von Gewerkschaften oder Arbeitnehmervertreter. Nach Art. 54 Gesetz Nr. 62/2011 sind jegliche öffentliche oder gewerkschaftliche Eingriffe in die Rechtsausübung der Arbeitgebervereinigungen verboten.

Arbeitgebervereinigungen sind aktiv im Sozialen Dialog, bei Gesetzgebungsentwürfen, in Bezug auf wirtschaftliche Geschäfte (beratende Funktion), beim Verhandeln von Tarifverträgen auf allen Ebenen (außer der Betriebsebene, auf der nur der Arbeitgeber oder sein Repräsentant teilnehmen[247]) und sonstigen Verträgen mit den Gewerkschaften oder Behörden, beim Entwurf von Betriebsordnungen („regulamentul intern" siehe Teil C IV), bei Rechtskonflikten als Vertreter des Arbeitgebers auf dessen ausdrücklichen Wunsch hin sowie beim Entsenden von Vertretern zur jährlichen Tagung der ILO.[248] Auch haben die Arbeitgebervereinigungen gem. Art. 64 Gesetz Nr. 62/2011 das Recht, sich ohne vorherige Beauftragung an die öffentlichen Behörden zu wenden und in ihrem Aufgabenbereich Gesetzesvorschläge einzubringen.

Arbeitgebervereinigungen agieren unter einer weniger ausgeprägten rechtlichen Grundstruktur als Gewerkschaften. Diese Tatsache ist darauf zurückzuführen, dass es vor 1989 keine dementsprechenden Arbeitgebervereinigungen gab, deren Strukturen übernommen werden konnten und dass sie in den ersten Jahren so gut wie gar nicht vom Staat gefördert wurden.

Zurzeit besteht eine hohe Anzahl von zwölf national repräsentativen Arbeitgebervereinigungen in Rumänien.[249] Darüber hinaus gibt es zwei Arbeitge-

---

247 natürlich wird der Arbeitgeber sich im Falle von Tarifverhandlungen im Unternehmen an die Optionen und Möglichkeiten der Arbeitgebervereinigung halten, in der er Mitglied ist.
248 vgl. Stefanescu, Tratat de dreptul muncii, S. 121
249 - General Union of Romanian Industrialists - 1903 (Uniunea Generală a Industriașilor din Romania 1903, UGIR 1903);

bervereinigungen, die auf internationaler Ebene tätig sind: „Uniunea Confederatiilor din Industrie si a Patronatelor din Europa" mit Sitz in Brüssel sowie „Organisatia Internationala a Patronatului" mit Sitz in Genf. Der Organisationsgrad von Arbeitgeberverbänden ist sehr hoch, zurzeit liegt er bei 75%.[250] Die nachstehende Abbildung zeigt den Organisationsgrad der Gewerkschaften und Arbeitgeberverbände. Während in Rumänien ca. 35 % der Arbeitnehmer gewerkschaftlich organisiert sind, liegt der Organisationsgrad von Arbeitgebervereinigungen bei 75%.

- Employer Confederation of Romanian Industry (Confederatia Patronala din Industria Romaniei, CONPIROM);
- National Council of Romanian Employers (Consiliul National al Patronatului Roman, CoNPR);
- National Council of Romanian Small and Medium-sized Enterprises (Consiliul National al Intreprinderilor Private Mici si Mijlocii din Romania, CNIPMMR);
- General Union of Romanian Industrialists (Uniunea Generala a Industriaşilor din Romania, UGIR);
- National Union of Romanian Employers (Uniunea Nationala a Patronatului Roman, UNPR);
- National Confederation of Romanian Employers (Confederatia Naţionala a Patronatului Roman, CNPR);
- Romanian National Employers (Patronatul National Român, PNR);
- National Union of Romanian Employers with Private Capital, recently renamed Romanian Employers (Uniunea Nationala a Patronatelor cu Capital Privat din Romania - Patronatul Roman, UNPCPR - PR);
- VITAL Confederation (Confederatia VITAL);
- Romanian Association of Building Entrepreneurs (Asociatia Romana a Antreprenorilor de Constructii, ARACO); und
- Employers' Confederation of Romania (Confederatia Patronatelor din Romania, CPR)
- die ein Dachverband für mehrere weitere Arbeitgebervereinigungen ist (siehe: Employment and labour market policies for an ageing workforce and initiatives at the workplace; National overview report: Romania)

250 Kohl, Wo stehen die Gewerkschaften in Osteuropa heute?, S. 3

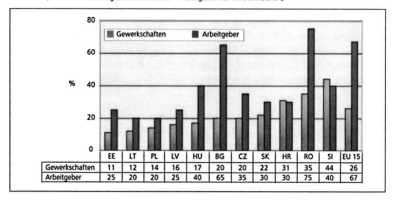

Abbildung 1: Organisationsgrad von Gewerkschaften und Arbeitgeberverbänden
Quelle: Kohl: Wo stehen die Gewerkschaften in Osteuropa heute? Eine Zwischenbilanz nach der EU-Erweiterung (2008), S. 3

In Deutschland wird der Begriff des Arbeitgebers generell nicht erläutert, er wird ausschließlich als der Vertragspartner des Arbeitnehmers bestimmt.[251] „Arbeitgeberverbände sind in der Regel rechtsfähige Vereine mit nicht wirtschaftlichen Zwecken (§ 21 BGB)."[252] „Die Arbeitgeberverbände weisen eine Vielzahl von Organisationsformen auf. Fachverbänden, die nach der Zugehörigkeit zu bestimmten Industriezweigen abgegrenzt sind, stehen überfachlich zusammengesetzte Arbeitgebervereinigungen gegenüber, deren Mitgliedschaft alle Arbeitgeber einer bestimmten Region erwerben können. Während die Vereinigungen sich zum Teil auf die Vertretung der sozialpolitischen, mithin auf die Arbeitgeberposition bezogenen, Interessen ihrer Mitglieder beschränken, zählen andere auch die Verfolgung wirtschaftlicher Ziele zu ihren Aufgaben."[253] Die Bundesvereinigung der Deutschen Arbeitgeberverbände (BDA) ist heute die Spitzenorganisation von 54 Bundesfachverbänden sowie 14 überfachlichen Landesvereinigungen mit Mitgliedsverbänden aus Industrie, Handwerk, Finanzwirtschaft, Landwirtschaft, Handel, Verkehr und sonstigen Dienstleistungen.[254] „Neuerdings hat sich in den Arbeitgeberverbänden jedoch auch die Mitgliedschaft ohne Tarifbindung herausgebildet. Für solche OT-Mitglieder nehmen die Arbeitge-

---

251 vgl. Schaub/Koch/Linck - *Vogelsang*, Arbeitsrechts-Handbuch, § 17, Rn. 1; siehe nun die Definition in § 6 Abs. 2 S.1 des am 14.08.2006 in Kraft getretenen AGG
252 Schaub/Koch/Linck – *Schaub*, Arbeitsrechts-Handbuch, § 189, Rn. 42
253 Löwisch-Rieble - Münchener Handbuch ArbeitsR Bd. 2, § 159, Rn. 49
254 Angaben der BDA im Internet, www.bda-online.de; Stand 02.02. 2011

berverbände nach ihrer Satzung keine Tarifzuständigkeit in Anspruch. Vielmehr beschränkt sich der Zweck, TV abzuschließen, auf die Mitglieder mit Verbandstarifbindung, die für Tarifvertrags- und Arbeitskampffragen auch eigene Organe im Arbeitgeberverband bilden. Mit der OT-Mitgliedschaft reagieren die Arbeitgeberverbände auf eine mehr oder minder starke Mitgliederflucht, die ihre Ursache in als zu drückend empfundenen tariflichen Arbeitsbedingungen hat."[255]

c) Vergleich

Rechtlich ist die Stellung der Arbeitgeber und Arbeitgebervereinigungen ähnlich, wie in Deutschland, abgesehen von den Repräsentativitätserfordernissen der Arbeitgebervereinigungen. Es bestehen kaum Unterschiede. Praktisch jedoch ist eine Arbeitgebervereinigung in Rumänien weniger einflussreich, als ihre gesetzlichen Rechte es vermuten lassen. Laut Aussagen eines Funktionärs des Arbeitgeberdachverbandes ‚Fepachim' „ist es schwerer, eine Einigung unter den Arbeitgeberverbänden zu treffen als mit den Gewerkschaften"[256]. Das scheint kein Einzelfall zu sein. Ein Beamter des Wirtschaftlichen und Sozialen Rats (als Institution im dreigliedrigen Dialog) kritisiert, „dass Arbeitgebervereinigungen grundsätzlich nicht fähig sind, gegenüber den Gewerkschaften oder dem Staat eine einheitliche Auffassung zu haben, oder es nicht wollen".[257] Es scheint, als wollen die Arbeitgeber keine Macht an die Arbeitgeberverbände abgeben, weil sie über genügend Autorität auf Unternehmensebene verfügen um die Arbeitsbedingungen in ihrem Unternehmen komplett nach ihren Wünschen zu bestimmen.[258] Dies entspricht auch der Tatsache der dezentralen Verhandlungen von Tarifverträgen, die meist auf Betriebsebene geschlossen werden, stellt aber eine erhebliche Hürde in der Entwicklung der Kollektivverhandlungen dar.

III. Betätigungsfelder der Gewerkschaften

Die Gewerkschaften nehmen im Rahmen der Wahrung und Förderung der Arbeits- und Wirtschaftsbedingungen verschiedene Aufgaben wahr. Diese werden hier für Rumänien und Deutschland im Einzelnen dargestellt und miteinander verglichen. Die Betätigungsfelder lassen sich in drei Bereiche aufgliedern, die sich nach der Art der Mitwirkung unterscheiden: Koalitionsrechte, Gewerkschaftsrechte im Betrieb sowie Tätigkeitsfelder außerhalb des Betriebs.

---

255 Löwisch-Rieble - Münchener Handbuch ArbeitsR Bd. 2, § 159, Rn. 52
256 Trif Collective Bargaining Practices in Eastern Europe, S. 11
257 Trif, aaO
258 Trif:,aaO.

1. Koalitionsbetätigung

„Die Befugnis der Gewerkschaften zum Abschluss von Tarifverträgen ist Inbegriff der Tarifautonomie (Betätigungsgarantie)."[259] Dies gilt sowohl in Deutschland als auch in Rumänien, wobei deutliche Unterschiede im Umfang bestehen.

a) In Rumänien

Die Gewerkschaften nehmen auf allen Ebenen - von der Betriebsebene bis zur Sektorebene im Rahmen des Gesetzes, an den Verhandlungen und dem Abschluss von Tarifverträgen teil (Art. 128 Gesetz Nr. 62/2011[260]), an Abkommen mit den Behörden, sowie verhandeln mit den Arbeitgebern im Rahmen des Sozialen Dialogs. Gewerkschaften, die an den Tarifverhandlungen zur Sicherung der Arbeitsbedingungen teilnehmen, sind im Gegenzug dazu verpflichtet, die Klauseln des abgeschlossenen Tarifvertrags zu respektieren und bei ihrer Durchsetzung zu helfen.[261]

Sie können ebenso einen Interessenskonflikt sowie den Streik[262] erklären oder an deren Lösung beteiligt sein.

---

259 Löwisch/Rieble, TVG, Grundl. Rn. 15; BVerfG 26. 6. 1991 – 1 BvR 779/85 – AP Nr.117 zu Art. 9 GG Arbeitskampf = BVerfGE 84, 212 = EzA Art. 9 GG Arbeitskampf Nr. 97 mit Anm. Rieble = NZA 1991, 809; 24. 2. 1999 – 1 BvR 123/93 – BVerfGE 100, 214 = AP Nr. 18 zu § 20 BetrVG 1972 = EzA Art. 9 GG Nr. 64 = NZA 1999,713

260 Bis zur Gesetzesänderung im Mai 2011 verhandelten die Gewerkschaften auch den nationalen Tarifvertrag (Art. 1 Gesetz Nr. 130/1996 a.F.).

261 vgl. Art. 148 Gesetz Nr. 62/2011 (vormals Art. 30 Gesetz Nr. 130/1996 a.F.); Ticlea: Tratat de dreptul muncii, S. 208

262 Das Gesetz Nr. 168/1999 regelt die Mittel, die Gewerkschaften im Falle eines kollektiven Konfliktes zur Verfügung stehen sowie die Bedingungen für die Erklärung, Durchführung und Einstellung eines Streiks. Gewerkschaften sind verpflichtet, der Unternehmensführung das Bevorstehen eines Arbeitskonfliktes bekanntzugeben. Ist ein Interessenskonflikt entstanden, so muss die Gewerkschaft bzw. die Arbeitnehmervertretung, das Ministerium für Arbeit, Familie und Soziales hierüber in Kenntnis setzen, dass eine Schlichtung bevorsteht. Sie können in arbeitsrechtlichen Streitigkeiten entweder als Repräsentanten der Arbeitnehmervertretung agieren oder für sich selbst. Wenn sie die Interessen der Arbeitnehmer vertreten, verhandeln die Gewerkschaften den Tarifvertrag entweder erfolgreich, in welchem Fall der Tarifvertrag abgeschlossen wird, oder erfolglos, wobei dann ein Interessenkonflikt entsteht. Das Gesetz168/1999 unterscheidet zwischen Rechts- und Interessenskonflikten. Konflikte bei der Anwendung von Rechten oder Pflichten, die sich aus dem Gesetz, einem Individualarbeitsvertrag oder Tarifvertrag ergeben, wird **„Rechtskonflikt"** genannt (Art. 248 Abs. 3 des Arbeitsgesetzbuches sowie Art. 5 des Gesetzes Nr. 168/1999). Interessen der Arbeitnehmer sind Forderungen dieser, die noch keine Rechte sind. Arbeitnehmer fordern die Anerkennung solcher Ansprüche im Tarifvertrag. Wenn diese nicht vom Arbeitgeber akzeptiert werden, nennt man einen solchen darauffolgenden Konflikt **„Interessenkonflikt"** Dimitriu, Romanian industrial relations law, S. 80. Ein Interessenkonflikt wird auch von der Gewerkschaft geleitet und organisiert. Ein Streik darf nur aufgrund eines Interessenkonflikts erklärt

Zur Wahrnehmung ihrer Koalitionsaufgaben stehen den Gewerkschaften viele Mittel zur Verfügung, die entsprechend der Gewerkschaftssatzungen und der Gesetze angewandt werden können: „Verhandlungen, Mediation, Schiedsverfahren oder Schlichtungsverfahren, Petitionen, Widersprüche, Versammlungen, Demonstrationen und Streik. Sie können Verträge schließen, unter anderem Tarifverträge, Individualarbeitsverträge, Handelsverträge, Bankverträge sowie Absprachen und Abkommen"[263].

In Rumänien besteht zwar das Grundrecht der Koalitionsfreiheit, jedoch nicht das der uneingeschränkten Tarifautonomie. Denn Tarifverhandlungen sind auf Betriebsebene verpflichtend zu führen, sofern der Betrieb einundzwanzig oder mehr Arbeitnehmer hat (Art. 129 Abs. 1 Gesetz Nr. 62/2011[264]). Sofern kein Tarifvertrag besteht, können die Parteien gem. Art. 141 Abs. 6 Gesetz Nr. 62/2011 jederzeit Tarifverhandlungen anstoßen. Sofern ein Tarifvertrag besteht, muss der Arbeitgeber mindestens 45 Kalendertage vor Ablauf neue Tarifvertragsverhandlungen initiieren.[265] Art. 131 Gesetz Nr. 62/2011 besagt, dass die Parteien bei den Verhandlungen und beim Abschluss der Tarifverträge gleich und frei sind, somit besteht kein Abschlusszwang sondern lediglich eine Verhandlungspflicht (genauer siehe Teil E II 1 f.).

b) In Deutschland

Die Tarifautonomie aus Art. 9 Abs. 3 GG ist Kernbestandteil der gewerkschaftlichen Betätigungsfreiheit. Sie umfasst das Recht, Tarifverträge über den Inhalt, den Abschluss und die Beendigung von Arbeitsverhältnissen zu schließen (vgl.

---

werden und nur unter folgenden Voraussetzungen: Die erste Stufe ist ein zwingendes **Schlichtungs**verfahren. Erfolgt hierdurch keine Einigung, so kann die Beilegung des Interessenkonflikts durch eine freiwillige Stufe der **Mediation** erfolgen, in der Arbeitgeber und Arbeitnehmer mit Hilfe und unter der Leitung einer neutralen, dritten Partei, eine Akzeptable Lösung für beide Parteien herbeiführen können. Das nächste Stadium ist ein optionales **Schiedsverfahren** hinsichtlich des Interessenkonflikts, bei dem die Parteien während der Dauer des Interessenskonfliktes durch beidseitiges Einvernehmen entscheiden können, dass die vorgebrachten Beschwerden vor einen Schiedsausschuss vorgebracht werden, der eine unanfechtbare Entscheidung treffen kann, die Inhalt des Tarifvertrags wird und den Interessenkonflikt dadurch beendet (Dimitriu: Romanian industrial relations law (2007), S. 88). Erst nachdem diese Mittel durchgeführt bzw. bei den freiwilligen, dagegen entschieden wurde, und die Streik-Organisatoren die Geschäftsführung des Unternehmens mindestens 48 Stunden vorher über den Zeitpunkt des Streikbeginns informiert haben, darf gestreikt werden.

263 Radu, Dreptul muncii, S. 48
264 Art. 3 Abs. 1 Gesetz Nr. 130/1996 a.F.
265 Nach der früheren Rechtslage gelt Folgendes: Sofern kein Tarifvertrag abgeschlossen wurde, müssen Tarifverhandlungen gem. Art. 3 Abs. 2 Gesetz Nr. 130/1996 a.F. jedes Jahr stattfinden und zwar mindestens 12 Monate nach den letzten Verhandlungen, oder seit dem Datum des Inkrafttretens des letzten Tarifvertrags sowie mindestens 30 Tage vor dem Auslaufen des Tarifvertrags, der für ein Jahr abgeschlossen wurde.

§§ 1 ff. TVG).[266] Es wird ein Freiraum anerkannt, in dem Arbeitnehmer und Arbeitgeber ihre Interessensgegensätze in eigener Verantwortung austragen können.[267] Diese Freiheit liegt in der historischen Erfahrung begründet, dass auf diese Weise eher sachgerechte Ergebnisse erzielt werden, als bei einer staatlichen Intervention.[268] Dabei ist das TVG die abschließende Grundlage für die Voraussetzungen und Reichweite der Tarifmacht.[269] Tarifautonomie bedeutet auch, dass es den sozialen Gegenspielern grundsätzlich freisteht, ob, in welcher Form und mit welchem Inhalt eine Vereinbarung geschlossen wird, die ihrem Koalitionszweck dienen soll.[270] Das Grundrecht der kollektiven Koalitionsfreiheit gewährleistet die Tarifautonomie und als Ausdruck der koalitionsspezifischen Betätigungsfreiheit auch die Entscheidung der Koalition darüber, ob und in welchem Umfang sie in fachlicher, räumlicher und personeller Hinsicht die Tarifautonomie für sich in Anspruch nehmen will.[271] Ein Verhandlungsanspruch besteht in Deutschland mithin nicht.

c) Koalitionsbetätigung im Vergleich

Hinsichtlich der Koalitionsbetätigung unterscheiden sich die beiden Rechtsordnungen und die Praxis vor allem in dogmatischer Hinsicht. Gewerkschaften sind zwar sowohl in Rumänien als auch in Deutschland berechtigt, Tarifverträge abzuschließen, haben jedoch eine ganz unterschiedliche Ausgestaltung der Tarifautonomie. Während es in Deutschland den Gewerkschaften frei steht, ob und wann sie Tarifverträge aushandeln wollen, schreibt dies in Rumänien das Gesetz vor. Dabei ist zwischen einem Kontrahierungszwang und einem Verhandlungszwang zu unterscheiden. Ein Kontrahierungszwang besteht auch in Rumänien nicht, jedoch besteht dort ein Verhandlungszwang. Ein solcher Verhandlungszwang widerspricht der Ansicht der deutschen Rechtsprechung von der Tarifautonomie und von Art. 9 Abs. 3 GG. Danach ist die Koalitionsfreiheit des Einzelnen, der Koalitionen und die Betätigungsfreiheit von Art. 9 Abs. 3 GG geschützt, „das bedeutet jedoch noch nicht die Begründung eines der einen Koalition zustehenden, gegen die andere Koalition gerichteten Anspruchs auf Hinzu-

---

266 BVerfG vom 18.11.1954, BVerfGE 4, 96 (107 f); BverfG vom 06.05.1964, BVerfGE 18, 18 (28): „Die aus der Koalitionsfreiheit entspringende Tarifautonomie verfolgt den im öffentlichen Interesse liegenden Zweck, in dem von der staatlichen Rechtssetzung freigelassenen Raum des Arbeitslebend im Einzelnen durch Tarifverträge sinnvoll zu ordnen,..."; bestätigt durch BVerfG vom 18.12.1974, BVerfGE 38, 281 (305)
267 vgl. Schulze-Doll, Kontrollierte Dezentralisierung, S. 69
268 Löwisch/Rieble - Münchener Handbuch ArbeitsR § 244, Rn. 69; BVerfG vom 02.03.1993, BVerfGE 88, 103 (114f.)
269 Rieble/Klumpp - Münchener Handbuch ArbeitsR, § 162, Rn. 18
270 vgl. ErfKomm - *Dieterich*, Art. 9 GG, Rn. 55
271 BAG vom 14.12.1999, Az. 1 ABR 74/98

ziehung zu Tarifverhandlungen".[272] Eine solche Auslegung eines Anspruchs auf Vornahme von Tarifverhandlungen mit dem sozialen Gegenspieler ist nicht vereinbar, sie verstieße vielmehr gegen den Grundsatz der Vertragsfreiheit, wie er aus Art. 2 Abs. 1 GG folgt.[273] Allerdings kennt das deutsche Recht einen Kontrahierungszwang, der sich u.a. im Arbeitskampfrecht, im Schwerbeschädigtenrecht, im Wohnungszwangswirtschaftsrecht und beim Zwangsvergleich im Konkursrecht findet. Auch besteht für gewisse Monopolunternehmen ein Kontrahierungszwang.[274] Ob aber ein solcher Verhandlungszwang in Deutschland rechtlich denkbar ist, kann dahingestellt bleiben. Denn in jedem Fall setzt die Annahme eines solchen Verhandlungszwanges ebenso wie die eines Kontrahierungszwanges eine eindeutige gesetzliche Grundlage voraus.[275] Einer Ansicht in der Literatur nach wäre sogar in Deutschland eine Verhandlungspflicht mit der Koalitionsfreiheit des Art. 9 Abs. 3 GG vereinbar, denn die Verhandlungspflicht unterscheidet sich klar vom Kontrahierungszwang.[276]

Für die rumänische Rechtspraxis ist ein solcher Verhandlungszwang auf der speziellsten Ebene, der Betriebsebene, von Vorteil, da sonst die Gefahr bestünde, dass faktisch so gut wie keine Tarifverhandlungen stattfinden würden. Zudem bedeutet eine Verhandlungspflicht nicht, dass ein Tarifvertrag geschlossen werden muss. Wie sehr die Arbeitgeber durch den Verhandlungszwang eingeschränkt sind, hängt von der Macht der jeweiligen Gewerkschaft ab. Handelt es sich um eine starke Gewerkschaft, wird sie in der Lage sein, den Arbeitgeber zu ernsthaften Verhandlungen über die verhandlungspflichtigen Themen zu zwingen und die Verhandlungen in Vereinbarungen münden zu lassen.[277] Ist die Gewerkschaft dagegen schwach, so ist es umso wahrscheinlicher, dass dem Arbeitgeber die Bereitschaft fehlt, zu einer Einigung zu gelangen, wenn keine Gegenwehr der Gewerkschaft zu befürchten ist.[278]

2. Gewerkschaftsrechte im Betrieb

Die Befugnisse der Gewerkschaften konzentrieren sich in Rumänien im Wesentlichen auf Informationsrechte, Konsultationsrechte sowie Mitwirkungsrechte im Betrieb. In Deutschland stehen den Gewerkschaften Informations-, Teilnahme-,

---

272 BAG vom 02.08.1963, Az. 1 AZR 9/63, BAGE 14, 282 in NJW, 1963, S. 2289 (2291), bestätigt durch BAG vom 14.07.1981 und BAG vom 19.06.1984, AP Nr. 3 zu § 1 TVG Verhandlungspflicht
273 vgl. BAG vom 02.08.1963, Az. 1 AZR 9/63, BAGE 14, 282 in NJW, 1963, S. 2289 (2291)
274 BAG vom 02.08.1963, Az. 1 AZR 9/63, BAGE 14, 282 in NJW, 1963, S. 2289 (2291)
275 vgl. BAG vom 02.08.1963, Az. 1 AZR 9/63, BAGE 14, 282 in NJW, 1963, S. 2289 (2291)
276 Hueck-Nipperdey-Stahlhacke, TVG, § 1, Rn. 16; genaueres hierzu siehe unter Teil E II 1 f
277 Siegrist, Einschränkung der unternehmerischen Entscheidungsfreiheit, S. 169
278 Siegrist, aaO

und Beratungs-, sowie Gestaltungsrechte zu, wobei besonders die Trennung von Gewerkschaften und Betriebsrat zu beachten ist. Da Gewerkschaften und Betriebsrat in Deutschland unterschiedliche Funktionen haben, beide jedoch im Betrieb mitwirken bzw. mitbestimmen, werden im Folgenden zunächst nur die Rechte der Gewerkschaften im Betrieb behandelt und erst an späterer Stelle die Rechte des Betriebsrats.

a) Informationsrechte

Der Abschluss eines jeden Vertrags setzt voraus, dass beide Vertragsparteien über alle signifikanten Elemente der Vertragsumstände informiert sind. „Verstehen lässt sich darunter allgemein die Pflicht, dem Arbeitnehmer oder den zur Wahrnehmung seiner Interessen befugten Personen oder Einrichtungen, im Rahmen des durch den Verpflichtungstatbestand vorgegebenen Umfangs, Informationen zu übermitteln, die Angaben zum Gegenstand der Information erhalten."[279] Das Informationsrecht geht in Rumänien so weit, dass es zu einem echten Recht zur Kooperation der Parteien wird.[280]

aa) In Rumänien

Die Informationsrechte der Gewerkschaften in Rumänien gehen hauptsächlich aus der EU-Richtlinie zur Unterrichtung und Anhörung in der Europäischen Gemeinschaft (2002/14/EG)[281] hervor, die hierdurch erst in das Rechtssystem eingeführt wurden. Vor dieser Richtlinie hatten die Gewerkschaften in Rumänien ein dementsprechendes Recht bei Massenentlassungen auf Grundlage der Europäischen Sozialcharta, die durch Gesetz Nr. 74/1999 ratifiziert wurde.[282] Davor waren diese Rechte im Hinblick auf eine grundsätzliche Unterrichtung und Anhörung der Arbeitnehmer bei wirtschaftlichen Angelegenheiten nicht gesetzlich geregelt, es bestanden somit keine Informationspflichten.

Die EU-Richtlinie zur Festlegung eines allgemeinen Rahmens für die Unterrichtung und Anhörung der Arbeitnehmer wurde in Rumänien durch das Gesetz über die Einführung von Rahmenbedingungen über die Unterrichtung und Anhörung der Arbeitnehmer (Nr. 467/2006)[283] umgesetzt, das am 01.01.2007 in Kraft getreten ist. Ziel des europäischen Gesetzes ist die Schaffung eines allgemeinen Systems zur Unterrichtung und Anhörung der Arbeitnehmer in Betrieben mit mindestens 20 bzw. 50 Beschäftigten. Trotz des kurzen Bestehens der Rechte der Arbeitnehmer auf Unterrichtung und Anhörung, werden sie mittlerweile an mehreren Stellen gesetzlich geregelt:

---

279 Schäfer, Der europäische Rahmen für Arbeitnehmermitwirkung, S. 37
280 vgl. Dimitriu, Romanian industrial relations law, S. 41
281 Richtlinie 2002/14/EG abrufbar unter: http://europa.eu/legislation_summaries/ employment_and_social_policy/social_dialogue/c10817_de.htm
282 Dimitriu, Romanian industrial relations law, S. 38
283 M.Of. Teil I Nr. 1006, vom 18.12.2006

- Nach Art. 8 Abs. 2 ArbGB haben die Beteiligten in Anwendung des Prinzips des Guten Glaubens gegenseitig die Rechte der Unterrichtung und Anhörung zu beachten. Die Rechte auf Unterrichtung und Anhörung sind nicht als absolute Rechte des Arbeitnehmers in Bezug auf den Arbeitgeber ausgestaltet, sondern als gegenseitige Rechte und Pflichten.[284]
- Das Gesetz Nr. 467/2006 über die Einführung von Rahmenbedingungen über die Unterrichtung und Anhörung der Arbeitnehmer definiert in Art. 3 e) und f) die Begriffe der Unterrichtung und Anhörung: Unterrichtung ist die Übermittlung von Informationen durch den Arbeitgeber an die Arbeitnehmervertreter, um ihnen Gelegenheit zur Kenntnisnahme und Prüfung der behandelten Fragen zu geben. Anhörung ist die Durchführung eines Meinungsaustauschs und eines Dialogs zwischen Arbeitnehmervertretern und dem Arbeitgeber. Der Anwendungsbereich des Gesetzes Nr. 467/2006 ist gem. Art. 4 Abs. 1 nur eröffnet bei Betrieben mit mindestens 20 Arbeitnehmern. Ausschlaggebend dabei ist die Anzahl der Arbeitnehmer an dem Tag, an dem die Unterrichtung beginnt.
- Nach Art. 30 Abs. 2 Gesetz Nr. 62/2011[285] sind Arbeitgeber grundsätzlich dazu verpflichtet, die Gewerkschaftsvertreter in Bezug auf Entscheidungen zu informieren, die einen erheblichen Effekt auf die Rechte und Interessen der Arbeitnehmer haben können und dir für Tarifverhandlungen erforderlich sind.
- Im Gesetz Nr. 217/2005 und 184/2011 über die Einführung, Organisation und Durchführung des Europäischen Betriebsrats[286] wurde die Richtlinie 94/45/EG vom 22. September 1994 und die neue Richtlinie 2009/38/EG vom 06.05.2009 über die Einsetzung eines Europäischen Betriebsrats oder die Schaffung eines Verfahrens zur Unterrichtung und Anhörung der Arbeitnehmer in gemeinschaftsweit operierenden Unternehmen und Unternehmensgruppen umgesetzt; sie ist mit dem Beitritt Rumäniens zur Europäischen Union in Kraft getreten (Art. 51 Gesetz Nr. 217/2005).
- Im Gesetz Nr. 67/2006 über die Wahrung von Ansprüchen der Arbeitnehmer beim Übergang von Unternehmen, Betrieben oder Unternehmens- oder Betriebsteilen als Folge der Umsetzung der Richtlinie 2001/23/EG[287].
- Bis zur Gesetzesänderung durch das Gesetz zum Sozialen Dialog (Gesetz Nr. 62/2011) und der damit verbundenen Abschaffung des Nationalen Tarifvertrags regelte Art. 85 des Nationalen Tarifvertrags für 2007-2010,

---

284 Dimitriu: Romanian industrial relations law, S. 39
285 vormals Art. 30 Abs. 2 Gesetz Nr. 54/2003 a.F.
286 M. Of. 250/07 vom 13.04.2007 und M. Of 733/2011 vom 19.10.2011
287 Richtlinie 2001/23/EG zu finden unter: http://eur-lex.europa.eu/ Notice.do?val=258882:cs&lang=de&list=273066:cs,272901:cs,258882:cs&pos=3&page=1&nbl=3&pgs=10&hwords=&checktexte=checkbox&visu=#texte

dass sich Arbeitnehmer und Arbeitgeber gegenseitig umgehend über Entscheidungen, die alle wichtigen Themen im Bereich der Arbeitsbeziehungen betreffen, unterrichten und anhören müssen.

(1) Inhalt der Informationsrechte

Aus dem Inhalt der genannten Regelungen, insbesondere der umgesetzten Richtlinie 2002/14/EG, ergeben sich folgende umfangreichen Informationspflichten der Arbeitgeber: Die Arbeitgeber sind verpflichtet, die Arbeitnehmervertreter nach der geltenden Gesetzgebung zu unterrichten und anzuhören, im Hinblick auf

a) die jüngste Entwicklung und die wahrscheinliche Weiterentwicklung der Tätigkeit und der wirtschaftlichen Situation des Unternehmens oder des Betriebs;

b) die Beschäftigungssituation, Beschäftigungsstruktur und die wahrscheinliche Beschäftigungsentwicklung im Unternehmen oder Betrieb sowie zu gegebenenfalls geplante antizipative Maßnahmen, insbesondere bei drohenden Entlassungen;

c) Entscheidungen, die wesentliche Veränderungen der Arbeitsorganisation oder der Arbeitsverträge mit sich bringen können, einschließlich derjenigen, die Gegenstand der rumänischen Gesetze über Unterrichtung und Anhörung im Falle von Massenentlassungen sowie Schutz der Angestellten bei Betriebsübergang sind (Art. 5 Abs. 1 Gesetz Nr. 467/2006 und ähnlich Art. 4 Abs. 2 Richtlinie 2002/14/EG).

Nach Art. 69 ff. ArbGB muss der Arbeitgeber die Gewerkschaften auch im Falle einer Massenentlassung informieren. Die Gewerkschaften können dann Maßnahmen zur Vermeidung oder zumindest Einschränkung der Entlassungen vorschlagen. Im Fall von Massenentlassungen ist die Verpflichtung des Arbeitnehmers zur Information und Anhörung der Arbeitnehmer ausgeprägter.[288] Die

---

288 Um eine Einigung nach gesetzlichen Regelungen zu erzielen, hat der Arbeitgeber die Pflicht, rechtzeitig Beratungen/Anhörungen mit der Gewerkschaft bzw. mit der Arbeitnehmervertretung einzuberufen und mindestens Folgendes zu klären:
   a)   die Mittel und Methoden um Massenentlassungen zu verhindern oder um die Anzahl der zu entlassenden Arbeitnehmer zu senken;
   b)   die Folgen der Entlassungen durch Umorganisation nach sozialen Gesichtspunkten, unter anderem durch Anbieten einer Unterstützung im Wege der Umqualifizierung der entlassenen Arbeitnehmer, abzuschwächen.
Bei einer solchen Beratung/Anhörung haben die Gewerkschaften bzw. die Arbeitnehmervertretung die Möglichkeit, rechtzeitig Vorschläge einzubringen. Dafür muss der Arbeitgeber im Vorfeld folgende Informationen offenlegen: die Anzahl und Kategorie der Arbeitnehmer, die Gründe, die zu den beabsichtigten Entlassungen führen, die Anzahl und Kategorie der Arbeitnehmer, die von den Entlassungen betroffen sind, die Kriterien, die berücksichtigt worden sind, die Maßnahmen, die erhoben wurden, um die Zahl der Entlassung gering zu halten, die Maßnahmen, die erhoben wurden, um die Folgen der Entlassungen und die Kompensation für die Arbeitnehmer entsprechend den

Unterrichtung erfolgt gem. Art. 5 Abs. 2 Gesetz Nr. 467/2006 (wortgleich Art. 4 Abs. 3 Richtlinie 2002/14/EG) zu einem Zeitpunkt, in einer Weise und in einer inhaltlichen Ausgestaltung, die dem Zweck angemessen ist und es insbesondere den Arbeitnehmervertretern ermöglicht, die Informationen angemessen zu prüfen und gegebenenfalls eine Anhörung vorzubereiten. Der Arbeitgeber ist nicht verpflichtet die erforderlichen Informationen an jeden Arbeitnehmer einzeln zu übermitteln, sondern nur an die Arbeitnehmervertretung, unabhängig davon, ob eine gewerkschaftliche Organisation im Betrieb besteht.[289]

Die Anhörung erfolgt gem. Art. 5 Abs. 3 Gesetz Nr. 467/2006 (ähnlich Art. 4 Abs. 4 Richtlinie 2002/14/EG) zu einem Zeitpunkt, in einer Weise und in einer inhaltlichen Ausgestaltung, die den Arbeitnehmervertretern die Möglichkeit lässt, die Probleme auf eine adäquate Art zu prüfen und sich eine Meinung dazu zu bilden; d.h. auf der je nach behandeltem Thema relevanten Leitungs- und Vertretungsebene; auf der Grundlage der vom Arbeitgeber gemäß Artikel 3 Buchstabe e) zu liefernden Informationen und der Stellungnahme, zu der die Arbeitnehmervertreter berechtigt sind; in einer Weise, die es den Arbeitnehmervertretern gestattet, mit dem Arbeitgeber zusammenzukommen und eine mit Gründen versehene Antwort auf ihre etwaige Stellungnahme zu erhalten; mit dem Ziel, eine Vereinbarung über die in Absatz 1 Buchstabe c) genannten Entscheidungen, die unter die Leistungsbefugnis des Arbeitgebers fallen, zu erreichen.

(2) Sanktionen und vertrauliche Informationen

Das Nichterfüllen der Informationspflichten wird gem. Art. 9 Abs. 1, 2 Gesetz Nr. 467/2006 mit einer Geldstrafe zwischen 1.000 RON (ca. 230 Euro) und 25.000 RON (ca. 5.870 Euro) geahndet. Darüber hinaus wird die vorsätzliche Übermittlung von ungenauen oder unvollständigen Informationen, die die Möglichkeit der Arbeitnehmervertreter beschränkt, sich eine Meinung über ein Thema der Anhörung zu bilden, ebenso mit einer Geldstrafe zwischen 5.000 RON (ca. 1.175 Euro) und 50.000 RON (ca. 11.750 Euro) geahndet (Art. 9 Abs. 3 Gesetz Nr. 467/2006).

Der Arbeitgeber wird nach Art. 7 Abs. 2 Gesetz Nr. 467/2006 nicht verpflichtet, eine Unterrichtung vorzunehmen oder eine Anhörung durchzuführen, wenn diese Unterrichtung oder Anhörung die Tätigkeit des Unternehmens erheblich beeinträchtigen oder dem Unternehmen schaden könnte. Diese Ent-

---

gesetzlichen Vorschriften du/oder dem Tarifvertrag zu regeln, das Datum oder der Zeitraum, in dem die Entlassungen erfolgen sollen, den Zeitraum, in dem die Gewerkschaften bzw. die Arbeitnehmervertreter, Vorschläge einbringen können um die Zahl der Entlassung gering zu halten. Diese Verpflichtung zu solchen Beratung/Anhörung ist zwingend, unabhängig davon ob die Entscheidung, die zu einer Massenentlassung führt, von dem Arbeitgeber getroffen wird oder von einem Unternehmen, das den Arbeitgeber kontrolliert. (vgl. hierzu {Dimitriu 2007 #7: 445,46)

[289] vgl. Dimitriu, Romanian industrial relations law, S. 42

scheidung muss den Arbeitnehmervertretern mitgeteilt werden. In diesem Punkt weicht die rumänische Regelung inhaltlich geringfügig von der Formulierung der Richtlinie ab. Dort müssen objektive Kriterien herangezogen werden, um Informationen nicht weiterzugeben. In der rumänischen Ausgestaltung werden keine Kriterien konkretisiert, was dazu führt, dass der Arbeitgeber selbst entscheiden kann, wann eine Unterrichtung oder Anhörung die Tätigkeit des Unternehmens erheblich beeinträchtigen oder dem Unternehmen schaden könnte. Diese geringfügige Änderung des Wortlauts kann eine erhebliche Einschränkung der Praktikabilität dieser Regelung bedeuten. Allerdings sieht das Gesetz Nr. 465/2006 in Art. 7 Abs. 3 die Möglichkeit der Arbeitnehmer vor, gegen eine solche Entscheidung des Arbeitgebers ein Gericht anzurufen. Auch der Arbeitgeber wird nicht schutzlos gestellt, wenn er vertrauliche Daten an die Arbeitnehmervertreter herausgeben muss. Den Arbeitnehmervertretern sowie den sie unterstützenden Experten in Anhörungen oder Tarifverhandlungen ist es gem. Art. 7 Abs. 1 Gesetz Nr. 467/2006 untersagt, vertrauliche Informationen über das Unternehmen an die Arbeitnehmer oder an Dritte weiterzugeben. Diese Verpflichtung gilt auch fort, nachdem die Arbeitnehmervertreter sowie die unterstützenden Experten ihr Mandat nicht mehr innehaben.

(3) Inhalt der Anhörung

„Im Unterschied zur Unterrichtung handelt es sich bei der Anhörung nicht lediglich um eine einseitige Maßnahme, sondern um einen, zumindest einmaligen, Austausch zwischen Arbeitgeber- und Arbeitnehmerseite. Dadurch wird den Arbeitnehmern die Möglichkeit eröffnet, den eigenen Standpunkt einzubringen und so den Meinungsbildungs- und Entscheidungsprozess des Arbeitgebers zu beeinflussen."[290] Der Begriff der Anhörung impliziert bereits, dass die Entscheidungskompetenz in der Sache selbst allein beim Arbeitgeber verbleibt, die Arbeitnehmer jedoch mitdiskutieren können und den Arbeitgeber argumentativ überzeugen können. Ein Recht auf Mitbestimmung umfasst die Anhörung jedoch nicht.

Die Anhörung der Arbeitnehmer hat hierbei das Hauptziel, eine Einigung zu erlangen. Das Fehlen einer Einigung macht die jeweilige Entscheidung des Arbeitgebers jedoch nicht unwirksam. Indes hat die Änderung des Arbeitsgesetzbuchs durch die Notverordnung 65/2005[291] die Möglichkeit eingeführt, dass ein Schiedsverfahren abgehalten wird, sofern keine Einigung zustande kommt.[292] Der grundsätzliche Zweck einer Anhörung ist, die Meinung der Arbeitnehmer zu erfahren und zu berücksichtigen, auch wenn diese für den Arbeitgeber nicht zwingend ist.

---

290 Schäfer: Der europäische Rahmen für Arbeitnehmermitwirkung, S. 38
291 M.Of. Nr. 576 vom 05.07.2005
292 Dimitriu, Romanian industrial relations law, S. 44

bb) In Deutschland

Im Gegensatz zum rumänischen besteht im deutschen Recht kein gewerkschaftlicher Informationsanspruch[293]. Dieses Informationsdefizit wird zum Teil durch eine Zusammenarbeit der Gewerkschaften mit dem Betriebsrat und den Arbeitnehmervertretern im Aufsichtsrat kompensiert, von denen Gewerkschaften Informationen über die Unternehmen erhalten. Meist besteht auch eine personelle Verflechtung dadurch, dass Betriebsräte gleichzeitig Mitglieder einer Gewerkschaft sind. Dies funktioniert nicht in allen Unternehmen, sondern nur in jenen, die eine personelle Verflechtung bzw. eine gut abgestimmte Informationsübergabe haben. Der Betriebsrat hat in Deutschland neben den speziellen Unterrichtungsrechten (z.B. § 90 Abs. 1, § 92 Abs. 1 S. 1, § 99 Abs. 1, § 106 Abs. 2 BetrVG) einen allgemeinen Anspruch auf Unterrichtung durch den Arbeitgeber gem. § 80 Abs. 2 S. 1 BetrVG (siehe unten bei den Rechten des Betriebsrats). Das erklärt die Tatsache, dass die Richtlinie 2002/24/EG in Deutschland überhaupt keiner Umsetzung bedurfte. Der Gesetzgeber ist der Ansicht, dass die deutschen Regelungen jede Vorgabe der Richtlinie bereits erfüllt. Allerdings teilen die Gewerkschaften in Deutschland diese Ansicht nicht. Sie argumentieren, dass bestimmte Informationen über die wirtschaftliche Situation eines Unternehmens nur an den Wirtschaftsausschuss übermittelt werden, der wiederum nur in Unternehmen mit mindestens 100 Arbeitnehmern gebildet wird. Kleinere Unternehmen seien daher von dieser Informationspflicht ausgenommen, was gegen die Richtlinie verstößt, die ein Informationsrecht für wirtschaftliche Belange ab einer Unternehmensgröße von 50 Arbeitnehmern vorsieht.[294]

---

293 Ein solcher Informationsanspruch besteht jedoch im Rahmen des Personalvertretungsrechts. Nach § 68 Abs. 2 S.1 BPersVG ist die Personalvertretung "zur Durchführung ihrer Aufgaben" rechtzeitig und umfassend zu unterrichten. Nach Satz 2 sind ihr die "hierfür erforderlichen" Unterlagen vorzulegen. Der Informationsanspruch muss also schon nach dem Wortlaut des § 68 Abs. 1 BPersVG stets im Zusammenhang mit einer von der Personalvertretung wahrzunehmenden Aufgabe gesehen werden, an die er gebunden ist. Erst durch die Aufgabenwahrnehmung lässt sich der Informationsanspruch rechtfertigen. Denn die Personalvertretung ist mit allgemeinen Aufsichtsbefugnissen ausgestattetes Kontrollorgan, das der Rechts-und Fachaufsicht nebengeordnet wäre. Ohne ausreichende Information aber bliebe der ihr vom Gesetz gestellte Auftrag unerfüllbar, obwohl es ihr möglich sein muss, ihn wirksam zu erfüllen (vgl. BVerwGE 61, 325 (327); BVerwGE 84, 58 (63) = NVwZ-RR 1990, 426 = NVwZ 1990,974) Durch die Anbindung an die wahrzunehmende Aufgabe - und die gegebenenfalls damit verbundenen Befugnisse - wird der Informationsanspruch zugleich seinem Umfange nach, nämlich im Rahmen des "hierfür Erforderlichen", begrenzt. Vgl. hierzu BVerwG, Beschluss vom 22.12.1993 – Az. 6 P 15/92, NJW 1995, S. 89.
294 Eurofound, Impact of the information and consultation directive on industrial relations, S. 24

cc) Vergleich

Die Rechtslagen unterscheiden sich im Falle des Informationsrechts deutlich. Während in Rumänien nur die Gewerkschaften (bzw. subsidiär hierzu die Arbeitnehmervertretung) alle Informationsrechte innehaben, werden diese in Deutschland allein vom Betriebsrat geltend gemacht; die Gewerkschaften haben kein eigenes Informationsrecht. Dieser Unterschied ist sachdienlich, wenn man bedenkt, dass in Rumänien kein Betriebsrat besteht, wohingegen die Rechte im Betrieb in Deutschland zum größten Teil durch die Betriebsräte wahrgenommen werden. Ein weiterer Unterschied besteht darin, dass Informationen in Rumänien vom Arbeitgeber verpflichtend mitzuteilen sind, ohne dass es hierfür eine Aufforderung der Arbeitnehmervertretung bedarf; in Deutschland hingegen muss der Betriebsrat selbst tätig werden, um sein Informationsrecht gegenüber dem Arbeitgeber geltend zu machen. Diese Regelung zur verpflichtenden Mitteilung des Arbeitgebers entspricht einer Konsequenz des Gesetzgebers, der die Arbeitnehmerrechte bzw. die Rechte des Arbeitnehmervertretungsorgans sehr genau und verpflichtend ausgestaltet. Eine Tatsache, die sehr gut mit der Verhandlungspflicht für Tarifverträge korreliert. Hinter den zwingenden Regelungen zur Durchführung von Tarifverhandlungen sowie die zwingende Informationsübermittlung lässt sich sicherlich nicht zuletzt die Befürchtung des Gesetzgebers erkennen, dass die Arbeitnehmerrechte ohne verpflichtende Regelungen untergraben werden könnten.

Auch hinsichtlich des Anhörungsrechts besteht ein Unterschied. Der autonom zu bestimmende Begriff der Anhörung im Sinne der europäischen Richtlinie und damit im rumänischen Recht beinhaltet gegenüber dem deutschen eine weitergehende Steigerung des damit verbundenen Beteiligungsrechts. Gesteigert ist die europäische Form der Beteiligung gegenüber der Anhörung nach deutschem Recht insofern, als der Arbeitgeber im Falle der Anhörung nach den europäischen Richtlinien den Arbeitnehmervertretern nicht nur einseitig die Möglichkeit zu gewähren hat, Einwendungen zu erheben; vielmehr hat er regelmäßig die, über die bloße Initiative zur Einleitung der Anhörung hinaus gehende Pflicht, Gründe und Gegengründe in einem Gespräch mit den Arbeitnehmervertretern abzuwägen.[295] Diese Form der Beteiligung entspricht weitgehend dem Begriff der Beratung im Betriebsverfassungsrecht und hat eine Einigung aufgrund des Dialogs zum Ziel. „Dagegen überlässt es die Anhörung nach deutschem Recht der Entscheidung des Arbeitgebers, ob er in einen solchen Dialog eintritt."[296]

Differenzierte Angaben über die genauen Inhalte der Informationsübermittlung können anhand der Unternehmenserhebung 2009 getroffen werden. Arbeitnehmervertreter aus Unternehmen mit einer institutionellen Vertretung bzw. Gewerkschaftsvertreter (in Rumänien, jeweils ca. 30.000 Befragte) sowie Be-

---

295 vgl. Schäfer, Der europäische Rahmen für Arbeitnehmermitwirkung, S. 38
296 Schäfer, aaO

triebsratsmitglieder (in Deutschland, jeweils ca. 120.000) haben folgende Aussagen über den Erhalt von Informationen getroffen:

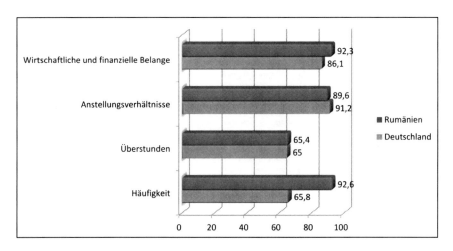

Abbildung 2: Themen der bereitgestellten Informationen
Quelle: Zahlen aus der Unternehmenserhebung 2009[297]

Diese Zahlenbelege zeigen, dass die Informationslage der rumänischen Arbeitnehmervertreter nicht besonders von der in Deutschland abweicht, diese sogar teilweise übersteigt. Allerdings ist bei der Bewertung solcher Zahlen nicht nur die Quantität wichtig, sondern auch die Qualität der weitergegebenen Informationen. In diesem Bereich sieht die Lage in Rumänien erheblich schlechter aus.

---

297 Eurofound, Europäische Unternehmenserhebung 2009, Daten sind einzeln abzurufen unter: http://www.eurofound.europa.eu/surveys/ companysurvey/ecs2009/results.htm; abgerufen am 02.11.2011

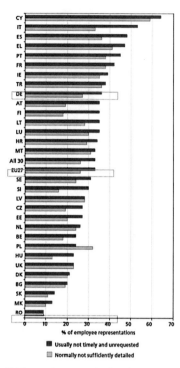

Abbildung 3: Qualität der bereitgestellten Informationen zur Vertretung der Arbeitnehmer im europäischen Vergleich[298]

Quelle: Europäische Unternehmenserhebung 2009[299]

---

[298] Die Länderabkürzungen: AT (Österreich), BE (Belgien), BG (Bulgarien), CY (Zypern), CZ (Tschechische Republik), DE (Deutschland), DK (Dänemark), EE (Estland), EL (Griechenland), ES (Spanien), FI (Finnland), FR (Frankreich), HR (Kroatien), HU (Ungarn), IE (Irland), IT (Italien), LT (Litauen), LU (Luxemburg), LV (Lettland), MK (Mazedonien), MT (Malta), NL (Niederlande), PL (Polen), PT (Portugal), RO (Rumänien), SE (Schweden), SI (Slowenien), SK (Slowakei), TR (Türkei), UK (Großbritannien);
In dieser Studie wurden in Rumänien insgesamt **500** Arbeitgeber/Führungskräfte sowie 137 Arbeitnehmervertreter befragt; in Deutschland sogar **1.500** Arbeitgeber/ Führungskräfte und **558** Arbeitnehmervertreter.

[299] Eurofound, Europäische Unternehmenserhebung 2009, Daten sind einzeln abzurufen unter: http://www.eurofound.europa.eu/surveys/ companysurvey/ecs2009/results.htm; abgerufen am 29.07.2010

Die Abbildung zeigt, dass Rumänien im Hinblick auf die Qualität der übermittelten Daten am untersten Ende der Informationsübermittlung steht. Ein ähnliches Muster ergibt sich, bei der Frage, ob die Informationen ausreichend detailliert mitgeteilt werden. Das bedeutet, dass weniger als 10 % der Arbeitnehmervertretungen in nicht festgelegten Abständen informiert werden und dass die dann übermittelten Informationen nicht ausreichend detailliert sind.

Zwischen der rechtlichen Verpflichtung zur Informationsweitergabe an die Arbeitnehmervertreter und der Rechtswirklichkeit besteht in Rumänien eine erhebliche Diskrepanz. Dies schmälert die gesetzlich bestehenden Rechte der Gewerkschaften extrem. Es mag daher auf den ersten Blick so aussehen, als würden die Informationsrechte durchgesetzt, bei genauerer Betrachtung erkennt man jedoch, dass in der Praxis erhebliche Lücken bestehen, was sogar einen Verstoß gegen die Richtlinie 2002/24/EG darstellen kann, die in Art. 4 Abs. 3 die allgemeinen Informationsverpflichtung des Arbeitgebers konkretisiert: http://argos.bibl.unibw-muenchen.de/han/24869/beck-online.beck.de/Default.aspx?typ=reference&y=100&g=EWG_RL_2002_14&a=4&x=III „Die Unterrichtung erfolgt zu einem Zeitpunkt, in einer Weise und in einer inhaltlichen Ausgestaltung, die dem Zweck angemessen sind und es insbesondere den Arbeitnehmervertretern ermöglichen, die Informationen angemessen zu prüfen und gegebenenfalls die Anhörung vorzubereiten". Damit wird der Zusammenhang der Unterrichtung mit dem Sozialen Dialog ebenso betont wie die damit verbundene Absicht des europäischen Gesetzgebers, die Arbeitnehmervertreter nicht einfach wie Bittsteller mit Zahlenkolonnen abzuspeisen, sondern ihnen durch geeignete Zusatzauskünfte eine „angemessene", d.h. eine der Komplexität der Materie entsprechend rechtzeitige und „verhältnismäßig" ausführliche Aufklärung zukommen zu lassen[300], was nach den Ergebnissen der Unternehmenserhebung in Rumänien nicht geschieht.

b) Mitwirkungsrechte

Ist die Mitwirkung der Arbeitnehmer vorgesehen, ist lediglich die Vornahme der vorgeschrieben Beteiligungsmaßnahme erforderlich.[301] Bei Mitwirkungsrechten haben die Arbeitnehmervertreter kein Recht auf Mitbestimmung. Sie müssen lediglich informiert und angehört und beteiligt werden. Nach der erfolgten Beteiligung, kann sich der Arbeitgeber frei entscheiden, ohne an die Meinung der Arbeitnehmer gebunden zu sein.

aa) In Rumänien

Eine Mitwirkung erfolgt in Rumänien durch die potentielle Teilnahme von Gewerkschaftsvertretern an eingeschränkten Vorstands- bzw. Aufsichtsratssitzun-

---

300 Reichold, NZA 2003, 289 (295)
301 vgl. Schäfer, Der europäische Rahmen für Arbeitnehmermitwirkung, S. 36

gen sowie durch ein Verhandeln von Verbandsvertretern der Gewerkschaftsverbände mit der Unternehmensführung.

(1) Mitwirkung bei Vorstands- bzw. Aufsichtsratssitzungen

Die repräsentativen Gewerkschaften können durch ausgewählte Vertreter an Vorstands- bzw. Aufsichtsratssitzungen teilnehmen, soweit berufliche, wirtschaftliche, soziale, kulturelle oder sportliche Belange betroffen sind.

Die Gesetzesänderung durch das Gesetz zum Sozialen Dialog (Gesetz Nr. 62/2011) hat hier eine weitreichende Änderung herbeigeführt. Das vormals geltende Gesetz Nr. 54/2003 sah in Art. 30 Abs. 1 a.F. die Verpflichtung der Arbeitgeber vor, gewählte Vertreter von repräsentativen Gewerkschaften zur Teilnahme an Aufsichtsratssitzungen einzuladen und der Gewerkschaft die Ergebnisse des Aufsichtsrats oder ähnlicher Gremien innerhalb von 48 Stunden nach Auflösung der Sitzung schriftlich mitzuteilen, sofern die oben genannten Belange betroffen sind. Die Nichtbeachtung dieser Rechte der Gewerkschaftsvertreter wurde mit einer Strafe von 2000 bis 5000 LEI geahndet.[302] Der neue Art. 30 Abs. 1 Gesetz Nr. 62/2011 sieht nur noch die Möglichkeit der Teilnahme von Vertreter von repräsentativen Gewerkschaften an Aufsichtsratssitzungen bzw. anderen ähnlichen Organen des Betriebes vor, die jedoch nicht mehr verpflichtend ist.

Auch der vormals geltende Art. 30 Gesetz Nr. 54/2003 a.F. räumte den teilnehmenden Repräsentanten zwar kein Stimmrecht bei den Entscheidungen des Aufsichtsrats ein. Sie durften jedoch mitdiskutieren. Gegen die Regelung des Art. 30 Gesetz 54/3003 a.f. wurde von Arbeitgeberseite Verfassungsbeschwerde erhoben (Verfassungsgericht, Entscheidung Nr. 25/2003; veröffentlicht in M.Of., Nr. 73 vom 31.01.2003). Es wurde vorgebracht, dass Art. 30 Gesetz 54/2003 a.F. gegen Art. 44 Abs. 2 der Verfassung (Recht auf Eigentum) verstoße weil jede Person, die Repräsentant einer Gewerkschaft sein kann, in den Aufsichtsrat des Betriebes eingeschleust werden könne und Informationen über die Mittelverwendung erhielte sowie eine schriftliche Mitteilung über die Entscheidungen des Arbeitgebers erhalten müsste, was den Arbeitgeber bei seiner Unternehmensführung beeinträchtige. Das Verfassungsgericht hat festgestellt, dass Art. 30 a.F. eine Umsetzung des Art. 21 der Europäischen Sozialcharta (revidiert) darstellt, durch die die Rechte der Arbeitnehmer auf Unterrichtung und Anhörung gestärkt werden. In Ausübung dieses Rechts sollen die Arbeitnehmer oder ihre Vertreter die Möglichkeit haben, regelmäßig oder zu gegebener Zeit in einer verständlichen Weise über die wirtschaftliche und finanzielle Lage des sie beschäftigenden Unternehmens unterrichtet zu werden. Wäre die Erteilung bestimmter Auskünfte jedoch für das Unternehmen nachteilig, so kann sie verweigert oder der Pflicht zur vertraulichen Behandlung unterworfen werden. Des Weiteren sollen die Arbeitnehmer rechtzeitig zu beabsichtigten Entscheidungen

---

302 2000 LEI entsprechen 500 Euro, 5000 Lei entsprechen ca. 1250 Euro.

angehört werden, welche die Interessen der Arbeitnehmer erheblich berühren könnten, insbesondere zu Entscheidungen, die wesentliche Auswirkungen auf die Beschäftigungslage im Unternehmen haben könnten. Daher verstieß Art. 30 Gesetz Nr. 54/2003 a.f. nicht gegen das Recht auf Eigentum und war verfassungsgemäß.

Nichtsdestotrotz wurde durch die Gesetzesänderung im Mai 2011 ebendieses Recht der Gewerkschaftsvertreter kassiert und stattdessen die Möglichkeit einer Einbeziehung der Willkür der Arbeitgeber überlassen. Diese Gesetzesänderung hat eine sehr weitreichende und negative Auswirkung auf die Interessenvertretung – insbesondere die Mitwirkung – der Arbeitnehmer zugunsten der Arbeitgeber.

(2) Verhandeln mit der Unternehmensführung

Nach Art. 31 Gesetz Nr. 54/2003 a. F. und nach Art. 31 Gesetz Nr. 62/2011 haben Gewerkschaftsverbände und Gewerkschaftsdachverbände auf Antrag einer Mitgliedsgewerkschaft das Recht, Repräsentanten abzustellen, die mit der Unternehmensführung verhandeln, um die Verbände zu unterstützen oder ihre Interessen in allen Situationen wahrzunehmen. Das stellt wiederum ein Recht auf Verhandlungen mit dem Arbeitgeber dar, das jedoch in Folge der Änderung im Hinblick auf die nunmehr nicht mehr zwingende Mitwirkung an Vorstands- bzw. Aufsichtsratssitzungen ebenfalls geschwächt wurde.

bb) In Deutschland

In Deutschland ist zwischen Gewerkschaftsrechten und der Betätigung des Betriebsrats zu unterscheiden. Während in Rumänien die Arbeitnehmervertretung nur subsidiär auftritt, wenn keine Gewerkschaft im Betrieb besteht, agieren Gewerkschaften und Betriebsrat in Deutschland direkt nebeneinander. Daher sind die Aufgaben und Rechte getrennt zu beurteilen. Die Gewerkschaftsrechte im Betrieb werden im Folgenden dargestellt, auf die Rechte des Betriebsrats wird bei der Darstellung der Interessenvertretung durch die Arbeitnehmer eingegangen.

(1) Allgemein

„Die Gewerkschaftsrechte im Betrieb haben eine sehr lückenhafte gesetzliche Regelung erfahren. Das BetrVG enthält lediglich eine Reihe von Bestimmungen, die das Verhältnis der Gewerkschaft[303] zum Betriebsrat und zu anderen Organen der Betriebsverfassung regeln, klammert jedoch in seinem § 2 Abs. 3 die sonstige gewerkschaftliche Betätigung, insbesondere die Information und die

---

303 Wenn im Folgenden in diesem Kapitel von "Gewerkschaften" die Rede ist, so sind dabei immer die im Betrieb vertretenen Gewerkschaften genannt. Dies ist der Fall, wenn ihr mindestens ein Arbeitnehmer des Betriebs angehört, der nicht zu den leitenden Angestellten iSd § 5 Abs. 3 BetrVG zählt (BAG 10. 11. 04 – 7 ABR 19/04, NZA 05, 426; Richardi: BetrVG, § 2, Rn. 69). Die Tarifzuständigkeit der Gewerkschaft für den Betrieb ist nicht erforderlich.

Werbung neuer Mitglieder ausdrücklich aus seinem Regelungsbereich aus. Als einzige geschriebene Rechtsnorm des deutschen Rechts bleibt daher die Koalitionsfreiheit des Art. 9 Abs. 3 GG, die – obwohl ihr Text den hier interessierenden Bereich nicht anspricht – von der Rechtsprechung für die Lösung zahlreicher Einzelfragen herangezogen wird."[304] Grundsätzlich ist der Betriebsrat für die Mitbestimmungsfunktionen zuständig, die Gewerkschaft nur zur Kontrolle und Unterstützung. Gewerkschaften haben jedoch zum Zwecke koalitionsspezifischer Betätigung, insbesondere zur Mitgliederwerbung ein Zutrittsrecht zum Betrieb.[305]

(2) Teilnahme- und Beratungsrechte

Zweck der Beteiligungsrechte von Gewerkschaften und Betriebsräten ist die betriebsverfassungsrechtliche Willensbildung. Um diese zu erleichtern und um den Standpunkt der Gewerkschaften auch im betrieblichem Umfeld zur Geltung zu bringen, wurden Einflussmöglichkeiten geschaffen, die man üblicherweise als Teilnahme- und Beratungsrechte bezeichnet. Die Generalklausel der gewerkschaftlichen Betätigung im Betrieb, § 2 Abs. 1 BetrVG, spricht von einem „Zusammenwirken von Arbeitgeber und Betriebsrat mit den im Betrieb vertretenen Gewerkschaften zum Wohl der Arbeitnehmer und des Betriebs".

Eine im Betrieb vertretene Gewerkschaft[306] hat gem. § 31 BetrVG das Recht an den Betriebsratssitzungen beratend teilzunehmen, sofern sie selbst im Betriebsrat vertreten ist und ein Viertel der Betriebsratsmitglieder dies beim Vorsitzenden beantragt. Weiterhin hat sie das Recht, an sämtlichen Betriebs- und Abteilungsversammlungen (§ 46 Abs. 1 S. 1 BetrVG), Betriebsräteversammlungen (§ 53 Abs. 3 BetrVG), den Sitzungen vom Gesamt- und Konzernbetriebsrat sowie an Sitzungen der Jugend- und Auszubildendenversammlung (§ 71 S. 3 BetrVG) teilzunehmen.

Gewerkschaften können vor Betriebsratswahlen für ihre kandidierenden Mitglieder werben und auch Wahlvorschläge machen (§ 14 Abs. 3 BetrVG).

Neben diesen konkreten Formen der Zusammenarbeit kommt eine Beteiligung der Gewerkschaften gem. § 2 Abs. 1 BetrVG lediglich nach billigem Ermessen in Betracht, wenn die Gewerkschaften in einer betrieblichen Angelegenheit keine betriebsverfassungsrechtlichen Aufgaben wahrnehmen. Denn aus § 2 Abs. 1 BetrVG folgt kein Anspruch der im Betrieb vertretenen Gewerkschaften, gegen den Willen der Betriebsparteien an einer betrieblichen Angelegenheit beteiligt zu werden.[307] Jedoch steht den Gewerkschaften die Möglichkeit offen,

---

304 Däubler, Gewerkschaftsrechte im Betrieb, S. 33
305 vgl. Küttner - *Kreitner*, Personalbuch 2010, § 5 Rn. 17; BAG 28. 2. 06 – 1 AZR 460/04, NZA 06, 798
306 Eine Gewerkschaft ist im Betrieb vertreten, wenn mindestens ein Mitglied Arbeitnehmer des Betriebs ist und nicht zu den leitenden angestellten zählt. vgl. Fitting, § 2 Rn. 42; BAG 10.11.04, AP Nr. 7 zu § 17 BetrVG
307 Fitting BetrVG § 2 Rn 53; ErfKomm-*Koch*, BetrVG, § 2 Rn 4

sofern ein Betriebsratsmitglied oder der Betriebsrat seine gesetzlichen Pflichten grob verletzt, gem. § 23 Abs. 1 BetrVG vorzugehen, was zu einem Ausschluss des Betriebsratsmitglieds führen kann bzw. sogar zur Auflösung des Betriebsrats. Auch sind sie nach § 23 Abs. 3 BetrVG berechtigt, gerichtlich gegen den Arbeitgeber vorzugehen, sofern dieser grob gegen seine Verpflichtungen aus dem Betriebsverfassungsgesetz verstößt.

Aufgrund dieser Befugnisse der Gewerkschaften im Betrieb, ist festzuhalten, dass "die im Betrieb vertretenen Gewerkschaften in weitem Umfang die Rechtmäßigkeit des Verhaltens betriebsverfassungsrechtlicher Organe kontrollieren."[308]

(3) Gestaltungsrechte

Zudem stehen den Gewerkschaften sog. Gestaltungsrechte zu, durch die die Betriebsratstätigkeit in bestimmter Weise vorprogrammiert werden kann.[309]

Nach § 2 Abs. 1 BetrVG erfolgt das Zusammenwirken von Arbeitgeber und Betriebsrat mit den Gewerkschaften und Arbeitgeberverbänden „unter Beachtung der geltenden Tarifverträge". Dadurch wird klargestellt, dass die Betriebsparteien bei der Gestaltung der betrieblichen Angelegenheiten an tarifliche Vorgaben gebunden sind.[310]

Noch bedeutsamer ist der Vorrang der Tarifautonomie gegenüber der betrieblichen Normsetzungsbefugnis, die sich aus Art. 77 Abs. 3 und Art 87 Abs. 1 BetrVG ergibt. Demnach verfügt der Betriebsrat über ein Mitbestimmungsrecht, soweit eine tarifliche Regelung nicht besteht. Auch kann die Handlungsmöglichkeit des Betriebsrats gem. § 77 Abs. 3 BetrVG eingeschränkt werden, da eine Betriebsvereinbarung über Arbeitsentgelte und sonstige Arbeitsbedingungen nicht Gegenstand einer Betriebsvereinbarung sein kann, sofern diese „durch Tarifvertrag geregelt sind oder üblicherweise geregelt werden". Andererseits können Tarifverträge ebenso auch als Mittel eingesetzt werden um die Handlungsspielräume der Betriebsräte zu erweitern und ihnen eine mächtigere Position gegenüber dem Arbeitgeber zu verschaffen.

Für die Tarifparteien (und damit die Gewerkschaften) ergibt sich damit rechtlich eine weitreichende Möglichkeit, die Bewegungsfreiheit des Betriebsrats gerade auf seinem wichtigsten Tätigkeitsbereich entscheidend einzuschränken und seinen innerbetrieblichen Stellenwert zu reduzieren oder ihm einen weitreichenden Gestaltungsspielraum zu belassen. Inwieweit von dieser Ermächtigung Gebrauch gemacht wird, ist eine wichtige gewerkschaftspolitische Frage.[311]

Damit wird einerseits eine Einschränkung bzw. Erweiterung der Handlungsmöglichkeiten des Betriebsrats bewirkt, der aufgrund des Tarifvorrangs für

---

308 vgl. Däubler, Gewerkschaftsrechte im Betrieb, S. 106
309 vgl. Däubler, Gewerkschaftsrechte im Betrieb, S. 96
310 Fitting BetrVG § 2 Rn 29
311 vgl. Däubler, Gewerkschaftsrechte im Betrieb, S. 97

tarifrechtlich geregelte Bereiche von der Mitwirkung ausgeschlossen ist. Andererseits hat der Betriebsrat gem. § 80 Abs. 1 Nr. 1 BetrVG die Aufgabe über die Einhaltung der von der Gewerkschaft mit dem Arbeitgeber verhandelten Tarifverträge zu wachen.

(4) Initiativrechte

Darüber hinaus haben die Gewerkschaften die Möglichkeit, mithilfe der Arbeitsgerichte auf die Bildung nicht vorhandener betriebsverfassungsrechtlicher Organe hinzuwirken. Gem. § 17 Abs. 3 BetrVG kann eine Gewerkschaft zu einer Betriebsversammlung einberufen, die dann einen Wahlvorstand wählt und Vorschläge für die Zusammensetzung des Wahlvorstands machen. Der Gewerkschaft steht dahingehend ein Antragsrecht zum Arbeitsgericht zu (§ 16 Abs. 2 Satz 1 BetrVG).

Auch kann die Gewerkschaft zur Wahl des Betriebsrats nach § 14 Abs. 3 BetrVG selbst einen Wahlvorschlag einbringen. In Betrieben mit einem existierenden Betriebsrat kann eine Gewerkschaft gem. § 43 Abs. 4 BetrVG darauf hinwirken, dass eine Betriebsversammlung stattfindet, wenn im vorhergegangenen Kalenderhalbjahr keine Betriebsversammlung und keine Abteilungsversammlungen durchgeführt worden sind. Auch bei der Wahl der Jugend- und Auszubildendenvertretung stehen der Gewerkschaft vergleichbare Rechte zu (§ 60 ff. BetrVG). In dem Fall, dass im Unternehmen mehr als ein Betriebsrat besteht, jedoch kein Gesamtbetriebsrat gegründet wird, ist die Gewerkschaft berechtigt, vor dem Amtsgericht die Auflösung des Betriebsrates gem. § 23 Abs. 1 BetrVG zu beantragen.

Ebenso haben die Gewerkschaften das Recht, in gewissem Rahmen die im Gesetz vorgesehenen betriebsverfassungsrechtlichen Organe durch andere zu ersetzen. Dies gilt einerseits für den Betriebsrat nach näherer Maßgabe von § 3 Abs. 1 Nr. 1 bis 3 BetrVG und andererseits für die Einigungsstelle, die durch eine tarifliche Schlichtungsstelle und – soweit es um Beschwerden geht – durch eine betriebliche Beschwerdestelle ersetzt werden kann.[312]

cc) Vergleich

Der weitgehendste Unterschied der beiden Rechtsordnungen im Bereich der Mitwirkungsrechte im Betrieb liegt in dem Gegenüber der Gewerkschaften. In Rumänien ist das der Arbeitgeber, in Deutschland zu einem großen Teil der Betriebsrat. Als Folge dessen können Gewerkschaftsvertreter in Rumänien an Vorstands- bzw. Aufsichtsratssitzungen bzw. bei der Unternehmensführung direkt mitwirken, sofern dies vom Arbeitgeber gewünscht wird, während die Gewerkschaften in Deutschland lediglich indirekt durch die Teilnahme an Betriebsratssitzungen im Betrieb mitwirken können. Ähnlich wie beim Informationsrecht haben die Gewerkschaften in Deutschland einen Anspruch auf Teilnahme und Beratung nur gegenüber dem Betriebsrat, wobei in Rumänien diese Rechte di-

---

312 vgl. Däubler: Gewerkschaftsrechte im Betrieb, S. 80

rekt gegenüber dem Arbeitgeber bestehen – was auf das Fehlen eines Betriebsrats in Rumänien zurückzuführen ist. Man kann somit feststellen, dass Gewerkschaften in Rumänien einen direkten Einfluss auf die Unternehmensführung ausüben können, der in Deutschland über den „Umweg" Betriebsrat ausgeübt werden muss. Allerdings stehen den Gewerkschaften in Deutschland ausgeprägte Kontroll- und Gestaltungsrechte zur Seite, so dass das Geschehen auf Unternehmensebene von den Gewerkschaften durch die Einwirkung auf den Betriebsrat viel weiter beeinflusst werden kann als in Rumänien.

c) Mitbestimmungsrechte

Den Gewerkschaften und somit subsidiär der Arbeitnehmervertretung in Rumänien steht kein Mitbestimmungsrecht zu. Sie sind lediglich informations- und mitwirkungsberechtigt. In Deutschland sind die Gewerkschaften zwar auch nur Informations- und Mitwirkungsberechtigt, es besteht jedoch zusätzlich der Betriebsrat, der Mitbestimmungsrechte wahrnimmt und so für die Rechte der Arbeitnehmer im Betrieb sorgt (s. unten).

d) Vergleich der Gewerkschaftsrechte im Betrieb

Unter Berücksichtigung der vorgenannten Erkenntnisse ergibt sich das folgende rechtsvergleichende Bild im Hinblick auf die Gewerkschaftsrechte im Betrieb: Im rumänischen Recht können - insbesondere bei wirtschaftlichen Entscheidungen - mehr Themenbereiche der Verantwortung der Gewerkschaften unterstellt werden als in Deutschland. Durch den Verhandlungsanspruch der Gewerkschaften in Rumänien wird zudem eine weiter reichende Interaktion mit dem Arbeitgeber durch das Gesetz vorgegeben. Trotz der weit reichenden gesetzlich geregelten Verhandlungspflichten in Rumänien ist die Durchsetzungskraft der Gewerkschaften im Einzelfall ein wichtiger Faktor bei der Frage, ob die Gewerkschaften ihre Forderungen durch einen Tarifvertrag umsetzen können oder ob es lediglich bei den Verhandlungen bleibt. Im Ergebnis kann man sagen, dass wesentliche Unterschiede der rechtlichen Systeme bestehen. Der wichtigste Gesichtspunkt dabei ist, dass die Gewerkschaften in Rumänien die Arbeitnehmer in denjenigen Bereichen vertreten, die in Deutschland von verschiedenen Institutionen wahrgenommen werden. Allerdings darf man nicht vom Fehlen von Institutionen der Arbeitnehmermitwirkung auf ein schlechteres System der Arbeitnehmervertretung schließen. So gibt es beispielsweise auch im „nordischen System", das als Vorreiter für Kollektivautonomie gilt, keine Betriebsräte oder Ähnliches[313].

3. Tätigkeiten außerhalb der Betriebe

Die Befugnisse der Gewerkschaften konzentrieren sich nicht allein auf Koalitionsbetätigung und Wahrnehmung der Rechte im Betrieb, sondern auch neben

---

313 Evju, EuZA 2010, 48 (49)

des Betriebs. Gewerkschaften können an paritätischen Organen sowie Gremien teilnehmen oder Mitglieder in nationale und internationale Organisationen entsenden. Auch durch diese Art der Betätigung können Gewerkschaftsinteressen vertreten und durchgesetzt werden.

a) In Rumänien

aa) Besonderer Schutz der Rechte der Gewerkschaftsmitglieder

Gewerkschaften sollen die Rechte schützen, die sich aus den Arbeitsgesetzen, Tarifverträgen und Arbeitsverträgen ergeben. In Ausübung dieser Aufgaben hatten sie nach dem bis Mai 2011 geltenden Gesetz das Recht, vor einem Gericht aufzutreten, ohne explizit von einem Arbeitnehmer mandatiert worden zu sein, sofern sich der Arbeitnehmer nicht gegen dieses Verfahren aussprach oder seine Beschwerde zurücknahm (Art. 28 Gesetz Nr. 54/2003 a.F.). Der betroffene Arbeitnehmer musste die Gewerkschaft infolge dessen zwar nicht ausdrücklich mandatieren, er durfte jedoch auch nicht gegen seinen Willen vertreten werden, was implizit bedeutet[314], dass er darüber informiert werden musste. Dieses weitgehende Recht der Gewerkschaften, ohne ausdrückliches Mandat für die Arbeitnehmer tätig zu werden, wurde kontrovers diskutiert. Gegen diese Regelung (Art. 28 Gesetz 54/2003 a.F.) wurde Verfassungsbeschwerde erhoben[315], die jedoch nicht erfolgreich war.

Nach der neuen Rechtslage dürfen Gewerkschaften zwar noch die Rechte ihrer Mitglieder vor Gericht vertreten, jedoch nicht mehr ohne ausdrückliche Mandatierung (vgl. Art. 28 Gesetz Nr. 62/2011). Diese Besonderheit der rumänischen Gewerkschaftsrechte wurde somit abgeschafft. Es stellte einen Ausgleich für die Abhängigkeit des Arbeitnehmers –insbesondere in osteuropäischen Ländern – dar, der seine Rechte bzw. Rechtsverstöße gegenüber dem Arbeitgeber selbst wohl nur selten überprüfen lassen würde. Auch entstanden dem Arbeitnehmer durch diese Regelung keine Nachteile, da er der Gewerkschaft jederzeit aktiv das Mandat entziehen konnte und sie nicht gegen seinen Willen agieren durfte. Dies war aus Arbeitnehmersicht eine positive Regelung im Hinblick auf die Rechtsdurchsetzung, da die „Arbeitnehmerrechte sehr viel leichter gerichtlich durchgesetzt werden konnten"[316].

---

314 vgl. Stefanescu: Tratat de dreptul muncii, S. 102; vgl. auch Entscheidung des Curte de Casatie si Justitie (entspr. Bundesgerichtshof), Zivilabteilung, Entscheidung Nr. 2446 vom 25.03.2004)

315 D.C.C 175/2004; veröffentlicht in M.Of. Teil I, Nr. 440 vom 17.05.2004; Es wurde vorgebracht, dass diese Regelung gegen Art. 51 Abs. 2 der Verfassung verstößt, der besagt, dass rechtmäßig gegründete Organisationen das Recht haben, Petitionen einzubringen, jedoch nur um die kollektiven Rechte zu schützen. Das Verfassungsgericht hat jedoch festgestellt, dass die gerichtliche Wahrnehmung der individuellen Rechte der Gewerkschaftsmitglieder durch die Gewerkschaften, nicht unter Art. 51 Abs. 2 der Verfassung fällt, da dieser lediglich das Petitionsrecht regelt.

316 Däubler, AuR 2010, 142 (146)

bb) Vorschlagsrechte

Gewerkschaftsbünde können den Behörden Vorschläge für Regulierungsmöglichkeiten im gewerkschaftlichen Interessenbereich unterbreiten (Art. 29 Gesetz Nr. 62/2011)[317]. Sie können gem. Art. 51 der Verfassung Petitionen im Namen des Kollektivs, das sie vertreten, einbringen. Die Behörden sind verpflichtet, innerhalb von 30 Tagen (Art. 8 Verordnung Nr. 27/2002) auf diese Petitionen im Rahmen des Gesetzes einzugehen.[318] Unter einer Petition versteht man Anträge, Reklamationen, Bekanntgaben oder Vorschläge, die schriftlich oder per E-Mail vorgebracht werden, die ein Bürger oder eine rechtmäßig gegründete Organisation an die lokalen, dezentralen und zentralen Behörden richten kann (Art. 2 Verordnung Nr. 27/2002).

cc) Nationale und internationale Ebene

Gewerkschaftsbünde, die Repräsentativität erlangt haben, nahmen Teil an den Verhandlungen für den Tarifvertrag auf nationaler Ebene sowie beim Wirtschaftlichen und Sozialen Rat (Art. 17 Abs. 1 Gesetz Nr. 130/1996 a.f. und Art. 13 Abs. 1 Gesetz Nr. 109/1997, siehe auch unter Teil E I a). Durch das Gesetz zum Sozialen Dialog (Gesetz Nr. 62/2011) wurde der nationale Tarifvertrag abgeschafft, so dass die Betätigung der Gewerkschaften an Tarifverträgen auf nationaler Ebene weggefallen ist.

Auf internationaler Ebene bestimmen die Gewerkschaften durch Gewerkschaftsbünde die Repräsentanten, die zur ILO entsandt werden. Sie können auch die Mittel, die die ILO festlegt, gegen den rumänischen Staat anwenden. So wurde Rumänien beispielsweise anlässlich der 96. Tagung der Internationalen Arbeitskonferenz in Genf vom 30.05. bis 15.06.2007 von der national repräsentativen Gewerkschaft „Cartel Alfa" angegriffen, es würde oftmals das Streikrecht verletzen und fordere eine Änderung des Gesetzes Nr. 168/1999 a. F.[319]

b) In Deutschland

aa) Befugnis zur Benennung und Entsendung von Vertretern

Nach § 48 Abs. 1 Nr. 1 SGB IV haben Gewerkschaften das Recht, Vorschlagslisten für die Sozialversicherungswahlen einzureichen. Gemäß § 379 Abs. 1 Nr. 1 SGB III sind die Gewerkschaften, die Tarifverträge abgeschlossen haben, sowie ihre Verbände, vorschlagsberechtigt für die Gruppen der Arbeitnehmer bei der Berufung der Mitglieder der Selbstverwaltung der Bundesagentur für Arbeit. Des Weiteren sind Gewerkschaften gem. § 18 Abs. 2 S. 2 ArbGG in dem Ausschuss vertreten, der die oberste Landesbehörde über die Vorschläge zur Ernen-

---

317 Vor der Gesetzesänderung konnten dies alle Gewerkschaftsorganisationen für sich in Anspruch nehmen (vgl. Art. 29 Gesetz Nr. 54/2003 a.F.).
318 Geregelt ist das Petitionsrecht durch Verordnung Nr. 27/2002 (M. Of. Teil 1, Nr. 84 vom 01.02.2002 und geändert durch Gesetz 233/2002 (M. Of. Teil 1, Nr. 296 vom 30.04.2002).
319 Ticlea: Tratat de dreptul muncii, S. 209

nung der Kammervorsitzenden in Arbeitsgerichten (hauptamtliche Richter) berät. Sie übermitteln auch Vorschlagslisten für die Ernennung von ehrenamtlichen Richtern, aus der die zuständige Stelle auswählt (§ 20 Abs. 2 ArbGG). Ebenso übermitteln Gewerkschaften Vorschlagslisten für die ehrenamtlichen Richter, die in den Kammern für Angelegenheiten der Sozialversicherung mitwirken (§ 14 Abs. 1 SGG). Darüber hinaus bestehen verschiedene Entsendungs- und Benennungsrechte der Gewerkschaften in zahlreiche Ausschüsse, insbesondere in den Ausschuss, der im Rahmen von Art. 5 Abs. 1 TVG über die Allgemeinverbindlicherklärung eines Tarifvertrags entscheidet.

bb) Nationale und internationale Ebene

„Gehört werden die Gewerkschaften beim Erlass sozialpolitischer Gesetze. Eine Anhörungs- und Beratungspflicht besteht für die Festsetzung von Mindestarbeitsbedingungen und für die Normierung von Durchführungsverordnungen und Verwaltungsvorschriften. Im Bereich der Arbeitsverwaltung kommt den Gewerkschaften ein allgemeines Beratungsrecht zu."[320] Die Gewerkschaften haben Benennungs- und Entsendungsrechte zu einer Vielzahl staatlicher und staatlich geregelter Institutionen auf dem Gebiet des Arbeitsrechts, der Sozialversicherung, der Wirtschaft und der Gesellschaft. In internationalen Organisationen, insbesondere in der ILO[321] und der EU[322], sind sie vertreten.[323] Für die Arbeitsgerichtsbarkeit stellen die Arbeitnehmerkoalitionen Vorschlagslisten auf, aus denen die ehrenamtlichen Richter der Arbeitnehmerseite berufen werden. In der Sozialgerichtsbarkeit gilt Entsprechendes für die ehrenamtlichen Richter der Versicherten. Ebenso stellen die Gewerkschaften Vorschlagslisten für die Beisitzer der Schieds- und Schlichtungsausschüsse auf. In der Arbeitsgerichtsbarkeit wie der Sozialgerichtsbarkeit nehmen sie den Rechtsschutz für ihre Mitglieder wahr.[324] „Auch jenseits des Gebiets der eigentlichen Arbeits- und Wirtschaftsbedingungen verfolgen die Gewerkschaften als Vereinigung i.S.d. Art. 9 Abs. 1 GG weitgesteckte Ziele im politischen, wirtschaftlichen, sozialen und kulturellen Leben der Bundesrepublik Deutschland; vor allem durch die Mitwirkung ihrer Vertreter in Organen und Gremien, durch Stellungnahmen zu den unterschiedlichsten Fragen von öffentlichem Interesse, in eigenen Publikationen und anderen Medien, durch das Betreiben eigener Wirtschaftsunternehmen und eigener Bildungseinrichtungen wirken sie bei der Gestaltung von Politik und Gesellschaft mit."[325]

---

320 Münchener Handbuch ArbeitsR Bd. 2 - *Richardi*, § 159, Rn. 45
321 Art. 3 und 7 der Verfassung der ILO, abgedruckt bei Nipperdey Nr. 1081
322 Etwa im Abschluss für den Europäischen Sozialfonds nach Art. 147 EGV
323 Münchener Handbuch ArbeitsR Bd. 2 - *Richardi*, § 159, Rn. 46
324 Münchener Handbuch ArbeitsR Bd. 2 - *Richardi*, § 159, Rn. 47
325 Löwisch-Rieble - Münchener Handbuch ArbeitsR Bd. 2, § 159, Rn. 48

c) Vergleich

Neben ihren selbständigen, nichtstaatlichen Aufgaben zum Abschluss von Tarifverträgen sowie den Gewerkschaftsaufgaben im Betrieb, nehmen Gewerkschaften in beiden Rechtssystemen zahlreiche weitere Aufgaben wahr. Dies zeigt, dass Gewerkschaften zahlreiche Einflussnahmemöglichkeiten im politischen, behördlichen und gesellschaftlichen Bereich haben.

IV. Zusammenfassung zur gewerkschaftlichen Interessenvertretung

Nachdem die Vergleichbarkeit der Gewerkschaftsrechte aufgrund der rechtlichen Grundlagen der Vereinigungs- und Koalitionsfreiheiten in beiden Rechtssystemen festgestellt wurde, ergab die Analyse der rechtlichen Stellung und Rolle der Gewerkschaften sowie der Voraussetzungen zur Gründung und der Beitritt einer Gewerkschaft sowie der Allgemeinverbindlichkeit von Tarifverträgen einige Unterschiede. Die Essenz dieser Feststellungen liegt in der Erkenntnis, dass die Koalitionsfreiheit durch starre Überregulierung eingeschränkter ist als im deutschen Recht.

Der Vergleich der Regelungen zu den Rechten und Befugnissen der Gewerkschaften im deutschen und im rumänischen Recht lässt erkennen, dass die Hauptaufgabe der Gewerkschaften im Wesentlichen gleich ist: Nämlich die Koalitionsbetätigung. In beiden Rechtssystemen richtet sich der Hauptfokus der Gewerkschaften auf den Abschluss von Tarifverträgen (und der im Rahmen der Arbeit nicht zu betrachtenden Durchführung des Arbeitskampfes) sowie auf die Wahrung und Überwachung der Rechte der Arbeitnehmer. Das rumänische Arbeitsrecht erweist sich hinsichtlich der rein rechtlichen Befugnisse der Gewerkschaften im Vergleich zum deutschen Recht nicht als nachteilig. Während den Gewerkschaften im deutschen Recht neben ihren Koalitionsaufgaben oben ausgeführte Initiativ-, Teilnahme-, Beratungs-, und Kontrollrechte zustehen, haben die Gewerkschaften in Rumänien ebenso die Koalitionsaufgaben sowie eine optionale Teilnahme im Aufsichtsrat, soweit berufliche, wirtschaftliche, soziale kulturelle oder sportliche Belange betroffen sind. Vergleicht man lediglich die Rechte der Gewerkschaften, so ist eine repräsentative Gewerkschaft in Rumänien sogar rechtlich kraftvoller ausgestattet als eine tariffähige Gewerkschaft in Deutschland, da in Rumänien ein Verhandlungsanspruch mit dem Arbeitgeber besteht, was in Deutschland nicht der Fall ist. Allerdings ist hier zu beachten, dass die Arbeitnehmervertretung in Rumänien allein durch die Gewerkschaften bzw. durch die rein subsidiäre Vertretung der Arbeitnehmer erfolgt und keinerlei Mitbestimmungsrechte hat. In Deutschland hingegen, hat der Betriebsrat eine wichtige Funktion bei der Wahrung der Arbeitnehmerrechte im Betrieb.

Teil C: Interessenvertretung durch die Arbeitnehmer

Als Interessenvertretung durch die Arbeitnehmer wird hier die reine Vertretung im Betrieb dargestellt, also nicht durch Gewerkschaften, sondern nur durch die Arbeitnehmer selbst. In Rumänien besteht eine solche Arbeitnehmervertretung rein subsidiär, sofern keine Gewerkschaft im Betrieb gegründet ist. In Deutschland bedeutet dies die Vertretung der Arbeitnehmer im Betrieb durch den Betriebsrat.

I. Arbeitnehmervertretung

Es überrascht nicht, dass in verschiedenen Rechtsordnungen die Vertretung durch die Arbeitnehmer unterschiedlich geregelt wird. Eine Arbeitnehmervertretung kann einerseits das Verhandeln kollektiver Verträge und die Durchführung von Streiks beinhalten, andererseits auch die Mitbestimmung, Informationsübermittlung (bzw. -erhalt) und Beratung. In manchen Ländern werden diese beiden Zweige durch eine Institution ausgeführt, meistens eine Gewerkschaft; in anderen Ländern werden diese Befugnisse zwischen Gewerkschaften und dem Betriebsrat aufgeteilt.[326] Das wichtigste Unterscheidungskriterium besteht darin, ob eine duale Arbeitnehmervertretung aus Gewerkschaften und einem Betriebsrat existiert oder eine einfache Vertretung, meist nur durch Gewerkschaften. Der Unterschied zwischen diesen beiden Arten der Vertretung liegt darin, dass die Gewerkschaften grundsätzlich nur ihre Mitglieder vertreten, der Betriebsrat hingegen alle Arbeitnehmer im Unternehmen.[327]

In manchen europäischen Studien wird die Arbeitnehmervertretung in Rumänien, sofern keine Gewerkschaft im Betrieb besteht, als „Betriebsrat"[328] bezeichnet. Diese Bezeichnung wird hier nicht übernommen, da die Arbeitnehmervertretung in Rumänien nicht dem Verständnis eines Betriebsrates in Deutschland entspricht. Die Bezeichnung der Vertretung durch die Arbeitnehmer in Rumänien als „Betriebsrat" würde nur zu einer Verwischung des Begriffs führen, da sie – wie im Folgenden gezeigt wird – weit von dem Betriebsrat im deutschen Sinne abweicht. Im Zuge dieser Arbeit wird die subsidiäre Vertretung der Arbeitnehmer im Betrieb „Arbeitnehmerrat" genannt.

1. In Rumänien („representantii salariatilor")

Die Arbeitnehmer können in Betrieben, in denen kein Arbeitnehmer Gewerkschaftsmitglied ist, aus ihrer Mitte Vertreter wählen, die die meisten koalitions-

---

326 vgl. Eurofound, Europäische Unternehmenserhebung 2009, S. 46
327 Eurofound, Europäische Unternehmenserhebung 2009, aaO
328 siehe z.B: Studie der Friedrich-Ebert-Stiftung vom September 2009, Kohl, Koalitionsfreiheit, Arbeitnehmerrechte und sozialer Dialog

spezifischen und sonstigen Aufgaben der Gewerkschaften übernehmen. Gemäß Art. 135 Gesetz Nr. 62/2011 kann ein Tarifvertrag auch in Betrieben geschlossen werden, in denen keine Gewerkschaft besteht oder eine bestehende Gewerkschaft die Repräsentativitätsvoraussetzungen nicht erfüllt, sofern im Betrieb mehr als 20 Arbeitnehmer beschäftigt sind[329]. Danach werden Tarifverhandlungen auf Betriebsebene durch die Arbeitnehmerräte geführt, sofern keine Gewerkschaft im Betrieb besteht oder eine nicht repräsentative Gewerkschaft besteht, die keiner repräsentativen Gewerkschaft auf Sektorebene angegliedert ist. Wenn eine nicht repräsentative Gewerkschaft auf Betriebsebene besteht, die einer repräsentativen Gewerkschaft auf Sektorebene angegliedert ist, dann werden die Verhandlungen von den Gewerkschaftsmitgliedern auf der Sektorebene zusammen mit den Arbeitnehmerräten des Betriebs geführt.

Diese gemeinsame Zuständigkeit der Arbeitnehmerräte und der repräsentativen Gewerkschaft auf Sektorebene ist durch das Gesetz zum Sozialen Dialog neu eingeführt worden. Davor konnte die nicht repräsentative, aber an eine repräsentative angegliederte Gewerkschaft auf höherer Ebene ihre Repräsentativität von der „höheren" Gewerkschaftsorganisation ableiten. Die neue Regelung stärkt somit die Rechte der Arbeitnehmerräte.

In Betrieben ohne Gewerkschaftsorganisation oder ohne repräsentative Gewerkschaft erlaubt das rumänische Recht als Ausdruck der Koalitionsfreiheit[330], eine Vertretung der Arbeitnehmerschaft (Arbeitnehmerräte) zu gründen. Ein koalitionsrechtsfreier Raum besteht daher lediglich, wenn keine Gewerkschaft im Betrieb besteht und die Arbeitnehmer keine Wahl der Arbeitnehmerräte anstoßen.

Arbeitnehmerräte können sowohl kollektive Verhandlungen führen als auch kollektive Konflikte lösen sowie Streiks initiieren. Die Arbeitnehmerräte werden von der Generalversammlung der Beschäftigten eines Betriebes mit mindestens der Hälfte der Stimmen gewählt und nehmen im Betrieb die Gewerkschaftsaufgaben wahr. Sie werden entsprechend der Anzahl der Stimmen, die sie erhalten haben, aufgestellt. Die Bedingung, dass kein einziger Arbeitnehmer[331] Mitglied einer Gewerkschaft sein darf, muss nach Ansicht der Literatur[332] teleologisch ausgelegt werden, so dass eine *a contrario*-Argumentation, wenn ein einziger Arbeitnehmer Gewerkschaftsmitglied ist, er die Rechte aller Arbeitnehmer im

---

329 In Betrieben mit mehr als 20 Arbeitnehmern, in denen keine repräsentative Gewerkschaft besteht, kann zur Wahrung der Arbeitnehmerinteressen eine Arbeitnehmervertretung zu diesem Zweck gewählt werden (Art. 224 Abs. 1 ArbGB).
330 Dimitriu, Romanian industrial relations law, S. 25
331 Es ist möglich, dass nur ein einziger Arbeitnehmer eines Betriebs Mitglied einer Gewerkschaft ist, da nach Art. 2 Abs. 2 Gesetz Nr. 54/2003 zur Gründung einer Gewerkschaft fünfzehn Arbeitnehmer erforderlich sind, selbst wenn sie bei verschiedenen Arbeitgebern beschäftigt sind.
332 vgl. z.B.: Rad,: Dreptul muncii, S. 53; Stefanescu, Tratat de dreptul muncii, S. 109; Ticlea, Tratat de dreptul muncii, S. 214

Betrieb aufgrund des Gesetzes (*ex lege*) vertreten soll, nicht haltbar ist. Trotzdem sieht das Gesetz die Nichtexistenz jeglicher Gewerkschaftsmitglieder (repräsentativ oder nicht) vor. Die rumänische Gesetzgebung im Hinblick auf den Sozialen Dialog bezieht sich auf Gewerkschaften *oder* die Vertretung durch Arbeitnehmerräte, mit der Ausnahme wenn eine nicht repräsentative Gewerkschaft im Betrieb besteht, die einer repräsentativen Gewerkschaft auf Sektorebene angehört. Dan sollen die Verhandlungen von den Gewerkschaftsmitgliedern auf der Sektorebene zusammen mit den Arbeitnehmerräten geführt werden. Somit sind nicht nur die Gewerkschaften befugt, Tarifverhandlungen zu führen, sondern auch die Arbeitnehmerräte, unabhängig davon ob sie organisiert sind. Nicht-Organisierung ist kein Hindernis für die Ausübung der Rechte der Arbeitnehmer auf Verhandlungen, Informationsverschaffung oder Anhörung.[333]

Ist ein Betrieb durch repräsentative Gewerkschaften organisiert, kann kein Arbeitnehmerrat bestehen. Nicht-organisierte Arbeitnehmer sind dann weder berechtigt Tarifverträge zu verhandeln noch einen Streik auszurufen, selbst wenn durch die Tarifverhandlungen zwischen der Gewerkschaft und dem Arbeitgeber ein Interessenkonflikt im Betrieb besteht.[334] Nicht-organisierte Arbeitnehmer können daher nicht mit Gewerkschaften konkurrieren, denn sobald eine repräsentative Gewerkschaft im Betrieb gegründet wird, verlieren die nichtorganisierten Arbeitnehmer ihr rechtliches Mandat.[335]

Für den Arbeitnehmerrat gibt es kein einheitliches Gesetz, die Regelungen werden aus mehreren Gesetzen zusammengeführt. Folgende Voraussetzungen bestehen für einen Arbeitnehmerrat (gem. Art. 224 Abs. 1, 225 Abs. 1 ArbGB): Ein Arbeitnehmerrat darf nur in Betrieben mit mehr als 20 Arbeitnehmern gegründet werden, in dem keine repräsentative Gewerkschaft besteht. Es muss eine ausdrückliche Mandatierung der anderen Arbeitnehmer vorliegen, mit dem Ziel, deren Interessen durchzusetzen und zu schützen. Ein Arbeitnehmerrat muss Angestellter des Arbeitgebers sein[336].

Arbeitnehmerräte haben folgende Rechte und Pflichten: Verhandlungen und Abschluss von Tarifverträgen (Art 223 e ArbGB); Interessensdurchsetzung der Arbeitnehmer bezüglich des Lohnes, der Arbeitsbedingungen, der Arbeits- und Ruhezeiten, der Arbeitsstabilität sowie aller anderer betrieblicher, wirtschaftlicher und sozialer Arbeitsinteressen (Art 223 c ArbGB), Beteiligung bei der Aufstellung einer Betriebsordnung (Art 223 b), Überwachung der Rechte der Ar-

---

333 Dimitriu, Romanian industrial relations law, S. 25
334 Dimitriu, Romanian industrial relations law, S. 25
335 Dimitriu, Romanian industrial relations law, S. 25; so nach dem Gesetzeswortlaut aber Auslegung nach Sinn und Zweck, (vgl. z.B.: Radu, Dreptul muncii, S. 53; Stefanescu, Tratat de dreptul muncii, S. 109; Ticlea, Tratat de dreptul muncii, S. 214
336 Nach der Alten Regelung galt für Arbeitnehmerräte eine Altersgrenze von 21 Jahren, die in der Literatur teilweise als inakzeptable Diskriminierung und als nicht sinnvoll angesehen wurde (vgl. Stefanescu, Tratat de dreptul muncii, S. 109). Durch das Gesetz zum sozialen Dialog wurde diese Altersgrenze abgeschafft.

beitnehmer im Hinblick auf das geltende Gesetz, auf den anwendbaren Tarifvertrag auf die Individualarbeitsverträge sowie auf die Betriebsordnung (Art 223 a ArbGB), Meldung von Nichteinhaltung der gesetzlichen Vorschriften oder des anwendbaren Tarifvertrags bei der Aufsichtsbehörde (Art. 223 d des ArbGB), Vertretung der Arbeitnehmer, bei Interessenskonflikten, Ernennung eines Schiedsrichters in einem Schiedsverfahren, Aufrufen zum Streik und Vertretung der Streikenden, Empfangen von Absichtserklärungen des Arbeitgebers zu Massenentlassungen; Strategieberatung bei Massenentlassungen z.B. durch das Einbringen von Vorschlägen für Möglichkeiten um die Anzahl der Entlassungen gering zu halten, Abstimmen von Arbeitsstandarten, die von den Arbeitnehmern ausgearbeitet wurden, Beratung bei der Ausarbeitung besserer Regelungen bzgl. Arbeitssicherheit und Gesundheit sowie bei der Umsetzung internationaler Vorschriften.[337] Im Vergleich zu den Gewerkschaftsaufgaben, sind die Kompetenzen des Arbeitnehmerrats gem. Art. 221 Abs. 3 ArbGB eingeschränkt, wonach Arbeitnehmerräte keine Aktivitäten durchführen dürfen, die durch Gesetz nur den Gewerkschaften vorbehalten sind, wie zum Beispiel Art. 29 des Gesetzes Nr. 62/2011, nachdem Gewerkschaften das Recht haben, sich entsprechend Art. 74 der Verfassung an die zuständige öffentliche Verwaltung zu wenden und Gesetzgebungsvorschläge einzubringen oder wirtschaftliche oder wirtschaftssoziale Einheiten zu gründen bzw. zu verwalten.[338]

Die Prozedur der jährlichen Tarifverhandlungen erfolgt nach demselben Muster, unabhängig davon ob eine Gewerkschaft oder der Arbeitnehmerrat verhandelt.[339] Obwohl Tarifverträge nicht nur von Gewerkschaften sondern auch vom Arbeitnehmerrat ausgehandelt werden können, sinkt die Rate von Tarifverträgen in Betrieben, deren Arbeitnehmer nicht gewerkschaftlich organisiert sind.[340] Die Anzahl von Tarifverträgen, die durch Arbeitnehmerräte ausgehandelt werden, bleibt niedrig. Es bleibt abschließend festzuhalten, dass die gesetzlichen Regelungen, die Möglichkeit einräumen, eine Arbeitnehmervertretung zu wählen. Es besteht jedoch keine Pflicht des Vorhandenseins einer gewerkschaftlichen oder Arbeitnehmer-Vertretung im Betrieb, selbst wenn es sich um einen Betrieb mit mehr als 20 Arbeitnehmern handelt.

2. In Deutschland

Die Interessenvertretung der Belegschaft im Betrieb wird in Deutschland durch den Betriebsrat, der historisch auf Vorläufer im 19. Jahrhundert zurückgeht[341],

---

337 vgl. Dimitriu, Romanian industrial relations law, S. 26, Dima, The evolution of labour law in Romania, S, S. 415
338 Stefanescu, Tratat de dreptul muncii, S. 110
339 Dimitriu, Romanian industrial relations law, S. 26
340 Dimitriu, aaO.
341 siehe hierzu Gamillscheg, Die Mitbestimmung der Arbeitnehmer, S. 417 ff.

wahrgenommen. Ein Betriebsrat kann bereits in Betrieben mit mehr als 5[342] wahlberechtigten Arbeitnehmern (§ 1 Abs. 1 BetrVG) auf vier Jahre gewählt werden.[343] In Unternehmen mit mehreren Betrieben werden zunächst von den Arbeitnehmern in den einzelnen Betrieben Betriebsräte gewählt. Darüber hinaus kann ein Gesamtbetriebsrat gebildet werden, der aber nicht direkt gewählt wird. Vielmehr entsendet jeder Betriebsrat Mitglieder in den Gesamtbetriebsrat (§ 47 BetrVG).[344] Die betriebliche Mitbestimmung (Arbeitnehmermitbestimmung[345]) bezieht sich nur auf die gewählten Arbeitnehmervertreter im Betrieb und ihre Rechte und Pflichten. In Deutschland ist das der im einzelnen Betrieb von der Belegschaft gewählte Betriebsrat, dessen Funktion und Befugnisse im Betriebsverfassungsgesetz (BetrVG)[346] niedergelegt sind.[347] Die Befugnisse des Betriebsrats beziehen sich auf betriebliche Angelegenheiten, wobei die Betriebsratsrechte je nach Fragestellung unterschiedlich weit reichen – von reinen Anhörungsrechten bis zu echten Mitbestimmungsrechten.[348] Ein wichtiges Kennzei-

---

342 § 13 BetrVG; § 14 a BetrVG sieht für Kleinbetriebe bis 50 Arbeitnehmer ein vereinfachtes Wahlverfahren vor.
343 Der Betriebsrat besteht in Betrieben mit in der Regel 5 bis 20 wahlberechtigten Arbeitnehmern aus einer Person, 21 bis 50 wahlberechtigten Arbeitnehmern aus 3 Mitgliedern, 51 wahlberechtigten Arbeitnehmern bis 100 Arbeitnehmern aus 5 Mitgliedern, 101 bis 200 Arbeitnehmern aus 7 Mitgliedern, 201 bis 400 Arbeitnehmern aus 9 Mitgliedern, 401 bis 700 Arbeitnehmern aus 11 Mitgliedern, 701 bis 1.000 Arbeitnehmern aus 13 Mitgliedern, 1.001 bis 1.500 Arbeitnehmern aus 15 Mitgliedern, 1.501 bis 2.000 Arbeitnehmern aus 17 Mitgliedern, 2.001 bis 2.500 Arbeitnehmern aus 19 Mitgliedern, 2.501 bis 3.000 Arbeitnehmern aus 21 Mitgliedern, 3.001 bis 3.500 Arbeitnehmern aus 23 Mitgliedern, 3.501 bis 4.000 Arbeitnehmern aus 25 Mitgliedern, 4.001 bis 4.500 Arbeitnehmern aus 27 Mitgliedern, 4.501 bis 5.000 Arbeitnehmern aus 29 Mitgliedern, 5.001 bis 6.000 Arbeitnehmern aus 31 Mitgliedern, 6.001 bis 7.000 Arbeitnehmern aus 33 Mitgliedern, 7.001 bis 9.000 Arbeitnehmern aus 35 Mitgliedern. In Betrieben mit mehr als 9.000 Arbeitnehmern erhöht sich die Zahl der Mitglieder des Betriebsrats für je angefangene weitere 3.000 Arbeitnehmer um 2 Mitglieder. (§ 9 BetrVG)
344 Körner, Arbeitnehmerbeteiligung im Mitbestimmungsrecht in Deutschland, S. 81 (83)
345 Davon zu unterscheiden ist die Unternehmensmitbestimmung. Dabei geht es um die Beteiligung von Arbeitnehmervertretern in den Organen der Kapitalgesellschaften, d.h. vor allem von Aktiengesellschaften und Gesellschaften mit beschränkter Haftung. Seit 1951 sind Arbeitnehmervertreter aufgrund von verschiedenen Gesetzen – Montanmitbestimmungsgesetz von 1951 (BGBl. 1951 I, 347), Betriebsverfassungsgesetz von 1952 (BGBl. 1952 I, 681), Mitbestimmungsgesetz von 1976 (BGBl. 1976 I, 1153) und Drittelbeteiligungsgesetz von 2004 (BGBl. 2004 I, 974) in den Aufsichtsräten und Vorständen vertreten und wirken dort an Unternehmensentscheidungen mit. Siehe Körner, Arbeitnehmerbeteiligung im Mitbestimmungsrecht in Deutschland, S. 81 (83)
346 Betriebsverfassungsgesetz vom 15.01.1972 in der Fassung der Bekanntmachung vom 25. September 2001(BGBl. I S. 2518), das zuletzt durch Artikel 9 des Gesetzes vom 29. Juli 2009 (BGBl. I S. 2424) geändert worden ist.
347 Körner, Arbeitnehmerbeteiligung im Mitbestimmungsrecht in Deutschland, S. 81 (82)
348 Körner, aaO

chen des deutschen kollektiven Arbeitsrechts ist, im Unterschied zu anderen Rechtsordnungen, seine historisch zu erklärende Dualität: Zum einen die Interessenvertretung der Arbeitnehmer im Betrieb durch den Betriebsrat, zum anderen die überbetriebliche Vertretung durch die Gewerkschaft.[349] „Diese Zweigleisigkeit äußert sich schon darin, dass die Mitglieder des Betriebsrats nicht von einer Gewerkschaft vorgeschlagen werden noch einer Gewerkschaft angehören müssen. In der Praxis allerdings sind etwa zwei Drittel der Betriebsratsmitglieder zugleich Gewerkschaftsmitglieder. Auch rechtlich gibt es Berührungspunkte. So kann eine im Betrieb vertretene Gewerkschaft eine Betriebsratswahl initiieren oder auch bei gröberen Verstößen gegen betriebsverfassungsrechtliche Pflichten gerichtlich gegen den Arbeitgeber oder den Betriebsrat vorgehen (§ 23 BetrVG). Als im Betrieb vertreten gilt eine Gewerkschaft, wenn mindestens ein Arbeitnehmer des Betriebs ihr angehört."[350]

Der Betriebsrat verfügt über sehr ausgeprägte Mitbestimmungsrechte, ist aber im Gegenzug durch Loyalitätspflichten gebunden. Eine vergleichbare Konstruktion ist im System anderer Länder nicht vorhanden und sie stößt aufgrund unterschiedlicher sozialer Traditionen auf keine Akzeptanz. Europäische und internationale Entwicklungen stellen den deutschen Ansatz zunehmend in Frage.[351] Die Möglichkeiten der Einflussnahme des Betriebsrats auf die Entscheidungen des Arbeitgebers sind unterschiedlich stark ausgestaltet. Sie reichen von reinen Informationspflichten des Arbeitgebers (z.B. bei der Einstellung eines leitenden Angestellten, § 105 BetrVG), gehen über in Beratungspflichten (z.B. bei der Personalplanung, § 92 BetrVG), umfassen das Recht, in bestimmten Fällen Widerspruch einzulegen (z.b. bei Einstellungen von Arbeitnehmern, § 99 BetrVG) und enden bei der echten Mitbestimmung (§ 87 BetrVG).[352]

Über die echten Mitbestimmungsrechte werden regelmäßig Betriebsvereinbarungen zwischen dem Arbeitgeber und dem Betriebsrat geschlossen. Eine Betriebsvereinbarung ist ein Vertrag, der ähnlich einem Tarifvertrag, gem. § 77 Abs. 4 BetrVG unmittelbar und zwingend für die Arbeitnehmer des Betriebs wirkt. Um die Dualität im deutschen Arbeitnehmervertretungssystem zu wahren – Vertretung durch den Betriebsrat im Betrieb und Unternehmen, gewerkschaftliche Vertretung überbetrieblich in Gestalt von Tarifverträgen – beschränkt § 77 Abs. 3 BetrVG den zulässigen Regelungsinhalt von Betriebsvereinbarungen: Arbeitsentgelte und Arbeitsbedingungen, die üblicherweise durch Tarifvertrag geregelt werden, dürfen nicht Gegenstand von Tarifverträgen sein.[353] Können

---

349 Körner, Arbeitnehmerbeteiligung im Mitbestimmungsrecht in Deutschland, S. 81 (89)
350 Körner, Arbeitnehmerbeteiligung im Mitbestimmungsrecht in Deutschland, S. 81 (90), Bundesarbeitsgericht 25.03.1992, NZA 1993, 134
351 Hornung-Draus, Herausforderung des nationalen Modells der Arbeitnehmerbeteiligung, S. 129 (130)
352 Körner, Arbeitnehmerbeteiligung im Mitbestimmungsrecht in Deutschland, S. 81 (84)
353 Körner, Arbeitnehmerbeteiligung im Mitbestimmungsrecht in Deutschland, S. 81 (88)

sich der Betriebsrat und der Arbeitgeber in Mitbestimmungsangelegenheiten nicht einigen, kommt also eine Betriebsvereinbarung nicht zustande, darf eine Einigungsstelle angerufen werden, die dann entscheidet (§ 76 BetrVG).[354] Ihr Spruch ersetzt die Einigung zwischen Arbeitgeber und Betriebsrat. Eine Sonderstellung in der Arbeitnehmervertretung nehmen die leitenden Angestellten[355] ein. Sie sind gem. § 5 Abs. 3 BetrVG grundsätzlich von der Betriebsverfassung ausgeschlossen. Dafür kann in Betrieben mit in der Regel mindestens zehn leitenden Angestellten freiwillig ein Sprecherausschuss der leitenden Angestellten gebildet werden, der die Belange der leitenden Angestellten vertreten soll. Der Sprecherausschuss ist nicht als Konkurrenzorgan zum Betriebsrat konzipiert, vielmehr soll eine Zusammenarbeit dieser beiden Gremien erfolgen (§ 2 Abs. 2 SprAuG)[356]. Beide Vertretungsorgane stehen unabhängig nebeneinander und werden von unterschiedlichen Teilen der Belegschaft gewählt.[357] Der Sprecherausschuss hat zur Durchführung seiner Pflichten auch Mitwirkungsrechte, hauptsächlich ein Informationsrecht bei Belangen der leitenden Angestellten (§ 30 ff. SprAuG). Auch über personelle und wirtschaftliche Angelegenheiten muss der Arbeitgeber den Sprecherausschuss informieren. Dabei steht dem Sprecherausschuss ein Anhörungsrecht bei Kündigung – ebenso wie dem Betriebsrat gem. § 102 BetrVG – eines leitenden Angestellten zu, ohne die eine Kündigung unwirksam ist (§ 31 Abs. 2 SprAuG).

3. Arbeitnehmervertretung im Vergleich

Im System der Arbeitnehmervertretung liegt einer der größten strukturellen Unterschiede zwischen dem deutschen und dem rumänischen Recht bei der fehlenden Dualität der Vertretungsinstitutionen in Rumänien. In Deutschland[358] erfolgt

---

354 Körner, aaO
355 Der Kreis der leitenden Angestellten beträgt ca. 0,4 bis 5,1 %, siehe Däubler, Gewerkschaftsrechte im Betrieb, S. 123
356 Dabei wird in der Literatur häufig kritisiert, dass Gewerkschaften, zu deren Mitgliedern auch leitende Angestellte gehören, kein Recht haben, an den mindestens jährlichen Sitzungen des Sprecherausschusses teilzunehmen. Das totale Fehlen gewerkschaftlicher Einflussrechte auf den Sprecherausschuss lässt sich nicht mit Art. 9 Abs. 3 GG vereinbaren, da der Sprecherausschuss eine Institution der Betriebsverfassung ist und nach der Rechtsprechung des BVerfG (BVerfGE 19, 303 (313)) Art. 9 Abs. 3 GG den Gewerkschaften die spezifische koalitionsmäßige Betätigung innerhalb der Betriebsverfassung wie der Personalvertretung garantiert; vgl. Däubler, Gewerkschaftsrechte im Betrieb, S. 125;
357 Däubler, Gewerkschaftsrechte im Betrieb, S. 124
358 In Deutschland prägt kein anderes Strukturmerkmal das kollektive Arbeitsrecht so sehr wie der Dualismus der Vertretung von Arbeitnehmerinteressen durch frei gebildete Gewerkschaften einerseits und gesetzlich verfasste Betriebsräte andererseits; vgl. Krause, RdA 2009, 129 (129). Das Gesetz geht davon aus, dass Gewerkschaften und Betriebsräte unterschiedliche Aufgaben und Funktionen haben (BT-Drucks. VI/1786, S. 33 f.; zu BT-Drucks. VI/2729, S. 10). Es hat die Betriebsvertretung der Arbeitnehmer nicht nur

die Vertretung der Arbeitnehmer auf überbetrieblicher Ebene durch Gewerkschaften und auf betrieblicher Ebene durch den Betriebsrat sowie durch die Arbeitnehmer im Aufsichtsrat. Dahingegen obliegen diese Aufgaben in Rumänien ausschließlich den Gewerkschaften. Die Vertretung im Betrieb durch Arbeitnehmer erfolgt rein subsidiär, wenn keine Gewerkschaften im Betrieb bestehen, wobei die Arbeitnehmervertretung keine dem deutschen Betriebsrat vergleichbaren Rechte hat. In Deutschland hat der Betriebsrat grundsätzlich als Vertretung der ganzen Belegschaft, aber eben auch nur der Belegschaft, nicht allein deren Interessen gegenüber dem Arbeitgeber wahrzunehmen, sondern auch das „gemeinsame Interesse am Erfolg des Unternehmens" zu verfolgen.[359] Diese vom Gesetzgeber gewollte Festlegung auf die unternehmensspezifischen Belange unterscheidet den Betriebsrat wesentlich von der Gewerkschaft, die „weniger auf die Belange der konkreten Belegschaft als vielmehr auf das Wohl der Arbeitnehmer einer Branche" ausgerichtet ist.[360] Der Betriebsrat ist durch die Vorschriften §§ 2 Abs. 1 und 74 Abs. 1 BetrVG auf ein „wirtschaftsfriedliches" Verfahren festgelegt; als Mittel zur Durchsetzung seiner Forderungen stehen ihm nur seine Argumente und im Falle nicht überbrückbarer Meinungsverschiedenheiten die Anrufung der Einigungsstelle zur Verfügung. Jede Entfaltung von sozialem Druck, insbesondere die Organisierung von Arbeitskämpfen, ist nach dem gesetzlichen Modell ausgeschlossen.[361] Der Gesetzgeber hat daher die Grundentscheidung getroffen, dass das Zusammenwirken mit den im Betrieb vertretenen Gewerkschaften und Arbeitgebervereinigungen Bestandteil des Gebots der vertrauensvollen Zusammenarbeit zwischen Arbeitgeber und Betriebsrat ist.[362] Für den Arbeitgeber aktualisiert dies seine vertragsbezogenen Rücksichtnahmepflichten; dem Betriebsrat wird eine einseitige Interessenverfolgung von vornherein untersagt.[363] Für das Verhältnis zum Betriebsrat folgt daraus, dass zwischen ihm und den im Betrieb vertretenen Gewerkschaften keine Konkurrenz besteht.[364] Die Existenz von zwei Organen der Arbeitnehmermitbe-

---

organisatorisch verselbständigt, sondern den Betriebsrat als einen gewerkschaftlich unabhängigen Repräsentanten der Belegschaft verfasst (vgl. BAG 16. 2. 1973 AP BetrVG 1972 § 19 Nr. 1). Damit hält es am System der Trennung fest (vgl. ausführlich zu dem Verhältnis zwischen Betriebsratsamt und Gewerkschaft Däubler, Gewerkschaftsrechte im Betrieb, S. Rn. 45. ff.; Richardi - *Richardi*, BetrVG § 2, Rn. 37). Das Gesetz geht aber davon aus, dass die Betriebsräte in enger Verbindung zu den Gewerkschaften stehen und in Verbindung mit ihnen ihre Aufgaben erfüllen Richardi - *Richardi*, BetrVG, § 2, Rn. 75.

359 Thüsing, RdA 2010, 78 (81)
360 vgl. Thüsing, RdA 2010, 78 (81), vgl. hierzu auch Hromadka/Maschmann, Kollektivarbeitsrecht, S. 6 ff.
361 Däubler: Gewerkschaftsrechte im Betrieb, S. 58
362 Richardi - *Richardi*, BetrVG, § 2, Rn. 75
363 Trif, Explaining Diversity in Industrial Relations, S. 15
364 Richardi - *Richardi*, BetrVG, § 2, Rn. 75; Das Kooperationsgebot des § 2 Abs. 1 BetrVG bezieht sich aber auf das Verhältnis zwischen Arbeitgeber und Betriebsrat; aus

stimmung im weitesten Sinne findet sich in Rumänien nicht. Ebenso wenig ein Gebot der Zusammenarbeit zwischen der Gewerkschaft bzw. Arbeitnehmerrat und dem Arbeitgeber sowie der daraus folgende Verzicht auf Arbeitskampfmaßnahmen. Dies rührt daher, dass der Arbeitnehmervertretung in Rumänien keine Mitbestimmungsrechte zustehen, so dass die Arbeitnehmervertretung ihre institutionalisierte Aufgabe der Überwachung der Unternehmensführung nur durch Informations- und Konsultationsrechte erfüllen kann. Ein einigungsersetzendes, streitschlichtendes Gremium ist konsequenterweise entbehrlich, da Initiativrechte, bei denen eine Einigung zwingend erforderlich ist, nicht bestehen.

In Deutschland wird der Betriebsrat von der gesamten Belegschaft – nicht nur von den Organisierten – gewählt[365] und ist in seiner Amtsführung von einer Gewerkschaft unabhängig. Diese Eigenständigkeit des Betriebsrats hat zur Folge, dass er keine Ersatzgewerkschaft ist und somit jedenfalls rechtlich die gewerkschaftliche Interessenvertretung im Betrieb als solche nie verdrängen kann.[366] Ebenso wird der Arbeitnehmerrat in Rumänien von der Generalversammlung, also von der gesamten Belegschaft, gewählt, jedoch nur, wenn keine Gewerkschaft im Betrieb besteht. Damit sind die Arbeitnehmerräte eine reine Ersatzgewerkschaft. Auch die Schwellenwerte zur Errichtung einer Arbeitnehmervertretung im Betrieb sind mit 5 Arbeitnehmern in Deutschland und 20 Arbeitnehmern in Rumänien unterschiedlich, was jedoch für die grundsätzliche Regelung unbedeutend ist. Eine Übereinstimmung der Rechtsordnungen liegt in der Vertretungsintensität. Sowohl in Deutschland als auch in Rumänien vertritt der Betriebsrat bzw. der Arbeitnehmerrat die gesamte Belegschaft des Unternehmens. Die gleiche Rechtsfolge tritt auch ein, wenn eine Arbeitnehmervertretung in einem Betrieb fehlt. Ebenso wie in Deutschland[367] können auch in Rumänien die Rechte, die den Arbeitnehmern zustehen, nicht durchgesetzt werden, wenn weder eine Arbeitnehmervertretung noch eine Gewerkschaft im Betrieb besteht. Das Problem der Arbeitnehmerräte als Ersatzgewerkschaft in Rumänien liegt in dem Fehlen der Vorteile des dualen Systems der Arbeitnehmervertretung. In vielen europäischen Ländern ist die Existenz von zwei Organen der Arbeitnehmermitbestimmung im weitesten Sinne unbekannt und ungewollt.[368] „Die Gewerkschaften – vor allem – befürchten durch die Einführung eines Betriebsrats eine Entkräftung ihrer Rechte und Position. In Deutschland funktio-

---

ihm ergibt sich kein Rechtsanspruch der im Betrieb vertretenen Gewerkschaften auf Zusammenarbeit, wie auch umgekehrt sie nicht zur Zusammenarbeit verpflichtet sind.
365 Wie schon nach dem Betriebsrätegesetz 1920 und dem BetrVG 1952.
366 Däubler: Gewerkschaftsrechte im Betrieb, S. 58
367 Wird in einem betriebsratsfähigen Betrieb kein Betriebsrat gebildet, so können in ihm die Mitwirkungs- und Mitbestimmungsrechte nicht ausgeübt werden; er steht bis zur Bestellung eines Betriebsrats einem nicht betriebsratsfähigen Betrieb gleich Richardi, 12. Aufl. (2010), 1 ff.. Siehe hierzu auch BAG 12. 10. 1961 AP BGB § 611 Urlaubsrecht Nr. 84; 18. 7. 1972 = AP BetrVG [1952] § 72 Nr. 10; LAG Berlin, DB 1973, 2097
368 Hromadka/Maschmann, Kollektivarbeitsrecht, S. 6

niert dieses Nebeneinander gut. Es gibt dabei eine klare Aufgabentrennung. Der Schwerpunkt der Gewerkschaftsarbeit liegt in der Vereinbarung materieller Arbeitsbedingungen auf überbetrieblicher Ebene, während die Betriebsräte in erster Linie bei den Arbeitsbedingungen im Betrieb mitbestimmen."[369] In der rumänischen Literatur wird die Einführung von Betriebsräten teils als positiv und hoffnungsvoll dargestellt.[370] Der Betriebsrat würde eine institutionalisierte Möglichkeit für Arbeitnehmer schaffen, sich im Betrieb einzubringen, was seine Effizienz bereits in vielen europäischen Rechtssystemen unter Beweis gestellt hat, und was auch für die rumänische Gesetzgebung ein Anliegen sein könnte.[371] Die Hauptgegner einer die Einführung von Betriebsräten sind die Gewerkschaften, die ihn als Bedrohung für ihre privilegierte Position im Sozialen Dialog ansehen.[372] Gewerkschaften tun sich noch sehr schwer mit ihrer Einstellung zu Betriebsräten. Sie lehnen ihre Einrichtung zumeist ab, weil sie befürchten, Konkurrenz zu den Betriebsgewerkschaften zu bekommen.[373] Eine Konkurrenz zwischen Betriebsräten und Gewerkschaften könnte realistisch entstehen, wenn die Betriebsräte parallel zu den Gewerkschaften Tarifpolitik machen sollten. Dann würden zwei Institutionen dieselben Interessen und Rechte verfolgen, was zu einer direkten Konkurrenz führt und sich für die vertretenen Arbeitnehmer nur nachteilig auswirkt. Sofern eine Aufgabenteilung zwischen Betriebsräten und Gewerkschaften bestehen, ist das Verhältnis vielmehr durch Zusammenarbeit geprägt. So verständlich diese Angst vor dem Risiko ist, so unverständlich ist sie angesichts der Chancen, die sich für Gewerkschaften daraus ergeben könnten.[374] Eine verstärkte Präsenz der Arbeitnehmervertretung im Betrieb durch Betriebsräte stellt einen notwendigen, unmittelbaren Kontakt zu den Arbeitnehmern her und gewährleistet eine Verbreitung der Idee von Arbeitnehmerorganisationen, was auch jeder Gewerkschaft zugute kommt und eine Mitgliedergewinnung bedeuten kann. Die Funktion der Betriebsräte muss daher als Ergänzung der Ge-

---

369 Hromadka/Maschmann, Kollektivarbeitsrecht, S. 6
370 Würden Betriebsräte bestehen, würden sie ein organisatorisches Rahmensystem für Arbeitnehmermitbestimmung schaffen, so dass Arbeitnehmer auf Betriebsebene mitbestimmen könnten, was eine Alternative zu der strikten Gewerkschaftsvertretung wäre und eine Garantie für die Nicht-Diskriminierung von Nicht-Gewerkschaftsmitgliedern gegenüber Gewerkschaftsmitgliedern, vgl. Dimitriu, Romanian industrial relations law, S. 46.
371 Dimitriu, Romanian industrial relations law, S. 47; Bisher bestehen Betriebsräte nur in den Unternehmen, die aufgrund der EU-Richtlinie 94/45/EU einen EU-Betriebsrat haben müssen.
372 Dimitriu, EuZA 2008, 89 (95)
373 vgl. Hantke: Gewerkschaften im 21. Jahrhunder), S. 27; Kohl: Koalitionsfreiheit, Arbeitnehmerrechte und sozialer Dialog, S. 63
374 Hantke: Gewerkschaften im 21. Jahrhundert, S. 27

werkschaften und „Einlasspforte"[375] für ihre Aktivitäten gesehen werden, wo der Vertretungsgrad gering oder überhaupt nicht vorhanden ist. Die jetzige Regelung der Arbeitnehmerräte als Ersatzgewerkschaft lässt sich mit der historischen Entwicklung der Arbeitnehmervertretung als Notlösung vor einer breiten Leere der Arbeitnehmervertretung erklären. Nach dem Regimewandel im Jahre 1990 musste eine schnelle Lösung das sozialistische Arbeitsrechtssystem ersetzen. Gewerkschaften bestanden zu dem Zeitpunkt schon und konnten lediglich reformiert und mit eigenen Rechten ausgestattet werden. Eine betriebliche Arbeitnehmervertretung fehlte. Daher lag es nahe, die bestehende Lücke in aller Kürze mit einem subsidiären Arbeitnehmerrat aufzufüllen, vor allem dort, wo es gar keine Arbeitnehmerbeteiligung gab, also in Betrieben, in denen keine Gewerkschaft vorhanden war. Dies war für den schnellen Strukturwandel eine passable Lösung. Zwanzig Jahre später müsste dieses System jedoch überdacht und eine duale Arbeitnehmervertretung könnte durch den rumänischen Gesetzgeber umgesetzt werden. Im Vorfeld müssten Schulungen und Beratungen der alt eingefahrenen Gewerkschaften die Wege dahin ebnen, so dass eine duale Vertretung überhaupt gewünscht wird. All dies setzt aber voraus, dass die Rolle der Betriebsräte als zweiter Kanal der Interessenvertretung mit einer eindeutigen Trennung der Kompetenzen ausgestattet und als solche gewollt und genutzt wird.[376] Auch die Gesetzesänderung durch das Gesetz zum Sozialen Dialog (Gesetz Nr. 62/2011) führt keine so weitreichende Änderung herbei, geht jedoch zumindest in diese Richtung.

II. Das Recht der Arbeitnehmer auf Unterrichtung und Anhörung

Eine einheitliche Regelung über die Unterrichtung und Anhörung hat die Richtlinie 2002/14/EG gebracht. Diese führte auf europäischer Ebene zu Rechten der Arbeitnehmer auf Unterrichtung über die Geschäftsführung des Unternehmens, in dem sie arbeiten, sowie auf Anhörung in wichtigen Fragen, die die Entwicklung des Unternehmens und die Arbeitsbedingungen betreffen. Im Folgenden wird der Umgang mit der Richtlinie in Rumänien (1.) sowie in Deutschland (2.) dargestellt.

1. In Rumänien

Die Arbeitnehmerräte verfügen über die gleichen Unterrichtungs- und Anhörungsrechte wie die Gewerkschaften (siehe oben unter Teil C III 2), da die Umsetzung der EU-Richtlinie, Gesetz Nr. 467/2006, als Rechteinhaber die Vertreter der Arbeitnehmer und somit Gewerkschaften und Arbeitnehmerräte umfasst. Zusätzlich zu diesen Rechten, räumt das Arbeitsgesetzbuch in Art. 40 Abs. 2 d

---

375 Kohl: Koalitionsfreiheit, Arbeitnehmerrechte und sozialer Dialog, S. 64
376 Kohl: aaO

jedem Arbeitnehmer individuell einen Anspruch auf periodische Unterrichtung über die wirtschaftliche und finanzielle Lage des Unternehmens ein[377], sofern dadurch nicht sensible oder geheime Informationen offengelegt werden müssen, durch deren Preisgabe die Tätigkeit des Unternehmens beeinträchtigt werden kann. Dabei wird der Zeitraum der wiederkehrenden Unterrichtung durch den anwendbaren Tarifvertrag geregelt (Art. 40 Abs. 2 d S. 2 ArbGB). Diese Rechte stehen jedem Arbeitnehmer direkt gegen den Arbeitgeber zu, selbst wenn keine Gewerkschaft oder kein Arbeitnehmerrat existiert.

2. In Deutschland

Das Recht der Arbeitnehmer auf Unterrichtung und Anhörung nach Richtlinie 2002/14/EG wurde in Deutschland nicht eigens umgesetzt, da bereits umfassende Unterrichtungs- und Anhörungsrechte des Arbeitnehmervertretungsorgans Betriebsrat bestehen, obwohl in der Literatur noch immer bestimmte Umsetzungsdefizite diskutiert werden[378]. Die Unterrichtung und Anhörung der Arbeitnehmer oder Arbeitnehmervertreter umfasst nach Art. 4 Abs. 2 der Richtlinie die Unterrichtung über die jüngste Entwicklung und die wahrscheinliche Weiterentwicklung der Tätigkeit und der wirtschaftlichen Situation des Betriebes (lit. a); die Unterrichtung und Anhörung zur Beschäftigungssituation, Beschäftigungsstruktur und wahrscheinliche Beschäftigungsentwicklung im Unternehmen oder Betrieb sowie zu ggf. geplanten antizipativen Maßnahmen, insbesondere bei einer Bedrohung für die Beschäftigung (lit. b) sowie die Unterrichtung und Anhörung zur Entscheidung, die wesentliche Veränderungen der Arbeitsorganisation oder der Arbeitsverträge mit sich bringen können, einschließlich solcher, die Gegenstand der in Art. 9 Abs. 1 genannten Gemeinschaftsbestimmung sind (lit. c). Auf Grund einer anderen, historisch gewachsenen und detailliert ausformulierten Konzeption sind deutsche Mitbestimmungs- bzw. Mitwirkungsrechte

---

377 Gegen diese Verpflichtung des Arbeitgebers wurde Verfassungsbeschwerde eingelegt, mit der Begründung, dass es den Prinzipien loyalen Wettbewerbs entgegensteht. Das Verfassungsgericht war der Ansicht, dass die Regelungen des Arbeitsgesetzes die Arbeitgeber nicht zwingen, vertrauliche Informationen herauszugeben, die dem Unternehmen schaden könnten. Die Verpflichtung, Informationen mitzuteilen bezieht sich auf generelle Daten, die die wirtschaftliche und finanzielle Situation des Unternehmens betreffen, also Informationen wie z.B. Bilanzen, die sowieso im „Rumänischen Amtsblatt" veröffentlicht werden, und dies eben zu dem Zweck, die Einhaltung der Prinzipien der Marktwirtschaft und die Anforderungen an loyalen Wettbewerbs gesichert werden können. Daher hat das Verfassungsgericht entschieden, dass diese Verpflichtung nicht die Prinzipien des loyalen Wettbewerbs oder das Recht des Unternehmers sein Unternehmen zu führen beeinträchtigt. Die Arbeitnehmer haben ein legitimes Interesse daran, die wirtschaftliche und finanzielle Situation des Unternehmens zu kennen um bewusst die Stärke der Arbeitsbeziehungen einschätzen zu können, ihre Zukunftsaussichten sowie die Art wie sie sich verhalten müssen um ihre Interessen und die des Arbeitgebers zu schützen. Vgl. Dimitriu, Romanian industrial relations law, S. 39
378 vgl. Reichold, NZA 2003, 289 (298); Deinert, NZA 1999, 800 (801)

nicht so flächendeckend angelegt wie nunmehr im europäischen Recht. Entscheidend für die Umsetzung ist daher weniger die Frage nach dem ausreichend materiellen Gehalt der deutschen Mitwirkungsrechte „Unterrichtung" (vgl. §§ 80 Abs. 2, 90 Abs. 1, 92 Abs. 1 S. 1, 99 Abs. 1, 106, 110, 111 BetrVG) bzw. „Beratung" (vgl. §§ 90 Abs. 2, 92 Abs. 1 S. 2, 92a Abs. 2 S. 1, 96 Abs. 1 S. 2, 97 Abs. 1, 111 BetrVG) als die Frage nach ihrem jeweiligen Gegenstand.[379] Die deutsche Segmentierung in soziale, personelle und wirtschaftliche Angelegenheiten ist dem EG-Gesetzgeber fremd. Dennoch tun sich bei materiell-gegenständlicher Betrachtung kaum Lücken, wohl aber Überschneidungen auf.[380] Festzustellen ist nämlich, dass für die „Unterrichtung" nach Art. 4 Abs. 2 a der Richtlinie im deutschen Recht auf § 106 Abs. 3 BetrVG, insbesondere auf dessen Ziffern 1 und 10 zurückgegriffen werden kann[381]; dass für die „Unterrichtung und Anhörung" nach Art. 4 Abs. 2 b die Vorschriften der §§ 92, 92a BetrVG eine ausreichende Umsetzung darstellen, weil die deutschen Normen zu „Personalplanung" (§ 92 BetrVG) und „Beschäftigungssicherung" (§ 92 a BetrVG) zusammen mit ihren Weiterungen in §§ 93 ff., 96 ff. und 99 BetrVG (auch § 106 Abs. 2 BetrVG) die EG-Postulate der Antizipation, Prävention und Beschäftigungsfähigkeit (Erwägungsgrund Nr. 10) erfüllen[382]; für die „Unterrichtung und Anhörung" nach Art. 4 Abs. 2 c in Bezug auf wesentliche Veränderungen der Arbeitsorganisation oder der Arbeitsverträge vorrangig auf §§ 90, 111 BetrVG, hilfsweise auch auf § 106 Abs. 3 BetrVG als Umsetzungsnormen verwiesen werden kann.

3. Vergleich

Der Vergleich der Rechte und Pflichten aus der Richtlinie auf Unterrichtung und Anhörung zeigt, dass die Richtlinie in beiden Rechtsordnungen zwar unterschiedlich umgesetzt wurde, aber zum selben Ergebnis führt. In beiden existiert ein Recht der Arbeitnehmer, auf Unterrichtung über die Geschäftsführung des Unternehmens und auf Anhörung bei Fragen über die Entwicklung des Untrnehmens sowie die Arbeitsbedingungen. Ein großer Unterschied besteht jedoch in der Praxis der Auswirkungen der Richtlinie. Während die Richtlinie zur Unterrichtung und Anhörung von Arbeitnehmern in Rumänien eine erhebliche Auswirkung hat – worauf später noch eingegangen wird -, hat sie in Deutschland nicht zu einer Änderung der Rechtslage geführt, da die Rechte der Arbeitnehmer hier bereits in der geltenden Rechtsordnung enthalten waren. Die Umsetzung der Rechtlinie in Rumänien ist ein guter Schritt in die richtige Richtung der Arbeitnehmermitwirkung. Präventiv soll durch die Teilhabe mittels Unterrichtung und Anhörung die Sensibilisierung für notwendige Anpassungsmaß-

---

379 Reichold, NZA 2003, 289 (298)
380 Reichold, aaO
381 vgl. Reichold, aaO, Deinert, NZA 1999, 800 (801); Franzen, RdA 2002, 258 (261)
382 vgl. aaO; ähnlich Deinert, NZA 1999, 800 (802)

nahmen, die Motivation zur Teilnahme an Maßnahmen und Aktionen zur Verbesserung der Beschäftigungsfähigkeit, die stärkere Einbeziehung in die Unternehmensabläufe sowie die Steigerung der Wettbewerbsfähigkeit realisiert werden.[383]

III. Mitbestimmung im eigentlichen Sinne

Die im deutschen Recht stark ausgeprägte institutionelle Mitbestimmung der Arbeitnehmer im Betrieb ist im rumänischen Recht nicht existent. Im Folgenden wird daher auf die Mitwirkung der Arbeitnehmer in Rumänien durch Ausschüsse im Vergleich zur eigentlichen Mitbestimmung in Deutschland eingegangen.

1. In Rumänien

a) Mitbestimmungsrechte der Arbeitnehmervertretung

Unter Mitbestimmung versteht man die gesetzliche Teilhabe der Arbeitnehmer oder ihrer Vertretungen am Willensbildungsprozess im Unternehmen.[384] In Rumänien besteht neben den Gewerkschaften bzw. den subsidiären Arbeitnehmerräten keine innerbetriebliche Instanz, die für Rechte der gesamten Arbeitnehmerschaft einsteht und über Mitbestimmungsrechte verfügt. Einen Einfluss auf die Willensbildung im Unternehmen haben ausschließlich die Gewerkschaftsvertreter bzw. Arbeitnehmerräte, die im Betrieb nach Belieben des Arbeitgebers an Vorstands- bzw. Aufsichtsratssitzungen teilnehmen können, soweit berufliche, wirtschaftliche, soziale kulturelle oder sportliche Belange betroffen sind und, die mit der Unternehmensführung verhandeln, um die Verbände zu unterstützen oder ihre Interessen in allen Situationen wahrzunehmen. Eine Mitentscheidungskompetenz haben sie aber nicht.

b) Ausschuss für Arbeitsschutz und Gesundheit

Lediglich im Bereich des Arbeitsschutzes und der Arbeitsgesundheit besteht ein Gremium, das mit dem Betriebsrat vergleichbar ist und spezielle Aufgaben zum Schutz der Arbeitnehmer wahrnimmt, nämlich der Ausschuss für Arbeitsschutz und Gesundheit. Die rechtlichen Grundlagen dieses Ausschusses sind in Art. 179-181 ArbGB normiert. Speziellere Vorschriften für die Einrichtung eines Komitees für Arbeitsschutz und Gesundheit[385] wurden durch Gesetz Nr. 319/2006[386] eingeführt. Es handelt sich dabei um ein paritätisches Gremium, bestehend aus Arbeitgeber (bzw. Geschäftsführer oder dessen Vertreter), den Arbeitnehmervertretern, die besondere Aufgaben im Bereich Sicherheit und Gesundheitsschutz wahrnehmen[387] sowie einem Arbeitsmediziner. Der Geschäfts-

---

383 Schulze-Doll, Kontrollierte Dezentralisierung, S. 246
384 Niedenhoff, IW-Trends 2005, S. 1 (2)
385 M.Of. 169 vom 29. April 1998
386 M.Of. Teil I, Nr. 646 vom 26. Juli 2006
387 Diese Arbeitnehmervertreter werden gesondert von der Belegschaft zur Wahrnehmung

führer des Unternehmens oder sein Vertreter ist Vorsitzender des Arbeitsschutzausschusses (Art. 62 Regierungsanordnung Nr. 1425[388] zum Gesetz Nr. 319/2006). Er ist verpflichtet, den Arbeitsschutzausschusses mindestens alle drei Monate einzuberufen sowie bei Notwendigkeit in der Zwischenzeit. Der Ausschuss ist rechtmäßig zusammengekommen, wenn mehr als die Hälfte seiner Mitglieder anwesend ist. Für eine Entscheidung ist eine Zweidrittelmehrheit der anwesenden Mitglieder erforderlich (vgl. Art. 66 Regierungsanordnung Nr. 1425/2006) Der Arbeitsschutzausschuss wird in Unternehmen gegründet, die als juristische Personen organisiert und in der mindestens 50 Arbeitnehmer beschäftigt sind. Im Falle, dass die Arbeitsbedingungen erschwert sind, das Verletzungsrisiko hoch oder die Arbeit gefährlich ist, kann der staatliche Arbeitsinspektor die Gründung eines Arbeitsschutzausschusses auch verlangen, wenn weniger als 50 Arbeitnehmer im Unternehmen beschäftigt sind (Art. 180 Abs. 2 ArbGB). Wenn keine der beiden Voraussetzungen vorliegen, fallen die Aufgaben den Komitees für Arbeitsschutz den Arbeitnehmerräten zu (Art. 57 Abs. 5 Regierungsanordnung Nr. 1425/2006).

Ein solcher Arbeitsschutzausschuss wird mit dem Zweck gegründet, die Beteiligung und regelmäßige Anhörung der Arbeitnehmer über Sicherheit und Gesundheitsschutz im Unternehmen sicherzustellen.[389] Dabei hat der Ausschuss nach Art. 67 der Regierungsanordnung Nr. 1425/2006 mehrere Rechte, die aber

---

von Arbeitsschutzsachen gewählt:
a) 50 bis 100 Beschäftigte zwei Vertreter,
b) 101 bis 500 Beschäftigte drei Vertreter,
c) 501 bis 1.000 Beschäftigte vier Vertreter,
d) 1001 bis 2000 Beschäftigte fünf Vertreter,
e) 2001 bis 3000 Beschäftigte sechs Vertreter;
f) 3001 bis 4000 Beschäftigte sieben Vertreter,
g) über 4000 Beschäftigte acht Vertreter. (Art. 60 Abs. 2 Gesetz NR. 319/2006)
Sie erhalten ihr Mandat für 2 Jahre (Art. 59 Abs. 1 Gesetz Nr. 319/2006). Der Arbeitgeber ist verpflichtet, den gewählten Arbeitnehmervertretern für Arbeitsschutzsachen die erforderliche Zeit zur Wahrnehmung der Aufgaben freizustellen. Die Zeiten sind wie folgt festgelegt: mindestens
a) 2 Stunden pro Monat in Unternehmen mit einer Belegschaft von bis zu 99 Arbeitnehmern,
b) 5 Stunden pro Monat in Unternehmen mit einer Belegschaft von 100 bis zu 299 Arbeitnehmern,
c) 10 Stunden pro Monat mit einer Belegschaft von 300 Arbeitnehmern bis zu 499 Arbeitnehmern,
d) 15 Stunden pro Monat mit einer Belegschaft von 500 Arbeitnehmern bis zu 1.499 Arbeitnehmer;
e) 20 Stunden pro Monat in Unternehmen einer Belegschaft von 1.500 Arbeitnehmern und mehr. (Art. 61 Abs. 2 Gesetz Nr. 319/2006)

388 Regierungsanordnung Nr. 1425 vom 11.10.2006
389 vgl. Athanasiu Alexandru, Dreptul Muncii, S. 211; Dimitriu, Romanian industrial relations law, S. 46

allesamt auf das Analysieren und Unterbreiten von Vorschlägen sowie das Beobachten der Durchführung bestimmter Maßnahmen, beschränkt sind. So ist es beispielsweise eine Aufgabe des Arbeitsschutzausschusses, den vom Arbeitgeber vorgegebenen Plan für Präventions- und Schutzmaßnahmen im Betrieb zu analysieren, mit der Betriebsordnung zu vergleichen und Vorschläge hierzu einzubringen. Ebenso ist es Aufgabe des Arbeitsschutzausschusses die Einführung neuer Technologien und Ausrüstung zu überwachen und sofern Defizite in Schutz und Gesundheit der Arbeitnehmer bestehen, Vorschläge zur Behebung vorzubringen. Reine Analyse- und Überwachungsrechte hat der Arbeitsschutzausschuss in folgenden Bereichen: Auswahl, Einkauf, Unterhaltung und Benutzung der Ausrüstung sowie der Schutzausrüstung; Durchführung von externen Präventions- und Schutzmaßnahmen (Service und Wartung); Prüfung von Anträgen der Arbeitnehmer über die Arbeitsbedingungen und wie die Mitglieder des Arbeitsschutzausschusses ihre Aufgaben wahrnehmen; Prüfung von Anträgen der Arbeitnehmer zur Verhütung von Arbeitsunfällen und Berufskrankheiten; Prüfung von Anträgen der Arbeitnehmer zur Verbesserung der Arbeitsbedingungen und zur Einbringung der Vorschläge in den Plan für Präventions- und Schutzmaßnahmen; Ursachenanalyse von Arbeitsunfällen, Berufskrankheiten und sonstigen Ereignissen sowie Vorschlagsrecht hinsichtlich erforderlicher technischer Maßnahmen, die sich aus den Analysen ergeben; Überwachung der Durchsetzung des Plan für Präventions- und Schutzmaßnahmen einschließlich Überwachung der Zuteilung der erforderlichen Mittel zur Durchführung seiner Bestimmungen und deren Effizienz im Hinblick auf die Verbesserung der Arbeitsbedingungen; Überwachung der Anwendung und Einhaltung gesetzlicher Vorschriften über Sicherheit und Gesundheitsschutz bei der Arbeit sowie der Maßnahmen, die durch den Inspektor für Arbeit und die Gesundheitsinspektoren aufgestellt wurden. Darüber hinaus hat der Arbeitsschutzausschuss ein Vorschlagsrecht hinsichtlich Maßnahmen zur Ausstattung der Arbeitsplätze unter Berücksichtigung der Existenz von Risikogruppen für bestimmte Risiken. Auch hat er ein Kontrollrecht hinsichtlich der eigenen Anweisungen und den Anweisungen der Beschäftigten und erstellt einen schriftlichen Bericht über die gefundenen Ergebnisse. Des Weiteren diskutiert der Arbeitsschutzausschuss den schriftlichen Bericht, der vom Geschäftsführer des Unternehmens im Hinblick auf die Arbeitssicherheit- und Gesundheit sowie die Aktionen, die durchgeführt worden sind und deren Effizienz im Vorjahr, mindestens einmal im Jahr vorgelegt werden muss. Der Ausschuss erteilt auch Vorschläge für den Plan der Präventions- und Schutzmaßnahmen, die im nächsten Jahr erreicht werden sollen. Damit ist festzuhalten, dass der Arbeitsschutzausschuss zwar viele Analyse-, Überwachungs- und Kontrollrechte, jedoch keine Mitbestimmungsrechte hat.

2. In Deutschland

„Die deutsche Mitbestimmung versteht im Ausland niemand" – so der Präsident des Bundesverbandes der Deutschen Industrie (BDI), Jürgen Thumann (Süddeutsche Zeitung vom 19.10.2004). Diese plakative Aussage eines deutschen Arbeitgeberverbandsvertreters suggeriert eine wirtschaftsschädlich hohe Komplexität des deutschen Mitbestimmungs-Modells.[390] „Es dürfte jedoch kein halbwegs entwickeltes Industrieland geben, in dem sie [die Mitbestimmung] nicht in der einen oder anderen Form Wirklichkeit geworden wäre."[391] Das Hauptmerkmal, das den deutschen Betriebsrat von anderen unterscheidet, ist die starke Mitbestimmung.

a) Mitbestimmungsrechte des Betriebsrats

Der Betriebsrat[392] vertritt die Interessen aller Beschäftigten in personellen, sozialen und wirtschaftlichen Angelegenheiten auf der Grundlage „vertrauensvoller Zusammenarbeit" mit dem Arbeitgeber „zum Wohl der Arbeitnehmer und des Betriebs" (§ 2 Abs. 1 BetrVG).[393] Dabei handelt es sich um ein Leitprinzip bei der Durchführung des Gesetzes.[394] Das Gebot der vertrauensvollen Zusammenarbeit erfährt eine besondere Konkretisierung durch das an den Betriebsrat adressierte Verbot, zur Durchsetzung seiner gesetzlichen Beteiligungsrechte, Arbeitskampfmaßnahmen zu organisieren, § 74 Abs. 2 BetrVG.[395] Somit steht im Modell der Zusammenarbeit die Kooperationspflicht im Vordergrund. Diese Kooperationspflicht bezieht sich nicht nur auf Maßnahmen des Arbeitskampfes (Streik und Aussperrung), sondern auf jede kollektiv organisierte Störung der Arbeitsbeziehungen, um dadurch Druck auszuüben[396]. Das BAG sah in seinem Urteil vom 31.10.1958 zum schleswig-holsteinischen Metallarbeiterstreik als Kampfmaßnahmen, die eine tarifvertragliche Friedenspflicht verletzen, sogar alle Maßnahmen an, „die den Verhandlungspartner bewusst und gewollt unter den unmittelbaren Druck eingeleiteter Arbeitskämpfe setzen und damit seine

---

390 Körner, Arbeitnehmerbeteiligung im Mitbestimmungsrecht in Deutschland, S. 81 (81)
391 Gamillscheg, Die Mitbestimmung der Arbeitnehmer, S. 417
392 Der Betriebsrat ist als Repräsentant der Belegschaft anzusehen. Die im Betrieb zusammengefassten Arbeitnehmer bilden keinen Verband im Rechtssinne, sondern sind lediglich eine natürliche, durch die Zugehörigkeit zu demselben Betrieb entstehende Gemeinschaft, für die als deren Repräsentant der Betriebsrat handelt (vgl. Richardi, Kollektives Arbeitsrecht, S. 155); In der Literatur wird der Betriebsrat nicht immer als Repräsentant der Arbeitnehmer angesehen. Andere Literaturmeinungen sehen bzgl. des Inhabers der Beteiligungsrechte die Belegschaft als juristische Teilperson oder als Rechtsgemeinschaft.
393 Müller-Jentsch, Wie robust ist das deutsche Mitbestimmungsmodell?, S. 273 (279)
394 vgl. Schulze-Doll, Kontrollierte Dezentralisierung, S. 246
395 Schulze-Doll, Kontrollierte Dezentralisierung, S. 246
396 vgl. Richardi - *Richardi*, BetrVG, § 74, Rn. 18

Entschließungsfreiheit beeinträchtigen sollen".[397] Das Gebot der vertrauensvollen Zusammenarbeit setzt sich in der Schlichtung eines evtl. Streits fort, der vorerst nur durch den Spruch der extra geschaffenen Einigungsstelle[398] gelöst werden kann. Nur wenn sich einer der Betriebspartner die Abgabe des Streits an ein Gericht wünscht, schließt sich ein arbeitsgerichtliches Beschlussverfahren an. Das Verfahren vor der Einigungsstelle sichert die effektive Mitwirkung und Mitbestimmung des Betriebsrats.[399]

Hat der Betriebsrat ein echtes Mitbestimmungsrecht, so kann der Arbeitgeber nur mit der Zustimmung des Betriebsrats handeln. Die Mitbestimmungsrechte sind im Betriebsverfassungsgesetz geregelt. Dieses garantiert und gewährleistet in Übereinstimmung mit den sozialstaatlichen Prinzipien des Grundgesetzes die Sicherung und Wahrnehmung der kollektiven Interessen der Belegschaft.[400] Einen umfassenden Überblick über die einzelnen Mitbestimmungsrechte zu geben würde den Rahmen dieser Arbeit sprengen und ist für einen Rechtsvergleich auch nicht erforderlich. Daher wird lediglich die Mitbestimmung in personellen (§§ 92 ff., 99 ff. BetrVG), sozialen (§§ 87 ff. BetrVG) und wirtschaftlichen (§§ 106 ff., 111 ff. BetrVG) Angelegenheiten überblicksmäßig umrissen.

aa) *Soziale Angelegenheiten*

Die Mitbestimmung des Betriebsrats in sozialen Angelegenheiten stellt den Kernbereich der betrieblichen Mitbestimmung dar.[401] Dabei bestehen zwei Formen der Mitbestimmung: Die erzwingbare (§ 87 BetrVG) und die freiwillige Mitbestimmung (§ 88 BetrVG). Der Betriebsrat hat nur in den sozialen Angelegenheiten erzwingbare Mitbestimmungsrechte, die in § 87 Abs. 1 BetrVG[402] ab-

---

397 Richardi aaO; BAG, AP TVG § 1 Friedenspflicht Nr. 2
398 Die Einigungsstelle ist eine besondere betriebsverfassungsrechtliche Einrichtung und in diesem Sinne ein Organ der Betriebsverfassung; vgl. BAG 18. 1. 1994 AP BetrVG 1972 § 76 Nr. 51 = NZA 1994, 571
399 Schulze-Doll, Kontrollierte Dezentralisierung, S. 246;
400 vgl. Schulze-Doll, Kontrollierte Dezentralisierung, S. 245
401 vgl. Küttner - *Kreitner*, Personalbuch 2010, Mitbestimmung, soziale Angelegenheiten, Rn. 1
402 Der Katalog des Art. 87 Abs. 1 BetrVG umfasst folgende Tatbestände:
    Nr. 1:   Fragen der Ordnung des Betriebs und des Verhaltens der Arbeitnehmer
    Nr. 2:   Beginn und Ende der täglichen Arbeitszeit einschließlich der Pausen sowie Verteilung der Arbeitszeit auf die einzelnen Wochentage
    Nr. 3:   vorübergehende Verkürzung oder Verlängerung der betriebsüblichen Arbeitszeit
    Nr. 4:   Zeit, Ort und Art der Auszahlung der Arbeitsentgelte
    Nr. 5:   Aufstellung allgemeiner Urlaubsgrundsätze und des Urlaubsplans sowie Festsetzung der zeitlichen Lage des Urlaubs für einzelne Arbeitnehmer, wenn zwischen dem Arbeitgeber und den beteiligten Arbeitnehmer kein Einverständnis erzielt

schließend aufgeführt sind. Ein erzwingbares Mitbestimmungsrecht liegt vor, wenn der Arbeitgeber nicht ohne die Zustimmung des Betriebsrats handeln kann und im Falle einer Nichteinigung die Einigungsstelle verbindlich entscheidet (§§ 87 Abs. 2, 76 Abs. 5 BetrVG). Dadurch sollen die Arbeitnehmer vor allem in den zentralen Angelegenheiten des § 87 Abs. 1 BetrVG vor einseitigen Anordnungen im Wege des Direktionsrechts durch den Arbeitgeber geschützt werden.[403] Bei der freiwilligen Mitbestimmung ist der Arbeitnehmer nicht auf die Zustimmung des Betriebsrats angewiesen, d.h. er kann die Maßnahme auch ohne eine Beteiligung des Betriebsrats durchführen. Bei sozialen Angelegenheiten handelt es sich vor allem um Angelegenheiten, die wegen ihrer Eigenart rechtstatsächlich im Allgemeinen nicht mit jedem einzelnen Arbeitnehmer vereinbart werden und daher der einseitigen Gestaltung durch den Arbeitgeber unterliegen.[404] Das Mitbestimmungsrecht gibt dem Betriebsrat nicht nur ein Zustimmungsrecht, sondern umfasst auch ein Initiativrecht.[405] Das Mitbestimmungsrecht des § 87 BetrVG betrifft Arbeitsbedingungen. Dabei kommt es nicht auf die Zahl der betroffenen Arbeitnehmer an, sondern auf die Frage, ob sich eine Regelungsfrage stellt, die die Interessen der Arbeitnehmer des Betriebs berührt.[406]

Nr. 6:   Einführung und Anwendung von technischen Einrichtungen, die dazu bestimmt sind, das Verhalten oder die Leistung der Arbeitnehmer zu überwachen

Nr. 7:   Regelungen über die Verhütung von Arbeitsunfällen und Berufskrankheiten sowie über den Gesundheitsschutz im Rahmen der gesetzlichen Vorschriften oder der UVV

Nr. 8:   Form, Ausgestaltung und Verwaltung von Sozialeinrichtungen, deren Wirkungsbereich auf den Betrieb, das Unternehmen oder den Konzern beschränkt ist

Nr. 9:   Zuweisung und Kündigung von Wohnräumen, die den Arbeitnehmer mit Rücksicht auf das Bestehen des Arbeitsverhältnisses vermietet werden, sowie die allgemeine Festlegung der Nutzungsbedingungen

Nr. 10:   Fragen der betrieblichen Lohngestaltung, insbesondere die Aufstellung von Entlohnungsgrundsätzen und die Einführung und Anwendung von neuen Entlohnungsmethoden sowie deren Änderung

Nr. 11:   Festsetzung der Akkord- und Prämiensätze und vergleichbarer leistungsbezogener Entgelte, einschließlich der Geldfaktoren

Nr. 12:   Grundsätze über das betriebliche Vorschlagswesen

Nr. 13:   Grundsätze über die Durchführung von Gruppenarbeit

[403] Die ursprüngliche Intention der Einrichtung eines Betriebsrats war, das Direktionsrecht des Arbeitgebers einzuschränken und eine gleichberechtigte Teilhabe der Arbeitnehmer an den sie betreffenden Entscheidungen im Unternehmen zu verwirklichen (vgl. Schulze-Doll, Kontrollierte Dezentralisierung 243).

[404] Richardi, Kollektives Arbeitsrecht, S. 166

[405] Richardi, Kollektives Arbeitsrecht, S. 180

[406] Siegrist, Einschränkung der unternehmerischen Entscheidungsfreiheit, S. 89; Praktisch wichtig ist der im Einleitungssatz des § 87 Abs. 1 BetrVG vorgesehene „Tarifvorbehalt", wonach die Mitbestimmungsrechte in sozialen Angelegenheiten nur dann eingrei-

Die wichtigsten Tatbestände werden im Folgenden kurz dargestellt: § 87 Abs. 1 Nr. 1 BetrVG räumt dem Betriebsrat ein Mitbestimmungsrecht also über Fragen der Ordnung des Betriebs und des Verhaltens der Arbeitnehmer im Betrieb, somit die allgemeine betriebliche Ordnung ein, soweit das Zusammenleben und Zusammenwirken der Arbeitnehmer berührt wird z.b. Kleiderordnung[407], Erlass eines Alkoholverbots/ Rauchverbots[408]; Kontrollsysteme aller Art (Benutzung von Werksausweisen, Torkontrolle einschließlich des Durchleuchtens von Taschen, Stechuhren, Zeitstemplern[409]). Nach § 87 Abs. 1 Nr. 2 BetrVG ist der Beginn und das Ende der täglichen Arbeitszeit einschließlich der Pausen sowie Verteilung der Arbeitszeit auf die einzelnen Wochentage mitbestimmungspflichtig. Dabei unterliegt dem Mitbestimmungsrecht nicht die Dauer der wöchentlichen Arbeitszeit, sondern nur die Lage.[410] Den Tatbestand des § 87 Abs. 1 Nr. 3 BetrVG bilden Fragen der vorübergehenden Verkürzung oder Verlängerung der betriebsüblichen Arbeitszeit. Nach der Rechtsprechung des Bundesarbeitsgerichts besteht bei arbeitskampfbedingter Kurzarbeit ein Mitbestimmungsrecht nur hinsichtlich der Modalitäten der Arbeitszeitregelung, nicht hinsichtlich der Durchführung der Kurzarbeit an sich.[411] Die Mitbestimmung gem. § 87 Abs. 1 Nr. 6 BetrVG dient dem Persönlichkeitsschutz[412] der Arbeitnehmer vor den Gefahren technischer Überwachung des Verhaltens oder der Leistung. Das Thema des Beschäftigtendatenschutzes ist in

---

fen, wenn die betreffende Materie nicht bereits eine abschließende Regelung durch Tarifvertrag erfahren hat. Nach weiter geht § 77 Abs. 3 BetrVG, der bereits dann, wenn Arbeitsentgelte und Arbeitsbedingungen „üblicherweise" durch Tarifvertrag geregelt werden, das Recht der Betriebsräte zum Abschluss von Betriebsvereinbarungen ausschließt. Die Tarifparteien haben somit die Möglichkeit, den Tätigkeitsbereich des Betriebsrats nach ihren Vorstellungen weit oder eng zu bestimmen und so einen starken oder schwachen Kooperationspartner zu schaffen. Theoretisch könnte der Betriebsrat auf seinem wichtigsten Arbeitsgebiet, den sozialen Angelegenheiten, völlig „ausgetrocknet" werden- eine Möglichkeit, deren Realisierung in keiner Weise wünschenswert wäre, deren Existenz jedoch zeigt, dass der Betriebsrat eine abgeleitete, unter Generalvorbehalt stehende Einrichtung ist, die nicht etwa ihrerseits die Gewerkschaftsrechte im Betrieb einschränkt (vgl. Däubler: Gewerkschaftsrechte im Betrieb, 11. Aufl. (2010), S. 60

407 BAG 8. 8. 1989 AP BetrVG 1972 § 87 Ordnung des Betriebes Nr. 15; 1. 12. 1992 AP BetrVG 1972 § 87 Ordnung des Betriebes Nr. 20
408 Alkoholverbot BAG 23.09.1986 AP BPersVG § 75 Nr. 20); Rauchverbot BAG 19.01.1999 AP BetrVG 1972 § 87 Ordnung des Betriebes Nr. 28;
409 BAG 16. 12. 1986 AP BetrVG 1972 § 87 Ordnung des Betriebes Nr. 113; BAG 26.05.1988 AP BetrVG 1972 § 87 Ordnung des Betriebs Nr. 14; BAG 12. 8. 1999 NZA 2000, 421
410 siehe BAG vom 21.11.1978, AP Nr. 2 zu § 87 BetrVG 1972 Arbeitszeit
411 BAG vom 22.12.1980, AP Nr. 70 zu Art. 9 GG Arbeitskampf
412 BAG vom 07.10.1987, AP Nr. 15 zu § 611 BGB Persönlichkeitsrecht

der heutigen Zeit aufgrund mehrerer Datenschutzskandale[413] besonders wichtig geworden. § 87 Abs. 1 Nr. 8-10 BetrVG bilden teleologisch eine Einheit, deren Zweck es ist, durch eine Beteiligung an der Erbringung und Gestaltung von Arbeitgeberleistungen eine gerechte Verteilung zu gewährleisten[414]. Das Bundesarbeitsgericht und die herrschende Lehre im Schrifttum verfolgt die Theorie der notwendigen Mitbestimmung als Wirksamkeitsvoraussetzung[415] der tatsächlichen Maßnahme des Arbeitgebers. Das gilt auch bei Eilfällen, da auch dann die Mitbestimmung des Betriebsrats nicht entfällt.[416] Allenfalls in echten Notfällen, wenn es zur Abwehr von erheblichen Schäden für die Arbeitnehmer oder den Bestand des Betriebes erforderlich ist, wird ein einseitiges Vorgehen des Arbeitgebers entsprechend dem Rechtsgedanken in § 227 BGB nicht als ein Verstoß gegen Beteiligungsrechte des Betriebsrats angesehen, so dass sein Handeln auch in diesen Fällen wirksam ist.[417]

bb) Personelle Angelegenheiten

Die Mitbestimmung in personellen Angelegenheiten umfasst die allgemeinen personellen Angelegenheiten (§§ 92 bis 95 BetrVG), die Berufsbildung (§§ 96 bis 98 BetrVG) sowie die personellen Einzelmaßnahmen (§§ 99 bis 104 BetrVG). In diesem Bereich besteht zum Teil nur ein Unterrichtungs- und Anhörungsrecht des Betriebsrats, da das Einigungsverfahren vor der Einigungsstelle nicht vorgeschrieben ist, zum Teil aber auch ein echtes Mitbestimmungsrecht. Das Gesetz versteht unter personellen Angelegenheiten die Fragen, die sich auf die Zusammensetzung und Gliederung der Belegschaft beziehen.[418] Bei personellen Einzelmaßnahmen muss der Arbeitgeber den Betriebsrat erst über die geplante Maßnahme informieren und ihm in den erforderlichen Unterlagen Auskunft über die Auswirkungen der geplanten Maßnahme geben (§ 99 Abs. 1 S. 1, § 102 Abs. 1 S. 1,2 BetrVG). In Bezug auf personelle Einzelmaßnahmen benötigt der Arbeitgeber in Betrieben für jede Einstellung, Versetzung oder Ein- und Umgruppierung (§ 99 bis 101 BetrVG) grundsätzlich die Zustimmung des Betriebsrats, welche aber nur aus den im Gesetz genannten Gründen verweigert werden darf (§ 99 BetrVG), während bei der Kündigung gem. § 102 BetrVG nur ein Anhörungsrecht sowie einen Anspruch auf Kenntnisnahme der Gründe für die Kündigung besteht. Andererseits reicht das Mitbestimmungsrecht des BR bei der Kündigung gem. § 102 BetrVG insoweit weiter, als die Beteiligung des

---

413 Datenschutzskandale bei Lidl, Telekom und Deutsche Bahn AG, siehe hierzu Ehleben, Schirge, Seipel, AiB 2009, 192 ff.
414 Richardi, Kollektives Arbeitsrecht, S. 173
415 Dieser Theorie folgt das Bundesarbeitsgericht seit 1956, BAG vom 07.09.1956, Az.: 1 AZR 646/54 damals noch zu § 56 BetrVG
416 vgl. Matthes - Münchener Handbuch ArbR, § 242, Rn. 27; Richardi, Kollektives Arbeitsrecht, S. 180
417 vgl. Matthes - Münchener Handbuch ArbR, § 242, Rn. 30;
418 Richardi, Kollektives Arbeitsrecht , S. 182

BR in jedem Betrieb erforderlich ist, während § 99 BetrVG nur in Unternehmen mit in der Regel mehr als 20 wahlberechtigten Arbeitnehmern eingreift. Verweigert der Betriebsrat seine Zustimmung bei Einstellung, Versetzung oder Ein- und Umgruppierung und will der Arbeitgeber die Maßnahme trotzdem durchführen, so kann er beim Arbeitsgericht beantragen, die Zustimmung des Betriebsrats zu ersetzen (§ 99 Abs. 4 BetrVG). Ein Widerspruch des Betriebsrats bei einer Kündigung[419] hat - sofern der Betriebsrat ordnungsgemäß angehört wurde - nicht die Unwirksamkeit der Kündigung zur Folge, sondern einen Weiterbeschäftigungsanspruch des gekündigten Arbeitnehmers, im Falle eines Rechtsstreits bis zu dessen rechtskräftiger Entscheidung (§ 102 Abs. 5 BetrVG). Im Bereich der Personalplanung[420] steht dem Betriebsrat ein Unterrichtungsrecht anhand von rechtzeitig vorgebrachten und umfassenden Unterlagen sowie ein Beratungsrecht über Art und Umfang der erforderlichen Maßnahmen und über die Vermeidung von Härten zu (§ 92 Abs. 1 BetrVG).

cc) Wirtschaftliche Angelegenheiten

Die Beteiligung in wirtschaftlichen Angelegenheiten erfolgt durch die Unterrichtung und Beratung mit dem Wirtschaftsausschuss (vgl. § 106 Abs. 1 BetrVG) sowie eine Beteiligung des Betriebsrats bei Betriebsänderungen, die wesentliche Nachteile für die Belegschaft oder erhebliche Teile der Belegschaft zur Folge haben können (§ 111 Abs. 1 BetrVG). Überblicksmäßig geht es bei den wirtschaftlichen Angelegenheiten um die Planung, Organisation und Leitung des Unternehmens[421]. Ein Wirtschaftsausschuss ist in Unternehmen mit in der Regel mehr als einhundert ständig beschäftigten Arbeitnehmern zu bilden. Er ist ein

---

419 Bei Kündigungen kann auch ein echtes Mitbestimmungsrechts des Betriebsrats in einer Betriebsvereinbarung geregelt werden (§ 106 BetrVG).
420 Das BetrVG definiert den Begriff der Personalplanung nicht, sondern setzt ihn vielmehr voraus. Üblicherweise wird unter Personalplanung jede Planung verstanden, die sich auf den gegenwärtigen und künftigen Personalbedarf in quantitativer und qualitativer Hinsicht, auf deren Deckung im weitesten Sinne und auf den abstrakten Einsatz der personellen Kapazität bezieht (BAG vom 06.11.1990, DB 91, 654). Hierzu gehören nach BAG jedenfalls die Personalbedarfsplanung, die Personaldeckungsplanung (Personalbeschaffung und -abbau), die Personalentwicklungsplanung und die Personaleinsatzplanung; Küttner - *Kreitner*, Personalbuch 2010, Personalplanung Rn. 2
421 Richard, Kollektives Arbeitsrecht, S. 213; Wirtschaftliche Angelegenheiten betreffen die wirtschaftliche und finanzielle Lage des Unternehmens, die Produktions- und Absatzlage sowie das Produktions- und Investitionsprogramm, Rationalisierungsvorhaben, Fabrikations- und Arbeitsmethoden, Einschränkung, Stilllegung oder Verlegung von Betrieben oder Betriebsteilen, Zusammenschluss oder Spaltung von Unternehmen oder Betrieben, Änderung der Betriebsorganisation oder des Betriebszwecks sowie alle sonstigen Vorgänge und Vorhaben, welche die Interessen der Arbeitnehmer des Unternehmens wesentlich berühren können (vgl. Joost, - Münchener Handbuch ArbR, § 235, Rn. 95)

unselbständiges Hilfsorgan des Betriebsrats (bzw. des Gesamtbetriebsrats).[422] Die Mitglieder des Wirtschaftsausschusses werden vom Betriebsrat bzw. vom Gesamtbetriebsrat bestimmt. Der Wirtschaftsausschuss hat die Aufgabe, wirtschaftliche Angelegenheiten[423] mit dem Unternehmer zu beraten und den Betriebsrat zu unterrichten (§ 106 Abs. 1 S. 2 BetrVG) und soll einmal im Monat zusammentreten (§ 108 Abs. 1 BetrVG). An den Sitzungen des Wirtschaftsausschusses hat der Unternehmer oder sein Vertreter teilzunehmen (§ 108 Abs. 2 BetrVG). In Unternehmen mit in der Regel mehr als 1.000 ständig beschäftigten Arbeitnehmern hat der Unternehmer mindestens einmal im Kalendervierteljahr nach vorheriger Abstimmung mit dem Wirtschaftsausschuss oder den Stellen, die die Aufgaben des Wirtschaftsausschusses übernehmen, und dem Betriebsrat die Arbeitnehmer schriftlich über die wirtschaftliche Lage und Entwicklung des Unternehmens zu unterrichten (§ 110 Abs. 1 BetrVG). Der Wirtschaftsausschuss ist zwar sehr weitgehend über die wirtschaftlichen Angelegenheiten des Unternehmens zu unterrichten (vgl. § 106 Abs. 3 BetrVG), hat aber nur Beratungsfunktion und kein Mitbestimmungsrecht.[424] Die Institution des Wirtschaftsausschusses hat sich in der Praxis bewährt und gewinnt zunehmend an praktischer Bedeutung.[425]

---

422 Joost - Münchener Handbuch ArbR, § 231, Rn. 1; Richardi, Kollektives Arbeitsrecht, S.214; Richardi - *Annuß*, BetrVG, vor § 106, Rn. 3; Die Umsetzung der Unterrichtung Richtlinie 2002/14/EG nach Art. 4 II lit. a durch § 106 III BetrVG könnte freilich daran scheitern, dass der Wirtschaftsausschuss wegen seiner Funktion als „Hilfsorgan" des Betriebsrats einer deutschen Sicht nicht als „echte Arbeitnehmervertretung" im Sinne der Rahmen-Richtlinie 2002/14/EG erscheinen könnte. Er soll die Kooperation zwischen Unternehmensleitung und Betriebsrat nur fördern, nicht ersetzen; deshalb ist er seinerseits dem Betriebsrat berichtspflichtig (§108 IV BetrVG). Dieser kann die Aufgaben des Wirtschaftsausschusses aber auch einem Ausschuss des Betriebsrats übertragen (§ 107 III 1 BetrVG). Er wird bewusst klein gehalten, um eine vertrauensvolle Zusammenarbeit zu gewährleisten. M.E. muss auch ein solches Gremium aus europäischer Sicht für eine Unterrichtung - nur die ist hier gefordert - ausreichend erscheinen, kommt es doch wegen des Vorrangs mitgliedschaftlicher Gepflogenheiten allein darauf an, „dass ihre Wirksamkeit gewährleistet ist" (Art. 1 II a.E.), wenn es um die Unterrichtung gemäß „den in den einzelnen Mitgliedstaaten geltenden Praktiken" geht (oben III 2); vgl. Reichold, NZA 2003, 289 (299).

423 Wirtschaftliche Angelegenheiten betreffen die wirtschaftliche und finanzielle Lage des Unternehmens, die Produktions- und Absatzlage sowie das Produktions- und Investitionsprogramm, Rationalisierungsvorhaben, Fabrikations- und Arbeitsmethoden, Einschränkung, Stilllegung oder Verlegung von Betrieben oder Betriebsteilen, Zusammenschluss oder Spaltung von Unternehmen oder Betrieben, Änderung der Betriebsorganisation oder des Betriebszwecks sowie alle sonstigen Vorgänge und Vorhaben, welche die Interessen der Arbeitnehmer des Unternehmens wesentlich berühren können (vgl. Joost - Münchener Handbuch ArbR, § 235, Rn. 95).

424 Richardi - *Annuß*, BetrVG, vor § 106, Rn. 3

425 Joost - Münchener Handbuch ArbR, § 231, Rn. 1

In Unternehmen mit mehr als 20 Arbeitnehmern ist der Betriebsrat über geplante Betriebsänderungen zu informieren. Die Unterrichtung muss zu einem Zeitpunkt erfolgen, zu dem alle Entscheidungsalternativen noch offen sind, d.h. die Unternehmensleitung darf noch keine irreversiblen Fakten geschaffen haben.[426] Der Arbeitgeber muss über alle Gründe informieren, die ihn zur Durchführung bestimmter Maßnahmen veranlassen, sowie vorhandene Alternativen präsentieren. Das Ziel ist es dabei festzulegen, ob, wann und wie die Betriebsänderung durchgeführt[427] werden soll, um deren negativen Folgen abzumildern (§ 112 Abs. 1 BetrVG). Der Interessenausgleich betrifft alle Fragen der organisatorischen Durchführung einer Betriebsänderung. Kommt ein Interessenausgleich über die geplante Betriebsänderung nicht zustande, kann der Arbeitgeber seine geplanten Änderungen durchführen, der Betriebsrat kann jedoch über die Einigungsstelle einen Sozialplan[428] erzwingen (§§ 112 Abs. 4, 112a BetrVG).

dd) Kontrolle des Betriebsrats

Das BetrVG räumt den Gewerkschaften eine Reihe von Kontrollrechten ein, mit deren Hilfe die Rechtmäßigkeit des Verhaltens des Betriebsrats überwacht werden kann. Auch besteht die Möglichkeit, den Betriebsrat bei der Verletzung von gesetzlichen Pflichten komplett aufzulösen oder ein Mitglied auszuschließen. Einerseits ist eine Pflichtverletzung schwer nachzuweisen, da sich der Betriebsrat auf das rechtfertigende Wohl der Belegschaft berufen kann. Andererseits kann eine Haftung in der Praxis dadurch umgangen werden, dass jedes Verfahren nach § 23 Abs. 1 BetrVG abgewartet werden kann. Bis tatsächlich über eine Auflösung des Betriebsrats oder den Ausschluss eines Mitglieds in mehreren möglichen Instanzen entschieden ist, ist die Amtszeit des Betriebsrats regelmäßig ausgelaufen. Eine effektivere Kontrollmöglichkeit wäre erforderlich.

b) Unternehmensmitbestimmung

Die von der betrieblichen Mitbestimmung abzugrenzende unternehmerische Mitbestimmung ermöglicht den Arbeitnehmern die Teilnahme im Aufsichtsrat eines Unternehmens und erfolgt aufgrund von vier verschiedenen rechtlichen Grundlagen. Die Gesetze unterscheiden sich vor allem nach der Intensität der Mitbestimmung und dem Gewerkschaftseinfluss.[429] Das Mitbestimmungsgesetz von 1976 (MitbestG[430]) ist anwendbar auf alle Kapitalgesellschaften[431] mit mehr

---

426 Siegrist: Einschränkung der unternehmerischen Entscheidungsfreiheit, S. 156
427 Richardi - *Annuß*, BetrVG, § 112, Rn. 14
428 Ein Sozialplan ist eine Einigung über den Ausgleich oder die Milderung der wirtschaftlichen Nachteile, die den Arbeitnehmern infolge der geplanten Betriebsänderung entstehen. Der Sozialplan hat die Wirkung einer Betriebsvereinbarung. § 77 Abs. 3 BetrVG ist auf den Sozialplan nicht anzuwenden. (vgl. § 112 Abs. 1 BetrVG).
429 Hromadka/Maschmann, Kollektivarbeitsrecht, § 15, Rn. 12 ff.
430 Mitbestimmungsgesetz vom 4. Mai 1976 (BGBl. I S. 1153), das zuletzt durch Artikel 9 des Gesetzes vom 30. Juli 2009 (BGBl. I S. 2479) geändert worden ist

als 2000 Arbeitnehmern und sieht eine paritätische Besetzung des Aufsichtsrats vor. Das Gesetz über die Mitbestimmung der Arbeitnehmer in den Aufsichtsräten und Vorständen der Unternehmen des Bergbaus und der Eisen und Stahl erzeugenden Industrie (Montan-MitbestG[432]) gilt für Kapitalgesellschaften des Bergbaus und der Eisen und Stahl erzeugenden Industrie mit mehr als 1000 Arbeitnehmern und sieht eine paritätische Besetzung des Aufsichtsrats vor plus ein „weiteres", neutrales Mitglied. Das Gesetz zur Ergänzung des Gesetzes über die Mitbestimmung der Arbeitnehmer in den Aufsichtsräten und Vorständen der Unternehmen des Bergbaus und der Eisen und Stahl erzeugenden Industrie (Montan-Mitbestimmungsergänzungsgesetz – MontanMitbestErgG[433]) eröffnet die Anwendung des Montan-Mitbestimmungsgesetzes auch auf herrschende Konzernunternehmen, die selbst nicht unter den Anwendungsbereich fallen, wenn das abhängige Unternehmen unter das Montan-MitbestErgG fällt (vgl. § 3 MontanMitbestErgG). Auch hier ist eine paritätische Besetzung des Aufsichtsrats plus ein „weiteres", neutrales Mitglied, vorgesehen. Sofern auf ein Unternehmen keines der vorhergehenden Gesetze Anwendung findet, greift das Drittelbeteiligungsgesetz (DrittelbG[434]) bei Unternehmen mit mehr als 500 Arbeitnehmern in Form einer Aktiengesellschaft, Kommanditgesellschaft auf Aktien, Gesellschaft mit beschränkter Haftung, Versicherungsverein auf Gegenseitigkeit oder Genossenschaft. Danach stellen die Arbeitnehmer ein Drittel der Aufsichtsräte.

Die vier Mitbestimmungsgesetze haben gemeinsam, dass sie bei Vorliegen der Voraussetzungen die Mitbestimmung im Unternehmensorgan vorschreiben, ohne dass die Arbeitnehmer gefragt werden; anders als beim Betriebsrat, der nur auf Initiative der Arbeitnehmer gegründet wird, aber nicht gegründet werden muss. Bei Gesellschaften wie beispielsweise der GmbH, wo der Aufsichtsrat

---

431 Aktiengesellschaft, einer Kommanditgesellschaft auf Aktien, einer Gesellschaft mit beschränkter Haftung oder einer Genossenschaft (vgl. § 1 Abs. 1 Nr. 1 MitbestG); Allerdings fallen hierunter nur Unternehmen des Privatrechts, keine Körperschaften des öffentlichen Rechts. Auch Einzelhandelsunternehmen und Personengesellschaften fallen nicht unter die Mitbestimmungsgesetze.
432 Gesetz über die Mitbestimmung der Arbeitnehmer in den Aufsichtsräten und Vorständen der Unternehmen des Bergbaus und der Eisen und Stahl erzeugenden Industrie in der im Bundesgesetzblatt Teil III, Gliederungsnummer 801-2, veröffentlichten bereinigten Fassung, das zuletzt durch Artikel 220 der Verordnung vom 31. Oktober 2006 (BGBl. I S. 2407) geändert worden is
433 Gesetz zur Ergänzung des Gesetzes über die Mitbestimmung der Arbeitnehmer in den Aufsichtsräten und Vorständen der Unternehmen des Bergbaus und der Eisen und Stahl erzeugenden Industrie vom 7. August 1956, (BGBl. I S. 707) BGBl. III/FNA 801-3, zuletzt geändert durch Art. 13 Abs. 16 BilanzrechtsmodernisierungsG2 vom 25. 5. 2009 (BGBl. I S. 1102)
434 Drittelbeteiligungsgesetz vom 18. Mai 2004 (BGBl. I S. 974), zuletzt durch Artikel 10 des Gesetzes vom 30. Juli 2009 (BGBl. I S. 2479) geändert

kein notwendiges Organ ist, muss ein solches Organ gegründet werden[435], sofern die Gesellschaft unter ein Mitbestimmungsgesetz fällt. Ziel der Unternehmensmitbestimmung ist die Partizipation der Arbeitnehmer im Unternehmen, wobei Partizipation als Einbindung der Arbeitnehmer in Entscheidungs- und Willensprozesse verstanden wird.[436] Inhaltlich ist die Mitbestimmung im Aufsichtsrat nicht wie bei der betrieblichen Mitbestimmung auf soziale, personelle und arbeitsorganisatorische Fragen begrenzt, sondern umfasst praktisch die gesamte Unternehmenspolitik mit Ausnahme der Kapitalmaßnahmen.[437] Dies ist nur logisch, da es sich bei der Unternehmensmitbestimmung um eine Mitbestimmung von Innen, durch Beteiligung an der Willensbildung der Unternehmensorgane handelt und nicht um eine Einwirkung von außen durch externe Institutionen. Der Aufsichtsrat ist gerade dazu berufen, bei Unternehmensentscheidungen mitzuwirken.[438] Darunter fallen die Bestellung bzw. Abberufung des Vertretungsorgans sowie die Ausübung der Kontrollfunktion gegenüber dem Vorstand. Dabei hat der Aufsichtsrat gemäß § 111 AktG alles zu überwachen, was der Vorstand im Rahmen seiner gesetzlichen Leitungsaufgabe zu leisten hat.[439] Das Gesetz sieht eine Reihe von Mitentscheidungsrechten des Aufsichtsrats vor – z.B. über zustimmungspflichtige Geschäfte (§ 111 Abs. 4 S. 2), die Entscheidung über eine Abschlagszahlung auf den Bilanzgewinn (§ 59 Abs. 3), die Festlegung der Bedingungen der Aktienausgabe oder den Ausschluss des Bezugsrechts im Rahmen eines genehmigten Kapitals geht (§§ 204 Abs. 1, 203 Abs. 2), oder über Maßnahmen nach Bekanntmachung eines Übernahmeangebots zur Verhinderung einer Übernahme (§ 33 Abs. 1 WpÜG).[440]

Fraglich ist, ob die Unternehmensmitbestimmung zu Konflikten der Gewerkschaftsbetätigung führen kann, wenn ein Aufsichtsratsmitglied, das gleichzeitig Gewerkschaftsvorsitzender ist, zu einem Streik aufruft. Hier können sich die Treupflicht des Aufsichtsrats zum Unternehmen und Pflicht des Gewerkschafters widersprechen.[441] Ein Aufsichtsratsmitglied verhält sich jedoch nicht pflichtwidrig und muss nicht mit einer Schadensersatzforderung rechnen, wenn es als Gewerkschaftsvorsitzender tarifpolitische Forderungen vertritt und zugleich bereit ist, sie durch einen Arbeitskampf zu unterstützen. Hierbei handelt es sich um einen Konflikt, den der Gesetzgeber bei seiner Entscheidung für die Mitbestimmung gesehen und hingenommen hat.[442]

---

435 Richardi, Kollektives Arbeitsrecht, S. 243
436 vgl. Lubitz, Sicherung und Modernisierung der Unternehmensmitbestimmung, S. 17
437 Lubitz, Sicherung und Modernisierung der Unternehmensmitbestimmung, S. 19
438 vgl. Siegrist Einschränkung der unternehmerischen Entscheidungsfreiheit, S. 95
439 Mü-Ko AktG - *Spindler*, Erstes Buch, Vierter Teil, IV 3, Rn. 41
440 Mü-Ko AktG – *Spindler*, Erstes Buch, Vierter Teil, IV 3, Rn. 42
441 vgl. Kohl Die Mitbestimmung - historischer Irrtum oder Zukunftsmodell?, S. 247 (252)
442 vgl. Simitis, Mitbestimmung - Wandel oder Ende?, S. 219 (226)

3. Vergleichende Betrachtung zur Mitbestimmung

Ein Vergleich im Bereich der Mitbestimmung der Arbeitnehmer an einzelnen Angelegenheiten der Geschäftsführung kann nur durch eine Differenzierung nach dem Intensitätsgrad der Mitwirkung erfolgen. Arbeitnehmer können durch Unterrichtung und Anhörungen der Meinungsbildung vor Entscheidungen sowie durch Mitbestimmung im eigentlichen Sinne an der Unternehmensführung beteiligt werden. Die Beteiligung steht in der Regel einer organisatorisch verfestigten betrieblichen Vertretung der Arbeitnehmer zu. Diese kann entweder Gesamtvertretung sein und von allen Arbeitnehmern der Einheit gewählt werden oder eine gewerkschaftliche Betriebsvertretung, die nur von den gewerkschaftsangehörigen Arbeitnehmern oder der Gewerkschaft bestellt wird.[443] Gesamtvertretungen gibt es außer in Deutschland auch in Frankreich, Spanien, den Niederlanden, Belgien, Griechenland, Portugal und Österreich; demgegenüber sehen die Gesetze in Italien, Schweden und Finnland (nur) gewerkschaftliche Betriebsvertretungen vor; in Dänemark und Irland gibt es keine gesetzlichen Regelungen einer Betriebsvertretung[444]. Ein Vergleich der rumänischen und der deutschen Regelung stellt sich in diesem Bereich als besonders problematisch dar, da eine Rechtsordnung, die im europäischen Vergleich eine der am weitesten ausgeprägten Arbeitnehmer-Mitbestimmungssystematik hat, mit einer Rechtsordnung verglichen wird, die eine Mitbestimmung durch Arbeitnehmer im eigentlichen Sinne nicht kennt. Allerdings bestehen in Rumänien Gesetzesvorschriften, die eine subsidiäre Gesamtvertretung durch die Arbeitnehmer regeln, so dass ein Vergleich der Mitwirkung und der Unterrichtungs- und Anhörungsrechte durch Ausschüsse sowie die Unternehmensmitbestimmung durchaus sinnvoll erscheint.

a) Bestehen von Ausschüssen

In beiden Rechtsordnungen kommen ab einer bestimmten Beschäftigtenzahl Ausschüsse zum Einsatz. In Rumänien hat der Ausschuss für Arbeitsschutz und Gesundheit im Vergleich zu den sonstigen Rechten der Arbeitnehmerräte im Betrieb umfangreichere Rechte. In Deutschland ist der wichtigste Ausschuss der Wirtschaftsausschuss. Der gesetzliche Arbeitsschutz in Rumänien obliegt dem Ausschuss für Arbeitsschutz und Gesundheit, wohingegen der gesetzliche Arbeitsschutz[445] in Deutschland unter das Mitbestimmungsrecht des Betriebsrats fällt (vgl. § 87 Abs. 1 Nr. 7 BetrVG). Obwohl der Ausschuss für Arbeitsschutz

---

443 vgl. Rebhahn, NZA 2001, 763 (771)
444 vgl. aaO
445 Dessen Ziel ist die Verhütung von Arbeitsunfällen und Berufskrankheiten und der Schutz der ArbN gegen sonstige Krankheiten, soweit diese durch die Arbeit verursacht werden. Diesem Ziel dient ein umfangreiches Regelwerk von Gesetzen, Rechtsverordnungen, Unfallverhütungsvorschriften und konkretisierenden Verwaltungsakten (vgl. Richardi Münchner Handbuch ArbR, Band 2 - *Matthes*, § 254, Rn. 3.

und Gesundheit in Rumänien weitgehende Analyse-, Überwachungs- und Kontrollrechte innehat, kommt dies keinem Mitbestimmungsrecht gleich. Die Mitbestimmung des Betriebsrats ist eine weitere Ebene, die über alle sonstigen Rechte der Arbeitnehmervertretung hinausgeht. Eine Besonderheit besteht jedoch bei dem Ausschuss für Arbeitsschutz und Gesundheit, da dieser ein paritätisches Organ von Arbeitgeber und Arbeitnehmern ist – wobei der Arbeitgeber den Vorsitz dieses Ausschusses innehat. Diese Tatsache schwächt wiederum die eigentliche Macht des Ausschusses bei allen Analyse-, Überwachungs- und Kontrollrechten, da der Arbeitgeber als Vorsitzender es selbst in der Hand hat, Arbeitsschutzmaßnahmen einzuleiten oder zu verhindern. In Deutschland wäre es undenkbar, dass der Arbeitgeber selbst Vorsitzender des Betriebsrats ist, was die ganze Institution des Betriebsrats ad absurdum führen würde. Der Wirtschaftsausschuss in Deutschland verfügt ebenso wie der Ausschuss für Arbeitsschutz in Rumänien nicht[446] über ein Mitbestimmungsrecht. Gesetzliche Mitbestimmungsrechte in wirtschaftlichen Angelegenheiten gibt es äußerst selten und zwar derzeit nur in den Niederlanden und Schweden sowie indirekt auch in Deutschland und Österreich.[447]

b) Mitbestimmung im Betrieb

Die Mitbestimmungsrechte in Deutschland unterscheiden den Betriebsrat sehr stark von der Arbeitnehmervertretung in Rumänien. Im rumänischen Rechtssystem besteht in manchen Bereichen ein Recht der Arbeitnehmer, auf die Entscheidungsfindung einzuwirken, sie sind jedoch nicht an der Entscheidung selbst beteiligt. Das Konzept der Mitbestimmung fehlt gänzlich, ebenso wie ein Betriebsrat als zusätzliches Organ zur Gewerkschaft. „Wenn etwa der Betriebsrat nur in Deutschland über Mitbestimmungsrechte verfügt und anderswo lediglich Informations- und Konsultationsrechte garantiert sind, muss das noch lange nicht bedeuten, dass deswegen der Einfluss der Arbeitnehmer auf unternehmerische Entscheidungen geringer ist.[448] Die Einflussnahme wird in Rumänien nicht durch ein betriebsinternes Organ erwirkt, sondern hauptsächlich durch die Gewerkschaften.

---

446 In Deutschland sieht das Gesetz in wirtschaftlichen Fragen Mitbestimmung im engeren Sinne nicht vor, sondern nur Mitwirkung. Allerdings kann die Mitbestimmung in sozialen Angelegenheiten hier übergreifen. Erstens bejaht die Judikatur zu § 112 Abs. 2 BetrVG die Einlassungspflicht des Unternehmers vor der Einigungsstelle, und der Unternehmer riskiert dann gem. § 113 Abs. 2 BetrVG finanzielle Nachteile, wenn er die Maßnahme durchführt, bevor die Verhandlungen wirklich gescheitert sind. Zweitens können Zustimmungserfordernis und Initiativrecht nach § 87 BetrVG zuweilen auf die unternehmerische Entscheidung übergreifen, insbesondere bei Verteilung der Arbeitszeit und Lohngestaltung. Anderswo gibt es nichts Vergleichbares.(vgl. Rebhahn, NZA 2001, 763 (773)).
447 vgl. Rebhahn, NZA 2001, 763 (773)
448 Weiss, NZA 2003, 177 (177)

In Bezug auf personelle Einzelmaßnahmen benötigt der Arbeitgeber in Deutschland in Betrieben mit mehr als 20 Arbeitnehmern für jede Einstellung oder Versetzung grundsätzlich die Zustimmung des Betriebsrats, welche aber nur aus den im Gesetz genannten Gründen verweigert werden darf (§ 99 BetrVG). In den meisten Staaten sehen die Gesetze hingegen keine Rechte in personellen Einzelfragen vor.[449] Auch in Rumänien ist der Arbeitgeber bei personellen Maßnahmen frei.

Im Gegensatz zur Mitwirkung geben Mitbestimmungsrechte den Arbeitnehmern, bzw. deren Vertretern Rechte zur Mitgestaltung oder Mitbeurteilung in verschiedenen Ausprägungen. Diesen Rechten ist gemeinsam, dass sie zu einer Beschränkung der Entscheidungsbefugnis des Arbeitgebers führen.[450] Ist diese Mitwirkung der Beteiligung an Entscheidungen des Arbeitgebers völlig gleichberechtigt (paritätisch), so dass unter Umständen eine Maßnahme auch gegen den Willen des Arbeitgebers erzwungen oder unterbunden werden kann, lässt sich dies als Mitbestimmung im engeren Sinne bezeichnen.[451] Bedarf der Arbeitgeber dagegen zur wirksamen Umsetzung einer Entscheidung der Zustimmung der Arbeitnehmer durch die Arbeitnehmervertreter, so ist von einem Zustimmungs-, oder – falls die Zustimmung nur unter bestimmten Voraussetzungen verweigert werden darf – von einem Zustimmungsverweigerungsrecht zu sprechen.[452] Der Vergleich hat offen gelegt, dass Mitbestimmungsrechte den Arbeitnehmern in Deutschland zustehen, nicht jedoch den Arbeitnehmern in Rumänien.

c) Unternehmensmitbestimmung

In Rumänien existiert keine Unternehmensmitbestimmung der Arbeitnehmerräte im Betrieb. Ausschließlich die im Betrieb bestehenden Gewerkschaften haben nach Belieben des Arbeitgebers das Recht, an Vorstands- bzw. Aufsichtsratssitzungen teilzunehmen, soweit berufliche, wirtschaftliche, soziale kulturelle oder sportliche Belange betroffen sind sowie mit der Unternehmensführung über Gewerkschaftsangelegenheiten zu verhandeln (Art. 30 Gesetz Nr. 62/2011. Diese sind auf Arbeitnehmerräte nicht anwendbar (siehe Art. 221 Abs. 3 ArbGB). Eine paritätische Mitbestimmung der Arbeitnehmerräte oder der Gewerkschaften besteht nicht. Etwas verwunderlich ist dies insoweit das alte Arbeitsgesetz in Rumänien vor 1990 die Arbeitnehmermitbestimmung bei der Entscheidungsfindung im Unternehmen in einer fast überzähligen Art hervorgehoben hat. Das Arbeitsgesetzbuch von 1972 selbst erwähnte die Unternehmensmitbestimmung in mehr als 20 Paragraphen, wobei dies nahezu keine Auswirkungen in der Pra-

---

449 Rebhahn, NZA 2001, 763 (772)
450 Schäfer, Der europäische Rahmen für Arbeitnehmermitwirkung, S. 38
451 Dazu allgemein Hanau/Adomeit, Arbeitsrecht, S. 100, Rn. 348 ff.; Schäfer: Der europäische Rahmen für Arbeitnehmermitwirkung, S. 39
452 vgl. Schäfer, Der europäische Rahmen für Arbeitnehmermitwirkung, S. 39

xis hatte. „Die Privatisierungsgesetze, die seit 1990 ergangen sind, enthalten keine diesbezüglichen Regelungen"[453]. Das Arbeitsgesetzbuch von 2003[454] sowie der ehemalige nationale Tarifvertrag 2007-2010 enthielten lediglich Regelungen über zwingende Konsultationsverfahren wenn Änderungen der Arbeitsbedingungen durch die Geschäftsführung geplant sind.[455] Dies ändert auch das Gesetz Nr. 62/2011 nicht. Die starke Unternehmensmitbestimmung der Arbeitnehmer in Deutschland steht dazu im direkten Gegensatz. Hier bestehen vier Gesetze, die sich eigens mit der Unternehmensmitbestimmung beschäftigen. In großen Unternehmen besteht sogar eine gesetzlich vorgeschriebene paritätische Aufteilung der Arbeitnehmer- und Gewerkschaftsvertreter und der Geschäftsführung im Aufsichtsrat. Durch diese starke Position haben die Arbeitnehmer- und Gewerkschaftsvertreter in Deutschland sogar die Möglichkeit, Geschäftsführer oder Vorstandsmitglieder, die Unternehmensentscheidungen im geschäftsführenden Bereich treffen, in ihre Ämter zu berufen.

d) Zusammenfassung

Der Vergleich der Interessenvertretung durch die Arbeitnehmer in Deutschland und Rumänien zeigt, dass in diesem Bereich große Abweichungen bestehen. Allerdings verwundert dies nicht, wenn man auch den europäischen Vergleich heranzieht, da die deutsche Mitbestimmung sehr ausgeprägt ist, wohingegen in vielen europäischen Ländern keine Mitbestimmung der Arbeitnehmer besteht. Zusammenfassend kann man erkennen, dass die Beteiligung des Betriebsrats in Deutschland eine ganz andere Intensität hat als die Beteiligung der subsidiären Arbeitnehmervertretung in Rumänien. Einerseits übernimmt die Arbeitnehmervertretung in den Betrieben in Rumänien die kollektivrechtlichen Verpflichtungen und Rechte und kann anstelle der Gewerkschaften mit dem Arbeitgeber Tarifverträge schließen, was der Arbeitnehmervertretung eine wichtige Rechtsposition verschafft. Andererseits bestehen darüber hinaus so gut wie keine weiteren, machtvollen Institutionen der Arbeitnehmer, die Arbeitnehmerrechte im Betrieb durchsetzen zu können. Die besondere Macht des deutschen Betriebsrats liegt in seinen Mitbestimmungs- und Zustimmungsverweigerungsrechten. Dadurch ist die Beteiligung der Arbeitnehmerschaft – die ja durch den Betriebsrat vertreten wird – an der Unternehmensführung sehr ausgeprägt. Die duale Verteilung der Kompetenzen ist eine durchaus zweckmäßige Aufteilung, die zu Vorteilen für beide Seiten führt. Die lediglich einseitige Vertretung der Arbeitnehmer durch Gewerkschaften bzw. subsidiäre Arbeitnehmervertretungen lässt eine Beteiligung der Arbeitnehmer in vielen Fällen nicht zu. Dabei hat die Mitbestimmung

---

453 vgl. Pepper IV-Bericht, S. 174
454 Gesetz 53/2003, M. Of. Nr. 72 vom 5.5.2003, zuletzt geändert durch Gesetz Nr. 49/2010, M.Of. Nr. 195 vom 29.03.2010
455 vgl. Pepper IV-Bericht, S. 174

auch erhebliche Vorteile[456]. So wird argumentiert, dass die Einbindung der Arbeitnehmer in Entscheidungsprozesse die Identifikation der Arbeitnehmer mit dem Unternehmen fördere, das Verantwortungsbewusstsein stärke und insgesamt eine effektive und spannungsfreie Arbeitsatmosphäre begünstige. Die Mitbestimmung führe auch zu einer deutlich höheren Akzeptanz von Unternehmensentscheidungen, indem sie Arbeitnehmer und Gewerkschaften in die ökonomischen Sachzwänge des Unternehmens integriert und dabei Verantwortung teilt.[457] Nutzen bringe die Mitbestimmung ferner dadurch, dass sie den unmittelbaren Informationsfluss zwischen Arbeitnehmern und Unternehmensleitung sicherstelle und so eine direkte Einbringung von Innovationsimpulsen der Arbeitnehmer in die Unternehmensleitung erleichtere. Insgesamt sprächen – neben den gesellschaftspolitischen Zielen – auch betriebswirtschaftliche Erkenntnisse dafür, dass kooperative Unternehmensführung wirtschaftliche Vorteile bringt.[458] Die Kontroverse der Arbeitnehmermitbestimmung hat von Beginn an unter einem ganz bestimmten Vorzeichen gestanden: Der Forderung der Arbeitnehmerinnen und Arbeitnehmer, nicht mehr passive Adressaten der Geschäftspolitik ihres Unternehmens zu sein, sondern sie aktiv beeinflussen zu können.[459] Genau diese Erwartung hat die Anfänge der Mitbestimmungsdiskussion in der Weimarer Zeit ebenso geprägt wie ihre Höhepunkte in den fünfziger und sechziger Jahren des vergangenen Jahrhunderts markiert.[460] Es wurde erkannt, dass auch die Mitarbeiter Teil des Unternehmens waren, dass deren Schicksal in ebenso, zum Teil in noch größerem Maße als jenes der Investoren von dem Unternehmenserfolg abhängt.[461] Das Unternehmen wird nunmehr verstanden als gemeinsames Zentrum zumeist je homogen gedachter Interessen von Anteilseignern, Arbeitnehmern und gesellschaftlicher Umwelt.[462] Diese seit Langem bestehende Erkenntnis sollte auch in Rumänien einen Einzug in die gesetzliche Ausgestaltung finden.

---

456 Zu einer insgesamt positiven Bewertung gelangt noch im Jahre 1998 die „Kommission Mitbestimmung" (Gemeinschaftsprojekt der Bertelsmann Stiftung und der Hans-Böckler-Stiftung), vgl., Kommission Mitbestimmung: Die Empfehlungen von 1998 (1998), S. 8
457 Deutscher Gewerkschaftsbund: Stellungnahme des DGB Bundesvorstandes, Abt. Mitbestimmung und Rechtspolitik zu dem Bericht der "Kommission Mitbestimmung" von BDA und BDI (2004), S. 2
458 vgl. Lubitz, Sicherung und Modernisierung der Unternehmensmitbestimmung, S. 42; Niklas, NZA 2004, 1200 (1204)
459 Simitis, Mitbestimmung - Wandel oder Ende?, S. 219 (220)
460 Simitis, aaO
461 Kohl, Die Mitbestimmung - historischer Irrtum oder Zukunftsmodell? S. 247 (248)
462 Kohl, aaO

IV. Betriebsordnung und Betriebsvereinbarung

In Rumänien besteht das Institut einer Betriebsordnung. Eine Betriebsvereinbarung kennt das rumänische Recht und die rumänische Praxis nicht. Daher wäre ein Vergleich in funktioneller Hinsicht nicht besonders aussagekräftig, da die Betriebsordnung in Rumänien ein allein vom Arbeitgeber verabschiedetes Regelungswerk darstellt, das Regelungen in Bezug auf zwingende Verhaltenspflichten der Arbeitnehmer enthält, eher vergleichbar mit einer Art Hausordnung.

Die Betriebsvereinbarung in Deutschland hingegen ist ein Rechtsinstitut für die innerbetriebliche Rechtsetzung, die von Arbeitgeber und Betriebsrat vereinbart wird, in der die Ordnung bestimmter betrieblicher Angelegenheiten mit verbindlicher Wirkung für die Belegschaftsangehörigen festgelegt wird.[463] In Deutschland ist die Betriebsvereinbarung daher die gegebene Form der Ausübung des Mitbestimmungsrechts.[464]

Im Folgenden wird die rumänische Betriebsordnung erläutert und die Gegensätze zur deutschen Regelung herausgestellt.

1. Betriebsordnung in Rumänien („regulament intern")

Die Betriebsordnung ist in §§ 241 – 246 ArbGB geregelt. Sie wird nach Beratung mit der Gewerkschaft oder den Arbeitnehmerräten vom Arbeitgeber festgelegt (Art. 241 ArbGB). Betriebsordnungen beinhalten ein weites Feld an Regeln, wie sich der Arbeitnehmer am Arbeitsplatz verhalten soll sowie Regelungen über Disziplinarverfahren (vgl. § 242 ArbGB). Eine Betriebsordnung ist für die Arbeitnehmer eines Betriebs bindend nach Art. 40 Abs. 1 e ArbGB. Für die Anwendbarkeit der Betriebsordnung muss der Arbeitgeber sicherstellen, dass sie den Arbeitnehmern bekannt gemacht wird. Das Gesetz schreibt in Art. 243 Abs. 3 ArbGB vor, dass die konkrete Art der Mitteilung an die Arbeitnehmer im jeweils geltenden Tarifvertrag oder sogar in der Betriebsordnung geregelt sein muss. Meistens erfolgt die Bekanntmachung durch das Aufstellen der Betriebsordnung im Betrieb des Arbeitnehmers, sie kann aber auch auf andere Art und Weise erfolgen. Das gleiche Verfahren muss durchgeführt werden, wenn sich die Betriebsordnung ändert.[465]

Inhaltlich kann die Betriebsordnung zum Vorteil der Arbeitnehmer vom Gesetz abweichen. Dies wird als ein einseitiger Akt angesehen, bei dem der Arbeitgeber auf bestimmte Rechte oder Vorteile verzichtet, die ihm das Gesetz oder ein Tarifvertrag zuspricht.[466] Bei den Regelungsinhalten einer Betriebsordnung werden drei Gruppen unterschieden: Zwingende Regelungen in einer Betriebsordnung, empfohlene Regelungen und Verbotene. Die zwingend in einer

---

463 vgl. Richardi - *Richardi*, BetrVG, § 77, Rn. 17
464 vgl. Richardi - *Richardi*, BetrVG, § 77, Rn. 18
465 Dimitriu, Romanian industrial relations law, S. 70
466 vgl. Dimitriu, Romanian industrial relations law, S. 69

Betriebsordnung zu regelnden Vorschriften sind in Art. 242 ArbGB festgesetzt und umfassen Regelungen bezüglich des Arbeitsschutzes, der Hygiene und der Sicherheit innerhalb des Betriebes (Art. 242 a ArbGB)[467], Regelungen bezüglich Antidiskriminierung und Wahrung der Menschenwürde (Art. 242 b ArbGB)[468]; Regelungen bezüglich der Rechte und Pflichten von Arbeitgeber und Arbeitnehmern (Art. 242 c ArbGB)[469], Regelungen bezüglich des Verfahrens zur Erledigung von Anregungen oder Beschwerden von Arbeitnehmern (Art. 242 d ArbGB)[470], konkrete Regelungen bezüglich der Arbeitsdisziplin innerhalb des Betriebes (Art. 242 e ArbGB)[471], Regelungen bezüglich von Disziplinarverstössen und ihrer Ahndung (Art. 242 f ArbGB)[472], Vorschriften über das Disziplinarver-

---

467 Regelungen bezüglich des Arbeitsschutzes, der Hygiene und der Sicherheit innerhalb des Betriebes findet man nicht nur in Betriebsordnungen, sondern auch in Tarifverträgen oder in Vorschriften über die Organisation. Solche Vorschriften sind in Gesetz Nr. 319/2006 über Arbeitsgesundheit und Arbeitsschutz enthalten. Betriebsordnungen enthalten auch bestimmte Regelungen zum Schutz von Schwangeren oder Arbeitnehmerinnen, die stillen (siehe hierzu: Art. 18 der G.E.O. 96/2003 über den Mutterschutz am Arbeitsplatz, R.O.G. 750/27. Oktober 2003, bestätigt durch Gesetz 5/2004, R.O.G. Nr. 214/11. März 2004).

468 Nach Gesetz Nr. 202/2002 über die Gleichbehandlung von Männern und Frauen sind Arbeitgeber verpflichtet, gleiche Möglichkeiten für Männer und Frauen innerhalb der Arbeitsbeziehungen sicherzustellen, auch durch das Einführen dementsprechender neuer Regelungen in die Betriebsordnung. Sexuelle Belästigung ist eine Verletzung der Betriebsordnung und führt zu einem Disziplinarverfahren.

469 Die Rechte und Pflichten von Arbeitgebern und Arbeitnehmern leiten sich aus dem Gesetz, den Tarifverträgen und den Individualarbeitsverträgen ab. Die Betriebsordnung regelt hauptsächlich Rechte und Pflichten über Disziplin am Arbeitsplatz.

470 Das setzt eine detaillierte Regelung der Betriebsordnung über folgende Aspekte voraus: Eine Anlaufstelle für Beschwerden, Klagen oder Begehren; ein Verfahren zur Erledigung solcher und ein Verfahren zum Vorgehen gegen die Entscheidungen der Anlaufstelle. Ein solches internes Verfahren soll jedoch nicht eine gerichtliche Geltendmachung der Rechte durch die Arbeitnehmer verhindern. Es kann jedoch angespannte Situationen entschärfen oder einschränken.

471 Die Betriebsordnung muss eine Liste mit detaillierten Tatbeständen enthalten, die Disziplinarverletzungen darstellen. Ansonsten könnte eine Disziplinarsanktion durch ein Gericht entkräftet werden, wenn kein Beweis vorliegt, dass der Arbeitnehmer gegen die gesetzlichen oder vertraglichen Vorschriften der Betriebsordnung verstoßen hat. Beispielsweise hat das Berufungsgericht Bukarest eine Entscheidung abgelehnt, wobei ein Arbeitnehmer gekündigt worden ist, weil der „Arbeitnehmer nicht die Anweisung und die Disziplin am Arbeitsplatz befolgt hat, nicht einmal die Dienstanweisungen seines Vorgesetzten (Entscheidung 256/25.02.1997, Zivilabteilung IV des Berufungsgerichts Bukarest). Das Fehlen eines Bezuges zu der Betriebsordnung führte zur Ungültigkeit der Kündigung.

472 In den Betriebsordnungen sind verschiedene Handlungen als Verstöße festgelegt: Eine Handlung in grober Fahrlässigkeit; Nichtbeachten von rechtmäßigen Anweisungen; Fehlen von der Arbeit ohne Entschuldigung; Nichteinhalten von Arbeitszeiten; Diebstahl auch geringfügiger Mengen; Beschäftigung mit persönlichen Angelegenheiten

fahren (Art. 242 g ArbGB)[473] sowie Modalitäten zur Umsetzung anderer diesbezüglicher gesetzlicher oder vertraglicher Bestimmungen (Art. 242 h ArbGB)[474]. Der bis 2010 geltende Tarifvertrag auf nationaler Ebene sah in Art. 13 Abs. 1 zudem vor, dass auch der Beginn und das Ende der Arbeitszeit durch die Betriebsordnung zu regeln sind.[475]

Das Fehlen solcher Regelungen in der Betriebsordnung stellte eine Rechtsverletzung dar und wurde durch eine Geldstrafe geahndet.[476] Die empfohlenen Regelungen in einer Betriebsordnung sind das Verfahren zur Bewertung der beruflichen und persönlichen Fähigkeiten von Bewerbern, die Einigung über Schichtarbeitszeiten, Mittagspausenregelungen oder Regelungen über sonstige Pausen, Gewährung eines wöchentlichen freien Tages, Auszahlungszeitpunkt der Löhne, Bedingungen über unbezahlten Urlaub auf Wunsch des Arbeitnehmers, Voraussetzungen für die Tätigkeit in „leitender Position".[477] Folgende Bestimmungen dürfen nicht in einer Betriebsordnung geregelt werden, wie andere Disziplinarsanktionen, als in Art. 248 ArbGB genannt; Abweichungen vom Gesetz zu Ungunsten des Arbeitnehmers; Vorschriften, die ausschließlich in den Bereich des kollektiven oder individuellen Arbeitsrechts fallen (in denen ein Verhandeln erforderlich ist, so wie Länge des Urlaubs, Lohnhöhe, etc.).[478] Die Regelungen der Betriebsordnung können wie alle anderen Rechtsvorschriften

---

während der Arbeitszeit; Weitergeben von vertraulichen Informationen ohne die Erlaubnis des Arbeitgebers; Gewaltsame Auseinandersetzungen, an denen der Arbeitnehmer teilnimmt oder deren Ursache er ist; Körperliche Gewalt oder aggressive Ausdrucksweise; Konsumierung von Alkohol während der Arbeitszeit; Sexuelle Belästigung; Unangemessene Lagerung von biologisch nicht abbaubarem Müll, sowie Plastiktüten, Verpackungen, etc.; Versperren des Zugangs zum Betrieb, der Ausgänge und Notausgänge im Fall von Feuer innerhalb des Betriebes; usw. (vgl. Dimitriu, Romanian industrial relations law, S. 73).

473 Die Betriebsordnung kann folgende Regelungen enthalten: Einführen einer Disziplinarkommission innerhalb des Betriebes, Autorisierung einer bestimmten Person für die Verfolgung bestimmter Verstöße, ein internes Verfahren bei Bestreiten des Verstoßes, was aber eine gerichtliche Entscheidung darüber nicht ausschließt, Verfahren zur Beilegung von Konflikten durch Mediation für bestimmte Verstöße, Abweichungen vom gesetzlichen Verfahren, jedoch nur zum Vorteil des Arbeitnehmers, Verpflichtung zur Einladung der Gewerkschaftsvertreter bei Voruntersuchungen von Verstößen, etc. (vgl. Dimitriu, Romanian industrial relations law, S. 73).

474 Dieses bezieht sich auf Verfahren nach dem Gesetz Nr. 319/2006 über Arbeitssicherheit; auf Regelungen bezüglich der Anwendbarkeit von Anordnungen des Arbeitsministers und der Sozialsicherheit 187/1998; Regelungen bezüglich der Anwendbarkeit von E.O.G. 96/2003 über Mutterschutz am Arbeitsplatz; Regelungen bezüglich der Anwendbarkeit von spezifischen Disziplinarstatuten im Hinblick auf die Vorschriften des Arbeitsgesetzbuchs, etc. (vgl. Dimitriu, Romanian industrial relations law, S. 74).

475 Stefanescu: Tratat de dreptul muncii, S. 46
476 Dimitriu, Romanian industrial relations law, S. 70
477 Dimitriu, Romanian industrial relations law, S. 74
478 Dimitriu, Romanian industrial relations law, S. 75

angefochten werden. Deshalb regelt Art. 245 ArbGB, dass jeder Arbeitnehmer die Betriebsordnung gerichtlich überprüfen lassen kann, wenn in seinen Rechte verletzt ist. Falls rechtswidrige Regelung Bestandteil der Betriebsordnung sind, kann auch die ganze Betriebsordnung von unzufriedenen Arbeitnehmern angefochten werden. Die Unzufriedenheit mit der Betriebsordnung rechtfertigt jedoch keinen Streik, da solche Konflikte nicht Interessenkonflikte sind, sondern Rechtekonflikte. Wenn eine Regelung sowohl in einer Betriebsordnung als auch in einem Tarifvertrag festgelegt werden kann, liegt es im Interesse des Arbeitgebers, sie in der Betriebsordnung zu regeln, da diese nicht Subjekt von Verhandlungen ist.[479] Im Gegensatz dazu liegt es in Interesse des Arbeitnehmers, so viel wie möglich im Tarifvertrag zu regeln, da dieser nur durch eine Einigung beider Parteien erfolgen kann.[480]

2. Gegensätze zu der deutschen Regelung

Im deutschen Recht versteht man unter einer Betriebsvereinbarung eine Vereinbarung, durch die der Arbeitgeber den Betriebsrat gleichberechtigt an der für die Arbeitnehmer eines Betriebs geltenden Regelungen der Arbeitsbedingungen beteiligt.[481] Die Betriebsvereinbarung ist daher die gegebene Form für die Ausübung des Mitbestimmungsrechts.[482] „Die Betriebsvereinbarung ist wie der Tarifvertrag ein privatrechtlicher Normenvertrag. Eine Betriebsvereinbarung kann nur über Angelegenheiten abgeschlossen werden, für die sich aus dem Gesetz eine Regelungskompetenz des Betriebsrats ableiten lässt. Es besteht also keine Vertragsfreiheit; denn der Betriebsrat kann als Repräsentant der Belegschaft nur im Rahmen der vom Gesetz festgelegten funktionellen Zuständigkeit handeln."[483] Eine Arbeitsordnung oder eine andere Betriebsvereinbarung kann die gewerkschaftliche Betätigung im Betrieb nicht beschränken; entsprechende Vorschriften sind wegen des Verstoßes gegen Art. 9 Abs. 3 GG und gegen § 75 Abs. 1 BetrVG nicht anzuwenden.[484]

Der weitreichendste Unterschied zwischen einer Betriebsordnung in Rumänien und einer Betriebsvereinbarung liegt darin, dass die Betriebsordnung keine Vereinbarung zwischen Arbeitnehmer und Arbeitgeber ist, sondern vom Arbeitgeber allein festgelegt wird und für die Arbeitnehmer bindend ist.

Ein weiterer Unterschied liegt in dem Regelungsinhalt der Betriebsordnung und der Betriebsvereinbarung. „Die Betriebsvereinbarung kann die Regelung aller Angelegenheiten zum Gegenstand haben, auf die sich die Regelungskompetenz der Betriebspartner erstreckt. Sie kann einmal das Verhältnis Arbeitge-

---

479 Dimitriu, Romanian industrial relations law, S. 76
480 Dimitriu, aaO
481 Richardi, Kollektives Arbeitsrecht, S. 158
482 Richardi - *Richardi*, BetrVG, § 77, Rn. 17, 18
483 Richardi, Kollektives Arbeitsrecht, S. 158; Richardi - *Richardi*, BetrVG, § 77, Rn.50 ff.
484 Däubler, Gewerkschaftsrechte im Betrieb, S. 281

ber/Betriebsrat regeln. Insoweit hat die Betriebsvereinbarung lediglich schuldrechtliche Wirkung, indem sie die Betriebspartner gegenseitig berechtigt oder verpflichtet. Betriebsvereinbarungen können darüber hinaus Rechtsnormen zum Inhalt haben, die den Inhalt, den Abschluss oder die Beendigung von Arbeitsverhältnissen oder betriebliche oder betriebsverfassungsrechtliche Fragen regeln. Insoweit kommt der Betriebsvereinbarung normative Wirkung zu. Daher ist die Betriebsvereinbarung das gegebene und geeignete Instrument zur Regelung der betrieblichen Ordnung im weitesten Sinne, sie ist praktisch das Gesetz des Betriebes. Regelt eine Betriebsvereinbarung eine Angelegenheit, in der ein erzwingbares Mitbestimmungsrecht besteht, handelt es sich um eine erzwingbare, mitbestimmte Betriebsvereinbarung, auch wenn sich die Betriebspartner freiwillig auf diese Regelung geeinigt haben. Betriebsvereinbarungen, die nur der freiwilligen Mitbestimmung unterliegen, sind freiwillige Betriebsvereinbarungen. Vielfach enthalten Betriebsvereinbarung jedoch Regelungen über Angelegenheiten, die zum Teil mitbestimmungspflichtig sind, zum Teil aber nur freiwillig geregelt werden können. Solche Betriebsvereinbarung sind teilmitbestimmte Betriebsvereinbarung."[485] Tarifverträge und Betriebsvereinbarungen konkurrieren mit einem rechtlichen Vorrang für den Tarifvertrag in den Bereichen, die üblicherweise durch Tarifvertrag geregelt werden, also vor allem Entgelthöhe und Arbeitszeit (§ 77 Abs. 3 BetrVG).[486] Die zweite Kollisionsregel im Betriebsverfassungsgesetz, (§ 87 Abs. 1 Satz 1 BetrVG) ist nicht ganz so streng: in den Bereichen der echten Mitbestimmung darf der Betriebsrat nur dann keine Betriebsvereinbarungen schließen, wenn tatsächlich ein konkurrierender Tarifvertrag besteht. § 77 Abs. 3 BetrVG erlaubt eine Abweichung von der Kollisionsregel dann, wenn der Tarifvertrag eine entsprechende Öffnungsklausel enthält.[487] Auf diese Art und Weise behalten die Tarifvertragsparteien die Autonomie über den Umgang mit den Tarifvertragsinhalten.[488] Allerdings sind nach § 4 Abs. 3 Tarifvertragsgesetz (TVG) auch solche Abweichungen vom Tarifvertrag zulässig, die für den Arbeitnehmer günstiger sind.[489] In Rumänien bestehen hingegen inhaltliche Einschränkungen der Themen, die durch eine Betriebsordnung geregelt werden dürfen.

Für den kollektiven Ausgleich gegenläufiger Interessen von Arbeitnehmern und Arbeitgebern bietet das deutsche Arbeitsrecht zwei unterschiedliche, klar abgegrenzte, sich aber wechselseitig ergänzende und beeinflussende Systeme: Zum einen das Tarifrecht als grundrechtlich gewährleistete Form kollektiver Privatautonomie, zum anderen die durch Gesetz geschaffene Betriebsverfas-

---

485 Matthes, - Münchener Handbuch ArbR, § 239, Rn. 2
486 Körner, Arbeitnehmerbeteiligung im Mitbestimmungsrecht in Deutschland, S. 81 (90)
487 Körner, aaO
488 Körner, aaO
489 Körner, aaO

sung.[490] Während Tarifverträge das Produkt der Ausübung eines Grundrechts, der Koalitionsfreiheit (Art. 9 Abs. 3 GG), darstellen und durch ihre privatautonome Grundlage gekennzeichnet sind, stützt sich die betriebliche Interessenvertretung auf ein gesetzlich geregeltes Verfahren, das zwingend auf die Betriebszugehörigkeit abstellt und eine demokratische Legitimation der Arbeitnehmervertretung vorsieht.[491] Diese Unterschiede korrespondieren mit entsprechend unterschiedlichen Konfliktlösungen. Das Betriebsverfassungsrecht setzt zwar entscheidend auf partnerschaftliches Zusammenwirken, kann dann aber im Konfliktfall nicht auf staatliche Zwangsschlichtung verzichten. Im Gegensatz dazu bleibt das Tarifvertragsrecht seinem freiheitlichen Ansatz treu und verweist für Verhandlungsblockaden auf die Instrumente des Arbeitskampfes und der freiwilligen Schlichtung.[492] Auch eine Betriebsvereinbarung ist als kollektiver Ausgleich gegenläufiger Interessen von Arbeitnehmern und Arbeitgebern zu verstehen.

In der rumänischen Literatur[493] wird die deutsche „Betriebsvereinbarung" als negativ angesehen, da sie keine zeitliche Stabilität (kein jährlich zwingender Abschluss) bietet und sich nur auf Probleme bezieht, die im Tarifvertrag nicht geregelt worden sind.

3. Zusammenfassung

Wie oben gesehen, ist die Betriebsvereinbarung in Deutschland eine Modalität zur Ausübung des Mitbestimmungsrechts. Dies ist in Rumänien nicht der Fall, da die Betriebsordnung allein vom Arbeitgeber vorgegeben wird.

V. Schutz der Arbeitnehmervertreter

Nach Art. 1 des ILO-Übereinkommens 135/1971, das beide zu vergleichenden Länder in den Jahren 1973 bzw. 1975 ratifiziert haben, sind die Arbeitnehmervertreter im Betrieb gegen jede Benachteiligung, einschließlich Kündigung, die auf Grund ihrer Stellung oder Betätigung als Arbeitnehmervertreter oder auf Grund ihrer Zugehörigkeit zu einer Gewerkschaft oder ihrer gewerkschaftlichen Betätigung erfolgt, wirksam zu schützen. Der Schutz korrespondiert mit der Aufgabe der Arbeitnehmervertreter, die Interessen der Arbeitnehmer gegenüber dem Arbeitgeber zu vertreten, denn Spannungen und Konflikte mit dem Arbeitgeber liegen in der Natur der Sache. Die Arbeitnehmervertreter müssen daher auf eine Art und Weise geschützt werden, die ihnen ein effektives Arbeiten ermöglicht und sicherstellt, dass sie keine Nachteile aufgrund ihrer Stellung erfahren. Ohne einen derartigen Schutz würde die Bereitschaft von Arbeitnehmern, sich zur Arbeitnehmervertretung wählen zu lassen und die Arbeitnehmerbelange

---

490 Dieterich, RdA 2002, 1 (2)
491 Dieterich, aaO
492 Dieterich, aaO
493 vgl. Stefanescu, Tratat de dreptul muncii, S. 111

ohne Rücksicht auf die eigenen persönlichen Interessen zu vertreten, gemindert sein.[494] Daher bestehen in beiden Rechtsordnungen Schutzbestimmungen für die Vertreter der Arbeitnehmerinteressen, die im Folgenden für Rumänien (1.), Deutschland (2.) dargestellt und sodann verglichen werden (3.) werden.

1. In Rumänien

In Rumänien gibt es in einem Betrieb entweder schutzbedürftige Gewerkschaftsvertreter oder Vertreter der subsidiären Arbeitnehmerräte. Das Arbeitsgesetz von 2003 regelte unter Art. 223 a.f. zum ersten Mal den rechtlichen Status der Vertreter, die in Führungsorgane der Gewerkschaft gewählt wurden und räumte ihnen einen speziellen Schutz unter dem rumänischen Recht ein. Die Regelungen zum Schutz von Gewerkschaftsvertretern wurden nicht nur im Gesetz über die Gewerkschaften (Gesetz Nr. 54/2003 a.f.) geregelt, sondern fast wortgleich jedenfalls zumindest sinngleich auch in Art. 223 Abs. 2 ArbGB a.F.[495] sowie für die Vertreter der Arbeitnehmerräte in Art. 229 ArbGB a.F. Auch nach der Gesetzesänderung bleibt der Schutz der Arbeitnehmervertreter gesetzlich normiert in Art. 220 und 226 Gesetz Nr. 62/2011.

Arbeitnehmer, die in die Führungsorgane der Gewerkschaft (im weiteren Gewerkschaftsvertreter genannt) gewählt wurden, sowie Vertreter der Arbeitnehmerräte werden gesetzlich speziell gegen jegliche Form von Beeinflussung, Zwang und Restriktionen in Bezug auf ihre Gewerkschaftsaufgaben geschützt (vgl. Art. 8 Gesetz Nr. 62/2011). Besonders ist hierbei, dass nicht nur Arbeitnehmer zu Vertretern in die Führungsorgane der Gewerkschaft gewählt werden können, sondern auch Pensionäre.[496] Die Regelungen über den Schutz der Gewerkschaftsvertreter gelten gleichermaßen für repräsentative Gewerkschaften als auch für nicht repräsentative.

a) Kündigungsschutz

Die Gewerkschafts- bzw. Arbeitnehmerratsvertreter genießen besonderen Kündigungsschutz. Nach der alten Rechtslage war es während der Ausübung des Mandats und zwei Jahre danach verboten, die gewählten Gewerkschaftsvertreter aus Gründen, die nicht beim Beschäftigten liegen, aufgrund von professioneller Diskrepanzen, betrieblichen Gründen oder aus Gründen, die mit dem Gewerk-

---

494 vgl. Joost, - Münchener Handbuch ArbeitsR, § 220, Rn. 126
495 So überschneiden sich beispielsweise –auch nach der Gesetzesänderung - die Regelungsinhalte der Art. 10 Abs. 1 Gesetz 62/2011 mit Art. 220 Abs. 2 des Arbeitsgesetzbuches. Nach der vorhergehenden Regelung überschnitten sich zumindest zwei unterschiedliche Gesetze, nämlich Art. 10 Abs. 1 Gesetz Nr. 54/2003 und Art. 223 Abs. 2 ArbGB. Nun haben zwei Artikel desselben Gesetzes fast wortgleich den selben Regelungsinhalt.
496 vgl. Stefanescu, Tratat de dreptul muncii, S. 97; wobei das kritisch ist, da Pensionäre meist kein Interesse mehr an dem Betrieb haben

schaftsmandat zusammen hängen, zu entlassen[497] oder den Arbeitsvertrag zu verändern (vgl. Art. 10 Abs. 1,2 Gesetz Nr. 54/2003 a.F.). Die Gesetzesänderung durch das Gesetz zum Sozialen Dialog (Gesetz Nr. 62/2011) brachte hier eine Verkürzung des Kündigungsschutzes der Gewerkschaftsvertreter mit sich. Diese sind gem. Art. 10 Abs. 1 ArbGB nur noch während der Ausübung des Mandats vor Kündigungen und nur noch aus Gründen, die die gewerkschaftliche Betätigung zum Inhalt haben, geschützt.

Bei Arbeitnehmerratsvertretern galt schon nach der alten Rechtslage bis Mai 2011 der Kündigungsschutz nur während ihres Mandats, nicht darüber hinaus. Die Einschränkung, dass ihr Arbeitsvertrag während der Zeit nicht verändert werden darf, besteht nicht. Der Kündigungsschutz besteht, insoweit ein Gewerkschafts- bzw. Arbeitnehmerrätevertreter beweisen kann, dass die Kündigung im Zusammenhang mit seiner Gewerkschafts- bzw. Arbeitnehmerratstätigkeit erfolgt ist.[498] Eine Verletzung dieser Vorschriften führt zur Nichtigkeit der vom Arbeitgeber getroffenen Maßnahme.[499]

b)   Reduzierung der Arbeitszeit

Gewerkschaftsvertreter, die neben ihrer Gewerkschaftsaktivität auf ihrem ursprünglichen Arbeitsplatz voll weiterarbeiten, hatten gem. Art. 35 Abs. 1 Gesetz Nr. 54/2003 a.F. das Recht auf eine Reduzierung ihrer Arbeitszeit im Betrieb um drei bis fünf Tage pro Monat. Damit konnten sie den gewerkschaftlichen Aktivitäten nachgehen, ohne ihren Lohnanspruch zu verlieren. Die Anzahl der Gesamttage im Jahr sowie die Anzahl der Vertreter, die von diesen Regelungen profitieren, konnten durch Tarifvertrag festgelegt werden (Art. 35 Abs. 2 Gesetz Nr. 54/2003 a.F.).

Aufgrund der Gesetzesänderung durch das Gesetz zum Sozialen Dialog (Gesetz Nr. 62/2011) sind diese Rechte der Gewerkschaftsvertreter entfallen. Nach der Neuregelung in Art. 35 Abs. 1 Gesetz Nr. 62/2011 kann eine Reduzie-

---

497   Gegen diesen Kündigungsschutz (Art. 10 Abs. 1 Gesetz 54/2003) wurde Verfassungsbeschwerde erhoben (Entscheidung Nr. 194/2005, vom 31.03.2005, veröffentlich in M.Of, Teil 1, Nr. 468 vom 02.06.2005). Es wurde vorgebracht, der Kündigungsschutz für Arbeitnehmer-Gewerkschaftsvertreter während ihres Mandats und 2 Jahre danach aus betrieblichen Gründen und aus beruflicher Ungeeignetheit diskriminiere die anderen Arbeitnehmer (gem. Art. 16 Abs. 1 der Verfassung, Gleichheitssatz). Auch Literaturstimmen sind der Ansicht, dass dieser weitgehende Schutz der Arbeitnehmer-Gewerkschaftsvertreter nicht mit den Prinzipien einer Marktwirtschaft vereinbar und daher verfassungswidrig sind (siehe hierzu beispielsweise Stefanescu, Tratat de dreptul muncii, S. 98). Das Verfassungsgericht hat festgestellt, dass durch die angegriffene Norm weder eine Diskriminierung noch ein Privileg der Arbeitnehmer-Gewerkschaftsvertreter stattfindet. Denn sie befinden sich in einer anderen Situation als die sonstigen Arbeitnehmer. Eine Ungleichbehandlung ist daher nicht nur gerechtfertigt sondern objektiv notwendig. Die Regelung sei daher verfassungsgemäß.
498   vgl. Dimitriu, Romanian industrial relations law, S. 19
499   Stefanescu, Tratat de dreptul muncii, S. 97

rung der Arbeitszeit für Gewerkschaftsvertreter durch Tarifvertrag oder sofern kein Tarifvertrag existiert, durch gesonderte Verhandlungen mit dem Arbeitgeber vereinbart werden. Darüber hinaus ist auch die Pflicht des Arbeitgebers entfallen, den Gewerkschaftsvertretern für die Zeiten der Gewerkschaftstätigkeiten den Lohn weiter zu bezahlen (Art. 35 Abs. 1 Gesetz Nr. 62/2011). Diese Gesetzesänderung führt zu einer erheblich schwächeren Position der Gewerkschaftsrechte, da die Zeit, die Gewerkschaftsvertreter für die Gewerkschaft aufbringen können, vom Arbeitgeber mitverhandelt werden darf und er den Lohn für diese Zeiten nicht mehr zahlen muss. Die Gewerkschaftsarbeit wird dadurch zu einem Ehrenamt.

Vertreter der Arbeitnehmerräte hatten gem. Art. 228 ArbGB a.F. maximal zwanzig Stunden pro Monat Zeit, um ihr Mandat zu erfüllen. Diese Zeit galt als Arbeitszeit und wurde entsprechend vergütet. Ebenso wie bei den Gewerkschaftsvertretern unterliegen auch die Zeiten der Arbeitnehmerräte für ihr Mandat den Verhandlungen mit dem Arbeitgeber (Art. 225 ArbGB), sie verlieren aber Ihren Lohnanspruch nicht.

Gewerkschaftsvertreter haben die Möglichkeit, ihre gesamte Arbeitszeit in die Dienste der Gewerkschaft zu stellen und als Führungsperson der Gewerkschaft tätig zu werden. Sie sind während dieser Zeit Arbeitnehmer der Gewerkschaft (vgl. Art. 11 Gesetz Nr. 62/2011). Das vormals geltende Recht normierte genau, was mit dem Arbeitsvertrag des Arbeitnehmers geschah, wenn dieser eine solche Stellung als Führungsperson der Gewerkschaft annahm[500]. Auf eine solche Regelung verzichtet das neue Gesetz gänzlich. Es bleibt daher fraglich, wie in Zukunft mit dem Arbeitsvertrag des Gewerkschaftsvertreters verfahren wird.

Vertreter des Arbeitnehmerrats können ihre Arbeitszeit nicht zur Gänze für die Wahrung der Rechte der Arbeitnehmer verwenden.

c) Arbeitslohn

Der Arbeitslohn der Gewerkschaftsvertreter in Führungspositionen der Gewerkschaft können gem. Art. 34 Gesetz Nr. 62/2011 aus dem Vermögen der Gewerkschaft bezahlt werden.

Nach der früheren Gesetzesregelung konnte der Arbeitslohn der Gewerkschaftsvertreter in Führungspositionen entweder von der Gewerkschaft bezahlt werden oder vom Arbeitgeber, wenn dies im Tarifvertrag vereinbart wurde. Diese Möglichkeit bestand gem. Art. 34 Abs. 1 Gesetz Nr. 54/2003 a.F. Hier musste

---

[500] Der Arbeitsvertrag von Gewerkschaftsvertreten, die von dieser Möglichkeit Gebrauch machen, ruhte während des Gewerkschaftsmandats. Sie waren in dieser Zeit Arbeitnehmer der Gewerkschaft. Die Unterbrechung des Arbeitsvertrages erfolgt *de jure*. In diesem Fall konnte der Arbeitgeber den Arbeitsplatz mit einem anderen Arbeitnehmer besetzen. Der Arbeitsvertrag mit dem neuen Arbeitnehmer musste jedoch befristet sein. Er endete, sobald der Gewerkschaftsvertreter an seinen alten Arbeitsplatz zurückkehrte (vgl. Art. 11 Abs. 1 Satz 2, Abs. 2 Gesetz Nr. 54/2003 a.F.).

die Frage erörtert werden, inwieweit die Freiheit der Handlungsmöglichkeiten der Gewerkschaftsvertreter beeinträchtigt werden könnte, sofern sie vom Arbeitgeber selbst bezahlt werden. In Deutschland sind tarifliche Regelungen, nach denen der Arbeitgeber die Gewerkschaft finanziert, klar unzulässig, da die Finanzierung der Gewerkschaft durch den Arbeitgeber gegen den Grundsatz der Gleichbehandlung verstößt und die Gegnerunabhängigkeit missachtet. Eine solche Finanzierung der Gewerkschaft liegt allerdings nur vor, wenn sich die Gewerkschaft im Wesentlichen nicht aus den Beiträgen ihrer Mitglieder, sondern aus Zuwendungen der Arbeitgeber finanziert.[501] Die vergütete Freistellung von gewerkschaftlichen Vertrauenspersonen ist allein nicht ausreichend, um eine Gegnerabhängigkeit anzunehmen[502], ebenso wenig eine besondere Aufwandsentschädigung oder Sonderurlaub oder gar ein Sonderkündigungsschutz.[503] Daher ist auch die tarifvertragliche Vereinbarung der Lohnzahlung für den Gewerkschaftsvertreter durch den Arbeitgeber nicht zu beanstanden. Nach der neuen Rechtslage ist dieses Problem entfallen, damit aber auch die Möglichkeit, dass der Arbeitgeber die Gewerkschaftsvertreter bezahlen kann.

d) Weitere Rechte

Art. 12 des Gesetzes Nr. 62/2011[504] sieht vor, dass dem Gewerkschaftsvertreter durch Tarifverträge weitere Rechte eingeräumt werden können. Auch dem Arbeitnehmerrat können weitere Rechte eingeräumt werden bzw. die genaue Ausgestaltung der Rechte der Arbeitnehmerräte (Art und Weise der Durchsetzung der Aufgaben, Dauer sowie Einschränkungen der Amtszeit) werden gem. Art. 227 ArbGB „im Rahmen der Hauptversammlung" der gesamten Arbeitnehmerschaft im Sinne des Gesetzes festgelegt. Angesichts der sehr allgemeinen Formulierung des Gesetzes in beiden Fällen bestehen in der Praxis erhebliche Unterschiede zwischen den einzelnen Betrieben bzw. Unternehmen, die einen Vergleich unmöglich machen.

Ein weiterer Schutz – allerdings nur für Gewerkschaftsvertreter – ist die Einstufung bestimmter Handlungen als Straftat. Nach Art. 217 Abs. 1 a Gesetz Nr. 62/2011 ist eine Behinderung der Aufgaben der gewählten Gewerkschaftsvertreter jeglicher Art sowie eine Einschränkung der Ausübung der Vereinigungs- oder Koalitionsfreiheit mit Geldstrafe von 15.000 Lei bis 20.000 Lei (ca. 3.500 € bis 4.500 €) bewehrt.

---

501 BAG vom 14.12.2004, Az. 1 ABR 51/03, Rn. 38; vgl. auch Rieble BB 2009, 1016 (1019)
502 a.a.O.
503 Rieble BB 2009, 1016 (1020); LAG Düsseldorf, 25.8.1995, ArbuR 1996, 338 ff.; Däubler/Bepler - *Däubler*, TVG, 2. Aufl. 2006, § 1 Rn. 865.
504 Vormals Art. 12 des Gesetzes Nr. 54/2003 a.F.

e) Fazit

Der direkte Vergleich der Rechte der Gewerkschaftsvertreter und der Arbeitnehmerräte ergibt, dass die Gewerkschaftsvertreter mehr Schutz genießen als die Arbeitnehmerräte, wobei dies nach der Gesetzesänderung durch Gesetz Nr. 62/2011 etwas nachgelassen hat. Gewerkschaftsvertreter sind nun ebenso wie Arbeitnehmerräte lediglich während ihres Mandats vom Kündigungsschutz umfasst, nicht mehr zwei Jahre danach. Die Reduzierung der Arbeitszeit für Gewerkschaftsvertreter ist von 3 bis 5 Tagen im Monat auf gar keine feste Zeitangabe mehr gefallen, so dass dies völlig den Verhandlungen der Parteien überlassen ist. Dies gilt auch für Arbeitnehmerräte, die vormals für ihre Aufgaben zur Vertretung der Arbeitnehmer bis zu 20 Stunden im Monat aufwenden durften.

Gewerkschaftsvertreter können ihre gesamte Arbeitszeit in die Dienste der Gewerkschaft stellen, was für Arbeitnehmerräte nicht möglich ist. Dies führt dazu, dass es Vollzeit-Gewerkschaftsvertreter gibt, jedoch keine Vollzeit-Arbeitnehmerräte. Beiden können weitere Rechte eingeräumt werden, Gewerkschaftsvertretern durch Tarifverträge und Arbeitnehmerräten durch die Hauptversammlung der Arbeitnehmerschaft. Allerdings sind nur die Gewerkschaftsvertreter in der Ausübung ihrer Tätigkeit als Gewerkschaftsvertreter strafrechtlich geschützt. Für Arbeitnehmerräte fehlt eine solche Vorschrift gänzlich. Zusammenfassend kann man erkennen, das die Gewerkschaftsvertreter nur noch über etwas mehr Rechte und Vergünstigungen verfügen als die Vertreter des Arbeitnehmerrats, wobei dies gerade vor dem Hintergrund, dass die Arbeitnehmerräte subsidiär zur Gewerkschaftsvertretung bestehen, nicht nachvollziehbar ist. Müssten doch die Arbeitnehmerräte, sofern sie dieselben Aufgaben wie die Gewerkschaftsvertreter wahrnehmen, ebenso geschützt sein. Dieser gesetzlichen Ausgestaltung der Schutzvorschriften ist zu entnehmen, dass die Gewerkschaften als eigentliche Machtinhaber der Arbeitnehmerrechte im Betrieb angesehen werden, wohingegen die Arbeitnehmerräte lediglich als Ersatz gelten.

2. In Deutschland

Durch den Dualismus von Gewerkschaft und Betriebsrat gibt es in Deutschland sowohl gewerkschaftliche Vertrauensleute als auch Betriebsratsmitglieder im Betrieb, die kumulativ Rechte der Arbeitnehmer wahrnehmen, wobei nur Betriebsratsmitglieder gesondert durch das Gesetz geschützt werden.

a) Gewerkschaftliche Vertrauensleute

Gewerkschaftliche Vertrauensleute sind Bindeglieder zwischen den Gewerkschaften und den Betrieben; mit ihnen will die Gewerkschaft im Betrieb ihre Mitglieder betreuen, neue Mitglieder werben und gewerkschaftliche Ziele durchsetzen.[505] Die sogenannten gewerkschaftlichen Vertrauensleute sind eine anerkannte Einrichtung. Dem tragen auch das BAG und die herrschende Meinung Rechnung, indem sie die Existenz von Vertrauensleuten als durch Art. 9 Abs. 3 GG garantiert ansehen.[506] Die Wahl von gewerkschaftlichen Vertrauensleuten ist jedoch eine rein innergewerkschaftliche Angelegenheit. Aus Art. 9 Abs. 3 GG lässt sich kein Recht ableiten, derartige Wahlen im Betrieb durchzuführen.[507] Rechte und Pflichten der Vertrauensleute haben keine spezielle gesetzliche Regelung erfahren; sie bestimmen sich nach den für jedermann geltenden Gesetzen sowie nach den Gewerkschaftssatzungen und den gewerkschaftlichen Regelungen.[508] Ihnen kommt auch kein besonderer individualarbeitsrechtlicher Status zu. Sie sind hinsichtlich aller Arbeitsbedingungen gleich zu behandeln (§ 75 BetrVG).[509] Die Tätigkeit der Vertrauensleute ist rein gewerkschaftlich und nicht betriebsverfassungsrechtlich.[510] Diese Gewerkschaftsbetätigung im Betrieb ist zwar von der Koalitionsfreiheit garantiert[511], das heißt aber nicht, dass die Arbeit der Vertrauensleute im Betrieb schlechthin tariflich regelbar sein müsste[512]. Allerdings bestehen inzwischen zahlreiche Tarifverträge, die gewerkschaftlichen Vertrauensleuten Sonderrechte wie beispielsweise einen speziellen Kündigungsschutz oder bezahlte Arbeitsfreistellung gewähren. Einer Ansicht nach sind derartige Regelungen unzulässig, da sie gegen den Grundsatz der Gleichbehandlung verstoßen, die Gegnerunabhängigkeit missachten (Finanzierung der Gewerkschaft durch den Arbeitgeber), so das System der Trennung von Gewerkschaft und Betriebsrat umstoßen und somit die Regelungsmacht der Tarifpartner nach Art. 9 Abs. 3 GG überschreiten.[513] Der anderen Literaturmeinung nach ist die Einräumung eines tariflichen Sonderschutzes zulässig, da den gewerkschaftlichen Vertrauensleuten zur Wahrnehmung ihrer Aufgaben durch den Tarifvertrag eine bezahlte Freizeit gesichert werden und

---

505 Löwisch/Rieble, TVG, § 1, Rn. 849; vgl. auch v. Hoyningen-Huene in Münchener Handbuch zum Arbeitsrecht § 215, Rn. 19;
506 vgl. Däubler, Gewerkschaftsrechte im Betrieb, S. 221; Richardi-*Richardi*, BetrVG, § 2 Rn. 174
507 Siehe Küttner, Personalbuch 2010, G. A. 5, Rn. 18
508 Däubler, Gewerkschaftsrechte im Betrieb, S. 225
509 vgl. auch v. Hoyningen-Huene - Münchener Handbuch ArbeitsR § 215, Rn. 20
510 Eine solche Funktion kann ihnen weder tarifvertraglich noch durch BV eingeräumt werden. Vgl. v. Hoyningen-Huene -Münchener Handbuch ArbeitsR § 215, Rn. 20; Däubler, Gewerkschaftsrechte im Betrieb, S. 225
511 BVerfG 14. 11. 1995 – 1 BvR 601/92 – BVerfGE 93, 352 = AP Nr. 80 zu Art. 9 GG; BAG 8. 12. 1978 – 1 AZR 303/77 – AP Nr. 28 zu Art. 9 GG; im Einzelnen Löwisch/Rieble - Münchener Handbuch ArbeitsR Bd. 2, § 246 Rn 146 ff
512 Löwisch/Rieble, TVG, § 1, Rn. 849; aA Däubler, Gewerkschaftsrechte im Betrieb, S. 227
513 vgl. v. Hoyningen-Huene - Münchener Handbuch zum ArbR § 215, Rn. 21

eine betriebliche Organisation zur Verfügung stehen soll."[514] Die Vorteile des Bestehens von Vertrauensleuten liegen darin, dass diese im Gegensatz zum Betriebsrat nicht an das Betriebswohl gebunden sind, dass sie nicht der absoluten Friedenspflicht des § 74 Abs. 2 BetrVG unterliegen und dass sich auch sonstige, den Betriebsräten auferlegte, Pflichten verfahrensmäßiger Art nicht auf sie erstrecken. Sie können sich daher ausschließlich auf Arbeitnehmerinteressen und deren Vertretung konzentrieren. Die Vertrauensleute unterliegen jedoch als Teil der Gewerkschaftsbewegung den selbst auferlegten Bindungen der Gewerkschaften.[515] So kann auch eine Vertrauensperson nur zum Streik aufrufen, wenn die vom BAG im Einzelnen festgelegten Voraussetzungen erfüllt sind.

b) Betriebsratsmitglieder

Die Betriebsratsmitglieder sind Inhaber eines betriebsverfassungsrechtlichen Amtes, das zwar auf dem Arbeitsverhältnis beruht, jedoch von diesem zu unterscheiden ist. Gegenstand des Amtes ist die Vertretung der Interessen der Belegschaft gegenüber dem Arbeitgeber.[516] Mitglieder des Betriebsrats sind gem. § 37 Abs. 2 BetrVG von ihrer beruflichen Tätigkeit vorübergehend zu befreien, wenn und soweit es nach Umfang und Art des Betriebs zur ordnungsgemäßen Durchführung ihrer Aufgaben erforderlich ist. Eine genaue mengenmäßige Festlegung besteht hierbei nicht. Die Betriebsratstätigkeit genießt jedoch Vorrang vor der vertraglich geschuldeten Arbeitsleistung.[517] Auch gibt es in Betrieben ab 200 Arbeitnehmern Betriebsräte, die komplett von ihrer beruflichen Tätigkeit freigestellt sind, um ihrer Betriebsratstätigkeit nachzugehen (siehe § 38 Abs. 1 BetrVG) Die Betriebsratstätigkeit ist ein Ehrenamt, für das kein Entgelt gezahlt wird, allerdings ordnet § 37 Abs. 2 BetrVG eine Fortzahlung des Arbeitsentgelts durch den Arbeitgeber an.

Betriebsratsmitglieder genießen einen Kündigungsschutz nach § 103 BetrVG i.V.m. § 15 KSchG, wonach eine ordentliche Kündigung eines Betriebsratsmitglieds unzulässig ist. Zweck des § 15 KSchG ist es, den geschützten Personen die erforderliche Unabhängigkeit bei der Ausübung ihres Amtes zu gewähren und die Stetigkeit der Arbeit der jeweiligen Arbeitnehmervertretung

---

514 vgl. Schaub/Koch, Arbeitsrecht von A-Z; auch LAG Düsseldorf, Urteil vom 25.08.1995, Az. 17 Sa 324/95; Krause, RdA 2009, 129 (136)
515 vgl. Däubler, Gewerkschaftsrechte im Betrieb, S. 226; Teilweise wird in der Literatur auch diskutiert, ob das ILO-Übereinkommen Nr. 135 auch für Vertrauensleute gilt. Dann müssten den Vertrauensleuten „Erleichterungen" zur wirksamen Durchführung ihrer Aufgaben nach Art. 2 gewährt werden. Art. 5 des Übereinkommens verbietet zudem eine „Untergrabung" der gewerkschaftlichen Position im Betrieb. Er wäre verletzt, wenn die gewerkschaftlichen Vertrauensleute keinerlei besondere Rechte hätten, da dann bei innerbetrieblichen Konflikten der Weg u den Betriebsräten der einzig erfolgversprechende Weg wäre.
516 Joost - Münchener Handbuch ArbeitsR Bd. 2, § 220, Rn. 1
517 vgl. Joost- Münchener Handbuch ArbeitsR Bd. 2, § 220, Rn. 5

dadurch sichern, dass diese als Ganzes für die Dauer ihrer Wahlperiode in ihrer personellen Zusammensetzung möglichst unverändert erhalten bleibt.[518] Die in § 15 KSchG genannten Arbeitnehmervertreter sollen nicht aus Furcht vor einer Kündigung davor zurückschrecken, Aufgaben im Rahmen des Betriebsverfassungsgesetzes oder der Personalvertretungsgesetze zu übernehmen oder übernommene Aufgaben ordnungsgemäß wahrzunehmen, auch wenn dabei Konflikte mit dem Arbeitgeber auszutragen sind.[519] Eine außerordentliche Kündigung eines Betriebsratsmitglieds ist zwar möglich, bedarf aber der Zustimmung des Betriebsrats (§ 103 Abs. 1 BetrVG). Hierdurch soll verhindert werden, dass Mandatsträger durch willkürliche, außerordentliche Kündigungen aus dem Betrieb entfernt und das Verfahren durch Ausnutzung der Rechtsmittel so lange verschleppt wird, dass das Mitglied des Vertretungsorgans inzwischen von dem Betrieb entfremdet ist und keine Aussicht auf eine Wiederwahl hat.[520] Außerdem soll sichergestellt werden, dass bei einer groben Pflichtverletzung des Betriebsratsmitglieds in seiner Eigenschaft als Betriebsratsmitglied der Arbeitgeber sich der hierfür vorgesehenen Möglichkeit des Ausschlusses aus dem Betriebsrat (§ 23 BetrVG) bedient und nicht auf den Weg der außerordentlichen Kündigung des Arbeitsverhältnisses ausweicht.[521] Über den Kündigungsschutz während des Mandats hinaus, besteht auch nach Beendigung des Mandats ein nachwirkender Kündigungsschutz für ein Jahr. Während dieser Zeit ist eine Kündigung des ehemaligen Betriebsratsmitglieds nur aus wichtigem Grund zulässig, bedarf jedoch keiner Zustimmung des Betriebsrats mehr.

Der Betriebsrat ist auch gegen grobe Verstöße des Arbeitgebers durch § 23 Abs. 3 BetrVG geschützt, wonach Sanktionen gegen den Arbeitgeber eingeleitet werden können. Darüber hinaus wird die Tätigkeit des Betriebsratsmitglieds auf Antrag des Betriebsrats auch durch die Strafvorschrift des § 119 Abs. 1 Nr. 2 und Abs. 2 BetrVG sogar mit Freiheitsstrafe bis zu einem Jahr vor Behinderung oder Störung geschützt.

c) Fazit

Der direkte Vergleich des Schutzumfangs der gewerkschaftlichen Vertrauensleute und Betriebsräte ergibt, dass Betriebsräte im Betrieb deutlich mehr Schutz genießen als gewerkschaftliche Vertrauensleute. Die Rechte der Betriebsräte sind gesetzlich geregelt, während das bei gewerkschaftlichen Vertrauensleuten nicht der Fall ist. Betriebsräte genießen während ihres Mandats und ein Jahr danach einen gesetzlichen Kündigungsschutz, während gewerkschaftliche Vertrauensleute höchstens einem im Tarifvertrag vereinbarten Kündigungsschutz unterliegen können. Die Reduzierung der Arbeitszeit für gewerkschaftliche Ver-

---

518 BAG 23. 1. 2002 AP BGB § 620 Befristeter Arbeitsvertrag Nr. 230= NZA 2002, 986
519 vgl. Ascheid/Preis/Schmid – *Linck*, Kündigungsrecht, § 15 KSchG, Rn. 1,2
520 vgl. Ascheid/Preis/Schmid – *Linck*, Kündigungsrecht, aaO
521 vgl. Ascheid/Preis/Schmid – *Linck*, Kündigungsrecht, aaO

trauensleute ist zwar möglich, aber nur durch Einräumung von Sonderrechten im Tarifvertrag. Ganz im Gegensatz zu Betriebsräten, deren Freistellung von der beruflichen Tätigkeit bis zur gesamten Vollzeit gesetzlich vorgeschrieben ist. Betriebsräte erhalten ihr Arbeitsentgelt weiterhin vom Arbeitgeber, während gewerkschaftliche Vertrauensleute höchstens durch Sondervereinbarung im Tarifvertrag eine bezahlte Arbeitsfreistellung durch den Arbeitgeber erhalten können. Darüber hinaus ist nur der Betriebsrat in der Ausübung seiner Tätigkeit strafrechtlich geschützt. Für gewerkschaftliche Vertrauensleute fehlt eine solche Vorschrift gänzlich. Im Übrigen scheint die große Zeit des Vertrauensleutewesens als eine eigenständig neben dem Betriebsrat stehende Parallelstruktur zur Vertretung von Arbeitnehmerinteressen („Zwei-Säulen-Theorie") ohnehin vorbei zu sein.[522] Vielmehr setzen die Gewerkschaften schon seit längerem sehr viel stärker auf eine einheitliche Interessenvertretung durch den Betriebsrat.[523]

3. Vergleich der Rechte der Arbeitnehmervertreter

Bei einem Vergleich der Rechte der Arbeitnehmervertreter muss beachtet werden, dass es sich hierbei um zwei vollkommen unterschiedliche Systeme handelt. Während in Rumänien Arbeitnehmer gewählt werden, die in die Führungsorgane der Gewerkschaft integriert werden können, entsenden in Deutschland Gewerkschaften Vertrauensleute in die Betriebe. Ebenso sind die Betriebsratsmitglieder ständig im Betrieb tätig, wobei die rumänischen Arbeitnehmerräte lediglich subsidiär einberufen werden.

Eine komplette Freistellung eines Arbeitnehmervertreters von seiner beruflichen Tätigkeit ist dem rumänischen Gesetz fremd, im Gegensatz zum deutschen, das in Betrieben mit vielen Arbeitnehmern sogar mehrere Vollzeit-Betriebsräte vorsieht. Hieran sieht man deutlich, wie die verschiedenen Rechtssysteme ihre Arbeitnehmervertreter schützen. Während in Rumänien den Gewerkschaftsvertretern mehr Rechte zustehen als den Arbeitnehmerräten, stehen in Deutschland den Betriebsräten deutliche mehr Rechte zu als den gewerkschaftlichen Vertrauensleuten.

---

522 Krause, RdA 2009, 129 (136);
523 Krause, aaO

Teil D: Zusammenfassung: Arbeitnehmervertretung in Rumänien und das duale System in Deutschland

An dieser Stelle erfolgt ein Quer- und Gesamtvergleich der Arbeitnehmervertretung in Rumänien mit dem dualen System in Deutschland. Erst werden die Besonderheiten bezüglich der Arbeitnehmervertretung in beiden Ländern miteinander verglichen (I.), sodann erfolgt ein Vergleich der Arbeitnehmervertreter im Aufsichtsrat (II.) sowie ein abschließender Vergleich (III.).

I. Arbeitnehmervertretung in Deutschland und Rumänien

Eine Besonderheit des rumänischen Rechtssystems ist der Verhandlungsanspruch der Gewerkschaften, der sich stark von dem deutschen Tarifrecht unterscheidet.

Im deutschen Recht besteht nicht einmal ein Recht der Gewerkschaften gegenüber dem Arbeitgeber auf Unterrichtung, geschweige denn auf Mitwirkung im Unternehmen, während die Gewerkschaften in Rumänien einen gesetzlichen Verhandlungsanspruch gegenüber dem Arbeitgeber haben.

Allerdings bedeutet auch ein gesetzlicher Verhandlungsanspruch nicht, dass über alle verhandelten Themen zwangsweise eine Vereinbarung zustande kommen muss.[524] Wie sehr der rumänische Arbeitgeber durch die Verhandlungspflicht eingeschränkt ist, hängt hauptsächlich von der Macht der jeweiligen Gewerkschaft ab. Handelt es sich um eine starke Gewerkschaft, wird sie in der Lage sein, den Arbeitgeber zu ernsthaften Verhandlungen über die verhandlungspflichtigen Themen zu zwingen und die Verhandlungen in Vereinbarungen münden zu lassen.[525] Ist die Gewerkschaft dagegen schwach, so ist es umso wahrscheinlicher, dass dem Arbeitgeber die Bereitschaft fehlt, zu einer Einigung zu gelangen, wenn keine Gegenwehr der Gewerkschaft zu befürchten ist.[526]

Eine empirische Untersuchung[527] hat aufgezeigt, dass viele tatsächliche Probleme mit der Arbeitnehmervertretung durch die Gewerkschaften im Betrieb bestehen. Lediglich ca. ein Drittel der Gewerkschaftsvertreter versucht wirklich, die Arbeitnehmerinteressen zu wahren, vor allem weil die meisten von ihnen vom Betrieb bezahlt werden. Die befragten Gewerkschaftsvertreter deuteten auch an, dass es besonders schwierig ist, ein professionelles Gewerkschaftsteam im Betrieb zusammenzustellen, weil die Geschäftsführung den besten Gewerk-

---

524 vgl. Siegrist, Einschränkung der unternehmerischen Entscheidungsfreiheit, S. 169
525 vgl. Siegrist, aaO.
526 vgl. Siegrist, aaO.
527 siehe Trif, South-East Europe Review for Labour and Social Affairs, S. 43 (56)

schaftsvertretern Management-Positionen zu sehr günstigen Konditionen anbietet. Wenn diese das Angebot ablehnen, dann wird oft ein Grund gefunden, ihnen zu kündigen. Darüber hinaus ergab die Studie, dass kollektive Vertragsverhandlungen auf betrieblicher Ebene sehr schwer durchzuführen sind, da Lohnerhöhungen grundsätzlich nur im Gegenzug zur Kündigung einiger Arbeitnehmer vereinbart werden. Daher befinden sich die betrieblichen Gewerkschaften in einer schwachen Verhandlungsposition.[528] Des Weiteren hat die Untersuchung gezeigt, dass viele Gewerkschafter auf Betriebsebene immer noch die „Werkzeuge" der Geschäftsführung sind, auf höherer Ebene nutzen viele Gewerkschaftsführer die Gewerkschaftsverbände bzw. Gewerkschaftsbünde als Sprungbrett für ihre persönliche, oft auch politische, Kariere.[529] Daran erkennt man, dass verschiedene Altlasten von den Gewerkschaften der kommunistischen Periode vererbt wurden und bis jetzt weiterbestehen.[530]

Im Gegensatz zu den Rechten der Gewerkschaften in Deutschland, ist dem Betriebsverfassungsrecht ein Verhandlungsanspruch nicht fremd. Die Beteiligungsrechte des Betriebsrats gehen durch die zwingende Mitbestimmung in manchen Bereichen auch weiter als der Verhandlungsanspruch der rumänischen Gewerkschaften. Allein durch das Unterrichtungsrecht des Betriebsrats werden Arbeitgeber in Deutschland weniger eingeschränkt als Arbeitgeber in Rumänien es aufgrund des Verhandlungsanspruchs der Gewerkschaften sind. Reine Informations- und Anhörungsrechte des Betriebsrats erreichen nicht das Maß eines Verhandlungsanspruchs. Auch das Beratungsrecht des Betriebsrats bei Kündigungen, das ein eingeschränktes Vetorecht vorsieht, bleibt hinter dem Verhandlungsanspruch zurück, da es den Arbeitgeber nicht daran hindert, die Entscheidung der Kündigung umzusetzen.[531] Nur bei den Beteiligungsrechten, die ein Zustimmungsverweigerungsrecht oder ein echtes Mitbestimmungsrecht vorsehen, ist der Arbeitgeber verpflichtet, mit dem Betriebsrat zu einer Einigung über die Durchführung der geplanten Maßnahme zu kommen, also zu „verhandeln".[532] In diesen Fällen übertrifft das deutsche Mitbestimmungsrecht die Rechte der Gewerkschaften in Rumänien. Denn trotz des Verhandlungsrechts der Gewerkschaften, ist der Arbeitgeber nicht von der Zustimmung oder einer tatsächlichen Einigung der Gewerkschaften abhängig. Es besteht zwar eine Verhandlungspflicht, aber keine Abschlusspflicht. Wenn die Verhandelnden somit nicht zu einer Einigung gelangen, kann ein Arbeitgeber in Rumänien, die Maßnahme einseitig umsetzen, während der deutsche Arbeitnehmer nicht ohne die Zustimmung des Betriebsrats handeln kann. Anders als die Gewerkschaften in Rumänien, hat der Betriebsrat also ein Mitentscheidungsrecht. Gelingt es dem

---

528 Trif, South-East Europe Review for Labour and Social Affairs 2004 (2004), 43 (56)
529 Trif, South-East Europe Review for Labour and Social Affairs 2004 (2004), 43 (57)
530 Trif, South-East Europe Review for Labour and Social Affairs 2004 (2004), 43 (57)
531 vgl. Siegrist, Einschränkung der unternehmerischen Entscheidungsfreiheit, S. 170
532 vgl. Siegrist, aaO

Arbeitgeber nicht, den Betriebsrat von seinem Lösungsansatz zu überzeugen, tritt die Einigungsstelle als streitentscheidende Instanz in Aktion. Auch bei wirtschaftlichen Entscheidungen ist das Beteiligungsrecht des Betriebsrats ausgeprägter als der Verhandlungsanspruch der Gewerkschaften in Rumänien. Hier hat der Betriebsrat nach dem Betriebsverfassungsgesetz lediglich bei der Entscheidung über die Unterrichtung des Wirtschaftsausschusses (§ 109 S. 1 BetrVG) bezüglich des Abschlusses eines Sozialplans (§§ 112, 112a BetrVG) ein echtes Mitbestimmungsrecht.

Damit ist deutlich geworden, dass das Mitbestimmungsrecht des Betriebsrats in einigen für den Unternehmer bedeutenden Fragen weiter geht als der Verhandlungsanspruch rumänischer Gewerkschaften. Zwar kann auch in Rumänien ein Zustimmungsrecht der Gewerkschaften über diese Frage im Tarifvertrag vereinbart werden – eine Einigung hängt allerdings von der Verhandlungsmacht der jeweiligen Gewerkschaft ab.

II. Arbeitnehmervertreter im Aufsichtsrat

Die Arbeitnehmervertreter im Aufsichtsrat sind Teil eines Unternehmensorgans, sie sind in die Unternehmensorganisation integriert und dem Unternehmensinteresse verantwortlich – zugleich sollen sie aber die Arbeitnehmerinteressen im Aufsichtsorgan zur Geltung bringen. Damit sind Interessenkonflikte vorprogrammiert.

Vergleicht man die Befugnisse der Arbeitnehmervertreter im Aufsichtsrat, so ergibt sich, dass der Verantwortungsbereich und damit der Entscheidungsspielraum der Arbeitnehmervertreter in Deutschland weiter reicht. Rumänische Gewerkschaften können lediglich nach Willkür der Arbeitgeber und nur bei Angelegenheiten im Aufsichtsrat tätig werden, in denen berufliche, wirtschaftliche, soziale, kulturelle oder sportliche Belange betroffen sind. Allerdings ist diese Aufgabeneröffnung so weitreichend, dass quasi alle Belange eines Unternehmens darunter fallen. In Deutschland besteht der Verantwortungsbereich des Aufsichtsrats in seiner Kontrollfunktion gegenüber dem Vorstand – bzw. der Geschäftsführung bei einer GmbH –, wodurch er in allen Fragen des Unternehmens zu entscheiden hat. Der Aufsichtsrat hat in Deutschland im Rahmen seiner Überwachungs- und Kontrollfunktion gem. § 111 Abs. 1 AktG nämlich die Aufgabe und sogar die Pflicht, den Vorstand zu beraten. Allerdings ist die Intensität des rumänischen Anspruchs der Gewerkschaftsvertreter auf Teilnahme in den geschäftsführenden Gremien des Arbeitgebers nicht zu unterschätzen, da der Arbeitgeber auf diese Weise immer auf eigene Initiative mit der Gewerkschaft in Verhandlungen eintreten muss, bevor er eine Entscheidung über berufliche, wirtschaftliche, soziale, kulturelle oder sportliche Belange treffen kann. Demgegenüber ist der Vorstand (bzw. das jeweilige Geschäftsführungsorgan) in Deutschland lediglich zur umfassenden Unterrichtung des Aufsichtsrats bezüglich der anstehenden Entscheidungen und Planungen verpflichtet.[533] Der Aufsichtsrat hat dann im Rahmen seiner Kontrollpflicht die Aufgabe, den Vorstand zu beraten und eine widersprechende Meinung darzulegen. Das führt aber nicht – wie in Rumänien – dazu, dass der Vorstand vor einer Entscheidung stets mit dem Aufsichtsrat verhandeln muss.

Ein weiterer Unterschied ist, dass der Aufsichtsrat den Ermessensspielraum des Vorstands zu beachten hat und außerhalb der Faktoren Ordnungsmäßigkeit, Rechtmäßigkeit, Zweckmäßigkeit und Wirtschaftlichkeit nicht seine eigenen Überlegungen an die Stelle der Beurteilung und Entscheidung des Vorstands setzen darf. Dies folgt aus der dem Vorstand gewährten Eigenverantwortlichkeit. Demgegenüber sind die rumänischen Gewerkschaften als externe Institution im Rahmen der Verhandlungen in keinster Weise an Überlegungen des Arbeitgebers gebunden.[534] Etwas anderes gilt jedoch im Hinblick auf die durch Satzung oder Aufsichtsratsbeschluss nach § 111 Abs. 4 S. 2 AktG mit Zustimmungsvorbehalt versehene Geschäfte. Durch diese wird die eigenverantwortliche Leitung der Gesellschaft durch den Vorstand eingeschränkt. Der Zustimmungsvorbehalt führt zu einer begrenzten gemeinsamen Geschäftsführung von Vorstand und Aufsichtsrat bei dem jeweiligen Geschäft[535] und geht damit weit über den Verhandlungsanspruch der rumänischen Gewerkschaften hinaus, der es dem Arbeitgeber überlässt, nach Scheitern der Verhandlung die geplante Maßnahme einseitig umzusetzen.[536] Das rumänische Recht räumt den teilnehmenden Gewerkschaftsvertretern im Gegensatz dazu kein Stimmrecht bei den Entscheidungen des Aufsichtsrats ein; sie dürfen – wenn überhaupt – lediglich mitdiskutieren und so auf die Entscheidungsfindung einwirken. Die Entscheidung trifft dann der Aufsichtsrat selbst. In Deutschland hingegen ist der Aufsichtsrat paritätisch zusammensetzt bzw. besteht zu einem Drittel aus Arbeitnehmervertretern, wobei diese Mitglieder des Aufsichtsrats sind und das gleiche Stimmrecht haben wie die sonstigen Anteilseigner-Aufsichtsratsmitglieder.

Abschließend kann festhalten werden, dass Gewerkschaftsvertreter in Rumänien keine Aufsichtsratsmitglieder sind, daher an der Entscheidung im Unternehmen nicht aktiv teilnehmen und nur an Aufsichtsratssitzungen teilnehmen dürfen, sofern die Arbeitnehmer von den anstehenden Entscheidungen mittel- oder unmittelbar betroffen sind.

Hervorzuheben ist aber, dass die rumänischen Gewerkschaftsvertreter nach der Gesetzesänderung durch das Gesetz zum Sozialen Dialog (Gesetz Nr. 62/2011) nicht mehr qua Gesetz bei Aufsichtsratssitzungen anwesend sind und ihren Standpunkt äußern dürfen.

---

533 vgl. Siegrist, Einschränkung der unternehmerischen Entscheidungsfreiheit, S. 174
534 vgl. Siegrist, Einschränkung der unternehmerischen Entscheidungsfreiheit, S. 176
535 MünchKommArbR – *Semler*, § 111, Rn. 429
536 vgl. Siegrist, Einschränkung der unternehmerischen Entscheidungsfreiheit, S. 176

Dies ist ein Schritt in die Richtung entgegen einer Unternehmensmitbestimmung, der für die weitere Entwicklung der Arbeitnehmervertretung im Sinne Europas nicht zu begrüßen ist.

III. Ergebnis

Die Gewerkschaften in Rumänien übernehmen den Verantwortungsbereich, der in Deutschland zwischen den Gewerkschaften, dem Betriebsrat und den Arbeitnehmervertretern im Aufsichtsrat aufgeteilt ist. So sind sie sowohl für das Verhandeln der Tarifverträge (Löhne, etc.) verantwortlich, wie auch an den wirtschaftlichen und sonstigen Angelegenheiten im Betrieb beteiligt. Die Tätigkeitsbereiche und der Umfang der Mitwirkung decken sich dabei zwar nicht, weil beide Rechtssysteme im Einzelnen unterschiedliche Voraussetzungen für die Arbeitnehmervertretung vorsehen; diese Systemunterschiede im Detail ändern jedoch nichts an der Feststellung, dass die Gewerkschaften in Rumänien die Arbeitnehmer in Bereichen vertreten, die in Deutschland auf unterschiedliche Institutionen aufgeteilt sind.[537]

Die rumänische Rechtslage unterstellt lediglich einen begrenzten Themenbereich – wobei mit den wirtschaftlichen Angelegenheiten der wichtigste Bereich umfasst ist – der Verantwortung der Gewerkschaften und schreibt durch den Verhandlungsanspruch eine weiter reichende Interaktion mit dem Arbeitgeber als in Deutschland vor. Dabei übernehmen Gewerkschaften auch die Arbeitnehmervertretung im Betrieb, die in Deutschland durch Betriebsräte erfüllt wird. Das Institut des Betriebsrats und vor allem der Mitbestimmung wird im Ausland wie im Inland nicht selten kritisiert. Die Behauptung, die Attraktivität des Wirtschaftsstandortes Deutschland werde durch die Mitbestimmung beeinträchtigt, weil sie ausländische Investoren von Investitionen abhielte, hält jedoch einer empirischen Überprüfung nicht stand.[538] Während die Unternehmensmitbestimmung zur Transparenz und Orientierung zum langfristigen Bestand beiträgt, findet der Betriebsrat zunehmend Anerkennung und Wertschätzung als Produktionsfaktor und Vertrauensagentur, ja als ein sozialpolitischer Co-Manager.[539] Zu befürchten ist aber, dass die anwachsende Kritik an der Unternehmensmitbestimmung und die permanent wiederholte Behauptung, sie beeinträchtige die wirtschaftliche Effektivität von Unternehmen und die Standortqualität Deutschlands, zur *self-fulfilling prophecy* wird, wenn ausländische Investoren dies am Ende für bare Münze nehmen.[540] Bei einer so jungen Regelung der kollektiven Vertretung durch Gewerkschaften – wie in Rumänien – wäre es daher verfrüht, eine Anwendung des deutschen Modells der Arbeitnehmervertretung zu fordern, da damit eine Überforderung aller Parteien sehr wahrscheinlich wäre. Ähnlich

---

537 vgl. Siegrist, Einschränkung der unternehmerischen Entscheidungsfreiheit, S.150
538 vgl. Müller-Jentsch, in: Höland/Homann-Dennhardt, S. 280
539 Müller-Jentsch, Wie robust ist das deutsche Mitbestimmungsmodell? S. 273 (281)
540 Müller-Jentsch, Wie robust ist das deutsche Mitbestimmungsmodell? S. 273 (280)

wie im deutschen Recht sollten jedoch auch in Rumänien den Gewerkschaften schrittweise mehr Mitbestimmungsrechte im Betrieb eingeräumt werden. Ein wichtiger Faktor bei der Frage, ob die Gewerkschaften ihre Forderungen durch einen Tarifvertrag umsetzen können oder es lediglich bei den Verhandlungen bleibt, ist die Durchsetzungskraft der Gewerkschaften im Einzelfall. Die Organisationen in Rumänien auf nationaler Ebene sind stark, wie ein Beispiel aus dem Jahre 2004 zeigt, als die damals neu gewählte Regierung versuchte, das Arbeitsgesetzbuch von 2003 zugunsten der Arbeitgeber zu ändern, die mehr Flexibilität und weniger Arbeitnehmerrechte forderten. Die Gewerkschaften haben gegen diese Änderungen gekämpft, so dass nur geringfügige Gesetzesänderungen im Jahre 2005 umgesetzt wurden. Trotz großer Hemmung während des Wechsels von der Zentral- zur Marktwirtschaft, zeigen die Entwicklungen in Rumänien, dass Gewerkschaften einen gewissen Einfluss auf die Arbeitsgesetzgebung haben.[541] Allerdings sieht dies auf Betriebsebene anders aus. Dabei ist auch die Rolle und Effektivität der Arbeitgebervereinigungen bei Kollektivvereinbarungen in Rumänien geringer als in anderen osteuropäischen Ländern.[542] Im Jahre 2001 war beispielsweise der Hauptunterschied zwischen dem Tarifvertrag auf Branchenebene für die Chemieindustrie und dem nationalen Tarifvertrag, ein um 35 % höherer Lohn als der nationale Mindestlohn.[543] Problematisch ist das für Betriebe, die es sich finanziell nicht leisten können, diesen höheren Lohn zu zahlen. Es kommt daher vor, dass diese Betriebe auf Betriebsebene einen niedrigeren Lohn tarifvertraglich vereinbaren, als der Branchentarifvertrag vorsieht, obwohl dies rechtswidrig ist.[544] Die Gewerkschaftsvertreter könnten zwar gegen die Arbeitgeber klagen. In der Praxis akzeptieren die Arbeitnehmer sowie die Gewerkschaften jedoch lieber einen niedrigeren Lohn, als die Arbeitslosigkeit zu riskieren. Die Tatsache, dass die (früheren) Branchentarifverträge zum Nachteil der Arbeitnehmer auf Unternehmensebene umgangen werden, zeigt, dass die Kollektivverhandlungen bei finanziellen Problemen nicht effektiv sind und tatsächlich außer Kraft gesetzt werden.[545] Trotz dessen steht Rumänien bei Umfrageergebnissen in diesem Bereich sehr gut da – sogar besser als Deutschland. Wie die Unternehmensumfrage 2009 zeigt, hat Rumänien den höchsten Einfluss der Arbeitnehmervertretung in ganz Europa.[546]

---

541 Trif, Collective Bargaining Practices in Eastern Europe, S. 7
542 Trif, Collective Bargaining Practices in Eastern Europe, S. 10
543 Trif, aaO
544 Tri,: Collective Bargaining Practices in Eastern Europe, S. 11
545 vgl. Trif, aaO
546 Eurofound, Europäische Unternehmenserhebung 2009, S. 65

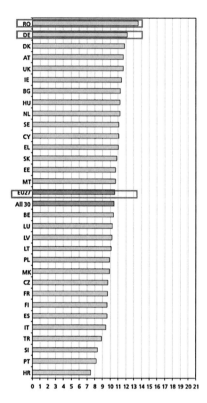

Abbildung 4: Strategischer Einfluss der Arbeitnehmervertretung
Quelle: Eurofound, Europäische Unternehmenserhebung 2009

Diese Umfrage betrachtet den strategischen Einfluss. Hier wurde das Mittel aus den Bereichen Gesundheit und Sicherheit, Arbeitszeitregelung, Wechsel in Arbeitsprozessen, Gleichstellungs- und Anti-Diskriminierungsfragen, Umstrukturierung, Karriere-planung und Personalplanung genommen.

Im Zuge der Diskussion hinsichtlich der Einführung einer institutionalisierten Arbeitnehmervertretung ist die nächste Abbildung bemerkenswert. Aus ihr geht hervor, dass die Führungskräfte/Geschäftsführer Arbeitnehmervertretungen bzw. -mitwirkung für die Verbesserung der Arbeitsleistung als positiv ansehen.

Dabei ist besonders hervorstechend, dass fast 90% der Arbeitgeber in Rumänien der Ansicht sind, dass sich die Arbeitnehmervertretung positiv auswirkt, aber nur ca. 65% der deutschen Arbeitgeber.

Anhand dieser Studie und den Abbildungen fällt auf, dass Rumänien eine extreme Stellung einnimmt. Mal führt es die Statistiken an, mal hat es die schlechtesten Ergebnisse. Dies zeigt eine deutliche Inkonsequenz bezüglich der Einstellungen zur Arbeitnehmervertretung.

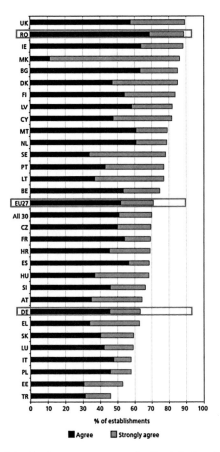

Abbildung 5: Ansicht des Managements, ob die Arbeitnehmervertretung konstruktiv ist für die Verbesserung der Arbeitsleistung
Quelle: Eurofound, Europäische Unternehmenserhebung 2009

So erhält die Arbeitnehmervertretung nach Abbildung 4 zum Beispiel so gut wie gar keine Informationen von den Arbeitgebern/Management, wird aber als besonders konstruktiv angesehen (Abbildung 5). Das zeigt besonders die Defizite in der Praxis.

„Auch die von der ILO festgelegten Normen müssen natürlich in der Realität Geltung haben bzw. bekommen. Dies ist längst nicht überall realisiert – oft ist das Gegenteil der Fall: Arbeitsgesetze, die sich teilweise bereits an den EU-Richtlinien und den ILO-Normen orientieren, haben in den wenigsten Ländern in der Arbeitswelt auch eine konkrete Bedeutung für die Beschäftigten. Oftmals sind diese Regelwerke und Normen weder den Arbeitgebern noch den Beschäftigten hinreichend bekannt. Allzu oft gibt es in den Transformationsländern auf der rechtlichen Ebene derzeit keine realistische Durchsetzungsmöglichkeit. Es fehlen kompetente Richter und hinreichend viele Gerichte, die Konflikte auch lösen könnten. In fast allen Transformationsländern sind Wartezeiten von mehreren Jahren eher die Regel. Für betroffene Arbeitnehmerinnen und Arbeitnehmer ein Grund dafür, ihre Rechte gar nicht erst wahrnehmen zu wollen bzw. zu können."[547]

Es stellt sich damit die Frage der wirkungsvollen Ausweitung der Arbeitnehmerinteressen in einem demokratischen Interessenausgleich. Hierbei müssen Strukturen entstehen, die einerseits eine Stärkung der Durchsetzungskraft ermöglichen, aber auch eine diesbezügliche Gestaltungskompetenz. Dies muss auf eine Art und Weise erfolgen, die die Arbeitnehmer schrittweise an eine soziale und demokratische Arbeitswelt annähert.

Dabei ist die Unabhängigkeit einer Interessenvertretung oberste Voraussetzung. Nur eine vom Staat und der Politik unabhängige Organisation ist allein den Interessen ihrer Mitglieder verpflichtet. Des Weiteren sind die Mitglieder von besonderer Bedeutung. Das wichtigste Kapital einer Gewerkschaft sind Mitglieder, die aktionsbereit und überzeugt auf allen Ebenen der Gewerkschaftsbetätigung aktiv sind und so die gewerkschaftlichen Interessen vertreten können und wollen. Nur so kann eine Gewerkschaft im Gesamtgeschehen etwas bewegen. Hierbei spielt auch die Mitgliedergewinnung eine wichtige Rolle, um zu mehr Durchsetzungskraft zu gelangen. Die Gewerkschaften müssen in den Betrieben viel präsenter sein, um mehr Mitglieder ansprechen zu können und sich um die speziellen Probleme und Bedürfnisse im jeweiligen Betrieb zu kümmern. So werden Gewerkschaften attraktiver und ziehen mehr Arbeitnehmer an. Neben der Präsenz und der Unabhängigkeit der Gewerkschaften ist auch deren Kompetenz ausschlaggebend. Eine Gewerkschaft, die sich in allen Fragen des Betriebs auskennt und den Arbeitnehmern Lösungen aufzeigen kann, hat einen Mehrwert für die Arbeitnehmer, den diese sicher erkennen. Weil also von den Gewerkschaften nun mehr Eigeninitiative und inhaltliche Aktivität in politischen Diskussionen verlangt wird, muss sich zwangsläufig das zweite Standbein – die Sachverständigkeit der Organisation – wesentlich stärker entwickeln.[548] Daher ist die themenspezifische Fortbildung der Gewerkschaftsführer besonders wichtig um die Kompetenz und Fachkunde der Gewerkschaft zu erhöhen. Denn sie sind schließlich, neben den Mitgliedern, das Kapital der Gewerkschaft.

Auch hinsichtlich der Gewerkschaftsbünde ist eine Zusammenarbeit erforderlich. Bei dem Bestehen von fünf nationalen Arbeitnehmer- und zwölf Arbeitgeberverbänden sollte der Konkurrenzkampf zurückgestellt werden und sich den wichtigen Fragen der Arbeitswelt gewidmet werden. Schließlich ist die Mög-

---

547 Hantke, Gewerkschaften im 21. Jahrhundert, S. 19
548 Hantke, Gewerkschaften im 21. Jahrhundert, S. 5

lichkeit der Vertretung einer Gewerkschaft einzigartig. Keine andere Interessenorganisation verfügt über eine solch breite Struktur wie im Betrieb, vor Ort, der Stadt, der Region, des Sektors und auf nationaler Ebene.

In Rumänien verfügen die Gewerkschaften noch über einen recht hohen Organisationsgrad als Überbleibsel des Kommunismus. Diesen Vorteil müssten die Gewerkschaften zeitnah ausnutzen und dürfen ihn nicht verspielen. Wichtig wäre eine ausgeprägte Präsenz der Gewerkschaften in den Betrieben sowie eine gezielte Mitgliederwerbung und Jugendarbeit.

Darüber hinaus fehlt eine wirksame Kontrolle und somit die Durchsetzungsmöglichkeit formal gegebener Arbeitnehmerrechte. Dieser unzulängliche Rechtsschutz folgt aus der Nichtausschöpfung gewerkschaftlicher Möglichkeiten zur Durchsetzung eines sowie aufgrund des Fehlens spezialisierter Arbeitsgerichte unter Mitwirkung von Vertretern der Sozialpartner.

Teil E: Die Gewerkschaften bei der Durchführung des Sozialen Dialogs

„Der Soziale Dialog wird definiert als die Prozesse, bei denen anerkannte Arbeitnehmervertreter bis zu einem gewissen Grad an Entscheidungen bezüglich der Beschäftigungsbeziehungen beteiligt werden. Eine solche Beteiligung kann in der bloßen Information durch die Unternehmensführung bestehen, kann sich aber auch auf Beratung, Verhandlungen oder gleichberechtigte Beteiligung an der Entscheidungsfindung ausweiten."[549] Die ILO definiert den Sozialen Dialog als „alle Arten von Verhandlung, Beratungen oder einfachem Informationsaustausch zwischen oder unter Regierungsvertretern, Arbeitgeber- und Arbeitnehmervertretern zu Themen von gemeinsamem Interesse der Wirtschafts- und Sozialpolitik. Es kann sich um einen dreiseitigen Dialog handeln, an dem die Regierung als öffentliche Stelle beteiligt ist, oder um einen zweiseitigen Dialog zwischen Arbeitgeber- und Gewerkschaftsorganisationen, mit oder ohne direkte Beteiligung der Regierung."[550] Der Dialog kann informell oder institutionalisiert sein, wobei er oft eine Mischung aus beiden ist. Er findet entweder auf nationaler, regionaler oder auf Unternehmensebene statt. Er kann berufsübergreifend, sektoral oder eine Mischung aus beiden sein.[551] Dies ist die weiteste Auslegung des Begriffs. Im Unterschied dazu versteht man unter Kollektivverhandlungen die Verhandlung über Löhne und Arbeitsbedingungen. Durch den Sozialen Dialog sollen im Verhältnis von Arbeitgeber- und Arbeitnehmerverbänden (Sozialpartner) Interessengegensätze durch Konsenspolitik gelöst und offene Konflikte eingedämmt werden. In Deutschland wird hierunter hauptsächlich ein Konsens zwischen der Arbeitgeberseite und der Arbeitnehmerseite verstanden. In Rumänien steht ein Konsens zwischen dem Staat und der Arbeitgeberseite sowie der Arbeitnehmerseite im Mittelpunkt. Für den kollektiven Ausgleich gegenläufiger Interessen von Arbeitnehmern und Arbeitgebern bestehen zwei unterschiedliche, sich aber ergänzende und beeinflussende Systeme: das System der dreigliedrigen Verhandlungen zwischen dem Staat[552], vertreten durch die Regierung und

---

549 Eurofound: Europäische Unternehmenserhebung (2010), S. 5
550 www.ilo.org/public/english/dialogue/themes/sd.htm; abgerufen am 30.11.2010; Rumänien hat das ILO- Übereinkommen Nr. 144 (Übereinkommen über dreigliedrige Beratungen zur Förderung der Durchführung internationaler Arbeitsnormen, 1976) durch das Gesetz Nr. 96/1992 verabschiedet. Die selbe Definition verwendet auch ECOTEC Research: Strengthening social dialogue in the local and regional government sector in the 'new' Member States and candidate countries (2005), S. 12
551 www.ilo.org/public/english/dialogue/themes/sd.htm
552 Eine besondere Form für das Engagement der Sozialpartner im Rahmen der Reformpläne der EU ist der Abschluss eines Sozialpakts oder einer Vereinbarung mit der Regierung. Ein solcher Dreiparteien-Pakt wurde bereits in Irland, Spanien, Italien, Portugal, Slowenien und Finnland sowie in Bulgarien und Rumänien abgeschlossen. Ein Sozial-

Arbeitgeber- und Arbeitnehmervertreter, das in Rumänien viel weiter verbreitet ist als in Deutschland (I.) sowie zweigliedrige Verhandlungen, die zwischen Arbeitgeber- und Arbeitnehmervertretern erfolgen und meist in einem Tarifvertrag gipfeln (II.).

I. Das Konzept „Sozialer Dialog"

Der Sozialdialog ist besonders wichtig, um gemeinsame Wirtschafts- und Arbeitsbedingungen der aktuellen wirtschaftlichen Situation sowie Perspektiven für die wirtschaftliche Entwicklung des Landes auszuarbeiten. Eine regelmäßige und frühzeitige Aussprache zwischen den Sozialpartnern vereinfacht die rechtliche Umsetzung eines gesellschaftlichen Wandels durch Reformen und führt zu schnellen Handlungsmöglichkeiten im Falle von Veränderungen. Darüber hinaus führen regelmäßige Kollektivverhandlungen meist zu guten bzw. besseren Beschäftigungsbedingungen. Daher ist die Art und Weise der Durchführung des Sozialdialogs entscheidend für die Rechte der Arbeitnehmer in einem Land. Nachdem der Soziale Dialog und die Arbeitnehmervertretung im sozialistischen Regime fünfzig Jahre lang seinem eigentlichen Zweck beraubt wurden[553], ist nach der Revolution eine demokratische Regelung eingeführt worden, die Tarifverhandlungen und Kollektivvereinbarungen ermöglicht. Es wurden Institutionen gegründet wie der „Wirtschafts- und Sozialrat (Consiliul Economic si Social, CES)", um den notwendigen Dialog zwischen den Sozialpartnern sicherzustellen. Bereits kurze Zeit nach der Revolution wurde das Gesetz Nr. 19/1991 über Kollektivverträge vom Dezember 1989 verabschiedet, was den Willen der rumänischen Gesellschaft zur Institutionalisierung eines Sozialdialogs zweifelsfrei beweist. Auch wurde zu diesem Zweck eine neue Arbeitsgesetzgebung verabschiedet, die die demokratischen Voraussetzungen in Bezug auf die kollektiven Verhältnisse beinhaltet, so dass Kollektivverhandlungen der Standpfeiler dieses Prozesses wurden.[554] Das konstante Anliegen der rumänischen Gesetzgebung auf diesem Gebiet wurde deutlich durch die Verabschiedung der Gesetze Nr. 130/1996 bezüglich der Kollektivverträge und Nr. 109/1997 bezüglich des Wirtschafts- und Sozialrats. Diese beiden Gesetze wurden im Rahmen der Gesetzesänderung im Mai 2011 in das Gesetz zum Sozialen Dialog (Nr.

---

pakt bezieht sich sowohl auf die Entlohnung als auch auf andere Themen, insbesondere Themen aus den Bereichen Arbeitslosigkeit, Flexicurity, Renten, aktive arbeitsmarktpolitische Maßnahmen und Fortbildung. Hinsichtlich der Vereinbarkeit von Familie und Beruf, Arbeitsbedingungen, Arbeitszeiten und flexiblen Arbeitszeitgestaltung ist die Rolle der Sozialpartner durch Tarifverträge klarer definiert, obwohl in vielen süd- und osteuropäischen Mitgliedstaaten Rechtsvorschriften die Hauptgrundlage für Regelungen und Bestimmungen sind und Vereinbarungen zwischen den Sozialpartnern nur für wenig zusätzliche Flexibilität sorgen. (siehe: Europäische Kommission: Arbeitsbeziehungen in Europa 2008 - Zusammenfassung, S. 7)

553 vgl. Dima, The evolution of labour law in Romania, S. 416
554 Athanasiu Alexandru, Dreptul Muncii, S. 247

62/2011) integriert. Die früheren Regelungen zum Gesetz Nr. 130/1996 finden sich – jeweils mit einigen Änderungen – nun unter Art. 127 bis Art. 153 Gesetz Nr. 62/2011; das Gesetz Nr. 109/1997 wurde in Art. 82 bis 119 Gesetz Nr. 62/2011 umgesetzt.

Darüber hinaus bringt das Gesetz zum Sozialen Dialog eine neue Institution des Sozialen Dialogs mit sich, den Nationalen dreigliedrigen Rat für den Sozialen Dialog („*Consiliul National Tripartit pentru Dialog Social*").

1. Sozialer Dialog in Rumänien

Das Ziel des Sozialen Dialogs in Rumänien lautet nach Art. 211 ArbGB, „sicherzustellen, dass ein Klima der Stabilität und des Sozialen Friedens besteht". Der Sozialdialog im Allgemeinen erfolgt in Rumänien durch Verhandlungen, Beratungen, Informationsübermittlung, gemeinsame Verwaltung sowie durch eine Harmonisierung der Interessen der Arbeitgeber und der Gewerkschaften auf Betriebsebene bis hin zur nationalen Ebene.[555] Der Soziale Dialog ist ein Impuls für eine erfolgreiche, wirtschaftliche und soziale Entwicklung. Ein Sozialer Dialog findet meistens innerhalb eines institutionalisierten Grundgerüsts statt, in dem Vertrauen und Transparenz gefördert werden, aber auch nicht institutionalisierter *ad hoc* Dialog kann durchaus zu sozialem Frieden führen.[556] Der Sozialdialog ist besonders wichtig um eine gemeinsame Basis hinsichtlich der Arbeitsbedingungen herbeizuführen. Problematisch hierbei ist – im Gegensatz zum deutschen Verständnis, wonach Verhandlungen über Arbeitsbedingungen Sache der direkten Tarifparteien sind, also Arbeitgeber- und Arbeitnehmervertreter – die starke Rolle des Staates im rumänischen Sozialen Dialog und die ausgeprägte Dreigliedrigkeit.

a) Dreigliedrigkeit[557]

Der Sozialdialog in Rumänien hatte ursprünglich den Zweck, eine formale Verbindung der Akteure in der sozialen Marktwirtschaft und der Staatsautorität im Bereich der Arbeit herzustellen, wobei die dreigliedrigen Institutionen die Aufgabe hatten, sich mit den grundsätzlichen oder besonderen Problemen der Beschäftigung und der Arbeit zu befassen.[558] Inzwischen bedeutet Sozialdialog die Vereinigung aller Formen der Verhandlungen und Beratung sowie des Informationsaustausches zwischen den Vertretern des Staates und der Arbeitgeber- und

---

555 Radu, Dreptul muncii, S. 34
556 vgl. Dimitriu, Romanian industrial relations law, S. 35; Ein gutes Beispiel hierfür ist der Änderungsbeschluss des Arbeitsgesetzbuchs (im Juni 2005 und im September 2006).
557 Die Dreigliedrigkeit meint im Folgenden den dreigliedrigen Soziale Dialog zwischen dem Staat, dem Arbeitgeber und den Arbeitnehmern. In Rumänien und manch anderen Ländern wird es als „Tripartismus bzw. tripartit" bezeichnet. Im Rahmen dieser rechtsvergleichenden Arbeit wird es zur besseren Lesbarkeit „Dreigliedrigkeit oder dreigliedrig" genannt.
558 Stefanescu, Tratat de dreptul muncii, S. 129

Arbeitnehmer zu Themen von gemeinschaftlichem Interesse sowie zu wirtschaftlichen und sozialen Fragen.[559]

Die Institutionalisierung der dreigliedrigen Zusammenarbeit in Rumänien begann im Jahre 1993 mit der Gründung des dreigliedrigen Sekretariats für Sozialen Dialog und wurde 1998 durch die Einrichtung des Wirtschafts- und Sozialrats (Consiliul Economic si Social, CES) ersetzt.[560] Daneben existieren weitere dreigliedrige Strukturen, die beratende oder mitentscheidende Funktionen haben.[561] Bis Mai 2011 bestanden acht große dreigliedrige Organisationen, nun sind es neun; sechs davon verfügen über regionale Niederlassungen in jedem der 42 Bezirke. Einen Überblick über die Vielzahl an dreigliedrigen Organisationen gibt folgende Abbildung (6).

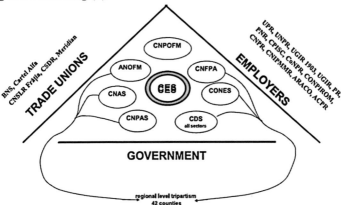

Abbildung 6: Überblick über die Vielzahl an dreigliedrigen Organisationen
Quelle: (Preda, Capacity building for social dialogue in Romania, S. 14)

Der Wirtschafts- und Sozialrat ist die wichtigste dreigliedrige Institution auf nationaler Ebene, dessen Ziel es ist, den Sozialen Dialog zwischen den Arbeitgeberorganisationen, Gewerkschaften und der Regierung umzusetzen und die Stabilität sowie den sozialen Frieden zu sichern.[562] Die dreigliedrige Zusammenarbeit zwischen der Regierung und den Sozialpartnern hat jedoch auch Nachteile. Einerseits ist die Durchsetzung der Arbeitnehmer- oder Arbeitgeberinteressen schwierig, wenn, wie bis zum Jahr 2003, ein Staatsbeamter Präsident des Wirtschafts- und Sozialrats ist. Ebenso erschwert ein ungeeignetes Konsultationsverfahren[563] den Sozialen Dialog im Rahmen des CES, wobei die Gewerkschaften zwar informiert werden, sie die Gesetzgebung jedoch nicht beeinflussen können

---

559 Stefanescu:, aaO
560 vgl. Wannöffel/Kramer: Industrielle Beziehungen in Südosteuropa und der Türkei, S. 31
561 Preda: Capacity building for social dialogue in Romania, S. 14
562 Wannöffel/Kramer: Industrielle Beziehungen in Südosteuropa und der Türkei, S. 31
563 siehe Wannöffel/Kramer:, aaO

D.h. der Staat ist nach wie vor die dominierende Kraft bei der Festlegung der Arbeitsbedingungen sowie der durch das jeweilige Mindestlohnniveau beeinflussten Entlohnungssysteme[564]. Trotz der versuchten Liberalisierung und staatlichen Deregulierung nach dem EU-Beitritt und der damit erreichten eher bilateralen Gestaltungsfreiheit der Sozialpartner bleibt der Staat gleichwohl der entscheidende Akteur des dreigliedrigen Wirtschafts- und Sozialrats mit seinen weitgehenden Regulierungskompetenzen der Wirtschafts- und Sozialpolitik."[565]

Als Beispiel für die substantielle Beteiligung der Regierung im Sozialen Dialog kann das Streikverhalten herangezogen werden. Die meisten Streiks und Protestaktionen der Gewerkschaften in den 90er Jahren wurden der Regierung gegenüber erklärt. So war z.B. die Rede von einem „Dialog zwischen den Gewerkschaften und der Regierung", von „Verhandlungen zwischen den Gewerkschaften und der Regierung", oder davon, dass „die Gewerkschaften die Regierung vor dem Aufruf eines Generalstreiks gewarnt haben", als ob die Regierung der einzige ernst zu nehmende Sozialpartner der Gewerkschaften wäre.[566] Die Ursache hierfür liegt hauptsächlich bei der hohen Anzahl von staatlichen Betrieben und in der allgemeinen Meinung, dass nur die Regierung die Kompetenz hat, für bessere Arbeitsbedingungen zu sorgen.[567] Wie in anderen postsozialistischen Ländern spielte die Regierung eine aktive Rolle bei der Bestimmung des Charakters und dem Aufgabenbereich der Arbeiterbewegung, der Schaffung von Arbeitsgesetzen, bei der Niederlegung von Arbeitskonflikten und den Rechten der Arbeiter und Arbeitnehmer.[568] Obwohl die Beteiligung der Regierung immer noch signifikant ist, beginnt sie jedoch seit dem Jahr 2000 langsam abzunehmen.[569]

Im Vergleich mit den anderen EU-Mitgliedsstaaten und Beitrittsländern findet man in Rumänien die höchste Anzahl an Sozialpartnern auf zentraler (nationaler) Ebene[570]: sechs Gewerkschaften und dreizehn Arbeitnehmerverbände, die national repräsentativ sind. Ebenso findet man die sehr hohe Anzahl von neun dreigliedrigen Organisationen, die im weitesten Sinne für den Sozialen Dialog zwischen dem Staat, den Arbeitgebervereinigungen und den Arbeitnehmervereinigungen zuständig sind. Im Folgenden werden sie überblicksmäßig dargestellt.

aa) Wirtschafts- und Sozialrat

Der Wirtschafts- und Sozialrat („Consiliul Economic si Social" - CES) ist die wichtigste dreigliedrige Institution auf nationaler Ebene. Ihr Ziel ist es, den So-

---

564 vgl. Kohl, Wo stehen die Gewerkschaften in Osteuropa heute?, S. 4
565 vgl. Kohl, Wo stehen die Gewerkschaften in Osteuropa heute?, S. 4
566 vgl. Dimitriu, Romanian industrial relations law, S. 35
567 Dimitriu, Romanian industrial relations law, S. 35
568 Dimitriu, aaO
569 Dimitriu, Romanian industrial relations law, S. 36
570 Eurofound, Capacity building for social dialogue in Romania, S. 6

zialen Dialog zwischen den Arbeitgeberorganisationen, Gewerkschaften und der Regierung auf nationaler Ebene umzusetzen (Art. 82 Gesetz Nr. 62/2011). Der Wirtschafts- und Sozialrat ist eine dreigliedrige, autonome, öffentliche Institution von nationalem Interesse und ist in Rumänien die höchste dreigliedrige Instanz[571], die gesetzlich gegründet wurde und nicht der Exekutive untergeordnet ist – weder der Regierung noch dem Staatspräsidenten – was dem Grundprinzip der Wirtschafts- und Sozialpolitik einer entwickelten Marktwirtschaft entspricht.

Der Wirtschafts- und Sozialrat ist eine juristische Person (Art. 84 Abs. 1 Gesetz Nr. 62/2011). Er besteht aus der gleichen Anzahl von Arbeitnehmervertretern, Arbeitgebervertretern und Repräsentanten der Zivilgesellschaft[572]. Derzeit besteht der CES aus fünfundvierzig Mitgliedern, jeder Teil stellt fünfzehn Vertreter (Art 92 Gesetz Nr. 62/2011). Die Vertreter der Arbeitgeber und Arbeitnehmer werden von der Gewerkschaft bzw. der Arbeitgebervereinigung bestellt und für eine Periode von vier Jahren mandatiert; es besteht die Option auf Verlängerung.

Die Hauptaufgaben des CES waren gem. Art. 5 Gesetz Nr. 109/1997 bis Mai 2011, die wirtschaftliche Situation des Landes zu beobachten und der Regierung und dem Parlament Vorschläge zu unterbreiten: z.B. in den Bereichen Umstrukturierung und Entwicklung der nationalen Wirtschaft, Privatisierung, Funktionieren und Erhöhung der Wettbewerbsfähigkeit, Arbeitsbeziehungen und Lohnpolitik, Sozialschutz und Gesundheitsfürsorge, Bildung, Forschung und Kultur, Geldpolitik oder Finanz- und Einkommenssteuer. Nach der Gesetzesänderung durch das Gesetz zum Sozialen Dialog (Gesetz Nr. 62/2011) wird nun ausdrücklich klargestellt, dass der CES ein beratendes Organ für das Parlament und die Regierung Rumäniens ist (Art. 86 Gesetz Nr. 62/2011). Es hat in seinem Hauptaufgabenbereich eine Änderung erfahren. Vormals bestand die Hauptaufgabe darin, die wirtschaftliche Situation des Landes zu beobachten, nun besteht diese in der Beobachtung der Gesetze im Anwendungsbereich[573]; in der Erstellung von Analysen uns Studien zum Thema Wirtschafts- und Sozialbeziehungen; Mitteilung an das Parlament oder die Regierung wenn neue Gesetze im Wirtschafts- und Sozialbereich umgesetzt werden sollten; Wahrnehmung und Förderung der Normen der ILO.

---

571 siehe Radu, Dreptul muncii, S. 35
572 Diese dritte Gruppe der „Zivilen Gesellschaft" wurde neu durch das Gesetz Nr. 62/2011 eingeführt. Vormals waren es die „Vertreter der Regierung", die im Gesetz genannt wurden. Im Ergebnis durfte sich die personelle Besetzung nicht geändert haben, da auch die Repräsentanten der Zivilgesellschaft Regierungsvertreter sind. Lediglich die Bezeichnung wurde „bürgernah" ausgestaltet.
573 Der Anwendungsbereich wird in Art. 83 Abs. 2 Gesetz Nr. 62/2011 konkretisiert: Er umfasst Wirtschaftspolitik, Finanzpolitik, Arbeitsbeziehungen, Sozialen Schutz und Lohnpolitik, Gesundheitspolitik sowie Erziehung und Kultur.

Nach wie vor muss der Wirtschafts- und Sozialrat bei Entwürfen von Gesetzgebungsvorhaben in seinem Zuständigkeitsbereich zwingend konsultiert werden (Art. 83 Abs. 1 Gesetz Nr. 62/2011). Es scheint, dass der Wirtschafts- und Sozialrat von seiner ehemals den Sozialen Dialog auf nationaler Ebene leitenden Stellung zu einem politischen Gremium als Berater des Parlaments und der Regierung umfunktioniert wurde. Der CES hat immer noch einen sehr weitreichenden Zuständigkeitsbereich, jedoch eine andere Funktion bekommen. Die Zuständigkeit zum Voranbringen des Sozialen Dialogs wurde auf den neuen Nationalen dreigliedrigen Rat für den Sozialen Dialog übertragen.

Nach wie vor kann der Wirtschafts- und Sozialrat jedoch selbst tätig werden und sich aufgrund eigener Initiative um bestimmte Themen kümmern oder von jeglicher öffentlichen Autorität sowie den Arbeitgebervereinigungen oder Gewerkschaften über einen wirtschaftlichen oder sozialen Zustand, Entwicklung oder Ereignis informiert werden, zu dem er seine Standpunkte und Empfehlungen veröffentlicht.[574] Der CES hat darüber hinaus eine beratende Funktion bei der Stabilisierung der Wirtschafts- und Sozialpolitik sowie bei der Vermittlung von Konflikten zwischen den Sozialpartnern, bevor diese die gesetzlichen Möglichkeiten zur Konfliktlösung ausschöpfen.[575]

Zu vergleichen ist der CES auf europäischer Ebene mit dem Europäischen Wirtschafts- und Sozialausschuss (EWSA). Dieser ist ein beratendes Organ, das Arbeitgeber, Gewerkschaften, Landwirte, Verbraucher und andere Interessensgruppen, die gemeinsam die „organisierte Bürgergesellschaft" bilden, vertritt, so z.B. in politischen Gesprächen mit der Kommission, dem Rat und dem Europäi-

---

574 Vgl. Athanasiu Alexandru, Dreptul Muncii, S. 260; So hat das CES beispielsweise zur geplanten Änderung des Arbeitsgesetzbuches uf seiner Homepage folgendes Veröffentlicht: „Der Wirtschafts-und Sozialrat ist besorgt, dass sich die Initiativen zur Änderung bestimmter Vorschriften des Arbeitsgesetzbuches in jüngster Zeit vermehrt haben, darunter die Initiativen der Legislative, ein Ausdruck von Interessensgruppen oder von Einzelpersonen oder Organisationen. Der Wirtschafts-und Sozialrat ist der Auffassung, dass sich ein Gesetz, das für Bürger, Arbeitgeber, Gewerkschaften und Regierung so wichtig ist wie das Arbeitsgesetzbuch, während seiner Geltungsdauer so wenig wie möglich ändern soll und dadurch für die Arbeitsbeziehungen eine sichere Rechtslage gewährleistet. Der Wirtschafts-und Sozialrat ist der Auffassung, dass das Arbeitsgesetzbuch, in dem Zeitpunkt geändert werden muss, in dem mit den Veränderungen in der rumänischen Gesellschaft nicht mehr Schritt hält. Jedoch darf die Änderung nicht irgendwie erfolgen, sondern durch Einbeziehung der Sozialpartner, so daß die neue Form des Arbeitsgesetzbuches modern ist. Der Wirtschafts-und Sozialrat appelliert an alle Interessierten, dass alle Vorschläge zur Änderung des Arbeitsgesetzbuchs auf eine institutionalisierte Art analysiert werden, mit der Beteiligung der Sozialpartner um in einem Gesamtprojekt integriert zu werden und so in Einklang mit nationalen und europäischen Entwicklungen in diesem Bereich zu sein." Quelle: www.ces.ro, abgerufen am 25.11. 2010.
575 Radu, Dreptul muncii, S. 36

schen Parlament.[576] „Dadurch schlägt der EWSA eine Brücke zwischen der Union und ihren Bürgern und fördert so eine mitwirkungsfreudigere, integrationswilligere und somit demokratischere Gesellschaft in Europa. Der Ausschuss bildet einen untrennbaren Teil des Entscheidungsprozesses in der EU: Bevor Beschlüsse über die Wirtschafts- und Sozialpolitik gefasst werden, muss seine Stellungnahme eingeholt werden. Außerdem kann er aus eigenem Antrieb oder auf Antrag eines anderen EU-Organs zu anderen Themen Stellung beziehen."[577] Dem EWSA gehören 344 Mitglieder an, die zwar von den EU-Regierungen vorgeschlagen werden, in ihrer Arbeit aber politisch völlig unabhängig sind. Aus seiner Mitte wählt der Ausschuss einen Präsidenten und zwei Vizepräsidenten auf zwei Jahre.[578] Die Mitglieder des Ausschusses, die vorwiegend ihrer beruflichen Beschäftigung in ihren Heimatländern nachgehen, bilden drei Gruppen, die der Arbeitgeber, die der Arbeitnehmer sowie andere nichtstaatliche Einrichtungen (Landwirte, Kleinbetriebe, Handwerker, freie Berufe, Genossenschaften und nicht gewinnorientierte Vereinigungen, Verbraucher- und Umweltschutzorganisationen, Wissenschaftler und Pädagogen sowie Familien-, Frauen- und Behindertenverbände). Ein wichtiger Unterschied zwischen dem EWSA und dem rumänischen Pendant, dem CES, liegt darin, dass in Rumänien der Staat ein Mitglied des CES ist, wohingegen dies auf europäischer Ebene nicht der Fall sein kann. Dort besteht der EWSA lediglich aus Arbeitnehmer- und Arbeitgebervertretern sowie sonstigen nichtstaatlichen Einrichtungen. Auf europäischer Ebene besteht somit keine dreigliedrige Organisation, sondern ein Organ, das die „organisierte Bürgergesellschaft" vertritt.

bb) Nationaler Dreigliedriger Rat für den Sozialen Dialog

Neben dem CES wurde durch das Gesetz Nr. 62/2011 ein neuer Rat geschaffen, der Nationale dreigliedrige Rat für den Sozialen Dialog („Consiliul National Tripartit pentru Dialog Social" - CNT). Dieser hat gem. Art. 75 Gesetz Nr. 62/2011 die Funktion, die Praxis des dreigliedrigen Sozialen Dialogs auf der höchsten Ebene, zu fördern. Es handelt sich dabei um ein Gremium, das ausdrücklich des Gesetzeswortlauts ein „beratendes Organ der Sozialpartner auf nationaler Ebene darstellt."

---

576 vgl. http://europa.eu/institutions/consultative/eesc/index_de.htm, abgerufen am 30.11. 2010.
Der Europäische Wirtschafts- und Sozialausschuss hat drei Hauptaufgaben: Er berät den Rat, die Kommission und das Europäische Parlament entweder auf deren Ersuchen oder auf eigene Initiative. Er ermutigt die Bürgergesellschaft zu einer stärkeren Beteiligung an der politischen Entscheidungsfindung in der EU. Er stärkt die Rolle der Bürgergesellschaft in Drittstaaten und unterstützt die Schaffung beratender Strukturen.

577 vgl. http://europa.eu/institutions/consultative/eesc/index_de.htm, abgerufen am 30.11. 2010

578 Im Oktober 2010 wurde Staffan Nilsson aus Schweden zum Präsidenten des EWSA gewählt.

Er besteht aus den Präsidenten der Arbeitgeberbünde, den Präsidenten der Gewerkschaftsbünde Repräsentanten der Regierung, die vom Ministerpräsidenten ernannt werden sowie des Repräsentanten der Rumänischen Nationalbank und des Präsidenten des Wirtschafts- und Sozialrats sowie aus andern Mitgliedern dessen, die von den Sozialpartnern vereinbart sind.

Die Hauptaufgaben des CNT sind gem. Art. 78 Gesetz Nr. 62/2011, den Rahmen für die Stabilisierung des Mindestlohns sicherzustellen, eine Auseinandersetzung und Analyse mit den Programmen und Strategien auf Regierungsebene sowie im Bereich des Sozialen Dialogs, Lösungsvorschläge im Bereich des dreigliedrigen Dialogs zu unterbreiten, das Verhandeln und den Abschluss von Sozialpakten und anderer Vereinbarungen der Sozialpartner sowie das Überprüfen der Tarifverträge auf Sektorebene und Abgabe einer Empfehlung hierzu.

Der Unterschied zwischen dem Wirtschafts- und Sozialrat und dem Nationalen dreigliedrigen Rat für den Sozialen Dialog besteht hauptsächlich in der im Gesetz festgelegten Zuständigkeit. Während der Wirtschafts- und Sozialrat als Berater der Regierung und des Parlaments agieren soll, wird der Nationale dreigliedrige Rat für den Sozialen Dialog als Berater der Sozialpartner auf höchster Ebene eingesetzt. Damit findet der Soziale Dialog auf höchster Ebene zwischen der Regierung, den Arbeitgebervertretern und den Arbeitnehmervertretern statt, wobei sich die Regierung eine eigene Beratungs-Organisation zur Seite stellt, während sich Arbeitgeber- und Arbeitnehmervertreter eine teilen.

cc) Weitere Institutionen für den Sozialen Dialog

In Rumänien bestehen weitere Institute, die dreigliedrig organisiert sind und am Sozialen Dialog beteiligt sind. Die wichtigsten werden hier kurz dargestellt.

Die Nationale Agentur für Arbeit (Agentia Nationala pentru Ocuparea Fortei de Munca -ANOFM). Sie wurde 1998 gegründet; ihr Aufsichtsrat besteht aus fünfzehn Mitgliedern, von denen je fünf von den repräsentativen Gewerkschaften, Arbeitgebervereinigungen und dem Ministerpräsidenten ernannt werden. Die wichtigsten Ziele der Nationalen Agentur für Arbeit sind gem. Art. 3 Gesetz Nr. 202/2006[579] die Institutionalisierung des Sozialen Dialogs im Bereich der Beschäftigung und Ausbildung, die Umsetzung von Strategien in diesem Bereich sowie die Durchführung von Maßnahmen des Sozialen Schutzes für Arbeitslose.

Der Nationale Ausschuss für die Förderung der Beschäftigung (Comisia Nationala de Promovare a Ocuparii Fortei de Munca - CNPOFM) besteht seit 2002 und entwickelt Strategien und Maßnahmen zur Erhöhung des Niveaus und der Qualität der Beschäftigung in Zusammenhang mit wirtschaftlichen und sozialen Entwicklungsprogrammen. Er besteht aus Vertretern der Ministerien sowie den Vorsitzenden der Arbeitnehmer- und Arbeitgebervereinigungen.

---

579 M.Of. Teil 1 Nr. 452 vom 25.05.2006

Der Nationale Rat für Erwachsenenbildung (Consiliul National de Formare Profesionala a Adultilor - CNFPA) wurde 1999 gegründet. Er entwickelt und fördert die berufliche Weiterbildung. Der Ausschuss besteht aus fünfzehn Mitgliedern, von denen je fünf von allen repräsentativen Gewerkschaften und Arbeitgebervereinigungen sowie dem Ministerpräsidenten ernannt werden.

Die 1998 gegründete Nationale Krankenkasse (Casa Nationala de Asigurari de Sanatate - CNAS) beschließt und verwaltet die allgemeine Politik und Strategie der Sozial- und Krankenversicherung. Ihr Vorstand besteht aus siebzehn Mitgliedern, von denen je fünf von allen repräsentativen Gewerkschaften und Arbeitgebervereinigungen sowie der Regierung ernannt werden (ein Vertreter wird direkt vom Staatspräsidenten ernannt, die restlichen vier vom Ministerpräsidenten). Die übrigen zwei Vertreter werden von dem Ministerpräsidenten unter Beratung durch den Nationalrat für Senioren ernannt.

Im Jahr 2000 wurde die Nationale Kasse für Renten und andere Rechte der Sozialversicherung (Casa Nationala de Pensii si Alte Drepturi de Asigurari Sociale - CNPAS) gegründet. Sie leitet und verwaltet das öffentliche Rentensystem, weitere Sozialversicherungsrechte sowie das Versicherungssystem zum Arbeitsschutz. Der Vorstand setzt sich zusammen aus fünf Vertretern der Regierung, die vom Ministerium für Arbeit, Familie und Sozialen Schutz ernannt werden, fünf Vertreter der national repräsentativen Arbeitgeberverbände, fünf Vertreter der national repräsentativen Gewerkschaften sowie drei Vertreter, die von den nationalen Rentnerorganisationen ernannt werden.

dd) Sozialdialog-Ausschüsse

Neben den selbständigen Institutionen für den Sozialen Dialog bestehen auch spezielle dreigliedrige Ausschüsse in einigen Ministerien und auf regionaler Ebene[580], die eine beratende Funktion haben und den Sozialen Dialog zwischen der öffentlichen Verwaltung, den Gewerkschaften und Arbeitgeberverbänden ermöglichen.[581] Dies beinhaltet das Sammeln und das Zurverfügungstellen von Informationen, die Beschlussfassung über Klagen und Probleme, die in den Tätigkeitsfeldern der Ministerien sowie den örtlichen Verwaltungsorganen auftreten sowie die Beratung über Entwürfe bzgl. normativer Akte, die zu diesen Tätigkeitsfeldern gehören.[582] Die Ausschüsse sind dreigliedrig, bestehen also aus Arbeitnehmer- und Arbeitgebervertretern sowie aus Vertretern der öffentlichen Verwaltung. Die Vertreter der öffentlichen Verwaltung werden vom Minister oder Regierungspräsidenten ernannt, die Arbeitnehmer- und Arbeitgebervertreter von den Gewerkschaften bzw. den Arbeitgebervereinigungen (Art. 2 der Regierungsanordnung Nr. 314/2001).

---

580 Ihr Status ist durch das Gesetz 314/2001 geregelt, das in MOf. Nr. 142/22.03.2001 veröffentlicht ist, berichtigt und ergänzt durch Regierungsentscheidung Nr. 569/2002
581 vgl. Radu, Dreptul muncii, S. 36; Dima, The evolution of labour law in Romania, S. 417
582 Dima, aaO

b) Zweigliedrigkeit

Ein autonomer zweigliedriger Sozialer Dialog findet zwischen der Arbeitgeber- und der Arbeitnehmerseite, hier meist den Gewerkschaften, statt und ergänzt den dreigliedrigen Dialog. Ein zweigliedriger Dialog findet auf Sektor-, Unternehmensgruppen- und Betriebsebene statt. Der Hauptzweck für zweigliedrige Verhandlungen ist der Abschluss von Kollektivverträgen, wohingegen die dreigliedrigen Verhandlungen in erster Linie den Meinungsaustausch über Gesetze und Gesetzesvorhaben sowie die Lösung von Konflikten fokussieren. Bei dem Nebeneinander von zwei- und dreigliedrigem Sozialen Dialog darf nicht unberücksichtigt bleiben, dass Gewerkschaften und Arbeitgebervereinigungen versuchen, ihre eigenen Kanäle – in Abwesenheit der jeweils anderen Vereinigung – des direkten Dialogs zur Regierung zu etablieren.[583] Insofern stehen diese beiden Arten in Konkurrenz zueinander. Das Problem des Mindestlohns verdeutlicht diese Konkurrenz. Der Mindestlohn auf nationaler Ebene wurde durch ein Gesetz eingeführt, dem dreigliedrige Verhandlungen der Sozialpartner vorausgegangen sind. Daraufhin haben sich die national repräsentativen Arbeitgeber- und Arbeitnehmervereinigungen als Folge von zweigliedrigen Verhandlungen durch Kollektivvertrag auf einen höheren nationalen Mindestlohn geeinigt.[584]

c) Zusammenfassung

In Rumänien bestehen viele verschiedene Institutionen, die alle für das Funktionieren des Sozialen Dialogs zwischen den Sozialpartnern zuständig sind. Diese Vielzahl an Institutionen, Räten und Ausschüssen führt zu einer Überregelung des Sachverhalts. Es ist nicht sichergestellt, dass bestimmten Institutionen bestimmte Aufgaben zugewiesen sind, sondern es sind alle für „den Sozialen Dialog" zuständig. Daraus erfolgt eine natürliche Konkurrenz, die der Sache nicht zwingend förderlich ist. In manchen Fällen erfolgt ein dreigliedriger Sozialer Dialog auch direkt vor den Tarifverhandlungen zwischen Gewerkschaften und der Arbeitnehmervertretung.[585]

Nach Ansicht der Kommission der Europäischen Gemeinschaften im Jahre 2006 „weist der zweigliedrige Soziale Dialog in Rumänien weiterhin eklatante Schwächen auf, insbesondere auf der (früheren) Branchenebene. Die Kapazitäten der Sozialpartner für den Abschluss und die Aushandlung tragfähiger Vereinbarungen sind nach wie vor unzureichend. Die Organisationen der Sozialpartner sind immer noch stark zersplittert und verfügen daher weder über ausreichende Kapazitäten noch über entsprechende Repräsentativität."[586] Dies wurde auch bis heute nicht verbessert. Noch immer bestehen auf nationaler Ebene allein neun dreigliedrige Organisationen, zudem eine unzählbare Menge regiona-

---

583 Dimitriu, Romanian industrial relations law, S. 38
584 Dimitriu, aaO
585 vgl. Preda: Capacity building for social dialogue in Romania, S. 14
586 Kommission der Europäischen Gemeinschaften: Rumänien - Monitoring 2006, S. 33

ler Parzellen sowie eine Vielzahl von Ausschüssen in Ministerien und Behörden. Allein diese Menge an zuständigen Stellen und Gremien für den Sozialen Dialog führt zwangsweise zu einer Unkoordiniertheit und einer kontraproduktiven Überregelung. Auch die wichtigste dieser neun nationalen Organisationen – der Wirtschafts- und Sozialrat – kann nicht immer effektiv beteiligt werden. Das ungeeignete Konsultationsverfahren gestattet es dem Wirtschafts- und Sozialrat nicht, seine Rolle als Forum für den Dialog mit der Regierung zu erfüllen.[587] Obwohl viele verschiedene Institutionen für den dreigliedrigen Sozialen Dialog bestehen, stehen ihnen kaum wirkungsvolle Rechte und Mittel zur Verfügung. Trotz dieser Kritikpunkte bleibt festzustellen, dass das Konzept des aktuellen Sozialdialogs insbesondere aus zwei Gründen zu einem mächtigen Werkzeug im Bereich der Arbeitsbeziehungen geworden ist. Einerseits sind Verhandlungen in Unternehmen mit über 21 Arbeitnehmern zwingend durchzuführen. Andererseits wirken Kollektivvereinbarungen, die auf einer Ebene (Betriebs-, Unternehmensgruppen- oder Sektor-Ebene) geschlossen wurden, für alle Arbeitnehmer dieser Ebene. Die Macht einer Partei innerhalb des Sozialdialogs zeigt sich besonders deutlich an dem Beispiel, als die Gewerkschaften im Jahr 2005 landesweite Protestaktionen gegen eine von der Regierung geplante Änderung des Arbeitsgesetzbuchs durchführten. Eine der vorgeschlagenen Änderung bestand darin, den verpflichtenden Charakter der Kollektivverhandlungen abzuschaffen. Schließlich einigten sich die Sozialpartner darauf, diese Änderungen nicht einzuführen.[588]

Zusammenfassend kann man in den Worten der Kommission der Europäischen Gemeinschaften festhalten, dass „der Aufbau von Kapazitäten der Sozialpartner und ihre Beteiligung am Sozialen Dialog [...] weiter gestärkt werden"[589] und dabei eine Zentralisierung und Zusammenfassung der vielen verschiedenen dreigliedrigen Organisationen erfolgen muss. Die Gesetzesänderung durch das Gesetz zum Sozialen Dialog (Gesetz Nr. 62/2011) hat dahingegen einen gegenteiligen Effekt. Statt die dreigliedrigen Organisationen zu konzentrieren wird ein neuer Rat eingeführt, der für den Sozialen Dialog zuständig ist.

2. Sozialer Dialog in Deutschland

In Deutschland sind zweigliedrige Kollektivverhandlungen zwischen Arbeitnehmer- und Arbeitgebervertretern rechtlich und tatsächlich sehr ausgeprägt. Ziel der Kollektivverhandlungen und des Sozialen Dialogs ist die Einigung der Sozialpartner auf günstige Arbeitsbedingungen. Dabei werden Tarifnormen als Mindestarbeitsbedingungen definiert, die für tarifgebundene Arbeitgeber und Arbeitnehmer gelten. Für nicht tarifgebundene Arbeitnehmer und Arbeitgeber sind nur die allgemeinen Gesetze als Mindestbedingungen anwendbar. Daher

---

587 Kommission der Europäischen Gemeinschaften: Rumänien - Monitoring 2006, S. 33
588 Vgl. hierzu Preda: Capacity building for social dialogue in Romania, S. 13
589 Kommission der Europäischen Gemeinschaften: Rumänien - Monitoring 2006, aaO

spielt das Verhältnis zwischen Tarifnormen und Gesetzesrecht eine wichtige Rolle. Nach Art. 74 Nr. 11, 12 GG obliegt dem Gesetzgeber die Regelungskompetenz für das Wirtschafts- und Arbeitsrecht. Aus dem Prinzip der Normenhierarchie folgt der grundsätzlich abstrakte Vorrang des staatlichen Rechts vor tariflichen Regelungen.[590] „Dem Gesetz kommen gegenüber dem Tarifrecht zwei Funktionen zu: Es handelt sich zum einen um eine Mindest- bzw. Sockelfunktion und zum anderen um eine Lücken- bzw. Ergänzungsfunktion. Staatliche Regelungen zum Arbeitnehmerschutz statuieren in der Regel Mindestbedingungen, die die Tarifvertragsparteien verbessern können."[591] Die Tarifautonomie findet ihre Ausgestaltung durch das Tarifvertragsgesetz.[592] Dabei sind im Rahmen der Tarifautonomie nicht nur rechtsgeschäftliche Abreden, die das Grundrecht der Koalitionsfreiheit zu behindern suchen, nichtig; auch alle Maßnahmen, die hierauf gerichtet sind, sind rechtswidrig.[593]

In Deutschland besteht so gut wie kein institutionalisierter, dreigliedriger Sozialdialog. Lediglich das Gesetz über die Festsetzung von Mindestarbeitsbedingungen sieht in Art. 2 das Bestehen eines ständigen „Hauptausschusses" vor. Der Hauptausschuss setzt sich aus einem Vorsitzenden und sechs weiteren ständigen Mitgliedern zusammen. Die Aufgabe des Hauptausschusses liegt darin, unter umfassender Berücksichtigung der sozialen und ökonomischen Auswirkungen zu beschließen, ob in einem Wirtschaftszweig soziale Verwerfungen vorliegen und Mindestarbeitsentgelte festgesetzt, geändert oder aufgehoben werden sollen. Der gefasste Beschluss bedarf der Zustimmung des Bundesministeriums für Arbeit und Soziales. Die gesetzlichen Mindestarbeitsbedingungen werden von Fachausschüssen aus dem Kreise der beteiligten Arbeitnehmer und Arbeitgeber und einem vom Bundesminister für Wirtschaft und Arbeit bestimmten Vorsitzenden „festgesetzt" und dann durch Rechtsverordnung erlassen (§ 4 Abs. 3 S. 2 Gesetz über die Festsetzung von Mindestarbeitsbedingungen). Ein weiterer Ausschuss, der Heimarbeitsausschuss, ist gem. § 4 Abs. 2 HAG mit Beisitzern aus Kreisen der Beschäftigten und Auftraggebern und einem von der Arbeitsbehörde bestimmten Vorsitzenden besetzt. Vereinbarte gesetzliche Mindestarbeitsbedingungen können von der Bundesregierung durch Rechtsverordnung erlassen werden (§ 4 Abs. 3 S. 2 Gesetz über die Festsetzung von Mindestarbeitsbedingungen). Problematisch hierbei ist allerdings, dass die Festsetzung von Mindestarbeitsentgelten durch den Staat einen Eingriff in die Tarifautonomie (Art. 9 Abs. 3 GG) darstellt, weil hierdurch der Staat den Tarifvertragspar-

---

590 Wiedemann/Oetker, TVG, Einl. Rn. 357 ff.; BAG vom 26.09.1984, AP Nr. 21 zu § 1 TVG
591 Schulze-Doll, Kontrollierte Dezentralisierung, 68
592 Mit dem Erlass des Tarifvertragsgesetzes ist der Gesetzgeber seiner grundrechtlichen Verpflichtung (aus Art. 74 Nr. 11 und Nr. 12 GG) nachgekommen, ein Tarifvertragssystem zur Wahrung der Koalitionsfreiheit zur Verfügung zu stellen. Vgl. BVerfG vom 06.05.1964, NJW 1964, 1267 (1267)
593 vgl. Richardi, Kollektives Arbeitsrecht, S. 10

teien partiell die Möglichkeit nimmt, sich auf einem klassischen Feld der Tarifpolitik, nämlich der Entgeltfindung, zu betätigen.[594] Dieser Eingriff in die Tarifautonomie kann gerechtfertigt sein, wenn der Staat einen Sachgrund hat und seine Regelung geeignet, erforderlich und in ihrer die Tarifautonomie einschränkenden Wirkung verhältnismäßig im engeren Sinne ist.[595]

3. Vergleich mit den Regelungen in Deutschland

Während in Rumänien eine ausgeprägte Dominanz des Staates in den dreigliedrigen Organisationen und somit beim Sozialen Dialog besteht, kommen dreigliedrige Institutionen im deutschen Rechtssystem kaum vor. Abgesehen von dem Hauptausschuss für Mindestarbeitsbedingungen findet in Deutschland kein institutionalisierter, dreigliedriger Sozialdialog statt. Im Gegensatz dazu existiert in Rumänien eine Vielzahl von dreigliedrigen Institutionen, die mit dem Staat über Gesetze, Gesetzesentwürfe, Löhne und Arbeitsbedingungen verhandeln. Es ist zwar erstaunlich, dass so viele Institutionen in Rumänien zur Herbeiführung und Sicherung des Sozialen Dialogs existieren, allerdings ist die Tatsache mit der jungen Geschichte der Demokratisierung der Arbeitsbeziehungen in Rumänien zu erklären. Regionale und lokale Einrichtungen der öffentlichen Hand sind relativ neu und haben sich erst in den letzten 20 Jahren entwickelt. Daher besteht zwar einerseits eine ausgeprägte Zentralisierung des Sozialdialogs auf nationaler Ebene; andererseits zeigt sich aber, dass der grundsätzliche Trend zur Dezentralisierung der Staatsfunktionen auf die regionale und lokale Ebene geht.[596] Problematisch an der starken Zentralisierung des Sozialen Dialogs in Rumänien ist die große Beteiligung des Staates an der Regelung der Arbeitsbedingungen. Es muss eine Abwägung erfolgen zwischen der Mitbestimmung durch den Staat und der Tariffreiheit. „Denn Tripartismus kann leicht von Tarifautonomie wegführen. Der Soziale Dialog hat in diesem Fall nichts mit Tarifautonomie zu tun; er ist staatlich angeleiteter Korporatismus in hoher Intensität."[597] Auch die Festsetzung von Mindestarbeitsentgelten durch den Staat stellt einen Eingriff in die Tarifautonomie dar, der nur unter strengen Voraussetzungen gerechtfertigt ist. In Rumänien war es üblich, dass der Staat ein starkes Mitspracherecht bei den Mindestarbeitsbedingungen hatte, da er sich an den Verhandlungen des nationalen Tarifvertrags beteiligte und so z.B. einen nationalen Mindestlohn festlegte. Jedenfalls wird versucht, die bedenkliche Ausgestaltung des Sozialen Dialogs, die mit der jüngeren Geschichte des Landes zu erklären ist, zu dezentralisieren und die staatliche Regelung in diesem Bereich zurückzufahren. Eine solche Entwicklung wird wohl noch einige Zeit dauern, wobei die Sozial-

---

594 ErfKomm - *Franzen*, Nr. 450, Mindestarbeitsbedingungengesetz – MiArbG
595 Löwisch/Rieble, - Münchener Handbuch ArbeitsR Bd. 2, § 157, Rn. 37
596 vgl. ECOTEC Research: Strengthening social dialogue in the local and regional government sector in the 'new' Member States and candidate countries, S. 13
597 vgl. Rebhahn, EuZA 2010, 62 (70)

partner auf europäischer Ebene unterstützend tätig werden können. Eine wichtige Aufgabe der Sozialpartner auf europäischer Ebene besteht darin, alles in ihrem Ermessen liegende zu unternehmen, um die Sozialpartner in jenen Ländern zu stärken, in denen Organisation und Erfahrungen des Sozialen Dialogs gering sind.[598] Zu guter Letzt hängt die Qualität des Beitrags der Sozialpartner auch von der gesellschaftlichen und institutionellen Unterstützung ab, die sie auf europäischer, nationaler und lokaler Ebene genießen. Die gesellschaftliche Unterstützung zeigt sich in Form von Mitgliederzahlen, Mobilisierungsfähigkeit und ihrem Stellenwert in der öffentlichen Meinung. Die institutionelle Unterstützung beruht auf der Anerkennung der Sozialpartner und auf den vom Gesetzgeber eingeräumten Vertretungsrechten, Beratungs- und Mitbestimmungsmöglichkeiten, die in rechtlich verbindlichen Normen festgelegt oder in umfassenden Vereinbarungen verankert sind und zudem von der öffentlichen Ordnung und der öffentlichen Meinung unterstützt werden.[599] Trotz der Tendenz zu einer geringeren Einflussnahme des Staates, hat diese in den letzten Jahren hinsichtlich der Löhne zwar abgenommen, ist aber im Bereich der Arbeitsbedingungen und Arbeitszeiten gestiegen.[600]

II. Tarifverhandlungen

Der Vergleich des Tarifverhandlungssystems ist im Rahmen dieser Arbeit erforderlich, da er für die rumänische Arbeitnehmermitwirkung eine besondere Rolle spielt. Nachdem die Arbeitnehmer in Rumänien ohne die Institution eines Betriebsrats, der die Rechte auf Arbeitnehmerseite vertritt, auskommen müssen, ist die Vertretung und Durchsetzung der Arbeitnehmerrechte nur durch Tarifverträge möglich. Dabei ist es für das Ergebnis unerheblich, ob diese Rechte durch Gewerkschaften oder subsidiär durch Arbeitnehmerräte wahrgenommen werden. Das Hauptziel von Kollektivverhandlungen in einer sozialen Marktwirtschaft ist es, den sozialen Frieden sicherzustellen, die Effizienz für Staat und Arbeitgeber zu gewährleisten sowie Arbeitnehmern eine Schutzfunktion zu bieten.[601] Abermals bestätigte die ILO in der „Declaration on fundamental Principles and Rights at Work", dass die Rechte des kollektiven Arbeitsrechts in ihrem Kern fundamental sind.[602] Die Charta der Grundrechte der Europäischen Union besagt zudem in Art. 28, dass Arbeitnehmerinnen und Arbeitnehmer sowie Arbeitgeberinnen und Arbeitgeber oder ihre jeweiligen Organisationen nach dem Gemein-

---

598 EPSU: Reform öffentlicher Dienstleistungen: Welche Rolle für den Sozialen Dialog?, S. 8
599 Europäische Kommission: Arbeitsbeziehungen in Europa 2008 - Zusammenfassung, S. 8
600 siehe Trif, Collective Bargaining Practices in Eastern Europe, S. 9
601 vgl. Traxler, European Journal of Industrial Relations, S. 207
602 vgl. www.ILO.org; von Rumänien ratifiziert durch Gesetz 112/1992, R.O.G. 302/25. November 1992

schaftsrecht und den einzelstaatlichen Rechtsvorschriften und Gepflogenheiten das Recht haben, Tarifverträge auf den geeigneten Ebenen auszuhandeln und zu schließen sowie bei Interessenkonflikten kollektive Maßnahmen zur Verteidigung ihrer Interessen, einschließlich Streiks zu ergreifen. Auch ist das Recht auf Tarifverhandlungen – unter anderem – in Art. 6 der Europäischen Sozialcharta verankert. Tarifverhandlungen sind besonders wichtig, weil sie eine Demokratisierung der Arbeitsbeziehungen, sowie eine Verbesserung des rechtlichen Status der Arbeitnehmer innerhalb der gesetzlichen Regelungen ermöglichen und sicherstellen, dass Arbeitnehmer an Tarifverhandlungen mitwirken und so gegen die Willkür der Arbeitgeber geschützt sind.[603] Tarifverträge haben also nicht mehr nur eine unterstützende Rolle in dem Sinne, dass sie die bereits vom Arbeitsrecht festgelegten Arbeitsbedingungen vervollständigen. Sie dienen ferner als wichtiges Werkzeug zur Anpassung von Rechtsgrundsätzen an bestimmte Wirtschaftssituationen und die besonderen Gegebenheiten spezifischer Wirtschaftszweige.[604] Dabei sind Tarifverhandlungen über das Arbeitsentgelt die wichtigste Form der Kollektivverhandlungen, da die Struktur und Entwicklung des Einkommens essentielle Faktoren einer Wirtschaft und ihres Arbeitsmarktes sind.[605] Hierfür ist es bedeutend zu erkennen, wie viel Arbeitnehmer von Tarifverhandlungen über das Arbeitsentgelt abgedeckt sind:

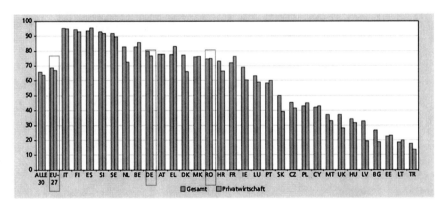

Abbildung: 7: Verbreitung von Tarifverhandlungen in den Mitgliedsstaaten (in %)
Quelle: Eurofound, Europäische Unternehmenserhebung 2009, S. 55

---

603 vgl. Dimitriu, Romanian industrial relations law, S. 52; Athanasiu Alexandru, Dreptul Muncii, S. 262
604 Kommission der Europäischen Gemeinschaften: Grünbuch - Ein modernes Arbeitsrecht für die Herausforderungen des 21. Jahrhunderts (22.11.2006), S. 6
605 vgl. Eurofound, Europäische Unternehmenserhebung 2009, S. 55

Da die Rechte der Arbeitnehmer in Rumänien vorwiegend tarifvertraglich geregelt sind, weil keine betriebsinterne Interessenvertretung besteht, ist es eine logische Folge, dass viele Tarifverträge, meist auf unterster Ebene (Betriebsebene) geschlossen werden. So lässt sich die hohe Anzahl der Tarifverträge in Rumänien erklären, die zwar im europäischen Vergleich einen Mittelwert aufweist, aber im Vergleich mit anderen osteuropäischen Staaten auffallend hoch ist. Rumänien hat beispielsweise eine Tarifvertragsabdeckung von ca. 75%, während die Zahl bei anderen osteuropäische Staaten wie Ungarn bei ca. 35% oder Bulgarien bei ca. 27% liegt. Auch im Vergleich mit Deutschland, deren Abdeckung ca. 78% erreicht, ist dies außerordentlich, wenn man bedenkt, dass Rumänien erst seit 20 Jahren demokratisch regiert wird und sich in kürzester Zeit eine Arbeitnehmervertretung etabliert hat, die eine verhältnismäßig hohe Anzahl an Tarifverträgen abschließt.

In diesem Abschnitt wird das System der Tarifverhandlungen in Rumänien dargestellt und mit dem deutschen System verglichen

1. Allgemeines

In Rumänien wird das Tarifverfahrensrecht, der Abschluss sowie die Effekte von Tarifverträgen als auch die Beilegung von Konflikten auf dem Gebiet des kollektiven Rechts durch Gesetz Nr. 62/2001 geregelt.[606] Das rumänische Gesetz bietet ein ausgeprägtes Rechtsgerüst in Bezug auf Arbeitsbeziehungen. Das Ziel einer Kollektivverhandlung ist der Abschluss eines Tarifvertrags. Tarifverträge untermauern und erweitern die gesetzlichen Vorschriften und Individualarbeitsverträge und verwirklichen die Regelungen der Tarifverträge auf Betriebsebene für jeden einzelnen Arbeitnehmer. Nach rumänischer Definition sind Tarifverhandlungen „freiwillige Verhandlungen zwischen dem Arbeitgeber oder den Arbeitgeberorganisationen einerseits und den Arbeitnehmerorganisationen andererseits über den Abschluss von Gesamtarbeitsverträgen zur Regelung der Lohn- und Arbeitsbedingungen" (siehe Art. 1 lit. i) Gesetz Nr. 62/2011). Zweiseitige Tarifverhandlungen zielen darauf ab, die kollektive Macht der Arbeitnehmer zu nutzen, im Gegensatz zu Individualverhandlungen, in denen sich ein einzelner Arbeitnehmer in einer nachteiligen Position gegenüber dem Arbeitgeber befindet.[607] Handelt ein Arbeitnehmer allein, kann er sein Missfallen gegenüber dem Arbeitgeber lediglich durch Kündigung ausdrücken. Bei kollektiv organisierten Arbeitnehmern kann das Missfallen gemeinsam ausgedrückt werden, ohne Angst, den eigenen Arbeitsplatz zu verlieren.[608] Die Inhalte der Tarifverhandlungen sind Löhne und Arbeitsbedingungen im weitesten Sinne (insbeson-

---

606 Vormals wurde dies durch Gesetz Nr. 130/1996 über Kollektivverträge sowie Gesetz Nr. 168/1999 über die Beilegung von Arbeitsstreitigkeiten geregelt.
607 vgl. Dimitriu: Romanian industrial relations law, S. 52
608 vgl. Dimitriu, aaO

dere Zahlungsmethoden, tägliche und wöchentliche Arbeitszeiten[609], Urlaubsregelungen, Fortbildung, Sicherheit am Arbeitsplatz, Unterrichtung und Anhörung der Arbeitnehmer). Nach Art. 12 des Gesetzes 62/2001 kann auch das Maß an Schutz der Gewerkschaftsführer Inhalt der Verhandlungen sein. Auch können darüber hinausgehende Klauseln über die Gewährung von bestimmten Arbeitnehmerrechte verhandelt werden, die weiter gehen als die gesetzlichen Rechte, sowie Rechte, die gesetzlich nicht normiert sind.

Eine Besonderheit des rumänischen Tarifsystems ist, dass die Bestimmungen eines Tarifvertrages auf höherer Ebene bindend sind für die entsprechenden Verträge der untergeordneten Ebene. D.h. für rumänische Tarifverhandlungen ist es grundlegend, dass sie nicht *in pejus* erfolgen können, sondern die Mindestbedingungen durch das Gesetz respektive bei den Vorschriften des nächst höheren Tarifvertrags vorgegeben sind.

Für den Fall, in dem keine Tarifverhandlungen stattfinden, heißt es nach rumänischem Recht nur, dass die Regelungen des nächsthöheren Tarifvertrages akzeptiert werden.[610] Dies ergibt sich aus Art. 132 Absatz 3 des Gesetzes 62/2011: Tarifverträge dürfen keine Klauseln enthalten, die gegen eine Regelung eines übergeordneten Tarifvertrages verstoßen. Dies ist mit ein Grund für die teils eingeschränkten Möglichkeiten, die von den Sozialpartnern verhandelt werden können. Denn für fast alle Eventualitäten bestehen gesetzliche Vorschriften, von denen nur zugunsten der Arbeitnehmer abgewichen werden darf. Dies macht die Regelungen in Rumänien zwar arbeitnehmerfreundlich, mindert aber die Bedeutung von Tarifverträgen im Vergleich zu anderen Rechtssystemen. Tatsächlich wiederholen viele Tarifverträge nur das Gesetz und fügen lediglich ergänzende Präzisierungen z.B. über Mindestlöhne oder Urlaubszeiten hinzu. Darüber hinaus ist es den Arbeitnehmern nach Art. 38 des Arbeitsgesetzes verboten, auf ihre Rechte zu verzichten, seien es Individualrechte oder Kollektivrechte. Nichtsdestotrotz muss im Vergleich mit den deutschen Regelungen gesehen werden, dass die „arbeitnehmerfreundlichen Gesetze in Rumänien"[611] individual- wie kollektivrechtlich nicht an den deutschen Standard im Bereich Arbeitnehmerschutz, Betriebsratsrechte und Kollektivrechte heranreichen.

In Deutschland hat ein Tarifvertrag mehrere Funktionen: „Der Tarifvertrag besitzt insoweit eine Schutzfunktion, als er die Arbeitnehmer davor schützen soll, dass der Arbeitgeber aufgrund seiner wirtschaftlichen Überlegenheit einseitig Arbeitsbedingungen festsetzt. Die Verteilungsfunktion besagt, dass mit den

---

609 Die ILO hat festgestellt, dass Regierungen, die die Verhandlungsmöglichkeit über Arbeitszeiten aus den Tarifverhandlungen ausschließen, gegen die Grundsätze des Vereinigungsrechtes und des Rechtes zu Tarifverhandlungen und somit gegen das ILO-Übereinkommen 98 (1949) verstoßen.
610 Dimitriu, Romanian industrial relations law, S. 54; vgl. auch Rebhahn, EuZA 2010, 62 (70)
611 vgl. Dimitriu, aaO

Lohn- und Gehaltsbestimmungen die Höhe der Vergütungen und damit die Einkommensverteilung zwischen den Arbeitnehmern geregelt wird. Zugleich wird durch die Tarifverträge eine Beteiligung der Arbeitnehmer am Sozialprodukt sichergestellt. Die Ordnungsfunktion des Tarifvertrags führt zu einer Typisierung der Arbeitsverträge. Die Individualverträge können sich daher auf die Einstellung der Arbeitnehmer und auf ergänzende Abreden hinsichtlich über- und außertariflicher Leitungen beschränken. Außerdem dürfen Arbeitgeber und Arbeitnehmer während ihrer Laufzeit darauf vertrauen, dass die Arbeitsbedingungen unverändert bleiben. Die Friedensfunktion besagt schließlich, dass der Tarifvertrag während seiner Geltung Arbeitskämpfe verhindert."[612] Diese Funktionen unterscheiden sich im Grunde nicht von dem Sinn und Zweck der Tarifverträge in Rumänien. Auch dort zielen zweiseitige Tarifverhandlungen darauf ab, die kollektive, gebündelte Macht der Arbeitnehmer gegenüber dem Arbeitgeber zu nutzen. Die Inhalte der Tarifverhandlungen sind Löhne und Arbeitsbedingungen im weitesten Sinne. Hinsichtlich der Anwendbarkeit der Tarifverträge geht die Regelung in Rumänien sogar weiter, da sie grundsätzlich allgemeinverbindlich (*erga omnes*) gilt, nicht wie in Deutschland *inter omnes*. Zudem herrscht in Rumänien eine strikte Hierarchie zwischen den Tarifvertragsebenen, da Tarifverträge keine Klauseln enthalten dürfen, die gegen die Regelung eines höheren Tarifvertrages verstoßen.

a) Tarifvertragsparteien

Tarifvertragsparteien in Rumänien sind gem. Art. 134 Gesetz Nr. 62/2011 Gewerkschaften bzw. subsidiär Arbeitnehmerräte sowie Arbeitgeber und Arbeitgebervereinigungen. Die Frage nach der Fähigkeit, Partei eines Kollektivvertrags zu sein ist vor allem für die Arbeitnehmer-Seite relevant, weil auf der Unternehmerseite kaum Anforderungen gestellt werden können, da der einzelne Unternehmer tariffähig ist. Relevante Hürden zur Tariffähigkeit gibt es nicht in allen europäischen Staaten, jedoch in Deutschland und Rumänien. In den anderen Ländern kann letztlich jede Vereinigung von Arbeitnehmern auch einen Kollektivvertrag abschließen.[613] In Deutschland ist die entscheidende Voraussetzung und Hürde die Durchsetzungskraft der Koalition, also deren Fähigkeit, die Arbeitgeber zu Verhandlungen zu bewegen oder zu zwingen[614]; in Rumänien ist es die Repräsentativität, die streng von formalen Voraussetzungen abhängt. Hinter der Beschränkung der Tariffähigkeit, steht das Bestreben, die Arbeitnehmerseite zu stärken. „Tarifverträge sollen nur von starken Koalitionen abgeschlossen werden, und eine Zersplitterung der Arbeitnehmer soll jedenfalls nicht gefördert werden. Überdies können auch Unternehmer daran interessiert sein, nur mit ei-

---

612 Bardenhewer: Der Firmentarifvertrag in Europa, S. 20
613 vgl. Rebhahn, NZA 2001, 763 (767)
614 vgl. BAG, NZA 2001,156 und BAG, NZA 2001, 160.

ner Gewerkschaft konfrontiert zu sein."[615] Hierin liegt bereits ein essentieller Unterschied. Während die Regelung bezüglich der Durchsetzungskraft in Deutschland eine flexible und fallbezogene Beurteilung ermöglicht, besteht in Rumänien hierbei kein Spielraum. Eine Vereinigung, die die quantitativen Voraussetzungen erfüllt, ist in diesem Rahmen repräsentativ (siehe hierzu unter Teil B II 2. a).

Darüber hinaus ist in Deutschland die Konkurrenz zwischen Betriebsrat und Gewerkschaft zu hervorzuheben, da hier zwei Institutionen zur Arbeitnehmervertretung bestehen. Allerdings ist es eindeutig, dass Gewerkschaften befugt sind Tarifverträge auszuhandeln und abzuschließen (§ 2 TVG), während der Betriebsrat nur betriebsintern Rechte wahrnimmt und Betriebsvereinbarungen schließen kann. Eine Konkurrenz besteht bei Tarifverhandlungen daher nicht, insbesondere aufgrund des Tarifvorbehalts in § 77 Abs. 3 und § 87 Abs. 1 BetrVG. Bezüglich des Weiteren funktionalen Verhältnisses hat der Gesetzgeber eine Grundentscheidung getroffen, wonach § 2 Abs. 1 BetrVG ein Zusammenwirken des Betriebsrats mit den im Betrieb vertretenen Gewerkschaften vorsieht. Zwischen beiden besteht daher ein Verhältnis der Kooperation, nicht der Konkurrenz; sie müssen miteinander, nicht gegeneinander arbeiten.[616] In Rumänien sind die Arbeitnehmerräte lediglich Ersatz, falls keine Gewerkschaft im Betrieb besteht; nur dann führen sie die Tarifvertragsverhandlungen mit dem Arbeitgeber und sind Tarifvertragspartei. In Deutschland hingegen ist es nicht vorgesehen, dass Betriebsräte Tarifvertragsparteien sind.

b) Formale Voraussetzungen

aa) Rumänisches Recht

Ein Tarifvertrag muss in Schriftform abgeschlossen und von den Parteien unterschrieben werden (Art. 229 Abs. 1 ArbGB und Art. 143 Abs. 1 Gesetz Nr. 62/2011). Anschließend müssen Tarifverträge auf Unternehmensebene bei den örtlichen Arbeitskammern sowie Tarifverträge auf Unternehmensgruppen- und Sektorebene beim Ministerium für Arbeit, Familie und Soziales registriert werden.[617]

---

615 Rebhahn, NZA 2001, 763 (768)
616 vgl. Däubler, Gewerkschaftsrechte im Betrieb, S. 60; Fitting, BetrVG, 2 Rn. 53
617 Hierbei unterscheidet sich die aktuelle Regelung von der früheren Regelung durch Art. 25 Gesetz Nr. 130/1996, wonach Tarifverträge auf Untenehmenebene bei den örtlichen Amtsstellen des Arbeitsministeriums, des Landkreises oder des Municipiu Bukarest registriert werden mussten sowie Tarifverträge, die auf Unternehmensgruppen-, Branchen oder nationaler Ebene geschlossen wurden, beim Ministerium für Arbeit, Familie und Soziales (vgl. Ticlea, Tratat de dreptul muncii, S. 338, Stefanescu, Tratat de dreptul muncii, S. 148; Athanasiu Alexandru, Dreptul Muncii, S. 284; Volonciu, Studii de Drept Romanesc 1999, 283 ff.)

Tarifverträge werden erst mit der Registrierung wirksam. Die Parteien können vereinbaren, dass die verhandelten Klauseln bereits ab einen Tag nach der Registrierung gelten (Art. 145 Abs. 1 Gesetz Nr. 62/2011). Die Registrierung eines Tarifvertrags kann gem. Art. 146 Abs. 1 Gesetz Nr. 62/2011 nur in den gesetzlich vorgesehenen Fällen verweigert werden, nämlich wenn die nach Art. 143 Abs. 2 Gesetz 62/2011 erforderlichen Nachweise nicht vorgelegt wurden, wenn der Tarifvertrag nicht von den Repräsentanten der verhandelnden Parteien unterschrieben ist oder wenn eine der Parteien mit einer Klausel nicht einverstanden war und dies im Protokoll zu den mündlichen Verhandlungen festgehalten wurde. Diese Sanktion ist äquivalent mit dem Fehlen der juristischen Wirkung eines Tarifvertrags entsprechend Art. 144 Abs. 1 Gesetz Nr. 62/2011, nach dem ein Tarifvertrag erst mit seiner Registrierung wirksam wird.[618] Das Fehlen der juristischen Wirkung durch die Ablehnung der Eintragung eines Tarifvertrags rechtfertigt sich dadurch, dass die Parteien mit dem fehlenden Nachweis über die Voraussetzungen der Repräsentativität nicht nachweisen können, dass ihnen die nötige Berechtigung zum Verhandeln und Abschluss eines Tarifvertrags fehlt.[619] Ein nicht von allen Partien unterschriebener Tarifvertrag kann unter Umständen gem. Art. 146 Abs. 2 Gesetz Nr. 62/2011 auf Betriebsebene auch registriert werden, wenn die Repräsentanten, die den Tarifvertrag unterschreiben mehr als die Hälfte der Arbeitnehmer im Betrieb vertreten. Hier zeigt sich eine Änderung zum früheren Recht, nach dem ein nicht unterschriebener Tarifvertrag gem. Art. 26 Abs. 2 Gesetz Nr. 130/1999 auch registriert werden konnte, wenn manche Arbeitgeber- oder Gewerkschaftsvertreter zwar zu den Verhandlungen eingeladen waren aber nicht teilnehmen konnten, wenn repräsentative Arbeitgeber- oder Gewerkschaftsvertreter an den Verhandlungen teilgenommen haben, mit den Inhalten des Tarifvertrages einverstanden waren, es aber ablehnten, den Tarifvertrag zu unterschreiben oder wenn die Repräsentanten, die es abgelehnt haben, den Tarifvertrag zu unterschreiben weniger als ein Drittel der Arbeitnehmer des Betriebes (unter 7 % der Arbeitnehmer auf Branchenebene oder unter 5 % der Arbeitnehmer auf nationaler Ebene) vertreten. Dies verhinderte, dass kleinere Unternehmen oder Gewerkschaften die Einführung eines Tarifvertrages aufhalten können. Nach der neuen Gesetzesregelung ist dies nunmehr nur noch auf Betriebsebene möglich.

Besonders zu beachten ist, dass die Registrierung nur bei formellen Mängeln abgelehnt werden kann. Dies entspricht dem ILO-Grundsatz des Vereinigungsrechts und des Rechts auf Tarifverhandlungen, der besagt, dass eine Regierung,

---

618 Athanasiu Alexandru, Dreptul Muncii, S. 281; vormalige Regelung: Art. 25 Abs. 3 Gesetz Nr. 130/1999 a.F.
619 vgl. Athanasiu Alexandru, aaO

die eine Ablehnung bei Einreichen eines Tarifvertrages aufgrund formeller Mängel ermöglicht, nicht gegen den Grundsatz der Tariffreiheit verstößt.[620]

Im Registrierungsverfahren überprüft das Ministerium für Arbeit, Familie und Soziales oder die regionalen Arbeiterkammern ob die vereinbarten Klauseln der Tarifverträge gegen das Gesetz – insbesondere Art. 132 Gesetz Nr. 62/2011 – verstoßen und ob sie mit den Tarifverträgen der jeweiligen höheren Ebenen vereinbar sind. Sollte eine gegen das Gesetz verstoßende Klausel vorliegen, so muss das Ministerium für Arbeit, Familie und Soziales bzw. die regionalen Arbeiterkammern die Parteien davon in Kenntnis setzen und beauftragen, Änderungen vorzubringen.[621]

Nach Art. 145 Abs. 2 Gesetz 62/2011 müssen alle Tarifverträge auf Unternehmensgruppen- und Sektorebene auf der Internetseite des Ministeriums für Arbeit, Familie und Soziales veröffentlicht werden. Dies stellt eine erhebliche Transparenz dar, wie sie nicht einmal in Deutschland existiert.

Tarifverträge auf Betriebsebene müssen den Arbeitnehmern bekannt gemacht werden.[622] Problematisch ist jedoch, dass ein Tarifvertrag, der auf Unternehmensgruppen- und Sektorebene gem. Art. 144 Abs. 1 Gesetz Nr. 62/2011 veröffentlicht werden muss[623], nicht mit der Veröffentlichung im Amtsblatt (Monitoriul Oficial Romanei) wirksam wird, sondern bereits vorher, mit dem Tag seiner Registrierung beim Ministerium für Arbeit, Familie und Soziales.

---

620 vgl. Dimitriu, Romanian industrial relations law, S. 63; Art. 27 Abs. 1 und 2 Gesetz Nr. 130/1996
621 Nach der früheren Rechtslage wurden entweder die fehlerhaften Klauseln durch rechtlich günstigere Regelungen oder mit Regelungen aus einem höheren Tarifvertrag ersetzt oder falls die Parteien an ihren ursprünglichen Regelungen festhalten wollten, wurde dies durch das Ministerium für Arbeit, Familie und Soziales oder den regionalen Arbeiterkammern der Gegenseite mitgeteilt. Dann konn die unzufriedene Partei die Arbeitsgerichte gem. Art. 27 Abs. 2 Gesetz Nr. 130/1996 a.F. aufrufen, um die Klauseln zu verhindern. Problematisch war dabei die Tatsache, dass ein Tarifvertrag bei fehlendem Beweis der Repräsentativitätsvoraussetzungen gar nicht registriert wurde, wenn er aber eine offensichtlich rechtswidrige Klausel enthielt, wurde dies lediglich den Parteien gegenüber bekannt gemacht und der Tarifvertrag trat ex lege in Kraft. So wurde eine nichtige Vertragsklausel erst einmal wirksam und musste durch ein langwieriges gerichtliches Verfahren wieder für nichtig erklärt werden. Deshalb war sich die Rechtspraxis trotz des klaren Wortlauts der Art. 26-28 Gesetz Nr. 130/1996 darüber einig, dass keine Behörde dazu gezwungen werden kann, einen ganz oder teilweise rechtswidrigen Tarifvertrag zu registrieren. In einem Rechtsstaat kann die Willensfreiheit der Sozialpartner nicht so weit gehen, dass eine Behörde einen rechtswidrigen Tarifvertrag registriert. Auch verlangten Literaturstimmen, dass Art 27. Gesetz Nr. 130/1996 dahingehend geändert wird, dass rechtswidrige Klauseln nicht registriert werden dürfen und die Partei, die auf „ihre" rechtswidrigen Klauseln besteht, die Gerichte aufrufen musste (vgl. hierzu Stefanescu, Tratat de dreptul muncii, S. 150).
622 Stefanescu, aaO
623 Vormals auf nationaler Ebene und auf Branchenebene gem. Art. 29 Gesetz Nr. 130/1996 a.F.

Diese Vorschrift wird oft kritisiert, wenn man den normativen Zweck von Tarifverträgen und ihre Allgemeinverbindlichkeit bedenkt; es wäre wohl konsequenter, wenn Tarifverträge mit ihrer Veröffentlichung wirksam werden, nicht mit der Registrierung.[624] Daher besteht in der rumänischen Rechtsliteratur ein Streit im Hinblick auf die Diskrepanz zwischen dem Inkrafttreten des Tarifvertrags durch Registrierung und der Veröffentlichung bis zu 30 Tage später. Einer Ansicht nach[625] hat die Veröffentlichung der Tarifverträge keinen juristischen Effekt. Einer anderen Meinung[626] nach ist diese Ansicht unjuristisch und verstößt gegen die Verfassung, da ein Tarifvertrag eine doppelte Rechtsnatur hat (Vertrag und normativer Akt) und daher keine retrospektive Wirkung haben kann. Art. 15 Abs. 2 der Verfassung besagt, dass ein Gesetz nur für die Zukunft Wirkung entfalten kann. Eine Ausnahme gilt nur im Strafrecht, sofern dieses günstiger ist. Ein Tarifvertrag müsse vielmehr wie jedes andere Gesetz drei Tage nach dem Zeitpunkt seiner Veröffentlichung in Kraft treten. Die Gesetzesänderung hat den bestehenden Streit nicht aufgelöst da diese Regelungen inhaltlich unverändert blieben.

bb) Vergleich mit dem Deutschen Recht

Nach § 1 Abs. 2 TVG bedarf der Tarifvertrag in Deutschland der Schriftform; er muss also schriftlich niedergelegt und von beiden Seiten unterschrieben werden (126 BGB).[627] Das Schriftformerfordernis für Tarifverträge gilt auch im rumänischen Recht.

Das TVG schreibt nicht vor, dass Tarifvertragsnormen öffentlich bekannt gemacht werden müssen, auch dann nicht, wenn der Tarifvertrag für allgemeinverbindlich erklärt worden ist.[628] Um jedoch ein Minimum an Publizität zu gewährleisten, wird beim Bundesministerium für Arbeit und Soziales ein Tarifregister geführt (§ 6 TVG), in das der Abschluss, die Änderung und die Aufhebung aller Tarifverträge (auch der Haustarifverträge) sowie der Beginn und die Beendigung der Allgemeinverbindlichkeit eingetragen werden. Nach § 7 TVG sind die Tarifvertragsparteien verpflichtet, dem Bundesministerium für Arbeit und Soziales (BMAS) innerhalb eines Monats nach Abschluss die Urschrift oder eine beglaubigte Abschrift sowie zwei weitere Abschriften eines jeden Tarifver-

---

624 Dimitriu, Romanian industrial relations law, S. 63
625 siehe Volonciu, Studii de Drept Romanesc 1999, 98 f.; Athanasiu Alexandru, Dreptul Muncii, S. 286; Ticlea, Tratat de dreptul, S. 339
626 vgl. Ticlea, Tratat de dreptul muncii, S. 340; Stefanescu, Tratat de dreptul muncii, S. 151
627 Schaub/Koch/Linck – *Schaub*, Arbeitsrechts-Handbuch, § 199, Rn. 27
628 ErfKomm- *Franzen*, TVG, § 6, Rn. 1. Anders als das sonst für Rechtsnormen der Fall ist, sieht das TVG keine öffentliche Bekanntmachung der Normen des Tarifvertrags vor. Das Gesetz weist den Tarifgebundenen die Aufgabe zu, sich auf dem Weg über die Tarifvertragsparteien, deren Mitglied er ist, Kenntnis über die für ihn geltenden Tarifnormen zu verschaffen. siehe Löwisch/Rieble, TVG, § 6, Rn. 1.

trags und seiner Änderungen zu übersenden. Der Inhalt eines Tarifvertrags ergibt sich jedoch nicht unmittelbar aus dem Tarifregister. Da die Mitteilungen der Tarifvertragsparteien Grundlage der Eintragungen sind, hat das BMAS kein Prüfungsrecht hinsichtlich des Inhalts des Tarifvertrags.[629] „Andererseits ist das BMAS nur verpflichtet, rechtlich existente Tarifverträge im Tarifregister einzutragen. Daher kann es die Eintragung verweigern, wenn eine vorgelegte Vereinbarung offensichtlich die Voraussetzungen eines Tarifvertrags nicht erfüllt. Lehnt das BMAS die Eintragung ab, kann Leistungsklage zu den Verwaltungsgerichten erhoben werden."[630] Dem Publizitätserfordernis dient darüber hinaus die Auslegung des Tarifvertrags durch den Arbeitgeber an geeigneter Stelle im Betrieb (§ 8 TVG sowie § 2 I Nr. 10 NachwG).[631] Die begrenzte Publizität der Tarifvertragsnormen genügt den verfassungsrechtlichen Anforderungen des Rechtsstaatsprinzips.[632] In Deutschland ist die Publizität keine Wirksamkeitsvoraussetzung für einen Tarifvertrag. „Der Eintragung der Tarifverträge in das Tarifregister kommt keine konstitutive Wirkung zu. Das Inkrafttreten und Außerkrafttreten bestimmt sich allein nach dem Tarifvertrag selbst."[633] In Rumänien ist die Registrierung des Tarifvertrags Wirksamkeitsvoraussetzung, da ein Tarifvertrag trotz dogmatisch streitiger Position erst durch die Registrierung wirksam wird, unabhängig davon, wann er geschlossen wurde. Auch besteht nach Art. 145 Abs. 2 Gesetz Nr. 62/2011 die Verpflichtung der Veröffentlichung von Tarifverträgen auf Unternehmensgruppen- und Sektorebene, während eine solche in Deutschland nicht besteht.

Hinsichtlich des Prüfungsrechts bzw. der Prüfungspflicht des Arbeitsministeriums bestehen kaum Unterschiede. Die zuständigen Amtsstellen in Rumänien prüfen die formalen Voraussetzungen eines Tarifvertrags wie Repräsentativität der Vertragsparteien, Schriftform und Unterschriften. Eine Registrierung kann nur in den gesetzlich vorgesehenen Fällen verweigert werden, während in Deutschland die Eintragung verweigert werden kann, wenn eine vorgelegte Vereinbarung „offensichtlich die Voraussetzungen eines Tarifvertrags nicht erfüllt"[634]. In beiden Rechtsordnungen hat die eintragende Behörde kein Prüfungs-

---

629 vgl. Löwisch/Rieble, TVG, § 6, Rn. 8; Rieble/Klumpp - Münchener Handbuch ArbeitsR, § 167, Rn. 23,
630 vgl. Rieble/Klumpp, aaO
631 ErfKomm - *Franzen*, TVG. § 6, Rn. 1
632 BVerfG 24. 5. 1977 AP TVG § 5 Nr. 15; 10. 9. 1991 AP TVG § 5 Nr. 27; BAG 28. 3. 1990 AP TVG § 5 Nr. 25
633 Löwisch/Rieble, TVG, § 6, Rn. 7
634 ErfKomm - *Franzen*, TVG, § 6, Rn. 2 Das Bundesministerium für Arbeit und Soziales hat lediglich zu prüfen, ob der ihm vorgelegte Vertrag tatsächlich ein Tarifvertrag ist, also von tariffähigen Parteien abgeschlossen worden ist und normative oder schuldrechtliche tarifliche Regeln enthält (siehe Rieble/Klumpp - Münchener Handbuch ArbeitsR, § 167, Rn. 23).

recht hinsichtlich des Inhalts, was auch dem ILO-Grundsatz des Vereinigungsrechts und des Rechts auf Tarifverhandlungen entspricht.

c) Dauer eines Tarifvertrags

Nach Art. 141 Abs. 1 Gesetz Nr. 62/2011 werden in Rumänien Tarifverträge nur für eine bestimmte Zeit geschlossen, die mindestens zwölf Monate betragen muss und höchstens 24 Monate betragen darf[635].

Für den Fall, dass der Zeitraum eines Tarifvertrags, der für eine bestimmte Dauer abgeschlossen wurde, abgelaufen ist, können die Parteien die Anwendbarkeit des Tarifvertrags nur durch eine ausdrückliche Vereinbarung über seine ursprüngliche Laufzeit hinaus verlängern; sie können aber auch Kollektivverhandlungen initiieren, um bestimmte Klauseln des Tarifvertrags zu ändern oder um einen neuen Tarifvertrag abzuschließen.[636]

Unabhängig von der vereinbarten Laufzeit des Tarifvertrags mussten Tarifverhandlungen über Löhne, Länge der Arbeitszeit, das Arbeitsprogramm und die Arbeitsbedingungen nach der früheren Regelung Art. 3 Abs. 2 und 4 Gesetz Nr. 130/1996 a.F. jährlich erfolgen. Dies hatte in der Praxis zur Folge, dass die Vertragspartner meist jedes Jahr über den gesamten Tarifvertragsinhalt verhandeln, obwohl dieser auf mehrere Jahre geschlossen wurde.[637] Diese Inkonsistenz, dass Tarifverträge über eine längere Laufzeit vereinbart werden konnten, aber dennoch jährlich zu bestimmten Themen verhandelt werden musste, ist mit der Gesetzesänderung weggefallen.

In Deutschland genießen die Tarifvertragsparteien Vertragsfreiheit und können jegliche Dauer des Tarifvertrags vereinbaren. Sofern die Tarifvertragsparteien keine feste Laufzeit festlegen, ist ein Tarifvertrag ordentlich kündbar. Bei befristeten Tarifverträgen ist die Kündigung in der Regel ausgeschlossen, weil sich die Parteien für die Laufzeit fest gebunden haben.[638] Eine Verpflichtung wie in Rumänien, dass die Tarifvertragsparteien trotz der längeren Laufzeit ei-

---

635 Nach Art. 242 ArbGB a.F. und Art. 23 Abs. 1 Gesetz Nr. 130/1996 wurden in Rumänien vor der gesetzesänderung Tarifverträge nur für eine bestimmte Zeit geschlossen, die mindestens zwölf Monate betragen muss oder für die Dauer einer bestimmten Aufgabe. Beispielsweise für die Dauer des Baus eines Gebäudes oder der Ernte. Nur in solchen Fällen kann eine Ausnahme von der Mindestlaufzeit von 12 Monaten gemacht werden. Eine Ausnahme für eine verkürzte Dauer von unter 12 Monaten ist nicht mehr vorgesehen.
Die meisten Tarifverträge auf nationaler Ebene, die bis 2006 geschlossen wurden, hatten lediglich eine Laufzeit von zwölf Monaten. Die relative wirtschaftliche Sicherheit und die Erfahrungen der Sozialpartner haben dazu geführt, dass der letzte nationale Tarifvertrag (von 2007 bis 2010) eine Laufzeit von vier Jahren hatte.
636 Dimitriu, Romanian industrial relations law, S. 64
637 Stefanescu, Tratat de dreptul muncii, S. 144; Hier bleibt es noch zu erwähnen, dass obwohl Tarifverträge für einen bestimmten Zeitraum abgeschlossen werden, Individualarbeitsverträge grundsätzlich auf unbestimmte Zeit geschlossen werden.
638 Löwisch/Rieble, TVG, § 1, Rn. 508

nes Tarifvertrages über Teile des Tarifinhalts vor Ablauf verhandeln müssen, fehlt in Deutschland. Hier ist die Freiheit der Verhandlungspartner größer. Ein Unterschied zwischen den beiden Rechtssystemen besteht auch in der Nachwirkung des Tarifvertrags in Deutschland. Nach § 4 Abs. 5 TVG gelten die Rechtsnormen des Tarifvertrags auch nach seinem Ablauf bzw. Kündigung weiter, bis sie durch eine andere Regelung ersetzt werden. „Soweit – wie im Normalfall – der abgelaufene Tarifvertrag durch einen neuen ersetzt wird, überbrückt die Nachwirkung die tariflose Zeit bis zum Neuabschluss. Die Rechtsnormen des abgelaufenen Tarifvertrags gelten im Einzelarbeitsverhältnis weiter, bis sie durch eine andere Abmachung ersetzt werden. Die Vorschrift ist so zugleich Ausgleich für die weit verstandene Friedenspflicht."[639] Die Nachwirkung hat damit eine Überbrückungsfunktion und schützt „die bislang Tarifunterworfenen davor, dass der bloße Tarifentfall ihr Arbeitsverhältnis inhaltlich verändert, insbesondere verschlechtert".[640] Eine solche Nachwirkung ist dem rumänischen System gänzlich unbekannt. Das Fehlen einer Vereinbarung des Geltungszeitraumes führt nicht automatisch zu einer Geltung auf unbestimmte Zeit.[641] Wenn in Rumänien ein Tarifvertrag ausläuft oder beendet wird, dann besteht keine tarifliche Regelung mehr, bis ein neuer Tarifvertrag geschlossen wird, wobei aber gesetzlich vorgeschrieben ist, dass Tarifvertragsverhandlungen durch den Arbeitgeber initiiert werden müssen. In Deutschland besteht eine solche Verpflichtung zu Verhandlungen nicht, dafür wirken die Normen des Tarifvertrags weiter, bis eine andere Regelung getroffen wird.

d) Das Verfahren bei Tarifverhandlungen

aa) Rumänisches Recht

Nach Art. 129 Abs. 2 Gesetz Nr. 62/2011[642] ist der Arbeitgeber bzw. die Arbeitgebervereinigung verpflichtet, Tarifverhandlungen einzuleiten. Versäumt er dies, hat er mit einer finanziellen Sanktion zu rechnen und die Verhandlungen können auf Verlangen der Gewerkschaft oder der Arbeitnehmervertreter innerhalb von 10 Tagen ab der diesbezüglichen Aufforderung initiiert werden (Art. 129 Absatz 3 Gesetz Nr. 62/2011[643]).

Nach der früheren Gesetzeslage fanden gem. Art. 3 Abs. 2 Gesetz Nr. 130/1996 Tarifverhandlungen jedes Jahr nach mindestens zwölf Monaten seit dem Datum der letzten Verhandlungen statt, sofern darauf kein Tarifvertragsabschluss folgte, sowie spätestens 30 Tage vor Ablauf des Tarifvertrages,

---

639 Löwisch/Rieble, TVG, § 4, Rn. 372
640 Rieble/Klumpp - Münchener Handbuch ArbeitsR, § 181, Rn. 3; Dieser individuelle Besitzstandsschutz verbietet es auch, daß die Tarifvertragsparteien die Nachwirkung vollständig ausschließen, vgl. Löwisch/Rieble, TVG, § 4 Rn. 375.
641 Dimitriu Romanian industrial relations law, S. 63
642 entspricht Art. 3 Abs. 5 Gesetz Nr. 130/1999 a.F.
643 Nach der alten Rechtslage waren es 15 Tage, Art. 3 Absatz 6 Gesetz Nr. 130/1999 a.F.

der für die Dauer eines Jahres abgeschlossen wurde. Das Gesetz Nr. 62/2011 änderte diese Rechtslage insofern, dass Tarifverhandlungen nun spätestens 45 Tage vor Ablauf des geltenden Tarifvertrages eingeleitet werden müssen oder innerhalb von 45 Tagen vor Ablauf anderer entsprechender Vereinbarungen. Durch diese Gesetzesänderung wird eine Flexibilisierung der sonst so starren Regelungen erreicht, da nicht zwingend jährlich über den Tarifvertrag verhandelt werden muss, sondern ein solcher auch für zwei Jahre geschlossen werden kann. Der Schutz der Arbeitnehmer wird trotzdem dadurch gewahrt, dass rechtzeitig vor Ablauf eines Tarifvertrags neu verhandelt werden muss.

Bei dem ersten Zusammentreffen der Parteien müssen gem. Art. 130 Abs. 2 des Gesetzes 62/2011 die Informationen, die der Arbeitgeber den Gewerkschaftsmitgliedern oder den Arbeitnehmervertretern zur Verfügung stellt, offengelegt werden. Ein Verstoß gegen diese Offenlegungspflicht ist vergleichbar mit einem Verstoß gegen die Verhandlungspflicht an sich und wird mit einer Geldstrafe geahndet. Allerdings beträgt eine Geldstrafe gem. Art. 217 Abs. 1 b Gesetz 62/2011 zwischen 5.000 und 10.000 LEI, was 1.150 bis 2.300 Euro[644] beträgt und –nach wie vor - für kaum einen Arbeitgeber eine wirkliche Sanktion darstellen dürfte. Da das Gesetz nicht ausdrücklich vorgibt, wie viele Personen an den Tarifverhandlungen auf Seiten des Arbeitgebers oder der Gewerkschaft teilnehmen dürfen, legen die Parteien diese Zahl selbst fest. Sie müssen nicht von einer gleichen Anzahl an Personen vertreten werden.[645] Darüber hinaus können auch andere Personen, die keiner der Parteien zugeordnet werden können, an den Verhandlungen teilnehmen – z.b. Juristen, Spezialisten, technische Experten und Akademiker – allerdings nur sofern beide Parteien mit deren Anwesenheit einverstanden sind.[646] Üblicherweise werden folgende Themen während der ersten Sitzung besprochen und entschieden: die Anzahl der Vertreter jeder Partei, die Anzahl der Berater sowie der Ort der Verhandlungen. Die Parteien erkennen dann wechselseitig die Kompetenz zur Teilnahme an Tarifverhandlungen an.[647] Zu beachten ist weiterhin, dass die Tarifverhandlungen gem. Art. 129 Abs. 5 des Gesetzes 62/2011, sechzig Werktage nicht überschreiten dürfen. Wenn der Arbeitgeber an den Verhandlungen teilnimmt, aber den Abschluss eines Tarifvertrages ablehnt oder wenn der 60-Tage Zeitraum abläuft, ohne dass die Parteien vereinbart haben, dass das vorherige Übereinkommen weitergelten soll, fällt keine Sanktion an da ja kein Abschlusszwang besteht, lediglich ein Verhandlungsanspruch.

---

644 Vormals betrug die Strafe gem. Art. 5 des Gesetzes 130/1999 a.F. lediglich zwischen 300 und 600 LEI, was 70 bis 140 Euro entsprach
645 vgl. Radu;,Dreptul muncii, S. 64; Ticlea, Tratat de dreptul muncii, S. 334; Der nationale Tarifvertrag für 2007-2010 wurde beispielsweise von 11 Arbeitgebervereinigungen und 5 Gewerkschaftsvereinigungen verhandelt.
646 vgl. Ticlea, Tratat de dreptul muncii, S. 334
647 Dimitriu, Romanian industrial relations law, S. 55

Tarifverhandlungen erfolgen nach dem Grundsatz von Treu und Glauben.[648] Treu und Glauben ist einer der leitenden Prinzipien des Sozialen Dialogs sowie jeglicher Form von Vertragsverhandlungen. Dieser Grundsatz ist in der Verfassung, im Zivilgesetzbuch und im Arbeitsgesetz festgelegt. Er bedeutet einerseits, dass Tarifverhandlungen nach Treu und Glauben verhandelt werden müssen und andererseits, dass ausgehandelte Tarifverträge nach Treu und Glauben ausgeführt werden müssen.[649] Im Arbeitsrecht wird dieser Grundsatz theoretisch als allumfassende Treue hinsichtlich der Informationspflichten sowie als Treue bei der Ausführung der Individualarbeitsverträge erachtet.[650]

Unabhängig davon, ob im Betrieb Gewerkschaftsvertreter bestehen oder die Arbeitnehmerräte durch die Belegschaft gewählt wurden, ist das Verfahren zum Verhandeln eines Tarifvertrags dasselbe, da die Arbeitnehmerräte nur subsidiär zu Gewerkschaften bestehen. Das Scheitern des Abschlusses eines Tarifvertrages hat automatisch die Anwendbarkeit des nächst höheren Tarifvertrages zur Folge (Art. 132 Abs. 2 Gesetz Nr. 62/2011).

bb) Vergleich mit dem Deutschen Recht

Die rechtlichen Grundlagen des Tarifsystems sind in Deutschland im Tarifvertragsgesetz festgelegt. Tarifverträge regeln die meisten mit dem Arbeitsverhältnis zusammenhängenden Fragen. Der Tarifvertrag wird in Deutschland von tariffähigen Personen oder Verbänden nach den Vorschriften des privatrechtlichen Vertrages abgeschlossen (§§ 145 ff. BGB).[651] Soweit Tarifverträge von Koalitionen abgeschlossen werden, handelt der Vorstand oder sonstige satzungsgemäße Vertreter stellvertretend, wobei die Vertretungsmacht des Organs sich nach der Satzung richtet.[652] „Die Tarifvertrags-Parteien können sich besonderer Verhandlungsführer als Stellvertreter bedienen, die den Tarifvertrag nach den §§ 164 ff. BGB abschließen. Wegen der mit der Tarifmacht verbundenen Tarifverantwortung kann eine solche Vollmacht aber weder unwiderruflich erteilt werden, noch den Verhandlungsführer von den tarifpolitischen Grundentscheidungen der Tarifvertrags-Partei freistellen."[653] Nach § 2 Abs. 2 TVG können Spitzenverbände zum Abschluss von Tarifverträgen bevollmächtigt werden. „An sich könnten Spitzenverbände auch ohne diese Regelung bevollmächtigt werden. Die Haftungsregelung in § 2 Abs. 4 TVG macht aber deutlich, dass die Spitzenverbände insoweit eine Sonderrolle spielen: Sie nehmen beim Tarifabschluss besonderes

---

648 Stefanescu, Tratat de dreptul muncii, S. 147
649 Stefanescu, aaO
650 Dimitriu, Romanian industrial relations law, S. 56
651 vgl. BAG 24.1.2001, AP 1 zu § 3 BetrVG 1972; BAG 4.6.2008 NZA 2008, 1366; Schaub/Koch/Linck – *Schaub*, Arbeitsrechts-Handbuch, § 199, Rn. 18; Rieble/Klumpp - Münchener Handbuch ArbeitsR, § 145 Rn. 10
652 vgl. Rieble/Klumpp - Münchener Handbuch ArbeitsR, § 145 Rn. 16
653 Rieble/Klumpp - Münchener Handbuch ArbeitsR, § 145 Rn. 19, Einer besonderen Form bedarf die Vollmacht nicht (§ 167 II BGB).

Vertrauen in Anspruch und haben als Vertreter einen eigenen Entscheidungsspielraum."[654] In beiden Rechtsordnungen ist es daher möglich, Stellvertreter bzw. Berater an den Verhandlungen teilnehmen zu lassen.

Im Unterschied zur rumänischen Regelung gibt es im deutschen Recht keine Vorgabe, welche Partei die Tarifverhandlungen auslösen muss. In Rumänien ist der Arbeitgeber gesetzlich dazu verpflichtet, spätestens 45 Tage vor Ablauf des Tarifvertrags, neue Tarifverhandlungen auszulösen. Die gesetzliche Verpflichtung des Arbeitgebers soll sicherstellen, dass tatsächlich Tarifvertragsverhandlungen stattfinden. Fehlt es an einer solchen Verpflichtung, könnte der Arbeitgeber ein Verlangen der Gewerkschaften oder Arbeitnehmerräte problemlos ablehnen. So muss der Arbeitgeber von sich aus eine Verhandlung einleiten, was zwingend zu Gesprächen über Tarifvertragsregelungen führt. Eine solche Regelung ist im deutschen System nicht erforderlich, die Koalitionsfreiheit wird vor allem dadurch gewährt, dass die Parteien frei entscheiden können, wann und ob sie Tarifvertragsverhandlungen führen wollen.

e) Die Ebenen der Tarifverhandlungen

aa) Rumänisches Recht

Tarifverträge werden auf Betriebs-, Unternehmensgruppen-, Sektorebene abgeschlossen. Auf jeder Ebene darf der Tarifvertrag nicht gegen einen höheren Tarifvertrag oder gegen Gesetze verstoßen. Hierbei trat durch die Gesetzesänderung durch das Gesetz zum Sozialen Dialog (Gesetz Nr. 62/2011) eine erhebliche Änderung ein, da ehemals Tarifverträge auf 4 Ebenen abgeschlossen werden konnten. Diese waren Betriebs-, Unternehmensgruppen-, Branchen- und nationale Ebene. Durch Gesetz Nr. 62/2011 ist die nationale Ebene komplett entfallen, die Branchenebene wurde zur Sektorebene.

Der Tarifvertrag auf nationaler Ebene war ein besonders wichtiges Instrument, da er alle Arbeitnehmer des Landes erfasste und die Sozialpartner dadurch Mindestbedingungen für alle Arbeitnehmer setzen konnte. Dieses Instrument ist nun entfallen, wohl weil keine Einigung auf einen nachfolgenden Tarifvertrag (nach dem nationalen Trifvertrag von 2007-2010) erzielt werden konnte. Damit ist die Sektorebene nun die höchste Ebene für Tarifverträge in Rumänien.

Konsequenterweise dürfen Individualarbeitsverträge keine Klauseln enthalten, die zum Nachteil des Arbeitnehmers vom Tarifvertrag abweichen. Daher können Tarifverträge auf Betriebsebene nur Klauseln enthalten, die für die Arbeitnehmer vorteilhafter sind als der nächsthöhere Tarifvertrag.

Im Gegensatz zu manch anderen europäischen Rechtssystemen, in denen jede Gewerkschaft ihren eigenen Tarifvertrag abschließen kann, der nur für ihre Mitglieder Gültigkeit besitzt, darf in Rumänien auf jeder Ebene nur ein Tarifver-

---

654 Rieble/Klumpp - Münchener Handbuch ArbeitsR, § 145 Rn. 21; Tariffähig muss die Spitzenorganisation, anders als bei TV in eigenem Namen, nicht sein, weil TV-Partei der vertretene Verband bleibt und so auch nur dieser tariffähig sein muss.

trag abgeschlossen werden. Dies ist eine logische Schlussfolgerung der Regelungen, in denen das Gesetz einerseits Voraussetzungen für die Repräsentativität aufstellt und andererseits die Rangordnung der Tarifverträge einer höheren Ebene gegenüber denen der niedrigeren Ebene stabilisiert.[655] Daher ist es sinnvoll, eine Reihenfolge beim Abschluss von Tarifverträgen einzuhalten. Erst sollte der (früher: nationale Tarifvertrag) Sektor-Tarifvertrag verhandelt werden, dann der Unternehmensgruppentarifvertrag und zuletzt der Betriebstarifvertrag. Sollte die Hierarchie der Tarifverträge einmal nicht beachtet werden, weil der Tarifvertrag, der auf niedrigerer Stufe abgeschlossen wurde, bereits in Kraft war, als ein Tarifvertrag auf höher Stufe geschlossen wurde, so müssen die Klauseln des niedrigeren Tarifvertrages angepasst werden.[656] Vor 1996 konnten die Sozialpartner auf jeder Ebene (nationale, Branchen- oder Betriebsebene) mehrere Tarifverträge schließen, abhängig davon, wie viele Arbeitnehmerorganisationen auf der entsprechenden Ebene vertreten waren.[657] Das Gesetz Nr. 130/1996 führte die Regelung (Art. 11 Abs. 2 Gesetz Nr. 130/1996) ein, dass nur ein Tarifvertrag auf jeder Ebene abgeschlossen werden darf, was im Gesetz Nr. 62/2011 beibehalten wurde. Obwohl der Abschluss eines Tarifvertrages auf nationaler Ebene nicht zwingend ist, wurde seit 1996 jedes Jahr ein solcher Vertrag geschlossen; für die Jahre 2007-2010 zum ersten Mal ein Tarifvertrag, der eine Laufzeit von mehreren Jahren hatte. Ab dem Jahr 2011 konnte keine Einigung mehr erzielt werden. Trotz der hierarchischen Regelungen schließt diese Exklusivität der Tarifverträge pro Ebene einen Gewerkschaftspluralismus nicht aus, so dass auf jeder Ebene mehrere Gewerkschaften sowie mehrerer Arbeitnehmervertretungen bestehen können.

Die Diskrepanz verschiedener Tarifverträge auf den verschiedenen Ebenen stellt einen Nachteil des rumänischen Systems dar. Beispielsweise gab es im Jahr 2008 Probleme bezüglich des Mindestlohns. Der nationale Tarifvertrag hatte einen höheren Mindestlohn vorgeschrieben als es die Regierung beschlossen hat. Das führte dazu, dass die Arbeitnehmer in staatlichen Organisationen und Betrieben einen geringeren Lohn erhielten als alle anderen. Wäre der Grundsatz anwendbar, dass der nationale Tarifvertrag für alle Arbeitsverhältnisse gilt, müssten alle Arbeitnehmer Anspruch auf den verhandelten Mindestlohn haben. Der Staat hat jedoch für sich eine Ausnahme geschaffen, die nur für den Staat selbst Anwendung findet, so dass die Arbeitnehmer den geringeren Mindestlohn erhalten. Diese Praxis führte zu einer Serie von Protesten.[658]

bb) Vergleich mit dem Deutschen Recht

In Deutschland spielt neben der Tariffähigkeit auch die Tarifzuständigkeit eine wichtige Rolle. Die Tarifzuständigkeit ist wie die Tariffähigkeit Vorausset-

---

655 vgl. Stefanescu, Tratat de dreptul muncii, S. 148
656 Ticlea: Tratat de dreptul muncii, S. 317
657 Ticlea: Tratat de dreptul muncii, S. 317
658 vgl hierzu: Dimitriu, EuZA 2008, 89 (94)

zung für den Tarifvertrag.[659] „So wie für den Tarifvertrag beide Seiten tariffähig sein müssen, müssen sie gemeinsam tarifzuständig sein. Weichen die Tarifzuständigkeiten der Tarifvertragsparteien voneinander ab, kann der Tarifvertrag nur in dem Bereich der gemeinsamen Tarifzuständigkeit gelten."[660] Bei Tarifverträgen unterscheidet man zwischen räumlichem, fachlichem, persönlichem und zeitlichem Geltungsbereich. Im Rahmen ihrer autonomen Zwecksetzung bestimmen die Vertragsparteien selbst, für welchen geographischen Raum, welche Branche und welchen Personenkreis sie Tarifnormen setzen wollen und legen damit ihre Tarifzuständigkeit, also den maximalen Geltungsbereich der abzuschließenden Tarifverträge fest.[661] Hinsichtlich der Tarifverträge sind Verbandstarifverträge (Vertrag zwischen Gewerkschaft und Arbeitgeber-Verband), Haus-/Firmen- oder Werkstarifverträge[662] (Vertrag zwischen Gewerkschaft und einzelnen Arbeitgebern) und Spitzentarifverträge (Vertrag zwischen Gewerkschaft und Verbandsspitzen) möglich. Zudem sind in Deutschland Tarifverträge für ganze Branchen bzw. Wirtschaftszweige üblich (Flächentarifverträge). Die Gewerkschaften und Arbeitgeberverbände sind überwiegend nach dem Industrieverbandsprinzip organisiert. Einem nach diesem Prinzip organisierten Verband gehören beispielsweise alle Arbeitnehmer des jeweiligen Industriezweiges, etwa der Metallindustrie an, also auch Schreiner oder Sekretärinnen, die in einem Metallbetrieb beschäftigt sind. Das Industrieverbandsprinzip ist gesetzlich nicht vorgegeben[663] und eine entsprechende Pflicht verstieße gegen die Koalitionsfreiheit. Das Industrieverbandsprinzip soll den DGB-Gewerkschaften dadurch besondere Schlagkraft verleihen, dass für einen Betrieb immer nur eine Gewerkschaft zuständig ist und so eine Schwächung durch Konkurrenz vermieden wird.[664] Daneben bestehen auch Verbände, die nach dem Berufsverbandsprinzip organisiert sind. In solche Verbände werden nur Angehörige einer bestimmten Berufsgruppe aufgenommen, unabhängig davon, in welchem Betrieb sie arbeiten.[665]

---

659 BAG 18. 6. 2006 AP TVG § 2 Tarifzuständigkeit Nr. 19; Rieble/Klumpp, 162, 167; Löwisch/Rieble, TVG, § 2, Rn. 81
660 Rieble/Klumpp, 162, 167; Franzen, 10., neu bearb. Aufl. (2010), TVG; Löwisch/Rieble, TVG, § 2, Rn. 80
661 BAG 18. 7. 2006 AP TVG § 2 Tarifzuständigkeit Nr. 19; 27. 9. 2005 AP TVG § 2 Tarifzuständigkeit Nr. 18; 29. 6. 2004 AP ArbGG 1979 § 97 Nr. 21; Rieble/Klumpp - Münchener Handbuch ArbeitsR, § 164 Rn. 77
662 Diese werden in Deutschland auch Haus-,Werks-, Betriebs-, oder Unternehmenstarifverträge genannt.
663 Moll/Altenburg - *Hamacher*, Münchener Anwaltshandbuch Arbeitsrecht, § 64, Rn. 11
664 vgl. BAG 25. 9. 1996, AP TVG § 2 TVG Tarifzuständigkeit Nr. 10; Münchener Handbuch ArbeitsR Bd. 2 - *Richardi*, § 159 Rn 29
665 Als Beispiele können der „Marburger Bund", die Organisation der angestellten Ärzte, oder der Verband der angestellten Akademiker und leitender Angestellter der chemischen Industrie (VAA) genannt werden. Die bislang bedeutendste nach dem Berufsverbandsprinzip organisierte Gewerkschaft, die Deutsche Angestelltengewerkschaft

Wie neuerdings in Rumänien gibt es auch in Deutschland keinen nationalen Tarifvertrag, der über allen anderen Tarifverträgen steht, abgesehen von für allgemeinverbindlich erklärten Tarifverträgen. Darüber hinaus besteht dahingehend keine strenge Hierarchie, dass ein Tarifvertrag auf niedrigerer Ebene nicht gegen einen Tarifvertrag höherer Ebene verstoßen darf. In Deutschland sind vielmehr das Rangprinzip, das Günstigkeitsprinzip, das Spezialitätsprinzip und das Ordnungsprinzip anwendbar. „Das Rangprinzip und das Günstigkeitsprinzip regeln das Verhältnis verschiedenrangiger Rechtsquellen zueinander, während sich das Spezialitäts- und Ordnungsprinzip auf das Verhältnis gleichrangiger Rechtsquellen bezieht. Bestehen mehrere gleichrangige Rechtsquellen, ist zunächst die einschlägige Rechtsquelle nach dem Ordnungsprinzip oder dem Spezialitätsprinzip zu ermitteln."[666] Der speziellere Tarifvertrag – bei gleichem Geltungsbereich im Zweifel der jüngere – verdrängt insoweit den generelleren Tarifvertrag ohne Rücksicht auf die Günstigkeit der einzelnen Regelungen jedenfalls in den Bereichen, in denen die gleiche Sachgruppe geregelt ist (z.B. Arbeitszeit, Kündigungsschutz, Entgeltfortzahlung bei Krankheit oder Urlaub).[667] Erst danach kommt das Rangprinzip zur Anwendung. Das Günstigkeitsprinzip ist als Kollisionsregel auf der Ebene gleichrangiger Rechtsquellen ungeeignet.[668]

Hierin liegt einer der grundlegenden Unterschiede der Rechtsordnungen. Während in Rumänien die Hierarchie streng beachtet werden muss und ein Tarifvertrag auf niedrigerer Ebene für den Arbeitnehmer nicht ungünstiger sein darf als ein Tarifvertrag auf höherer Ebene, kommt es nach dem deutschen System nicht so auf die Hierarchie an als vielmehr auf die für den Arbeitnehmer günstigere oder speziellere Regelung, egal auf welcher Ebene. Hierdurch zeigt sich die starre Struktur der tarifvertraglichen Regelung in Rumänien im Gegensatz zu der flexibleren und arbeitnehmerfreundlicheren Regelung des deutschen Rechts.

(DAG), der Angestellte, gleich welcher Branche, beitreten konnten, ist in der Dienstleistungsgewerkschaft Ver.di aufgegangen.
666 Ascheid/Preis/Schmid - *Preis*, Kündigungsrecht, § 611 BGB Rn. 236
667 Gaul/Janz, NJW-Beilage 2010, 60 (63)
668 Ascheid/Preis/Schmid - *Preis*, Kündigungsrecht, § 611 BGB Rn. 236; Nach dem Rangprinzip geht die ranghöhere der rangniederen Regelung vor. Die rangniedere Rechtsquelle geht allerdings der höherrangigen Rechtsquelle dann vor, wenn sie für den AN günstigere Regelungen enthält und das ranghöhere Recht nicht (ausnahmsweise) zweiseitig zwingend. ist. Auf gleicher Normebene verdrängt die jüngere die ältere Rechtsnorm mit dem gleichen Gegenstand (Zeitkollisionsregel). Das Ordnungsprinzip verdrängt die alte Regelung auch dann, wenn die neue Regelung ungünstiger ist (lex posterior derogat legi priori). So können die Tarifvertragsparteien innerhalb rechtl. Grenzen eine Tarifnorm sowohl zu Gunsten als auch zum Nachteil der betroffenen AN ändern (BAG 24. 8. 1993 AP BetrAVG § 1 Ablösung Nr. 9; 16. 5. 1995 AP TVG § 4 Ordnungsprinzip Nr. 15). Die spezielle verdrängt die allgemeine Regelung.

Darüber hinaus zeigt sich hier auch die unterschiedliche Systematik zwischen den Tarifregelungen in Deutschland und in Rumänien. Während in Rumänien der niedrigere Tarifvertrag für die Arbeitnehmer günstiger sein muss als der höhere, da die Regelungen eines Tarifvertrages qua Gesetz nicht gegen die eines höheren Tarifvertrages verstoßen dürfen, ist der niedrigere Tarifvertrag in Deutschland meist ungünstiger für die Arbeitnehmer. In Deutschland werden meist nur Haustarifverträge geschlossen, wenn der Arbeitgeber finanzielle Schwierigkeiten hat und vom günstigeren Flächentarifvertrag „nach unten" abweichen will. Dies ist eine gänzlich unterschiedliche Systematik der Tarifverhandlungen.

f) Verhandlungsanspruch

In Deutschland ist es umstritten, ob eine Tarifvertrags-Partei vom sozialen Gegenspieler die Aufnahme von Verhandlungen zum Abschluss eines Tarifvertrags verlangen kann (sog. Verhandlungsanspruch[669]). Die Rechtsprechung des BAG lehnt dies mit der Erwägung ab, dass eine lediglich formale Pflicht zur Aufnahme von Verhandlungen bloße Förmelei wäre und eine inhaltliche Überprüfung der Aufnahme ernster Verhandlungen zur Inhaltskontrolle des Tarifvertrags führe, was Art. 9 Abs. 3 GG widerspreche.[670] Die Tarifautonomie in Deutschland, bedingt, dass es keinen Verhandlungsanspruch gibt, sondern fehlende Verhandlungsbereitschaft der Arbeitgeberseite durch einen Arbeitskampf überwunden wird. Die Gegenauffassung leitet vor allem aus dem arbeitskampfrechtlichen *ultima-ratio*-Prinzip einen Verhandlungsanspruch her.[671] „Die Rechtsprechung. führt dazu, dass die Verhandlungen begehrende Tarifvertrags-Partei einen Arbeitskampf führen muss, um die andere Tarifvertrag-Partei überhaupt an den Verhandlungstisch zu bringen. Dies erscheint durchaus folgerichtig und ist Ausdruck der in Art. 9 Abs. 3 GG geschützten tarifvertraglichen Abschlussfreiheit. Die Tarifautonomie schützt auch davor, sich nicht auf die Vorstellungen des Gegenübers einlassen zu müssen – diese mag dann den Arbeitskampf als Ausweg wählen. Ein allgemeiner Verhandlungsanspruch hätte unweigerlich eine Befassungspflicht zur Folge auch für solche Ansinnen, die etwa wegen gewollter oder erzwungener Kampfunwilligkeit über den Arbeitskampf nicht durchgesetzt werden sollen."[672] Von dieser Problemlage zu unterscheiden sind Verhandlungspflichten der Tarifvertrags-Parteien im Rahmen bereits bestehender Tarifverträge. Hier bejaht die Rechtsprechung vielfältige Verhandlungspflichten, ausdrücklich etwa bei der Regelung von Notdiensten im Arbeitskampf oder vor

---

669 zum Verhandlungsanspruch siehe auch unter Teil D. I.
670 BAG 14. 7. 1981 AP Nr. 1 zu TVG § 1 Verhandlungspflicht; BAG 14. 7. 1981 AP Nr. 3 zu TVG § 1 Verhandlungspflicht; vgl. Wiedemann/Thüsing, RdA 1995, 280 (284)
671 Wiedemann/Thüsing RdA 1995, 280 (284).
672 vgl. Rieble/Klumpp - Münchener Handbuch ArbeitsR, § 162 Rn. 13, 14; Löwisch/Rieble, TVG, § 1 Rn. 483, 484

dem Ausspruch außerordentlicher Kündigungen vom Firmen-Tarifvertrag.[673]
„Vor allem aber können so Verhandlungen während des Laufs der Friedenspflicht eingefordert werden, obwohl das Druckmittel des Arbeitskampfs nicht zur Verfügung steht. Außerdem können die Tarifvertrags-Parteien schuldrechtlich Verhandlungspflichten in Tarifverträgen vereinbaren."[674]

Im Gegensatz dazu besteht in Rumänien ein gesetzlich festgelegter Verhandlungsanspruch auf Betriebsebene für Betriebe mit 21 oder mehr Arbeitnehmern (Art. 129 Abs. 1 Gesetz Nr. 62/2011). Das Arbeitsgesetzbuch normiert in Art. 229 Abs.2 ArbGB eine generelle Pflicht zu Tarifverhandlungen auf Betriebsebene.[675]

Optional sind daher Kollektivverhandlungen in Betrieben, die weniger als 21 Arbeitnehmer beschäftigen.

---

673 vgl. BAG 31. 1. 1995 AP GG Art. 9 Arbeitskampf Nr. 135 (zum Arbeitskampf); BAG 18. 12. 1996 AP TVG § 1 Kündigung Nr. 1; 18. 6. 1997 AP TVG § 1 Kündigung Nr. 2 (zum Firmen-Tarifvertrag)
674 siehe zu alledem: ErfKomm - *Franzen*, § 1, Rn. 24; Rieble/Klumpp - Münchener Handbuch ArbeitsR, § 165, Rn. 13 ; Wiedemann/Thüsing, RdA 1995, 280 (286)
675 Das vormals geltende ArbGB normierte in Art. 236 Abs. 2 a.F. eine generelle Pflicht, Tarifverhandlungen zu führen, ohne eine Ebene zu nennen. Darüber wurde insbesondere in der Literatur viel diskutiert. Fraglich war, ob der Wortlaut des Gesetzes hier tatsächlich einschränkend gemeint war, so dass nur Tarifverhandlungen auf Betriebsebene jährlich verpflichtend durchzuführen waren und daher a contrario auf den höheren Ebenen kein Verhandlungszwang bestand. Daher bestanden in der Literatur kontroverse Ansichten, ob Tarifverhandlungen auf der Ebene über der Betriebsebene verpflichtend waren oder nicht. Einerseits wurde die Meinung vertreten (Athanasiu Alexandru, Dreptul Muncii, S. 270; Stefanescu, Tratat de dreptul muncii, S. 141 ff. ff.), dass das Gesetz Nr. 130/1996 das speziellere ist und daher Anwendungsvorrang genießt. Im Umkehrschluss zu Art. 3 Absatz 1 Gesetz Nr. 130/1996 a.F. seien Verhandlungen auf höherer Ebene als der Betriebsebene, also Branchen- und nationaler Ebene nicht mehr verpflichtend, sondern freiwillig. Anderer Ansicht nach (Ticlea: Tratat de dreptul muncii, S. 327 f. ff.), war das Arbeitsgesetzbuch das höhere Recht und korrigierte als später erlassenes (2003) manche vorher erlassene Gesetze (hier insbesondere Gesetz Nr. 130/1996 von 1996) bzw. einzelne Gesetzesregelungen. Zu diesem Streit erging auch eine Entscheidung des Verfassungsgerichts (D.C.C. Nr. 71/2004; veröffentlicht in M.Of. Teil I, Nr. 239 vom 18.03.2004. In dieser Verfassungsbeschwerde wurde die Rechtswidrigkeit von Art. 3 Abs. 1 Gesetz Nr. 130/1966 in Bezug auf Art. 41 Abs. 5 der Verfassung gerügt. Art. 41 Abs. 5 der Verfassung lautet: „Das Recht auf Kollektivverhandlungen im Bereich der Arbeit und der zwingende Charakter von Kollektivverträgen sind gewährleistet.") in der festgestellt wurde, dass die Verpflichtung zu Tarifverhandlungen auf unterster Ebene die Aussagekraft und Bedeutung einer Generalverpflichtung hat, auch wenn die Tarifverhandlungen auf höherer Ebene entsprechend Art. 10 Gesetz Nr. 130/1996 a.F. lediglich fakultativen Charakter haben. Die Verfassungsbeschwerde gegen die Rechtswidrigkeit von Art. 3 Gesetz Nr. 130/1996 a.F. wurde abgelehnt. Damit bestand eine Verhandlungspflicht auch auf höherer Ebene, die durch das Gesetz Nr. 62/2011 aufgehoben wurde.

Nach mancher Ansicht in der Literatur ist der Verhandlungsanspruch in Rumänien ein „Positivbeispiel für die gesetzlich fixierte Verpflichtung der rumänischen Arbeitgeber mit mehr als 21 beschäftigten Arbeitnehmern, in Verhandlungen über einen Tarifvertrag einzutreten.[676] „Nach Auffassung des Ausschusses für Vereinigungsfreiheit des IAA-Verwaltungsrats steht diese Situation nicht im Einklang mit dem Grundsatz der freiwilligen Kollektivverhandlungen. Die meisten dieser Probleme sind Überbleibsel des vorherigen Systems, ihre Überwindung scheint aber sehr lange zu dauern."[677] Problematisch ist, inwiefern der rumänische Verhandlungsanspruch mit der Koalitionsfreiheit vereinbar ist. Die Koalitionsfreiheit ist – wie die Gegnerunabhängigkeit als Voraussetzung zeigt – darauf angelegt, dass die Koalitionen aus eigener Kraft zum Erfolg kommen und keiner Pflicht zur Zusammenarbeit unterliegen.[678] Auch der EuGHMR betont, dass aus Art. 11 EMRK kein Verhandlungsanspruch gegenüber dem Staat als Arbeitgeber folgt, dieser insbesondere nicht verpflichtet ist, mit einer bestimmten Gewerkschaft Tarifverträge abzuschließen.[679] „Das Mittel zur Überwindung der Sprachlosigkeit zwischen Tarifvertragsparteien ist nicht der Verhandlungsanspruch, sondern der Arbeitskampf. Allerdings darf das Arbeitskampfrecht im Interesse der Allgemeinheit und Dritter unnötige Arbeitskämpfe und ihre schädlichen Folgen zu verhindern suchen und Arbeitskampfmaßnahmen von einem vorherigen Verhandlungsversuch, ja sogar von einem Schlichtungsversuch, abhängig machen. Nur folgt daraus kein Verhandlungsanspruch, sondern lediglich eine Verhandlungsobliegenheit. Außerhalb des Arbeitskampfes braucht sich keine Koalition auf Tarifverhandlungen oder sonstige Sozialpartnerverhandlungen einzulassen."[680] Nach rumänischer Ansicht kann der Sozialdialog nur durch Verhandlungen geführt werden und dabei ist es natürlich, dass eine solche Verpflichtung bestehen muss.[681] Im Gegensatz dazu ist es in Deutschland üblich, dass ein Sozialdialog bzw. Tarifverhandlungen auf freiwilliger Basis stattfinden. Die Sozialpartner beschließen gemeinsam, wann Tarifverhandlungen geführt werden. Vergleicht man die Rechte der Gewerkschaften, so ist eine repräsentative Gewerkschaft in Rumänien zwar mit stärkeren Rechten ausgestattet als eine tariffähige Gewerkschaft in Deutschland, da in Rumänien ein Verhandlungsanspruch mit dem Arbeitgeber besteht – wenngleich dieser wie gezeigt –in Bezug auf die Koalitionsfreiheit zweifelhaft ist. Das „Freedom of Association Committee" hat wiederholt betont, dass freiwillige Tarifverhandlungen und die Autonomie der Sozialpartner während den Verhandlungen ein

---

676 Kohl, Koalitionsfreiheit, Arbeitnehmerrechte und sozialer Dialog, S. 72
677 ILO- Bericht des Generaldirektors: Sich zusammenschließen für Soziale Gerechtigkeit, S. 66
678 Löwisch/Rieble, TVG, Grundlagen, Rn. 55; siehe Wiedemann/Thüsing, RdA 1995, 280 (280)
679 EuGHMR 6. 2. 1 976, EuGHZ 1976, 62 unter Nr. 39; Löwisch/Rieble, aaO
680 Löwisch/Rieble, aaO
681 vgl. Ticlea: Tratat de dreptul muncii, S. 328

grundsätzliches Prinzip der Vereinigungsfreiheit begründen.[682] Um eine gewisse Effizienz zu zeigen, müssen Tarifverhandlungen freiwillig sein und dürfen nicht aus Zwangsmaßnahmen resultieren, die diesen Freiwilligkeitscharakter untergraben.[683] Entsprechend verpflichtet Art. 4 des ILO-Übereinkommens Nr. 98 über die Grundsätze des Vereinigungsrechts und des Rechts zu Kollektivverhandlungen (1949) die Regierung nirgends, Zwangsmaßnahmen zu schaffen um die Tarifvertragsparteien so zum Abschluss von Kollektivvereinbarungen anzuhalten. Dies wären Maßnahmen, die ganz klar den Charakter der Verhandlungen an sich verändern würden. Die rumänische Erfahrung zeigt allerdings, dass zwingende Tarifverhandlungen nicht zwangsläufig zum Missbrauch führen. Im Gegenteil, es macht die Parteien zugänglich für Meinungen, die sie anderenfalls nicht berücksichtigt hätten.[684] Zu beachten ist hier wiederum der Mechanismus zur Durchführung von Tarifverhandlungen, der starr und ohne Flexibilität wirkt. Streng von der Verhandlungspflicht zu unterscheiden ist jedoch eine gesetzliche Verpflichtung[685] zum Abschluss von Tarifverträgen, die von der ILO als problematisch erachtet wird. Die Verpflichtung, Tarifverhandlungen zu führen, beinhaltet jedoch keinen Abschlusszwang und damit keine Verpflichtung, eine Einigung zu erlangen. Eine solche Verpflichtung würde dem Grundsatz der Vertragsfreiheit widersprechen[686] sowie dem ILO-Übereinkommen Nr. 98.

Zusammenfassend erkennt man, dass eine Besonderheit des rumänischen gegenüber dem deutschen Rechtssystem der gesetzliche Verhandlungsanspruch der Gewerkschaften bzw. Arbeitnehmerräte ist, der in Deutschland nur besteht, wenn er vertraglich vereinbart wurde. Einerseits haben die Gewerkschaften in Rumänien also eine sehr starke Verhandlungsmacht, da sie ihren Gegenpart an einen Verhandlungstisch zwingen können. Andererseits hängt auch in Rumänien die Intensität und Ernsthaftigkeit der Verhandlungen davon ab, wie mächtig die jeweilige Gewerkschaft tatsächlich ist. Handelt es sich um eine starke Gewerkschaft, wird sie in der Lage sein, den Arbeitgeber zu ernsthaften Verhandlungen über die verhandlungspflichtigen Themen zu zwingen und die Verhandlungen in Vereinbarungen münden zu lassen.[687] Ist die Gewerkschaft dagegen schwach, so ist es umso wahrscheinlicher, dass dem Arbeitgeber die Bereitschaft fehlt, zu einer Einigung zu gelangen, wenn keine Gegenwehr der Gewerkschaft zu be-

---

682 Dimitriu, Romanian industrial relations law, S. 53
683 Dimitriu, Romanian industrial relations law, S. 53 und 92 ff.
684 Dimitriu, Romanian industrial relations law, S. 53
685 Es ist erwähnenswert, dass eine solche Verpflichtung in Europa nicht einzigartig ist. In Frankreich zum Beispiel ist ein Tarifvertrag verpflichtend abzuschließen über die Lohnhöhe oder Arbeitszeiten, vgl. Ticlea, Tratat de dreptul muncii, S. 328. Im Öffentlichen Dienst werden Kollektivtarifverträge auf Verwaltungsebene oder auf Ebene des lokalen Öffentlichen Dienstes sowie auf Abteilungsebene für die untergeordneten Institutionen abgeschlossen.
686 Stefanescu, Tratat de dreptul muncii, S. 139
687 vgl. Siegrist, Einschränkung der unternehmerischen Entscheidungsfreiheit, S. 169

fürchten ist.[688] In Deutschland hat eine Gewerkschaft zwar keinen gesetzlichen Verhandlungsanspruch, wird ihren Gegenspieler jedoch, wenn sie mächtig ist - und dass ist sie, wenn sie tariffähig ist - allein durch ihre Stellung zu Tarifverhandlungen bewegen können. Insofern ist der gesetzlich vorgegebene Unterschied der beiden Rechtssysteme weitreichend, wird jedoch in Bezug auf die Mächtigkeit der Gewerkschaften in Deutschland relativiert.

g) Wirkung der Tarifnormen

Europäische Rechtssysteme bieten grundsätzlich drei Grundmodelle der Wirkung von Tarifnormen: beidseitig verpflichtend, einseitig verpflichtend oder ergänzend. „Einseitig verpflichtend bedeutet, dass der Individualarbeitsvertrag vom Tarifvertrag abweichen kann, dies jedoch nur zum Vorteil des Arbeitnehmers. Beidseitig verpflichtend bedeutet, dass den Parteien des Individualarbeitsvertrags eine Abweichung vom Tarifvertrag nicht erlaubt ist, weder zu Gunsten, noch zum Nachteil des Arbeitnehmers. Ergänzende Anwendbarkeit bedeutet, dass die Parteien in beide Richtungen abweichen können; ihre Privatautonomie uneingeschränkt ist."[689] In Deutschland wirken die Tarifverträge gem. § 4 Abs. 3 TVG in der Regel einseitig zwingend, weil abweichende Abmachungen in Arbeitsverträgen oder Betriebsvereinbarungen nur zu Gunsten des Arbeitnehmers zulässig sind.[690] Anders verhält es sich nur, wenn die Tarifvertragsparteien auf die zwingende Wirkung ihrer Tarifnorm verzichten (Öffnungsklauseln) oder der Tarifvertrag nur nachwirkt.[691] Auch in Rumänien hat sich der Gesetzgeber für die einseitig zwingende Wirkung entschieden, da ein Abweichen zugunsten der Arbeitnehmer auf niedrigerer Ebene jeweils möglich ist. Darüber hinaus kommt Tarifnormen eine unmittelbare Wirkung zu. „Die Rechtsnormen, nicht aber die schuldrechtlichen Regelungen des TV gelten mit unmittelbarer und zwingender Wirkung für die tarifgebundenen und von seinem Geltungsbereich erfassten Arbeitsverhältnisse. Die unmittelbare Wirkung besagt, dass die Tarifnormen nicht wie etwa bei § 613 a Abs. 1 S. 2 BGB zum Inhalt des Arbeitsverhältnisses. werden. Vielmehr überlagern die Tarifnormen die arbeitsvertraglichen Vereinbarungen wie ein Gesetz. Es kommt daher nicht darauf an, dass die Arbeitsvertragsparteien die Geltung der Regelungen des Tarifvertrags vereinbaren oder von der Wirkung des Tarifvertrags auch nur Kenntnis haben."[692] Auch in Rumänien ist ein Tarifvertrag ein Vertrag zwischen zwei Parteien, dem auch normative Wirkung zukommt.[693] Er entfaltet unmittelbare und zwingende Wirkung.

---

688 vgl. Siegrist,
689 vgl. NZA 2001, S. 763 ff.
690 ErfKomm - *Franzen*, TVG, § 4 Rn. 2; Rieble/Klumpp - Münchener Handbuch ArbeitsR, § 180 Rn. 21
691 Rieble/Klumpp aaO
692 ErfKomm - *Franzen*, TVG, § 4 Rn. 1
693 vgl. Ticlea, Tratat de dreptul muncii, S. 314; Stefanescu, Tratat de dreptul muncii S. 132; Dima, The evolution of labour law in Romania, S 413

Hinsichtlich der Wirkung der Tarifvertragsnormen unterscheiden sich die beiden Rechtssysteme daher nicht.

2. Änderung und Beendigung von Tarifverträgen

Die Änderung, und Beendigung von Tarifverträgen ist in beiden Rechtssystemen dem Ministerium für Arbeit, Familie und Soziales bzw. dem Bundesministerium für Arbeit und Soziales mitzuteilen. Hierbei ergeben sich lediglich Unterschiede in der Frist. In Rumänien muss die Mitteilung innerhalb von 5 Tagen erfolgen, in Deutschland innerhalb eines Monats.

a) Änderung von Tarifverträgen

aa) In Rumänien

Die Klauseln eines Tarifvertrags können während seiner Laufzeit jederzeit von den Parteien mit gemeinsamem Einverständnis geändert werden (Art. 149 Gesetz Nr. 62/2011[694]). Anfragen auf Änderung können von jeder Partei (Arbeitnehmer oder Arbeitgeber) vorgebracht werden. Eine Änderung ist möglich, wenn eine Klausel entfernt werden soll, die nicht mehr der Realität entspricht, eine Klausel aufgestockt wird (z.b. Löhne oder andere Arbeitnehmerrechte), eine bestimmte Regelung neu formuliert wird oder eine neue Klausel eingebracht wird.[695] Um wirksam zu werden muss die Änderung bei den örtlichen Amtsstellen des Arbeitsministeriums des Landkreises bzw. beim Ministerium für Arbeit, Familie und Soziales registriert werden. Ein Tarifvertrag muss abgeändert werden, wenn ein neues Gesetz verabschiedet wird, das arbeitnehmerfreundlicher ist als die Klauseln des Tarifvertrags. Ansonsten werden die Klauseln nichtig und es gelten die gesetzlichen Mindestvorschriften.[696] Wenn ein Tarifvertrag auf einer höheren Ebene geändert wird und die Sozialpartner den Arbeitnehmern mehr Rechte gewähren, ist auch der Tarifvertrag einer niedrigeren Ebene zu ändern, denn er darf keine Klauseln enthalten, die den Regelungen auf höherer Ebene entgegenstehen.[697]

Bis zur Gesetzesänderung durch das Gesetz zum Sozialen Dialog (Gesetz Nr. 62/2011) konnte ein Tarifvertrag oder einzelne seiner Klauseln suspendiert werden wenn beide Parteien einverstanden waren oder wenn im Falle eines Arbeitskampfes, die Möglichkeit nicht bestand, dass die nicht am Streik teilnehmenden Arbeitnehmer weiterarbeiten (vgl. Art. 32 Gesetz Nr. 130/1996 a.F.).

---

694 Vormals geregelt in Art. 244 ArbGB a.F. und Art. 31 Abs. 1 Gesetz Nr. 130/1996 a.F. Der nationale Tarifvertrag enthielt eine Regelung (Art. 5), dass solche Änderungswünsche schriftlich vorgebracht werden müssen und zwar mindestens 30 Tage vor den zwingenden Änderungsverhandlungen.
695 vgl. Dimitriu, Romanian industrial relations law, S. 66
696 Ticlea, Tratat de dreptul muncii, S. 347
697 Dimitriu, Romanian industrial relations law, S. 66; siehe auch Ticlea, Tratat de dreptul muncii, S. 348

Auch bei höherer Gewalt (Naturkatastrophen, schwere Rohstoff- oder Materialkrisen, längere Stromausfälle usw.[698]). konnte der Tarifvertrag gem. Art. 246 ArbGB a.F. suspendiert werden. Eine Suspendierung musste der Stelle, bei der der Tarifvertrag registriert ist, innerhalb von 5 Tagen angezeigt werden, wobei die Suspendierung – wie im deutschen Recht die Suspendierung des Arbeitsverhältnisses bei Streik – eine temporäre Aufhebung der Durchführung der vertraglichen Verpflichtungen bedeutete. Diese Suspendierungsmöglichkeiten finden sich im Gesetz Nr. 62/2011 nicht mehr.

bb) In Deutschland

Eine einvernehmliche Änderung eines Tarifvertrags während der Laufzeit richtet sich in Deutschland nach § 7 TVG[699], in Rumänien nach Art. 149 Gesetz Nr. 62/2011.

Die Suspendierung eines Tarifvertrags ist in Deutschland nicht vorgesehen. Das deutsche Arbeitsrecht kennt eine Suspendierung nur in Bezug auf ein Arbeitsverhältnis. Sie ist dabei nicht auf die Beendigung des Arbeitsverhältnisses gerichtet, sondern auf die Unterbindung der Tätigkeit des Arbeitnehmers.[700] Ein wichtiger Unterschied lag darin, dass in Rumänien der Tarifvertrag in beiderseitigem Einvernehmen oder im Falle eines Streiks, in Deutschland nur das Arbeitsverhältnis zwischen dem Arbeitgeber und dem einzelnen streikenden Arbeitnehmer suspendiert wurde. Die Regelung in Rumänien war gegenüber der Handhabung in Deutschland nachteilig, da gem. Art. 32 Gesetz Nr. 130/1996 a.F. eine Suspendierung nur erklärt werden konnte, wenn die Möglichkeit nicht besteht, dass die nicht am Streik teilnehmenden Arbeitnehmer weiterarbeiten, was einer quasi-Aussperrung[701] gleichkommt. In Deutschland können einfach die Arbeitsverhältnisse der streikenden Arbeitnehmer suspendiert werden. Diese für Arbeitnehmer nachteilige Regelung wurde nun auch im Rumänischen Gesetz entfernt.

---

698 Stefanescu: Tratat de dreptul muncii S. 157; Ticlea, Tratat de dreptul muncii, S. 349
699 Zu übersenden sind auch alle Änderungen eines Tarifvertrages. Dazu gehören nicht nur Änderungen des Inhalts, sondern auch solche bei den Parteien des Tarifvertrages. Mitzuteilen ist also auch der Beitritt eines weiteren Verbandes zum Tarifvertrag oder das Ausscheiden einer der bisherigen Tarifvertragsparteien. Das kann bei Spitzentarifverträgen und solchen von Tarifgemeinschaften praktisch werden. Siehe hierzu Löwisch/Rieble, TVG, 2. Auflage (2004), § 7, Rn. 5
700 Eine Suspendierung kann von den Vertragsparteien vereinbart werden oder in einem TV geregelt sein (BAG 27. 2. 2002 AP TVG § 1 Tarifverträge: Rundfunk Nr. 36. ErfKomm - *Preis*, § 620, Rn. 43 BGB
701 Eine Aussperrung wie im deutschen Recht, existiert in Rumänien nicht wegen Art. 41 Abs. 2 Codul muncii

b) Die Beendigung von Tarifverträgen im Vergleich

Nach Art. 151 Gesetz Nr. 62/2011[702] endet ein Tarifvertrag in Rumänien mit Ablauf der Laufzeit oder mit der Beendigung des Auftrags, für den er geschlossen wurde (sofern die Parteien keine Verlängerung vereinbaren), mit dem Tag der Auflösung oder Liquidation des Unternehmens[703] oder mit einer entsprechenden Vereinbarung der Parteien. Die Beendigung des Tarifvertrags muss der Stelle, bei der der Tarifvertrag registriert ist, innerhalb von fünf Tagen angezeigt werden. In diesem Fall ist der Arbeitgeber verpflichtet, die Verhandlungen für einen neuen Tarifvertrag aufzunehmen. Im Falle eines vollkommenen oder teilweisen Betriebsübergangs gehen die Rechte und Pflichten aus dem geltenden Tarifvertrag am Tag des Betriebsübergangs völlig auf den neuen Betriebsinhaber über.[704] Sollte eine Partei während der Gültigkeitsdauer eines Tarifvertrags ihre Repräsentativität verlieren, bleibt der Tarifvertrag trotzdem bestehen.[705] Ein Tarifvertrag kann nicht einseitig gekündigt werden (neu eingefügt in Art. 152 Abs. 1 Gesetz Nr. 62/2011). Dies ist auch der Grund, weshalb ein Tarifvertrag nicht für eine unbestimmte Zeit geschlossen wird.

In Deutschland können Tarifvertragsparteien den Tarifvertrag aufheben, wobei mit einem Aufhebungsvertrag grundsätzlich die Nachwirkung des § 4 Abs. 5 TVG greift.[706] Schließen die Tarifvertragsparteien einen neuen Tarifvertrag über denselben Regelungsgegenstand ab, setzt das ohne Rücksicht auf einen Aufhebungswillen der Vertragsparteien den bisherigen Tarifvertrag außer Kraft (Ablösung).[707] Der Unterschied zum rumänischen Recht liegt darin, dass die Tarifvertragsparteien in Deutschland den Tarifvertrag aufheben können, wobei dann die Nachwirkung eintritt, während in Rumänien die Aufhebung eines Tarifvertrags ohne Nachwirkung möglich ist. Allerdings müssen dort zeitnah neue Tarifverhandlungen durch die Arbeitgeberseite eingeleitet werden. Dies ändert jedoch nichts an der Tatsache, dass ein Tarifvertrag aufgehoben werden kann und für eine gewisse Zeit gar kein Tarifvertrag Geltung entfaltet.

---

702 Vormals Art. 245 ArbGB a.F. und Art. 33 Gesetz Nr. 130/1999a.F.
703 In diesem Fall ist der Tarifvertrag am Tag der Gerichtsentscheidung über den Beginn des Insolvenzverfahrens beendet.
704 Diese Regelung bestand schon früher im rumänischen Gesetz, wurde aber durch Gesetz Nr. 67/2006 (Art. 5 Abs. 1) über den Schutz der Arbeitnehmer im Falle eines Betriebsübergangs wiederholt. Dies entspricht den Vorschriften der Richtlinie 2001/23/EG des Rates vom 12. März 2001 zur Angleichung der Rechtsvorschriften der Mitgliedstaaten über die Wahrung von Ansprüchen der Arbeitnehmer beim Übergang von Unternehmen, Betrieben oder Unternehmens- oder Betriebsteilen (siehe: http://eur-lex.europa.eu/LexUriServ/LexUriServ.do?uri=CELEX:32001L0023:DE:HTML, abgerufen am 20.12.2011)
705 Stefanescu, Tratat de dreptul muncii, S. 158
706 Löwisch/Rieble, TVG, § 1, Rn. 500
707 Löwisch/Rieble, TVG, § 1, Rn. 501

"Wird ein Arbeitgeberverband oder eine Gewerkschaft [in Deutschland] liquidiert, so endet mit dem Liquidationsbeschluss die Tariffähigkeit und damit auch etwaige Tarifverträge. Wird dagegen der Arbeitgeber als juristische Person liquidiert, so besteht seine gesetzliche Tariffähigkeit nach § 2 Abs. 1 TVG bis zum Abschluss des Liquidations-/Insolvenzverfahrens fort und damit auch der Tarifvertrag. Stirbt der Arbeitgeber, so geht der Haustarifvertrag auf den Erben über."[708] Das BAG differenziert bei Auflösung einer Tarifvertragspartei hinsichtlich des Fortbestands des Tarifvertrags zwischen dessen schuldrechtlichem und normativem Inhalt.[709] Danach sollen die schuldrechtlichen Verpflichtungen entfallen, weil die grundrechtlichen Voraussetzungen koalitionsgerechter Willensbildung in der Liquidation nicht länger voll erfüllt werden können.[710] Ein Tarifvertrag endet nicht *per se*, sondern gilt weiter, bis der Tarifvertrag auf Grund eines eigenständigen Beendigungstatbestandes sein Ende findet (vgl. § 3 Abs. 3 TVG), insbesondere durch eine vom Insolvenzverwalter ausgesprochene Kündigung.[711] Allerdings wirkt dann der Tarifvertrag gem. § 4 Abs. 5 TVG nach.[712]

Hierin liegt ein weitreichender dogmatischer Unterschied zum rumänischen Recht. Endet in Deutschland die Tariffähigkeit einer der Tarifparteien, so endet auch der diesbezügliche Tarifvertrag, was jedoch zu einer Nachwirkung des Tarifvertrags führt. In Rumänien bleibt der Tarifvertrag weiter bestehen, selbst wenn eine Tarifvertragspartei nicht mehr repräsentativ ist. Dieses Ergebnis ist nicht zu beanstanden, denn „Sinn und Zweck der Vorschrift ist ein doppelter: Zum einen will sie dem tariflichen Ordnungsprinzip Rechnung tragen und vermeiden, dass die Arbeitsverhältnisse nach Ablauf des Tarifvertrags inhaltsleer werden, etwa weil ein Anschlusstarifvertrag noch verhandelt oder durch Arbeitskampf erstritten wird (Überbrückungsfunktion). Zum anderen soll der erreichte Tarifstandard nicht allein deswegen absinken, weil der Tarifvertrag ausläuft (Inhaltsschutz)."[713] In beiden Rechtssystemen wird eine Weitergeltung der tariflichen Regelungen erreicht.

c) Sanktionen bei Nichterfüllung von Tarifverträgen im Vergleich

Die Erfüllung der bestehenden Tarifverträge ist aufgrund ihrer normativen Wirkung für die Sozialpartner zwingend. Die Nicht-Erfüllung der Verpflichtungen

---

708 Löwisch/Rieble, TVG, § 1, Rn. 506; Löwisch/Rieble, - Münchener Handbuch ArbeitsR Bd. 2, § 164, Rn. 97; siehe auch für den schuldrechtlichen Teil BAG 11. 11. 1970 AP TVG § 2 Nr. 28; für den normativen Teil BAG 15. 10. 1986 AP TVG § 3 Nr. 4, bestätigt durch BAG 28. 5. 1997 AP TVG § 4 Nachwirkung Nr. 26.
709 Däubler/Bepler - *Däubler*, § 2, Rn. 153
710 Däubler aaO
711 vgl. Houben, NJOZ 2008, 2170 (2173); BAGE 95, 156 = NZA 2001, 334
712 vgl. Houben, NJOZ 2008, 2170 (2174)
713 Houben, NJOZ 2008, 2170 (2179)

aus dem Tarifvertrag führt in Rumänien eine Haftung der Parteien herbei.[714] Demnach sind die Arbeitgeber sowohl zivilrechtlich schadensersatzpflichtig gegenüber jedem Angestellten (Art. 253 ArbGB) als auch strafrechtlich belangbar (Art. 247-252 ArbGB). In dem Fall, dass sich die Parteien nicht an die Regelungen des Tarifvertrags halten, entsteht ein kollektiver Konflikt, der gerichtlich gelöst werden muss.[715] Es ist nicht möglich den Konflikt durch einen Streik zu lösen, da hierfür ein Interessenkonflikt vorliegen muss. Bei einem kollektiven Konflikt handelt sich um einen Rechtskonflikt.

Auch die Arbeitnehmerseite kann gegen die Nichteinhaltung der Tarifverträge vorgehen. Arbeitnehmer haben ein individuelles Recht, Rechtsmittel einzulegen. Die Gewerkschaften oder Arbeitnehmerräte haben innerhalb von 6 Monaten auch ein Klagerecht aufgrund der Nichterfüllung einer bestimmten Klausel des Tarifvertrags (Art. 268 e Arbeitsgesetzbuch).

Die Nicht-Erfüllung der Verpflichtungen aus dem Tarifvertrag führt in beiden Rechtsystemen eine Haftung der Parteien herbei. In Deutschland bestimmen sich bei einer Verletzung einer schuldrechtlichen Pflicht aus dem Tarifvertrag durch die Verbände die Sekundäransprüche nach den allgemeinen Leistungsstörungsregeln des BGB. Die Haftung der Tarifvertrags-Parteien richtet sich also nach §§ 280 ff. BGB.[716] Auch in Rumänien besteht eine zivilrechtliche Schadensersatzpflicht bei Verletzung einer Pflicht aus dem Tarifvertrag. Zusätzlich dazu besteht in Rumänien auch eine strafrechtliche Sanktion für die Nichterfüllung der tarifvertraglichen Pflichten (Art. 247-252 ArbGB). Vergleichbare strafrechtliche Normen im Arbeitsrecht existieren in Deutschland nicht, es gilt jedoch auch im arbeitsrechtlichen Bereich das allgemeines Strafrecht, wenn eine Straftat erfolgt.

3. Anwendungsfragen im Vergleich

Unter dem Begriff Anwendungsfragen werden bestimmte Probleme bzw. Eigenheiten erörtert, die in beiden Rechtssystemen unterschiedlich gehandhabt werden.

a) Staatliche Einflussnahme

„Eine hoheitliche Ordnung aller Arbeitsbedingungen, nicht nur der elementaren Schutzanliegen, ist an sich auch in einem demokratischen Staatswesen denkbar; Geschichte und Rechtsvergleichung zeigen jedoch, dass sie in der Regel in autoritären Regimen zu finden ist, und das ist auch erklärlich, zieht doch Selbstbestimmung im wirtschaftlichen Bereich zwangsläufig die Forderung nach einer

---

714 vgl. Ticlea, Tratat de dreptul muncii, S. 346
715 Dimitriu, Romanian industrial relations law, S. 65
716 Rieble/Klumpp - Münchener Handbuch ArbeitsR, § 189, Rn. 13, 15; Löwisch/Rieble, TVG, § 1 Rn. 456 ff.

freiheitlichen Ordnung auch im staatlichen Bereich nach sich."[717] Deutschland hat sich für eine gemischte Lösung entschieden. Viele der Grundanliegen des sozialen Schutzes sind dem Gesetz anvertraut. Die Arbeitsbedingungen (wie Lohn, Urlaub, etc.) sind grundsätzlich den Tarifpartnern zur Regelung „in eigener Verantwortung ohne staatliche Einflussnahme" zugewiesen.[718] Das deutsche Arbeitsbeziehungssystem geht [...] davon aus, dass die Arbeitsbedingungen im Kern autonom ausgehandelt, nicht staatlich vorgeschrieben werden sollen.[719] Diese Regelungsbefugnis ist im Kernbereich durch Art. 9 Abs. 3 GG geschützt. Die Brücke zwischen staatlicher und kollektiver Lösung bildet die Allgemeinverbindlichkeitserklärung.[720] Auch Rumänien hat sich dem Grunde nach für eine gemischte Lösung entschieden, wobei jedoch die staatliche Regelung um einiges weitreichender ist. Besonders im Bereich der Arbeitsbedingungen bestehen viele dreigliedrige Ausschüsse und Gremien, durch die der Staat Einfluss nehmen kann. Obwohl freiwillige Kollektivverhandlungen seit den 1990'er Jahren rechtlich möglich sind, besteht eine starke Regulierung[721] und dadurch eine restriktive Haltung gegenüber freiwilligen Kollektivverhandlungen. Die schwache Entwicklung der sektoralen Kollektivverhandlungen kann grundsätzlich durch geerbte institutionelle Hinterlassenschaften erklärt werden (z.B.: durch starkes rechtliches Eingreifen, durch in Unternehmen ansässige Gewerkschaften oder durch das Fehlen von Autonomie bei den Sozialpartnern).[722] Jedenfalls enden Kollektivverhandlungen allzu oft mit dem Unterschreiben eines Textes – einem Tarifvertrag – der nicht mehr darstellt, als ein Platzhalter dessen, was bereits durch das Gesetz geregelt ist.[723] In der unstabilen wirtschaftlichen und strukturellen Umgebung, die durch eine jahrelange wirtschaftliche Rezession sowie durch steigende Arbeitslosigkeit begründet ist, spielen autonome Kollektivverhandlungen keine allzu große Rolle. Freiwillige Kollektivverhandlungen scheinen in den mittel- und osteuropäischen Ländern, insbesondere in Rumänien – das eine sehr lange Periode der Rezession erduldete –, eine geringere Effektivität für alle drei Beteiligten zu haben.[724]

---

717 Gamillscheg, Überlegungen zur Allgemeinverbindlicherklärung des Tarifvertrags, S. 349 (350); Wo der Staat selbst alles regelt, und wo er zudem alleiniger Eigentümer der Produktionsmittel ist – das eine ist mit dem anderen untrennbar verbunden – wird jeder Streik zum Aufruhr, an Beispielen aus den früheren sozialistischen Ländern hierfür fehlt es nicht.
718 Gamillscheg, Überlegungen zur Allgemeinverbindlicherklärung des Tarifvertrags, S. 349 (350); Hanau/Adomeit, Arbeitsrecht, Rdnr. 211
719 Wendeling-Schröder, Auf der Suche nach einem modernen Tarifvertragsrecht, S. 174
720 Gamillscheg, Überlegungen zur Allgemeinverbindlicherklärung des Tarifvertrags, S. 349 (351)
721 Trif, Collective Bargaining Practices in Eastern Europe, S. 5
722 Trif, aaO
723 Trif, Collective Bargaining Practices in Eastern Europe, S. 6
724 Trif, aaO

b) Anwendbarkeit von Tarifverträgen innerhalb von Individualarbeitsverträgen

In Rumänien gelten die Klauseln eines Tarifvertrages auch für Individualarbeitsverträge, ohne eine ausdrückliche Bestimmung hierfür im Tarifvertrag und ohne es den Sozialpartnern zu ermöglichen, manche Vorschriften von dieser automatischen Einbeziehung auszuschließen[725]. Ein Tarifvertrag bildet somit die Mindestbedingungen des Individualarbeitsvertrags.

Der rumänische Gesetzgeber hat sich – wie unter Teil E II. 1. g dargestellt - für das einseitig verpflichtende System entschieden. Dasselbe System gilt auch in Deutschland und anderen europäischen Ländern[726]. Individualarbeitsverträge müssen demnach den Mindestvorschriften der Tarifverträge entsprechen, außer sie sind vorteilhafter für die Arbeitnehmer. Dieselbe strenge Perspektive gilt auch für das Verhältnis zwischen Gesetz und Tarifverträgen. Tarifverträge dürfen ebenso nicht vom Gesetz abweichen, es sei denn zum Vorteil der Arbeitnehmer. Hierbei stellt sich die Frage, was genau „zum Vorteil des Arbeitnehmers" bedeutet. Das rumänische Recht stellt die Frage jedoch nicht, es versucht keine globale Analyse oder prüft, ob die Verhandlungen die Arbeitnehmer in eine bessere Position versetzen.[727] Das Gesetz verbietet einfach jeglichen Verzicht. Es analysiert das Verhandlungsergebnis nicht, sondern prüft lediglich, ob individuelle Klauseln einen Rechtsverzicht demgegenüber darstellen, was in Gesetzen oder Tarifverträgen auf höheren Ebenen geregelt ist.[728] Auch Tarifverträge, die zeitlich nach dem Individualarbeitsvertrag geschlossen werden, fallen unter diese Regelung. Es besteht insofern eine Rückwirkung.[729]

c) Auslegung von Tarifverträgen

Nach Art. 2 Absatz 1 der ILO Empfehlung 91/1951 bedeutet "Gesamtarbeitsvertrag jede schriftliche Vereinbarung über die Arbeits- und Anstellungsbedingungen, die von einem Arbeitgeber, einer Gruppe von Arbeitgebern oder einem oder mehreren Arbeitgeberverbänden einerseits und von einem oder mehreren maßgebenden Arbeitnehmerverbänden oder, mangels solcher Verbände, von Vertretern der beteiligten Arbeitnehmer, die von diesen nach gesetzlicher Vor-

---

725 vgl. Ticlea, Tratat de dreptul muncii, S. 343
726 auch Frankreich, Italien, Spanien, Portugal, Griechenland u.a.
727 Dimitriu, Romanian industrial relations law, S. 59; Eine tarifliche Bestimmung kann objektiv günstiger sein als Gesetz oder Arbeitsvertrag, während der betroffene Arbeitnehmer sie für ungünstiger hält. Beispielsweise bei der Kündigungsfrist. Eine längere Kündigungsfrist gilt grundsätzlich als Vorteil, kann aber für den einzelnen Arbeitnehmer nachteilig sein, wenn dieser flexibel bleiben möchte. Hier gibt es viel Streit, denn das Günstigkeitsprinzip kann durchaus unterschiedlich ausgelegt werden; vgl Körner, Arbeitnehmerbeteiligung im Mitbestimmungsrecht in Deutschland, S. 81 (90).
728 Dimitriu, Romanian industrial relations law, S. 59
729 Athanasiu Alexandru, Dreptul Muncii, S. 289

schrift ordnungsgemäß gewählt und bevollmächtigt sind, anderseits abgeschlossen worden ist." Ebenso definiert das rumänische Recht in Art. 1 lit i) des Gesetzes Nr. 62/2011[730] Tarifverträge. Bei den Verhandlungen der Klauseln und beim Abschluss eines Tarifvertrages in Rumänien sind die Parteien gleich und frei und die so geschlossenen Verträge zwangsweise verpflichtend. Der zivilrechtliche Grundsatz *pacta sunt servanda* gilt dahingehend, dass der Inhalt eines Vertrages für die Parteien ebenso wirkt wie das Gesetz selbst, nämlich zwingend.[731] Das Gesetz Nr. 62/2011 selbst legt nicht fest, wie die Klauseln eines Tarifvertrages interpretiert werden sollen, so wie es beispielsweise Art. 278 Abs. 1 ArbGB für die Anwendung zivilrechtlicher Regelungen vorsieht. Konsequenterweise wird erst eine Einigung der Parteien gesucht; falls keine zustande kommt, werden die generellen Regeln des Zivilrechts[732] angewandt. Sollte auch dann keine zufriedenstellende Lösung möglich sein, werden die streitigen Klauseln zum Vorteil des Arbeitnehmers ausgelegt.[733] Ist der Arbeitgeber mit diesem Vorgehen oder dem gefundenen Ergebnis nicht einverstanden, kann er den Sachverhalt gerichtlich überprüfen lassen. Die Entscheidung ist dann bindend für die Parteien.

In Deutschland steht die Auslegung von Tarifnormen in einem Spannungsverhältnis zwischen Vertragsauslegung und Normauslegung.[734] Nach ständiger Rechtsprechung des BAG sind Tarifnormen jedoch wie Gesetze auszulegen.[735] „Für die Auslegung schuldrechtlicher Bestimmungen von Tarifverträgen gilt nichts wesentlich anderes als für die Auslegung von Tarifnormen. Der schuldrechtliche Teil des Tarifvertrages gehört dem Vertragsrecht an, so dass deshalb im Prinzip die allgemeinen, in §§ 133, 157 BGB niedergelegten Auslegungsgrundsätze Anwendung finden."[736] Auch nach diesen Grundsätzen geht man bei der Ermittlung des Willens der Vertragsparteien vom Wortlaut der getroffenen Bestimmungen aus, misst – zumal bei einem in sich geschlossenen Vertragswerk – deren systematischen Gesamtzusammenhang wesentliche Bedeutung zu,

---

730 Vormals Art. 1 Gesetz Nr. 130/2011 a.F.
731 Dimitriu, Romanian industrial relations law, S. 61
732 Vertragsauslegungerfolgt folgendermaßen: der Wille der vertragsschließenden Parteien soll sich gegenüber der wörtlichen Bedeutung durchsetzen; wenn eine Vorschrift nicht eindeutig ist, ist die teleologische Auslegung vorzuziehen; zweideutige Vorschriften sollten zum Vorteil des jeweiligen Vertrages ausgelegt werden; zweideutige Vorschriften sollten zum Vorteil der Region, in der der Vertrag abgeschlossen wurde, ausgelegt werden; jede Klausel eines Vertrages sollte als Teil des ganzen Vertrages ausgelegt werden; wenn ein Beispielsfall im Vertrag erwähnt ist, soll nicht ausgeschlossen werden, dass die Parteien vorhatten, die jeweilige Verpflichtung nicht auf andere Fälle zu übertragen (vgl. Dimitriu, Romanian industrial relations law, S. 62)
733 vgl. Stefanescu, Tratat de dreptul muncii, S. 156
734 vgl. Löwisch/Rieble - Münchener Handbuch ArbeitsR Bd. 2, § 175, Rn. 4
735 Däubler/Bepler - Däubler, Einl., Rn. 490
736 Wiedemann - Wiedemann, TVG § 1 Rn 768

zieht die Entstehungsgeschichte des Vertragswerks und seine praktische Handhabung als weitere Auslegungskriterien heran und lässt sich schließlich von dem Bestreben leiten, ein vernünftiges und praktikables Ergebnis zu erreichen.[737]
„Dementsprechend stimmen die Auslegungsgrundsätze für den normativen und für den schuldrechtlichen Teil des Tarifvertrags heute im Wesentlichen überein. Ein Unterschied besteht aber insofern, als die Einschränkungen, die hinsichtlich der Berücksichtigung des wirklichen Willens der Tarifvertragsparteien bei der Auslegung der Tarifnormen wegen der Rechtssicherheit für die Tarifunterworfenen gemacht werden, hier nicht gelten. Denn die schuldrechtlichen Tarifverträge betreffen nur die Tarifvertragsparteien. Soweit Dritte über § 328 BGB begünstigt werden, müssen auch sie sich eine Auslegung nach dem nicht im Wortlaut erkennbaren wirklichen Willen der Tarifvertragsparteien gefallen lassen."[738]
„Der Richter muss einen Tarifvertrag von Amts wegen auslegen und die hierfür zugrunde zu legenden Tatsachen nach § 46 II ArbGG i.V.m. § 293 ZPO ermitteln. Die rechtliche Würdigung muss der Richter selbst vornehmen; unzulässig ist die Einholung von Gutachten der Tarifvertragsparteien. Bei Streitigkeiten der Tarifvertragsparteien über die Auslegung des Tarifvertrags ist die Feststellungsklage nach § 9 TVG eröffnet."[739]

Die Auslegungsmodalitäten in Rumänien unterscheiden sich von denen in Deutschland. Tarifverträge auf Betriebs-, Unternehmensgruppen- und Sektorebene werden nach den geltenden Regelungen des Zivilrechts und damit immer zu Gunsten des Arbeitnehmers ausgelegt. Wenn der Arbeitgeber mit der Auslegung zugunsten des Arbeitnehmers nicht einverstanden ist, kann er die Gerichte bemühen.

d) Die Allgemeinverbindlichkeit von Tarifverträgen und Allgemeinverbindlicherklärung

Als Ausnahme des Grundsatzes, dass Verträge nur zwischen den Vertragsparteien gelten (*inter omnes*), finden Tarifverträge in Rumänien nicht nur zwischen den abschließenden Parteien oder den repräsentierten Arbeitnehmern Anwendung, sondern auf alle Arbeitnehmer. Ein Tarifvertrag ist somit grundsätzlich auf alle Arbeitnehmer eines Betriebs, einer Unternehmensgruppe oder eines Sektors anwendbar, abhängig davon, auf welcher Ebene der Tarifvertrag geschlossen wurde.[740] Der Tarifvertrag ist dabei auch auf alle zukünftigen Arbeitnehmer des jeweiligen Betriebes, in der jeweiligen Branche oder im Rahmen der

---

737 vgl. etwa Palandt/Heinrichs § 133 Rn 14 ff
738 Löwisch/Rieble, TVG, § 1, Rn. 599, 600; Wiedemann-*Wiedemann*, TVG, § 1 Rn 768 aE
739 ErfKomm - *Franzen*, TVG, § 1, Rn. 96; vgl. BAG 25. 8. 1982 AP BGB § 616 Nr. 55; BAG 16. 10. 1985 AP BAT 1975 §§ 22, 23 Nr. 108; BAG 17. 6. 1997 ArbGG 1979 § 72 a Grundsatz Nr. 51
740 vgl. Athanasiu Alexandru, Dreptul Muncii, S. 287 f.

nationalen Geltung anwendbar. Weder kleine Betriebe noch Betriebe mit sehr wenigen Arbeitnehmern sind von dieser Allgemeinverbindlichkeit ausgenommen, was eine große Last für kleinere Unternehmen bedeutet.[741] Arbeitgeber mit weniger als 21 Arbeitnehmern dürfen keine Kollektivverhandlungen auf Unternehmensebene führen, sind aber verpflichtet, sich an die Tarifverträge zu halten, die auf Branchenebene abgeschlossen werden. Auch das französische Recht kennt die Allgemeinverbindlichkeit. Dies fördert natürlich nicht den Gewerkschaftsbeitritt, steht aber im Einklang mit der französischen Gewerkschaftstradition, die sich als Verteidiger der Interessen aller Arbeitnehmer und nicht nur von seinen Mitgliedern sieht.[742] Als Folge der Allgemeinverbindlichkeit kennt das rumänische Gesetz das Konzept der Ausweitung des Tarifvertrags – wie in Deutschland die Allgemeinverbindlicherklärung – nicht, da der Tarifvertrag durch die Registrierung im Ministerium für Arbeit, Familie und Soziales automatisch für den ganzen Betrieb, die ganze Branche bzw. bis 2010 sogar national Anwendung findet.

Im deutschen Recht hat sich der Gesetzgeber in § 3 Abs. 1 TVG mit dem Erfordernis doppelter Tarifbindung für die Lösung entschieden, wonach nur Mitglieder der Tarifvertragsparteien tarifgebunden sind, da die Mitgliedschaft die staatliche Legitimation zur Normsetzung begründet. Darüber hinaus können Tarifnormen durch staatliche Rechtsetzung jedoch auch auf nichtorganisierte Arbeitnehmer erstreckt werden. Die Erstreckung geschieht durch Allgemeinverbindlicherklärung nach § 5 TVG oder Rechtsverordnung nach § 1 Abs. 3 a A-EntG. „Das setzt aber voraus, dass der Staat die Regelungsverantwortung übernimmt, indem er den konkreten Tarifinhalt, mit seinem Geltungsbefehl versieht."[743] Die Allgemeinverbindlicherklärung ist ein „Hilfsgeschäft der Tarifautonomie", sie sichert die „Effektivität der tarifvertraglichen Normsetzung", stützt diese ab und verleiht ihr „größere Durchsetzungskraft".[744] Das geschieht durch Ausdehnung der Tarifbindung auf die Außenseiter; der staatliche Befehl ersetzt dabei den Beitritt zum Verband.[745] Die Allgemeinverbindlicherklärung setzt gem. § 5 Absatz 1 TVG voraus, dass bereits 50 % der Arbeitnehmer bei tarifgebundenen Arbeitgebern beschäftigt sind. Eine dynamische Allgemeinverbindlicherklärung der Branchentarifverträge in ihrer jeweiligen Fassung oder eine dynamische Verweisung eines Gesetzes auf einen Tarifvertrag ist legitimationslos

---

741 Athanasiu Alexandru, Dreptul Muncii, S. 288
742 Le Friant, EuZA 2010, 23 (28)
743 Löwisch/Rieble, TVG, § 3, Rn. 11; BVerfG 14. 6. 1983 – 2 BvR 488/80 – AP Nr. 21 zu § 9 BergmannsVersorgScheinG NRW = BVerfGE 64, 208 mit Verweis auf BVerfG 24. 5. 1977 – 2 BvL 11/74 – AP Nr. 15 zu § 5 TVG = BVerfGE 44, 322, 348 = NJW 1977, 2255 ff = EzA § 5 TVG Nr. 5
744 vgl. Gamillscheg, Überlegungen zur Allgemeinverbindlicherklärung des Tarifvertrags, S. 349 (352), BVerfG, AP Nr. 15 zu § 5 TVG =E 44, 342 und BVerwG, AP Nr. 23 ebd.
745 gl. Gamillscheg, aaO

und verfassungswidrig."⁷⁴⁶ Im Gegensatz dazu hatte das rumänische Recht den nationalen Tarifvertrag und ließ alle Arbeitnehmer, unabhängig von ihrer Organisation, unter die Wirkung des Tarifvertrags fallen. Es bestand keine Legitimation durch einen einzelfallbezogenen Hoheitsakt.

„Die deutsche Lösung stellt eine Minderheitsposition dar. In der Mehrzahl der Staaten ist nämlich eine volle Außenseiterwirkung verwirklicht. Diese finden wir in Frankreich, Italien, Belgien, Österreich, Finnland sowie in den USA. Tarifverträge gelten dort für alle Arbeitnehmer eines gebundenen Arbeitgebers."⁷⁴⁷ „Praktisch relevant ist ein Erfordernis doppelter Tarifbindung nur, wenn der Arbeitgeber jene Arbeitnehmer, die nicht Mitglied der tarifschließenden Gewerkschaft sind, schlechter entgelten darf, als der Tarif es vorsieht. Diese Differenzierung nach der Gewerkschaftszugehörigkeit ist in Deutschland nach dem BAG⁷⁴⁸ und einem Teil der Lehre allgemein zulässig. Unzulässig wäre nur das Vorschreiben einer Differenzierung im Tarifvertrag (und eine Entlohnung mit weniger als 2/3 des Tariflohnes). In Rumänien sind Differenzierungsklauseln⁷⁴⁹ nicht erforderlich, da der Tarifvertrag von vornherein für alle Arbeitnehmer eines tarifvertragsschließenden Arbeitgebers gilt. Eine unterschiedliche Behandlung der Arbeitnehmer kann daher nicht erfolgen.

e) Öffnungsklauseln

§ 4 Abs. 3 Alt. 1 TVG ermöglicht es den Tarifvertragsparteien, mittels Tarifvertrag von ihren Tarifnormen abweichende Abmachungen zu gestatten. Eine abweichende Abmachung kann dabei ein anderer Tarifvertrag, etwa ein Regionaltarifvertrag sein, aber auch eine Betriebsvereinbarung oder ein Individualvertrag.⁷⁵⁰ „Zugunsten der Arbeitnehmer ist diese Regelung überflüssig, da das Günstigkeitsprinzip gem. § 4 Abs. 3 Alt. 2 TVG Abweichungen vom Tarifver-

---

746 Löwisch/Rieble, TVG, § 3, Rn. 11
747 Rebhahn, NZA 2001, 763 (766)
748 vgl. BAG (9.7.1996), NZA 1997, 447= AP BetrVG 1972 § 99 Einstellung Nr. 9; BAG (28.3.2000), NZA 2000, 1294
749 Differenzierungsklauseln sind Regelungen, die nur Mitgliedern der tarifschließenden Gewerkschaft Rechte einräumen sollen. Dabei unterscheidet man zwischen qualifizierten und einfachen Differenzierungsklauseln: Qualifizierte Differenzierungsklauseln wollen auf die individualrechtlichen Gestaltungsbefugnisse des AG einwirken, indem sie auf verschiedene Weise sicherzustellen versuchen, dass im Ergebnis dem gewerkschaftlich organisierten Mitarbeiter in jedem Falle mehr zusteht als demjenigen, der nicht Mitglied der tarifschließenden Gewerkschaft ist (BAG 2009, 131 (132)). Einfache Differenzierungsklauseln, machen die Gewerkschaftszugehörigkeit des AN zwar zur Voraussetzung für einen bestimmten materiellen Anspruch, stellen aber keine rechtlichen Schranken dafür auf, dass der AG auf individualvertraglicher Ebene die tariflich vorgesehene Ungleichbehandlung beseitigt (BAG 2009, 131 (132)). Vgl. zu alledem: Bauer, NZA 2005, 1209 (1209); Gamillscheg, in: Gamillscheg, Gamillscheg 2006, 2006b, S. 371
750 vgl. Löwisch/Rieble, TVG, § 4 Rn. 202

trag zugunsten des Arbeitnehmers grundsätzlich gestattet. Öffnungsklauseln erlauben daher in erster Linie von den tariflichen Mindestarbeitsbedingungen zu Lasten der Arbeitnehmer abzuweichen. In zweiter Linie können sie aber auch den Zweck verfolgen, den oft schwierigen Günstigkeitsvergleich überflüssig zu machen, insbesondere neutrale Änderungen zu erlauben."[751] Eine solche Regelung kennt das rumänische Tarifvertragsrecht nicht. Öffnungsklauseln sind durch die strenge hierarchische Anordnung nicht erforderlich. Ein Tarifvertrag auf niedrigerer Stufe darf – ohne Ausnahme - keine Regelungen enthalten, die zu Lasten des Arbeitnehmers von dem Tarifvertrag auf höherer Ebene abweichen.

f) Tarifpluralität und Tarifeinheit

Bei der Frage der Tarifpluralität bzw. Tarifeinheit ist zu untersuchen, ob eine Rechtsordnung in einem bestimmten Bereich beispielsweise in einem Unternehmen oder einer Branche mehrere Tarifverträge nebeneinander für dieselbe Gruppe von Arbeitnehmern zulässt, oder dieses Nebeneinander ausgeschlossen ist. Im rumänischen Recht besteht grundsätzlich Tarifeinheit. Es darf auf jeder Ebene nur ein Tarifvertrag abgeschlossen werden (vgl. Art. 133 Abs. 2 Gesetz Nr. 62/2011). Da nach dem Hierarchieprinzip der niedrigere Tarifvertrag nicht gegen höhere Tarifverträge verstoßen darf und für die Arbeitnehmer günstiger sein muss, gilt immer der Tarifvertrag auf unterster Ebene, dann aber für alle Arbeitnehmer dieser Ebene. Die Problematik hinsichtlich der Gewerkschaftspluralität in einem Betrieb wird in Rumänien dahingehend aufgelöst, dass die Gewerkschaften ein gemeinsames Verhandlungsgremium bilden und sich intern verständigen müssen, was jedoch in Deutschland aufgrund der Koalitionsfreiheit nicht möglich ist.

Solange das BAG[752] am Grundsatz der Tarifeinheit festgehalten hat, konnte in einem Betrieb nur ein Tarifvertrag Anwendung finden.[753] „Auch wenn ein Arbeitgeber an mehrere Tarifverträge gebunden war (Tarifpluralität) oder auf ein Arbeitsverhältnis verschiedene Tarifverträge Anwendung fanden (Tarifkonkurrenz), war grundsätzlich im Betrieb nur ein Tarifvertrag anzuwenden. Nach dem Grundsatz der Spezialität setzte sich der Tarifvertrag durch, der dem Be-

---

751 vgl. Löwisch/Rieble, TVG, § 4 Rn. 202
752 BAG v. 14. 6. 1989, AP Nr. 16 zu § 4 TVG Tarifkonkurrenz (Anm. Wiedemann/Arnold); v. 5. 9. 1990, AP Nr. 19 zu § 4 TVG Tarifkonkurrenz; v. 20.3.1991, AP Nr. 20 zu § 4 TVG Tarifkonkurrenz (Anm. Hanau/Adomeit-*Kania*); v. 26.1.1994, AP Nr. 22 zu § 4 TVG Tarifkonkurrenz; v. 4.12.2002, AP Nr. 28 zu § 4 TVG Tarifkonkurrenz; v. 18. 10. 2006, AP Nr. 287 zu § 1 TVG Tarifverträge: Bau; vgl. BAG (29.3.1957), BAGE 4, 37 = NJW 1957, 1006 = AP Nr. 4 zu § 4 TVG Tarifkonkurrenz; BAG (14.6.1989), NZA 1990, 325 = AP Nr. 16 zu § 4 TVG Tarifkonkurrenz; BAG (5.9.1990), NZA 1991, 202 = AP Nr. 19 zu § 4 TVG Tarifkonkurrenz; BAG (20. 3. 1991), NZA 1991, 736 = AP Nr. 20 zu § 4 TVG Tarifkonkurrenz.
753 Das Prinzip, das lange Zeit galt: „Ein Betrieb, ein Tarifvertrag" besteht nun nicht mehr.

trieb räumlich, betrieblich, fachlich oder persönlich am nächsten stand und deshalb den Erfordernissen und Eigenarten des Betriebs am ehesten gerecht wurde.[754] Der Grundsatz der Tarifeinheit, aus dem die Rechtsprechung in der Vergangenheit die Grundsätze zur Tarifkonkurrenz und Tarifpluralität abgeleitet hat, lässt sich weder Art. 9 Abs.3 GG noch den einfachgesetzlichen Regelungen zum Tarifrecht entnehmen.[755] Mit der Aufgabe Tarifeinheit im Betrieb, die in der Literatur vorbereitet wurde, treten jetzt schon mehrere Gewerkschaften nebeneinander auf, wie die Tarifverhandlungen und Arbeitskämpfe auf Seiten der Lokführer im Jahre 2007 eindrucksvoll gezeigt haben.[756] Man spricht insofern von einem aufkommenden Gewerkschaftspluralismus.[757] Nun können innerhalb eines Betriebs verschiedene Tarifverträge gelten, „so dass auf die Arbeitsverhältnisse der Tarifvertrag der Gewerkschaft Anwendung findet, dessen Mitglied der jeweilige Arbeitnehmer ist"[758]. Der Grundsatz der Tarifpluralität ist noch nicht in seiner Gänze erfasst worden und es mehren sich die Probleme, die Folgen zu erkennen und zu lösen. In der Literatur wird auch vorwiegend vertreten, dass "sich der Gesetzgeber dieser Frage annehmen sollte. Er ist Urheber des TVG, und wenn die Regelung so unvollständig ist, dass in solch wichtiger Frage gänzlich diametrale Ansätze vertreten werden können, dann sollte das Gesetz ergänzt werden und der Gesetzgeber sollte sagen, was er denn meint. Es handelt sich nicht um eine Randfrage mit marginalem Interesse, sondern um einen Kernbereich der Ausgestaltung des Tarifrechts. Die Frage der Tarifeinheit aber ist wesentlich für die Entwicklung, für die Betätigung und den Bestand von Gewerkschaften. Die Antwort den Gerichten zu überlassen, heißt sich aus der Verantwortung zu stehlen. Nur der Gesetzgeber ist demokratisch legitimiert, den großen Wurf zu wagen, und die Materie einer umfassenden Lösung zuzuführen."[759]

Hierin liegt ein Unterschied der beiden Rechtsordnungen. Während in Rumänien die Tarifeinheit im Arbeitsgesetzbuch normiert ist, ist die Rechtsprechung in Deutschland von der Tarifeinheit auf die Tarifpluralität übergegangen.

g) Dezentralisierte Tarifverhandlungen in Rumänien

Die betriebliche Ebene ist in Rumänien die wichtigste Verhandlungsebene für Arbeitsbedingungen, da hier die eigentlich geltenden Komponenten vereinbart werden. Der sektorale sowie der Unternehmensgruppen-Tarifvertrag legen jeweils nur die Mindestbedingungen fest, während die wirklichen Inhalte des Arbeitsverhältnisses üblicherweise auf betrieblicher Ebene geregelt werden. Inso-

---

754 Mehrens, NZA 2010, 1313 (1313)
755 Gaul/Janz, NJW-Beilage 2010, 60 (63)
756 vgl. Wank/Schmid, RdA 2008, 257 (264)
757 Deinert, NZA 2009, 1176 (1182)
758 vgl. Wank/Schmid, aaO
759 Thüsing, NZA-Beil. 2010, 104 (107); vgl. Zundel, NJOZ 2011, 97 ff.; vgl. Mehrens, NZA 2010, 1313 (1313)

fern handelt es sich um eine sehr dezentralisierte Struktur der Kollektivverhandlungen, die in den osteuropäischen Staaten nicht unüblich ist. Denn ein einziger Tarifvertrag auf nationaler Ebene, der alle Arbeitnehmer abdeckt, erscheint wie eine Fortführung der sozialistischen Ideologie, die keinen Pluralismus und Wettbewerb toleriert hat[760]. Daher wird der nationale Tarifvertrag lediglich als Sicherung der Mindestbedingungen angesehen wobei der eigentliche Inhalt des Arbeitsverhältnisses auf den unteren Ebenen verhandelt wird.

Auf Betriebsebene wurden im Jahr 2010 in Rumänien im ersten Quartal 1.375, im zweiten 2.792, im dritten 3.822 und im 4. Quartal 4.827 Tarifverträge geschlossen[761]. Im Vergleich dazu wurden im ersten Quartal des Jahres 2009 sogar 1.899 und zweiten 3.698 Tarifverträge geschlossen. Zahlen für das zweite und dritte Quartal des Jahres 2009 wurden nicht veröffentlicht.

Tarifverhandlungen sind in Rumänien viel dezentralisierter als in Deutschland, was zur Folge hat, dass in Rumänien sehr viele Tarifverträge auf Betriebsebene geschlossen werden, wohingegen in Deutschland mehr Tarifverträge auf höherer Ebene (vor allem Verbandsebene) geschlossen werden. Folgende Abbildung zeigt den Zentralisierungsgrad im europäischen Vergleich am Beispiel der Lohnverhandlungen.

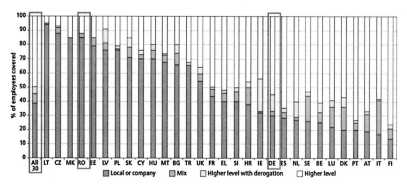

Abbildung 8: Zentralisierungsgrad am Beispiel der Lohnverhandlungen durch Tarifverträge
Quelle: European Company Survey 2009

Anhand dieser Abbildung kann man gut erkennen, dass über 80 % der Tarifverhandlungen über Löhne in Rumänien auf Betriebsebene geführt wurden. In Deutschland dagegen sind lediglich ca. 30 % der Tarifverträge über Löhne im Betrieb geschlossen worden; über 50 % der Tarifverträge über Löhne wurden

---

760 Trif, Collective Bargaining Practices in Eastern Europe, S. 7
761 http://www.mmuncii.ro/ro/684-view.html, abgerufen am 18.11.2011

auf höherer Ebene, durch Dachverbände geschlossen. In Rumänien kann man den Drang nach Dezentralisierung mit dem Regimewechsel erklären. Während des kommunistischen Regimes gab es keine Kollektivverhandlungen in Rumänien und somit auch nicht über die Lohnhöhe. Freiwillige Kollektivverhandlungen waren zwar möglich, jedoch wurde davon kein Gebrauch gemacht.[762] Daher werden zentrale Vorgaben ohne Mitsprachemöglichkeit auf unterer Ebene als diktatorisch angesehen. Dies ist vermehrt sogar im gesamten osteuropäischen Raum der Fall, wo „sich die konkrete Lohnfindung primär auf Unternehmensebene vollzieht.[763] Dies lässt sich auch mit der gesetzlichen Struktur der Arbeitnehmervertretung erklären. Da die Rechte der Arbeitnehmer in Rumänien vorwiegend durch Tarifverträge wahrgenommen werden können, weil kein Betriebsrat besteht, ist es eine logische Folge, dass die meisten Tarifverträge, auf unterster Ebene (Betriebsebene) geschlossen werden. Dies ist einer der wesentlichen Strukturunterschiede zu Westeuropa, wo Flächenverträge auf Branchenebene mit sektoral verbindlichen Lohndefinitionen und -skalen die Regel sind.[764] Im Vergleich dazu waren Kollektivverhandlungen der Haupt-Mechanismus bei der Einführung von Arbeitsbedingungen in Westeuropa seit dem Zweiten Weltkrieg[765], was erklärt, weshalb Lohnverhandlungen vermehrt zentralisiert erfolgen. Sehr dezentral organisierte Tarifverhandlungen können dazu führen, dass innerhalb der Branchen ein großes Gefälle zwischen den jeweiligen Arbeitsbedingungen herrscht.[766] Hierbei kommt es häufig vor, dass innerhalb einer Branche und in ein und derselben Region für die Beschäftigten völlig unterschiedliche Arbeits- und Lohnbedingen gelten; angesichts oftmals noch fehlender Sektortarifverträge oder der Möglichkeit, bestehende Sektortarifverträge im Betrieb umzusetzen, sehen sich Beschäftigten in Unternehmen ohne betriebliche Interessenvertretung häufig ohne jeglichen Schutz dem jeweiligen Arbeitgeber ausgesetzt.[767] Unzumutbare Arbeitsbedingungen, Hungerlöhne, rechtswidrige Entlassungen und vieles mehr sind dann an der Tagesordnung - und dies, obwohl es vielleicht nur wenige Kilometer weiter ein Unternehmen der gleichen Branche gibt, wo eine betriebliche Interessenvertretung für die Einhaltung von Tariflöhnen oder von Arbeitsschutzrichtlinien sorgen kann.[768]

---

762 Trif, Collective Bargaining Practices in Eastern Europe, S. 5
763 Kohl, Koalitionsfreiheit, Arbeitnehmerrechte und sozialer Dialog, S. 28
764 Kohl, aaO
765 Traxler, Collective bargaining coverage and extension procedures
766 vgl. Hantke, Gewerkschaften im 21. Jahrhundert, S. 28, 29 ff.
767 vgl. Hantke, aaO
768 vgl. Hantke, aaO

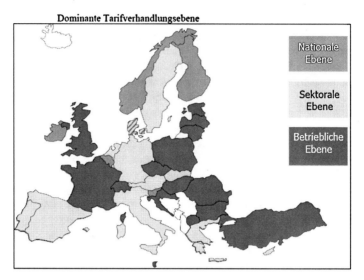

Abbildung 9: Vergleich über die vorherrschende Tarifverhandlungsebene
(Quelle: Industrielle Beziehungen in Südosteuropa und der Türkei, Abschlussbericht, Gemeinsame Arbeitsstelle Ruhr-Universität Bochum/IG Metall, S. 74)

An obenstehender Abbildung kann man gut erkennen, dass die betriebliche Ebene bei Tarifverhandlungen im osteuropäischen Raum, Frankreich und Großbritannien, vorherrschend ist, während in Deutschland die Sektorebene von größerer Bedeutung ist. Obwohl dezentrale Verhandlungen oftmals von Vorteil sein können, da sie direkt auf die Bedürfnisse der jeweiligen Arbeitnehmer eingehen können, werden dezentrale Tarifverhandlungen in Rumänien zum Teil auch als negativ empfunden, weil die einzelnen Arbeitgeber auf diese Weise eine sehr starke Position innehaben. Im Ergebnis ist festzuhalten, dass in Rumänien eine hohe Tarifvertrags-Abdeckung bei sehr dezentralisierten und oft wenig einflussreichen Verhandlungen üblich ist, während die Verhandlungen in Deutschland bei weitem nicht so dezentral sind.

4. Zusammenfassung

Im Vergleich zu den Zeiten des sozialistischen Regimes und der jetzigen sozialen Marktwirtschaft in Rumänien ist einerseits die grundsätzliche Einführung von Kollektivverhandlungen und anderseits die vorangegangene Dezentralisierung zu beachten. Diese verschafft den Gewerkschaften und Arbeitgebern die Möglichkeit, Arbeitsbedingungen autonom zu regeln, wozu früher allein der Staat befugt war. Zudem haben die Arbeitnehmer das Recht zu streiken, das eine zusätzliche Möglichkeit der Machtausübung ist, die vor 1989 nicht existent war. Nichtsdestotrotz besteht noch eine hohe staatliche Einflussnahme als Folge der

Ära vor 1989. Auch nachdem große Veränderungen im Vergleich zur sozialistischen Zeit erkennbar sind, scheinen Tarifverhandlungen in Rumänien einem ganz eigenen Muster zu folgen. Dabei ist vorwegzunehmen, dass der Sinn und Zweck der Tarifverhandlungen in Rumänien und Deutschland sich nicht unterscheiden und damit eine Vergleichbarkeit gegeben ist.

Die Art und Weise der Durchführung der Tarifverhandlungen ist jedoch unterschiedlich geregelt. Während die formalen Voraussetzungen eines Tarifvertragsschlusses in Deutschland im Rahmen der Koalitionsfreiheit weitgehend flexibel ausgestaltet sind, bestehen im rumänischen Recht sehr starre Vorgaben. Nehme man nur die Regelungen zur Repräsentativität der Tarifvertragsparteien, die Verpflichtung zur Veröffentlichung oder das Wirksamwerden eines Tarifvertrages mit dem Tag seiner Registrierung, das in Deutschland den Tarifvertragsparteien überlassen ist. Insgesamt ist die Autonomie der Verhandlungspartner in Deutschland größer.

Im Gegensatz zu den meisten zentral- und osteuropäischen Ländern sind die rumänischen Arbeitgeber in Unternehmen mit mehr als 21 Arbeitnehmern verpflichtet, selbst jährliche Tarifverhandlungen anzustoßen, wobei ein Ausführungszwang auf jeder Ebene der Tarifverhandlungen besteht. Eine solche Verpflichtung ist dem deutschen Recht völlig fremd, in der die Tariffreiheit ein Grundpfeiler des Tarifvertragssystems ist.

Ein weiterer Unterschied liegt in der strengen Hierarchievorschrift, so dass ein Tarifvertrag auf niedrigerer Ebene für den Arbeitnehmer nicht ungünstiger sein darf als ein Tarifvertrag auf höherer Ebene. Nach dem deutschen System kommt es nicht streng auf die Hierarchie an, vielmehr gilt das Spezialitäts- und Günstigkeitsprinzip. In beiden Rechtsordnungen bestehen Möglichkeiten bzw. in Rumänien sogar strafrechtliche Sanktionen für die Nichterfüllung von Tarifverträgen durch die Tarifvertragsparteien.

Hinsichtlich der Wirkung von Tarifnormen ergeben sich keine Unterschiede. Diese wirken in beiden Systemen einseitig zwingend.

Bei der Auslegung von Tarifverträgen bzw. bei der Entscheidung über die Auslegung besteht vor allem auf nationaler Ebene ein weitreichender Unterschied.

Des Weiteren bestehen Unterschiede hinsichtlich der Nachwirkung von Tarifverträgen, die das rumänische Recht nicht kennt. Dies wirkt sich allerdings aufgrund der turnusmäßigen Verhandlungspflicht nicht besonders aus, da immer zeitnah ein neuer Tarifvertrag verhandelt werden muss und meist auch abgeschlossen wird.

Die weitreichendsten Unterschiede im Bereich der Tarifverhandlungen liegen in der Allgemeinverbindlichkeit von Tarifverträgen in Rumänien und der Tarifeinheit im Betrieb, die in Deutschland vor kurzem aufgegeben wurde.

Auch die hohe staatliche Einflussnahme durch verschiedene Gremien bei bzw. vor Kollektivverhandlungen ist in Deutschland – aber auch in anderen europäischen Ländern –nicht gegeben.

Die meisten dieser Regelungen im rumänischen System führen zu einem starren und unflexiblen Gebilde. Im Gegensatz dazu sind Tarifverhandlungen in Deutschland autonomer geregelt und entsprechen der Koalitionsfreiheit.

Teil F: Möglichkeiten einer Angleichung der Rechtssysteme im Rahmen der Europäisierung

„Nirgendwo ist die Palette des Rechts in Europa bunter als im Bereich der Arbeitnehmermitwirkung an unternehmerischen Entscheidungen. Jedes Mitgliedsland der EU geht hier einen Sonderweg, dessen Richtung von der jeweiligen kulturellen und sozial-politischen Tradition bestimmt ist."[769] Bisher hat die EU mehrere Richtlinien[770] zur Angleichung des Arbeitsrechts insbesondere der Arbeitnehmermitbestimmung in Europa verabschiedet. Die Richtlinie 2009/38/EG vom 06.05.2009 „über die Einsetzung eines Europäischen Betriebsrats oder die Schaffung eines Verfahrens zur Unterrichtung und Anhörung der Arbeitnehmer in gemeinschaftsweit operierenden Unternehmen und Unternehmensgruppen"[771] und die Richtlinie 2001/86/EG vom 08.10.2001 „zur Ergänzung des Statuts der Europäischen Gesellschaft hinsichtlich der Beteiligung der Arbeitnehmer" haben ein europäisches Mitbestimmungsrecht eingeführt, während die Richtlinie 2002/14/EG vom 11.03.2003 „zur Festlegung eines allgemeinen Rahmens für die Unterrichtung und Anhörung der Arbeitnehmer in der Europäischen Gemeinschaft" ein europäisches Betriebsverfassungsrecht zum Inhalt hat. Trotz dessen ist die Verbreitung und Funktionalität einer Arbeitnehmervertretung eu-

---

769 Weiss, NZA 2003, 177 (177)
770 Eine der wichtigsten Handlungsformen (bzw. -instrumente) des Unionsrechts bilden Richtlinien. Ihr Ziel ist es, rechtliche Mindeststandards unionsweit zu gewährleisten. Richtlinien geben den Mitgliedstaaten das Ziel vor, welche diese durch nationale Rechtsakte in unmittelbar anwendbares Recht umzusetzen haben. Sie bewirken eine unionsweite Rechtsangleichung auf einem Mindestniveau. Adressaten einer Richtlinie sind die Mitgliedstaaten. Die Richtlinie begründet nur ausnahmsweise unmittelbar Rechte der Bürger. Während des Laufs der Umsetzungsfrist kann eine Richtlinie eine Vorwirkung, aber keine weiteren Rechtswirkungen entfalten. Setzt ein Mitgliedstaat bis zum Ablauf der Umsetzungsfrist eine Richtlinie nicht oder nur unvollkommen um, verletzt er Unionsrecht. Die unterlassene oder nicht ordnungsgemäße Umsetzung einer Richtlinie kann unionsrechtlich eine Staatshaftung des Mitgliedstaats begründen. Schadensersatzansprüche können Bürgern auch dann zustehen, wenn nationale Gesetze Rechte verletzen, die ihnen unionsrechtlich verliehen worden sind.
771 Die frühere Richtlinie 94/45/EG vom 22.09.1994 wurde durch die neuen EU-Richtlinie 2009/38/EG über die Einsetzung eines Europäischen Betriebsrats oder die Schaffung eines Verfahrens zur Unterrichtung und Anhörung der Arbeitnehmer in gemeinschaftsweit operierenden Unternehmen und Unternehmensgruppen (EBR) vom 6. Mai 2009 an zentralen Stellen an das neue europäische Recht angepasst. Die Richtlinie musste von den Mitgliedsstaaten bis zum 05.06.2011 in nationales Recht umgesetzt werden. In Deutschland wurde das neue EBRG am 17.06.2011 im Bundesgesetzblatt verkündet und trat am Folgetag in Kraft. In Rumänien wurde die Richtlinie durch Gesetz Nr. 187/2011 vom 24.10.2011 umgesetzt, das Gesetz Nr. 217/2005 ändert.

ropaweit nach wie vor sehr unterschiedlich, wobei die nordischen Länder am oberen Ende der Skala und Griechenland und Portugal am unteren Ende der Skala stehen.[772]

Eine Unternehmensmitbestimmung im Sinne einer obligatorischen Organbeteiligung der Arbeitnehmer in Kapitalgesellschaften sehen von 27 Mitgliedstaaten der EU zumindest zehn Staaten nicht vor, darunter Rumänien[773]. Eine dem paritätischen Mitbestimmungsmodell des MitbestG 1976 vergleichbare Regelung gibt es nur in Slowenien.[774] Die übrigen europäischen Staaten haben Mitbestimmungssysteme sehr unterschiedlicher Ausformung.[775] Zum Teil ähneln die Systeme der deutschen Drittelbeteiligung, zum Teil gehen sie auch ganz andere Wege.[776] "Außerhalb Europas ist die Idee einer Mitbestimmung in Unternehmensorganen weitgehend unbekannt. Allerdings sei angemerkt, dass sich dieser kursorische Überblick nur an den zwingenden Normen orientiert und damit außer Acht lässt, dass es in einigen Ländern durchaus eine Kultur der Mitbestimmung auf freiwilliger Basis, die im Ergebnis zu ähnlichem Einfluss führen kann wie ein institutionelles Mitbestimmungsmodell deutschen Typs."[777] Als außereuropäisches Beispiel kann hier Japan aufgeführt werden, wo trotz fehlender institutionalisierter Einbindung der Arbeitnehmer wesentliche Unternehmensentscheidungen in der Regel nicht ohne Mitwirkung der Gewerkschaften getroffen werden[778]. Dieses Beispiel zeigt, dass nicht die Idee der Kooperation einzigartig ist, sondern die gesetzliche Strenge, mit der diese in Deutschland erzwungen wird.[779]

Die Abkehr vom Sozialismus und damit eine Angleichung an die europäischen Grundsätze ist im Hinblick auf die Arbeitnehmermitbestimmung und Tarifverhandlungen in Rumänien zweifelsohne erfolgt. Allein die Unterrichtung der Arbeitnehmer, die auf europäischen Richtlinien basiert, oder die Tatsache, dass Kollektivverhandlungen überhaupt stattfinden ist Beweis dafür. Trotzdem sind noch viele Defizite – vor allem in Bezug auf die Koalitionsfreiheit – erkennbar, die durch weitere europäische Regelungen geschlossen werden könnten. Hier werden daher die bestehenden europäischen Regelungen kurz darge-

---

772 vgl. Eurofound, Sozialer Dialog 2010, S. 1
773 Europäischen Gewerkschaftsinstituts ETUI, siehe unter http://de.workerparticipation.eu/Nationale-Arbeitsbeziehungen/ Quer-durch-Europa/Unternehmensmitbestimmung
774 Art. 79 des Gesetzes über die Partizipation der Arbeitnehmer (1993); Lubitz: Sicherung und Modernisierung der Unternehmensmitbestimmung, S. 20
775 Siehe zu den einzelnen Mitbestimmungmodellen: Höpner, Unternehmensmitbestimmung und Mitbestimmungskritik, S. 39, abzurufen unter www.boeckler.de;
776 vgl. Lubitz: Sicherung und Modernisierung der Unternehmensmitbestimmung, S. 20
777 vgl. Lubitz, Sicherung und Modernisierung der Unternehmensmitbestimmung, S. 20
778 Rebhahn, ZAAR Schriftenreihe Band, 41 (52)
779 Lubitz, aaO

stellt und untersucht, ob ein Europäisches Arbeitsrecht bzw. eine teilweise Regelung durch europäische Richtlinien von Nutzen wäre.

I. Ein guter Anfang? – Europäischer Betriebsrat, Arbeitnehmerbeteiligung in der Europäischen Aktiengesellschaft (SE), der Europäischen Genossenschaft (SCE) und bei grenzüberschreitenden Verschmelzungen

1. Europäischer Betriebsrat (EBR)

„In den meisten EG-Staaten ist schon derzeit vorgesehen, dass der Unternehmer die betriebliche Vertretung über die wichtigen generellen Fragen des Betriebes informieren und darüber mit ihr beraten muss.[780] Die Richtlinie über den Europäischen Betriebsrat (EBR-Richtlinie 1994, 94/45/EG) verfolgte das Ziel, dass Entscheidungen länderübergreifender Unternehmen nicht der Mitwirkung der einzelnen, nationalen Arbeitnehmervertreter entzogen werden können. Sie ist eine Antwort auf die Sachfrage, wie die Unterrichtung und Anhörung von Arbeitnehmern bei länderübergreifenden Unternehmen und Unternehmensgruppen sichergestellt werden kann (BE 9 - 11 EBR-Richtlinie 1994).[781] Unter Beibehaltung dieses Ziels, hat die EU eine inhaltliche Änderung beschlossen, die zu einer Neufassung der EBR-Richtlinie durch Richtlinie 2009/38/EG (EBR-Richtlinie 2009) führt. Das konkrete Ziel der Richtlinie ist damit die Stärkung des Rechts auf Unterrichtung und Anhörung der Arbeitnehmer in gemeinschaftsweit operierenden Unternehmen und Unternehmensgruppen[782] (Art. 1 EBR-Richtlinie 2009). Daher „wird in allen gemeinschaftsweit operierenden Unternehmen und Unternehmensgruppen auf Antrag (…) zum Zweck der Unterrichtung und Anhörung der Arbeitnehmer (…) ein Europäischer Betriebsrat eingesetzt oder ein Verfahren zur Unterrichtung und Anhörung der Arbeitnehmer geschaffen. Hiermit soll zusätzlich zu den eventuell bestehenden nationalen Arbeitnehmervertretungen ein länderübergreifendes Gremium geschaffen werden, das die betriebliche Arbeitnehmermitwirkung sicherstellen soll. Dies wurde auch in der Neufassung der EBR-Richtlinie 2009 beibehalten. Die wesentlichen Änderun-

---

780 Rebhahn, NZA 2001, 763 (772)
781 Riesenhuber, Europäisches Arbeitsrecht, § 28, Rn. 2
782 Ein gemeinschaftsweit operierendes Unternehmen ist nach Art. 2 Abs. 1 a EBRRL ein Unternehmen, mit mindestens 1000 Arbeitnehmern in den Mitgliedsstaaten und mit jeweils mindestens 150 Arbeitnehmern in mindestens zwei Mitgliedsstaaten. Eine Unternehmensgruppe ist nach Art. 2 Abs. 1 b EBRRL eine Gruppe, die aus einem herrschenden Unternehmen und den von diesem abhängigen Unternehmen besteht (mindestens ein abhängiges Unternehmen).

gen sind folgende: Umschreibung der Zuständigkeit des Europäischen Betriebsrats erstmals deutlich mit „länderübergreifenden Angelegenheiten"; Definition des Gegenstand der Richtlinie (Unterrichtung und Anhörung der Arbeitnehmer nach Art. 2 Abs. 1 f und g EBR-Richtlinie 2009), Zusammensetzung des besonderen Verhandlungsgremiums nach Art. 5 Abs. 2 b EBR-Richtlinie 2009 und des Europäischen Betriebsrats kraft Gesetzes, um dem Proportionalitätsprinzip stärker als bislang Rechnung zu tragen, Präzisierung verbindlicher Vorgaben über den Inhalt einer autonomen Vereinbarung nach Art. 6 EBR-Richtlinie 2009 zwischen zentraler Leitung und besonderem Verhandlungsgremium; Einführung eines Schulungsanspruchs der Mitglieder durch Art. 12 Abs. 4 EBR-Richtlinie 2009; Gewährung eines Bestandsschutzes nach Art. 14 EBR-Richtlinie 2009 für Regelungen über bestehende Vereinbarungen.[783]

Nach Angaben des Europäischen Gewerkschaftsinstituts ETUI[784] bestehen zurzeit insgesamt 973 Europäische Betriebsräte, davon ca. 160 Europäische Betriebsräte mit Hauptsitz des Unternehmens in Deutschland und 41 Europäische Betriebsräte mit Beteiligung eines oder mehrerer Mitglieder aus den neuen EU-Mitgliedsstaaten Bulgarien und Rumänien. Der EBR wird als ein nützliches Instrument zur Organisation der länderübergreifenden Anhörung und Unterrichtung in sich rasch verändernden Unternehmen oder Unternehmensgruppen bezeichnet, die einem kontinuierlichen schnellen Wandel der Arbeits- und Produktionsorganisation im Kontext der Globalisierung und fortschreitenden technischen Innovation unterworfen sind.[785] Die EBR-Richtlinie ist insofern flexibel, da sie keine für alle Anwendungsfälle gleichlautende Regelung vorgibt, sondern eine Verfahrensstruktur, in der die Akteure sich auf das für ihre Situation adäquate Modell verständigen können.[786]

2. Europäische Aktiengesellschaft (SE) und Europäische Genossenschaft (SCE) und grenzüberschreitende Verschmelzung

Die Europäische Aktiengesellschaft (Societas Europaea, SE[787]) ist das Vorhaben der EU, eine supranationale Gesellschaftsform zu schaffen. In ähnlicher Weise wie bei gemeinschaftsweit operierenden Unternehmen oder Unternehmensgruppen, die von der EBR-Richtlinie erfasst werden, stellen sich hier besondere Fragen der Arbeitnehmermitwirkung.[788] Eine Europäische Aktiengesellschaft muss über ein Mindestkapital von 120.000 Euro verfügen (Art. 4 Abs. 2 Verordnung

---

783 siehe Franzen, EuZA 2010, 180 (182)
784 http://www.ewcdb.org; EBR-Datenbank, 2010
785 Eurofound, Europäische Unternehmenserhebung 2009, 1 (2)
786 Weiss, NZA 2003, 177 (179)
787 Art. 48 der Verordnung (EG) Nr. 2157/2001 über das Statut der Europäischen Gesellschaft (SE), Abl. EG (2001) L 294/1
788 Riesenhuber, Europäisches Arbeitsrecht (2009), § 29, Rn. 1

Nr. 2157/2001 vom 8. Oktober 2001 über das Statut der Europäischen Gesellschaft). Dies allein und nicht eine bestimmte Arbeitnehmerzahl ist auch Voraussetzung für die in der Richtlinie geregelte Arbeitnehmermitwirkung.[789] Die SE verfügt gem. Art. 38 Verordnung Nr. 2157/2001 entweder über ein Aufsichtsorgan und ein Leitungsorgan (dualistisches System) oder ein Verwaltungsorgan (monistisches System). „Damit wird Rücksicht auf die unterschiedlichen Traditionen in den Mitgliedstaaten genommen. Für den hier interessierenden Zusammenhang ist vor allem wichtig, dass eine Europäische Aktiengesellschaft nur eingetragen werden kann, wenn die Anforderungen der Richtlinie erfüllt sind. Dadurch wird garantiert, dass die Bestimmungen über Arbeitnehmermitwirkung nicht ignoriert werden können.[790]

Ebenso wie schon beim EBR wird die Struktur der Arbeitnehmerbeteiligung bei der SE der Vereinbarung von Arbeitgebern und Arbeitnehmern überlassen. Es besteht somit eine Verhandlungslösung. „Auf diese Weise wird den Unternehmen ermöglicht, im Zusammenwirken mit der Arbeitnehmerseite eine maßgeschneiderte Mitbestimmung zu entwickeln. „Einer Flucht aus der Mitbestimmung" und einer Abwärtsspirale wird dabei vor allem durch das sogenannte Vorher-Nachher-Prinzip vorgebeugt, nach dem der Mitbestimmungsstandard der beteiligten Gesellschaften im Grundsatz erhalten bleibt.[791] Subsidiär zur Verhandlungslösung greift eine Auffangregelung ein (geregelt in Art. 7 i.V.m. dem Anhang der Richtlinie 2001/86/EG vom 08.10.2001 zur Ergänzung des Statuts der Europäischen Gesellschaft hinsichtlich der Beteiligung der Arbeitnehmer i.V.m. dem Anhang der Richtlinie). Die Auffanglösung sieht im Grundsatz einen „SE-Betriebsrat" als Vertretungsorgan vor, dessen Unterrichtung und Anhörung entsprechend der EBR-Richtlinie erfolgt sowie eine Arbeitnehmermitbestimmung in der Verwaltung der SE. „Die Richtlinie regelt zwei Gegenstandsbereiche, die scharf voneinander unterschieden werden müssen: Zum einen Information und Konsultation und zum anderen Mitbestimmung in Unternehmensorganen. Was den Bereich der Information und Konsultation angeht, sind die Regelungen sehr an das angelehnt, was sich in der Richtlinie über Europäische Betriebsräte schon findet, deren Anwendung für die Europäische Aktiengesellschaft explizit ausgeschlossen ist (Art. 13)."[792] Interessant ist die Richtlinie indessen wegen der Vorschriften zur Mitbestimmung in Unternehmensorganen. Darunter versteht der europäische Gesetzgeber „die Einflussnahme des Organs zur Vertretung der Arbeitnehmer und/oder Arbeitnehmervertreter auf die Angelegenheiten einer Gesellschaft durch die Wahrnehmung des Rechts, einen Teil der Mitglieder des Aufsichts- oder Verwaltungsorgans der Gesellschaft zu wählen oder zu bestellen, oder die Wahrnehmung des Rechts, die Bestellung eines

---

789 Weiss, ZA 2003, 177 (181)
790 Weiss, aaO
791 Riesenhuber, Europäisches Arbeitsrecht (2009), § 29, Rn. 4
792 Weiss, NZA 2003, 177 (181)

Teils der oder aller Mitglieder des Aufsichts- oder des Verwaltungsorgans der Gesellschaft zu empfehlen und/oder abzulehnen"(Art. 2 lit. k).[793]

Ähnlich der SE hat die Europäische Gemeinschaft durch Verordnung eine weitere supranationale Gesellschaftsform ermöglicht, die Europäische Genossenschaft (Societas Cooperativa Europaea „SCE"[794]), wobei die Mitbestimmung der Arbeitnehmer wiederum in einer ergänzenden Richtlinie (SCE-RL[795]) geregelt ist. Inhaltlich folgt auch die SCE dem Verhandlungsmodell der EBR-Richtlinie und ist weithin ähnlich ausgestattet wie die SE.[796] Der Hauptunterschied zur SE liegt darin, dass die Gründung einer SCE auch durch natürliche Personen erfolgen kann; wie bei der SE muss ein grenzüberschreitender Bezug vorhanden sein (Art. 2 Abs. 1 SCE-Verordnung).

Darüber hinaus hat die Europäische Gemeinschaft den Fall von grenzüberschreitenden Verschmelzungen durch eine Richtlinie[797] geregelt. Hierbei liegt das Ziel darin, die Arbeitnehmermitbestimmung zu sichern und eine Flucht aus der Mitbestimmung zu verhindern.[798] Des Weiteren wurde seit 1997 immer wieder eine Richtlinie über die internationale Sitzverlegung angedacht, ist jedoch über die Konsultationsverfahren in den Jahren 2002 und 2004 nicht hinausgekommen.[799] Auch ist eine weitere Gesellschaftsform in Planung, nämlich die Europäische Privatgesellschaft (Societas Europaea Privata), die kleinen und mittleren Unternehmen ermöglichen soll, eine europaweit einheitliche Kapitalgesellschaft mit beschränkter Haftung zu gründen. Man verspricht sich von einer solchen supranationalen Rechtsform eine größere Akzeptanz im gesamten Binnenmarkt, aber auch Kostenersparnisse.[800]

II. Europäisches Arbeitsrecht

Aufgrund der unterschiedlichen politischen und rechtlichen Systeme - besonders in Bezug auf das Arbeitsrecht - gestaltet sich eine europäische Rechtsangleichung in diesem Bereich als problematisch. Am ehesten dürfte sie beim Tarif-

---

793 Weiss, aaO
794 Verordnung (EG) Nr. 1435/2003 des Rates vom 22.7.2003 über das Statut der Europäischen Genossenschaft (SCE), ABl. 2003 L 207/1
795 Richtlinie 2003/72/EG des Rates vom 22.7.2003 zur Ergänzung des Statuts der Europäischen Genossenschaft hinsichtlich der Beteiligung der Arbeitnehmern, ABl. 2003 L 207/25
796 vgl. Riesenhuber, Europäisches Arbeitsrecht, § 30, Rn. 62
797 Richtlinie 2005/56/EG des Europäischen Parlaments und des Rates vom 26. Oktober 2005 über die Verschmelzung von Kapitalgesellschaften aus verschiedenen Mitgliedstaaten, ABl. 2005 L 310/1
798 Riesenhuber, Europäisches Arbeitsrecht, §§ 30, 31 ff.
799 vgl. hierzu Riesenhuber, Europäisches Arbeitsrecht, S. § 31, Rn. 2 ff.; genauer Stand des Verfahrens und erfolgte Schritte siehe unter: http://ec.europa.eu/internal_market/company/seat-transfer/2004-consult_de.htm (abgerufen am 25.01.2011)
800 Riesenhuber, Europäisches Arbeitsrecht, § 32, Rn. 1 ff.

recht möglich sein, weil sich hier ein gemeineuropäischer Kern des Kollektivvertragsrechts ausmachen lässt, der die meisten wesentlichen Fragen erfasst.[801] „Die Daten aus der Europäischen Unternehmenserhebung bestätigen strukturelle Unterschiede zwischen den meisten der alten 15 EU-Mitgliedstaaten und den neuen 12 EU-Mitgliedstaaten, was die Verbreitung und das Ausmaß von Tarifverhandlungen angeht. Von Ausnahmen abgesehen, ist eine starke Umsetzung des Sozialen Dialogs auf Unternehmensebene ein Phänomen, das im Norden Europas viel weiter verbreitet ist als in den südlichen Ländern. Auch unter Berücksichtigung von Variablen wie der Unternehmensgröße und der wirtschaftlichen Tätigkeit werden eine weniger entwickelte Umsetzung und andere, eher auf Konfrontation ausgelegte Prozesse der gesetzlich festgelegten Arbeitnehmervertretung deutlich, je weiter südlich in Europa die betrachteten Länder liegen.[802]

Am stärksten problembehaftet dürfte eine Angleichung bei der Mitwirkung in Betrieb und Unternehmen sein, sofern es nicht nur um Informations- und Beratungsrechte sondern um echte Mitbestimmung geht; die EU beschränkt ihr Vorhaben daher auf Information und Beratung.[803] „Für den Binnenmarkt ist eine Angleichung jedenfalls in Teilbereichen zumindest nützlich. Wesentlich wäre für den Binnenmarkt vor allem die Möglichkeit zu grenzüberschreitenden Tarifverträgen, wenn und weil die Wirtschaftsregionen bereits grenzüberschreitend sind. Regelungen zur Mitbestimmung können eher national bleiben, weil es nur um den Wettbewerb der Standorte und Rechtssysteme geht."[804] Aus den Ergebnissen der Erhebung der European Foundation for the Improvement of Living and Working Conditions vom 15.01.2010 wird lässt sich entnehmen, „dass in Ländern, in denen Arbeitnehmervertreter auf Betriebsebene einen stärkeren Einfluss haben, die Wahrscheinlichkeit höher ist, dass Unternehmen Arbeitszeitmaßnahmen mit positivem Einfluss auf die Vereinbarkeit von Berufs- und Privatleben der Arbeitnehmer (Work-Life-Balance) umsetzen. Dies bedeutet, dass die Mitgliedstaaten in Anbetracht der EU-Erweiterung weiterhin für die Einführung und Überarbeitung institutioneller Regelungen sorgen sollten, die eine starke Arbeitnehmervertretung am Arbeitsplatz ermöglichen".[805] Rechte für Arbeitnehmervertreter auf Mitbestimmung und Tarifverhandlungen auf Unternehmensebene bieten ein günstiges Umfeld für Arbeitszeitregelungen, die für die Vereinbarkeit von Berufs- und Privatleben förderlich sind.[806] Eine Europäisierung des Arbeitsrechts würde in vielen Staaten Europas auch zu einer Auswei-

---

801 Rebhahn, NZA 2001, 763 (774)
802 vgl. Eurofound, Europäische Unternehmenserhebung 2009, S. 6
803 vgl. Rebhahn, NZA 2001, 763 (774)
804 Rebhahn, aaO
805 Eurofound, Sozialer Dialog 2010, S. 2
806 Eurofound, Sozialer Dialog 2010, S. 2

tung der Tarifautonomie und der Kollektivverhandlungen führen.[807] Mit Hilfe einer einheitlichen, europäischen Regelung kann das Entstehen eines Arbeitsmarktes gefördert werden, der gerechter, reaktionsfähiger und integrativer ist und dazu beiträgt, Europa wettbewerbsfähiger zu machen.[808]

Eine Angleichung der Arbeitnehmermitbestimmung und Tarifverhandlungen auf europäischer Ebene würde den Arbeitnehmern ohne Zweifel mehr Rechte einräumen und wäre daher punktuell betrachtet von Vorteil. Jedoch muss man hier zwischen Arbeitnehmermitbestimmung und Tarifverhandlungen unterscheiden. Eine verpflichtende Form der Mitbestimmung im Betrieb und einer Unternehmensmitbestimmung, die durch europäische Richtlinien festgesetzt wird, würde die Arbeitnehmerrechte auf jeden Fall stärken, was auch erforderlich ist. Denn trotz der voranschreitenden Tendenz zu mehr Arbeitnehmerrechten, besteht aufgrund der sehr dezentralisierten Tarifverhandlung eine Übermacht der einzelnen Arbeitgeber gegenüber den Arbeitnehmern. Diese könnte durch eine institutionalisierte betriebliche Mitbestimmung und Unternehmensmitbestimmung ausbalanciert werden. Daher wäre eine Vereinheitlichung des Arbeitsrechts in Betracht zu ziehen. Allerdings müsste eine solche Vereinheitlichung des Arbeitsrechts von allen Staaten Europas gewollt und umgesetzt werden. Dies erscheint aufgrund der unterschiedlichen aktuellen Regelungen[809] fast unmöglich. Vor allem müssten sich alle Staaten auf eine Art der Kollektivverhandlungen einigen oder die EU müsste eine gemeinschaftliche Regelung „von oben herab" erlassen, was wiederum zu Umsetzungsproblemen in der Praxis führen wird.

Ein erster Ansatz zu einem Europäischen Arbeitsrecht wurde bereits im Jahr 2006 von der Europäischen Kommission durch das Grünbuch „Ein moderneres Arbeitsrecht für die Herausforderungen des 21. Jahrhunderts" ins Gespräch gebracht, wobei viele Fragen aufgeworfen wurden, die nach Ansicht der Kommission auf europäischer Ebene geregelt werden könnten. Dazu gehören beispielsweise Arbeits- und Sozialschutzgesetze um abhängig Beschäftigte an bestimmten Arbeitsplätzen zu schützen; Maßnahmen zur Bekämpfung des Phänomens der verschleierten Beschäftigung; Beschäftigungsverhältnisse, die durch Zeitarbeitsunternehmen vermittelt werden (Leiharbeitnehmer); Organisation der Arbeitszeit; Mobilität der Arbeitskräfte; Fragen der Rechtsdurchsetzung und Schwarzarbeit.[810] Zwar umfassen diese Fragen keine Grundlagen der Kollektivverhandlungen bzw. Kollektivfreiheit, verdeutlichen jedoch die Tendenz zur Europäisierung des Arbeitsrechts. Die daraufhin eingegangenen Beiträge zeigen zumeist, dass sich die Verfasser der Herausforderungen voll bewusst sind, die

---

807 Brummer, AuR 2009, 413 (413)
808 Kommission der Europäischen Gemeinschaften: Grünbuch, S. 4
809 siehe beispielsweise Thüsing, NZA-Beil. 2010, 104 (105); Rebhahn, NZA 2001, 763 (763 ff.)
810 Kommission der Europäischen Gemeinschaften: Grünbuch, S. 10 ff.

mit der Entstehung eines europäischen, durch eine verstärkte Mobilität der Arbeitnehmer und eine Ausweitung der transnationalen Geschäftstätigkeit der Unternehmen gekennzeichneten Arbeitsmarktes verbunden sind.[811] „Einige Mitgliedstaaten sowie Interessenvertreter der Gewerkschaften und die meisten Wissenschaftler hätten ein thematisch breiter angelegtes Grünbuch vorgezogen, d. h. eine stärkere Berücksichtigung von Aspekten des kollektiven Arbeitsrechts anstelle der Konzentration auf das individuelle Arbeitsverhältnis. Nur ein solcher Ansatz könnte ihrer Ansicht nach dem komplexen Zusammenspiel zwischen dem übergreifenden Rechtsrahmen in den einzelnen Ländern und der Bedeutung von Kollektivverhandlungen für die Regelung des Arbeitslebens gerecht werden. Viele Unternehmen wiesen auf die eingeschränkten Zuständigkeiten der EU hin und forderten eine Reform des Arbeitsrechts ausschließlich auf nationaler Ebene."[812]

Gem. Art. 153 AEUV (früher Artikel 137 EGV) hat die EU die Kompetenz, Mindestvorschriften in verschiedenen Bereichen des Arbeits- und Sozialrechts zu erlassen. Die Rechtssetzung im Bereich der europäischen Sozialpolitik nach den Art. 151 ff. AEUV (ex-Art. 136 ff. EGV) erfolgt ausschließlich über Richtlinien gem. Art. 288 Abs. 2 AEUV (ex-Art. 249 Abs. 3 EGV), nicht hingegen im Wege der unmittelbaren Rechtssetzung über Verordnungen gem. Art. 288 Abs. 2 AEUV.[813] Die Richtlinien müssen dann von den Mitgliedsstaaten in eigenes Recht transferiert werden, was zwangsweise zu unterschiedlichen Umsetzungen und damit nationalen Regelungen führt. „Das EU-Recht ist aus diesem Grund nicht in der Lage, im Bereich der Sozialpolitik eine Vollharmonisierung herbeizuführen oder nationale Sozialstandards abzusenken. Eine Deregulierung über die EU ist auf der Grundlage des gegenwärtigen EU-Vertrags nicht möglich."[814] Darüber hinaus darf die Gemeinschaft nach Art. 153 Abs. 5 AEUV (früher Art. 137 Abs. 5 EGV) das Arbeitsentgelt nicht regeln, jedenfalls nicht auf der Kompetenzgrundlage des Art. 153, und daher auch kein staatliches Mindestentgelt festlegen.[815] Diese negative Kompetenzbestimmung des Art. 153 Abs. 5 AEUV umfasst auch das Koalitionsrecht, das Streikrecht sowie das Aussperrungsrecht. Diese Bereiche bleiben daher Angelegenheiten der Mitgliedsstaaten (bzw. deren Sozialpartner).[816]

---

811 vgl. Kommission der Europäischen Gemeinschaften: Mitteilung der Kommission an den Rat, das Europäische Parlament, den Europäischen Wirtschafts- und Sozialausschuss und den Ausschuss der Regionen, S. 2, 3 ff.
812 Kommission der Europäischen Gemeinschaften: Mitteilung der Kommission an den Rat, das Europäische Parlament, den Europäischen Wirtschafts- und Sozialausschuss und den Ausschuss der Regionen, S. 5
813 vgl. Hopfner in Rieble, Das Grünbuch und seine Folgen, S. 72 ff.
814 Stein in Rieble, Das Grünbuch und seine Folgen, S. 95 ff.
815 vgl. Rebhahn, Aktuelle Entwicklungen des Europäischen Arbeitsrechts (2008), S. 22
816 Heilmann/Schubert/Donner - *Schubert*, Europaverfassung S. 85

Abgesehen von den Problemen einer rechtlichen Umsetzung stellt sich die Frage nach der Sinnhaftigkeit eines einheitlichen europäischen Arbeitsrechts. „Eine EU-weite Regulierung der Sozialpolitik würde faktisch die restriktiven Elemente der nationalen Regulierungen kumulieren – man könnte auch *cherry-picking* sagen – und damit große Nachteile für die Unternehmen bringen." So Michael Stein, Leiter Tarifpolitik der Deutschen Bank AG anlässlich des 4. Ludwigsburger Rechtsgesprächs[817] Dies zeigt eine recht einseitige Sicht des Problems. Aus Sicht der Arbeitnehmer könnte ein einheitliches Arbeitsrecht, bei dem der europäische Gesetzgeber sich die Rosinen aus allen europäischen Rechtsordnungen herausholt, ganz neue Möglichkeiten eröffnen. Denke man nur an eine Arbeitnehmermitbestimmung im Betrieb oder an eine Unternehmensmitbestimmung europaweit in allen Unternehmen ab einer bestimmten Größe.

Andererseits wird ein denkbares europäisches Arbeitsrecht nicht den höchsten Standard wählen und es unterschiedslos auf alle Mitgliedsstaaten anwenden können. Schließlich bestehen erhebliche rechtliche und vor allem politische Ungleichheiten zwischen den Mitgliedsstaaten, was sich auch in den Arbeitsbeziehungen widerspiegelt. Einem Land, das gerade erst seit 20 Jahren kollektive Verhandlungen kennt bzw. ausübt, kann beispielsweise nicht das System der deutschen Arbeitnehmermitbestimmung aufoktroyiert werden, das über 100 Jahre „gewachsen" ist. Es wird damit überfordert sein und die Vorgaben vielleicht rechtlich, aber sicher nicht in der Praxis umsetzen können. Daher würde nur der Mittelweg einer europäischen Regelung Sinn machen. Dies bedeutet eine mittelstarke Arbeitnehmer- und Unternehmensmitbestimmung und eine ebensolche Koalitionsfreiheit. Ein Mittelweg hätte wiederum den eklatanten Nachteil, dass es bei weit entwickelten Rechtssystemen mit viel Mitbestimmung durch Arbeitnehmer – wie Deutschland oder die nordischen Staaten – zu einer Verkürzung der Arbeitnehmerrechte führen würde. „Eine übertriebene, nahezu krampfhafte Harmonisierung, nur um ein vereintes Europa in jeglicher Hinsicht zu demonstrieren, wirkt eher kontraproduktiv. Sie wäre ohnehin nur auf einem sehr hohen Niveau möglich, mit allen negativen Konsequenzen für die Wettbewerbsfähigkeit der EU bzw. einzelner Regionen."[818] Eine Verkürzung der Arbeitnehmerrechte für weit entwickelte Mitgliedsstaaten ist jedenfalls nicht der Sinn einer europäischen Einheitslösung. Daher ist die „sanfte" Regulierung des Arbeitsrechts – individual und kollektiv – durch Richtlinien wie beispielsweise 2002/14/EG zur Unterrichtung und Anhörung der richtige Weg in ein vereinheitlichtes europäisches Arbeitsrecht. So finden auch die „neuen" Mitgliedsstaaten langsam aber stetig einen Weg in ein besseres Arbeitsrecht, das in der Praxis auch umgesetzt werden kann.

---

817 Stein in Rieble, Das Grünbuch und seine Folgen (2008), S. 95
818 Stein in Rieble, Das Grünbuch und seine Folgen (2008), S. 95

Da eine gesamteuropäische Regelung des Arbeitsrechts in nächster Zeit nicht zu erwarten ist[819], wird die Frage unerlässlich, ob autonome Bemühungen der Mitgliedsstaaten zu einer Angleichung der arbeitsrechtlichen Regelungen führen. Motive dafür können insbesondere der Standortwettbewerb oder die Bemühungen der Kommission um eine Koordinierung der Arbeitsmarktpolitiken mit dem Zaubermittel Benchmarking sein.[820] Rebhahn kann hier allerdings weder im kollektiven noch im Individualarbeitsrecht wesentliche Schritte zu einer Annäherung der nationalen Arbeitsrechte feststellen. Die Regelungen des Tarifrechts sind ebenso meilenweit voneinander entfernt wie die Mitwirkungsbefugnisse der betrieblichen Vertretungen oberhalb des von der Konsultationsrichtlinie Vorgeschriebenen oder wie die Regeln zum Streik.[821]

Nichtsdestotrotz stellen europäische Regelungen (Richtlinien, Verordnungen und EuGH-Entscheidungen) überaus wichtige Regularien im Bereich des kollektiven Arbeitsrechts insbesondere der Arbeitnehmermitwirkung dar. Insofern vollzieht die EU eine andere Regelungsmethodik. Statt in jedem Mitgliedsstaat eine Richtlinienumsetzung im Hinblick auf eine einheitliche Arbeitnehmermitbestimmung zu erzwingen, führt sie immer mehr neue gemeinschaftsweite Unternehmensformen ein, die Regelungen bezüglich einer Arbeitnehmermitwirkung enthalten. So kann die EU sicherstellen, dass gemeinschaftsweit operierende Unternehmen eine einheitliche Basis hinsichtlich der Arbeitnehmermitwirkung haben. Wo Arbeit die Grenzen überschreitet, muss auch die Regelung angemessener Arbeitsbedingungen grenzüberschreitend erfolgen.[822] Der Europäische Betriebsrat stellt dabei die erste Stufe zu einer europäischen Verhandlungsebene dar, ebenso die Europäische Aktiengesellschaft, die Europäische Genossenschaft und die wohl folgende Europäische Privatgesellschaft. Da diese supranationalen Gesellschaftsformen stets mit einer Arbeitnehmermitwirkung ausgestattet sind, haben sie für die Arbeitnehmer viele Vorteile, die sie evtl. aufgrund ihrer nationalen Regelung nicht hätten. Auch für die Arbeitgeber bzw. Geschäftsführer hat dies Vorteile, weil so die „Akzeptanz und Umsetzung für Managemententscheidungen auf Arbeitnehmerseite erhöht wird"[823]. Trotz dessen wird die Unternehmensmitbestimmung auch als Wettbewerbsnachteil für Unternehmen aufgeführt, die ihre Gesellschaftsform in eine Europäische Gesellschaft (SE) überführen wollen.[824]

Zu unterscheiden bleibt jedoch die Art der Regelung der Arbeitnehmermitwirkung. Einerseits führt die EU immer mehr supranationale Gesellschaftsformen ein; anders als bei den Europäischen Betriebsräten und der Europäischen

---

819 siehe auch Rebhahn: Aktuelle Entwicklungen des Europäischen Arbeitsrechts, S. 43
820 Rebhahn: Aktuelle Entwicklungen des Europäischen Arbeitsrechts, S. 40
821 Rebhahn: aaO
822 Thüsing, RdA 2010, 78 (78).
823 vgl. Eurofound, Europäische Betriebsräte in der Praxis, 1 (6)
824 vgl. Eurofound, Europäische Betriebsräte in der Praxis, aaO

Aktiengesellschaft handelt es sich bei der Richtlinie zur Unterrichtung und Anhörung der Arbeitnehmer nicht um transnationale Strukturen, sondern es wird in nationale Rechtsordnungen eingegriffen. Die EU greift somit für Fälle der grenzüberschreitenden Tätigkeiten eines Unternehmens durch die transnationalen Gesellschaften ein und regelt zudem ein Mindestmaß an Arbeitnehmerbeteiligung durch die Richtlinie zur Unterrichtung und Anhörung, die national umgesetzt werden muss. Für die Beitrittsländer, die ja erst noch dabei sind, den für sie richtigen Weg der Organisation der Arbeitsbeziehungen zu finden, sind die EU-Richtlinien ein wichtiges, kaum zu überschätzendes Signal.[825] Auch reine Informationspflichten in Bezug auf die wirtschaftliche Lage von Betrieb und Unternehmen sowie geplante Änderungen, denen keine Mitbestimmungsrechte zur Seite stehen, sind von größter Bedeutung. Sie geben den Arbeitnehmern zumindest die Chance, auf für sie nachteilige Vorhaben einzuwirken.[826] Die Richtlinie auf Unterrichtung und Anhörung hat diese Pflichten insbesondere in osteuropäischen Staaten beträchtlich erweitert und in Rumänien überhaupt eingeführt. Laut EU-Monitoring-Bericht von Mai 2006 ist die Umsetzung des Sozial- und Arbeitsrechts kein ausgewiesener Mangelpunkt in Rumänien (vgl. Europäische Kommission 2006). Im Vorfeld auf den EU-Beitritt waren die Gesetzesentwicklungen 2005 auf die Umsetzung des *acquis communautaire*, im Besondern auf das Sozial- und Arbeitsrecht, ausgelegt. Die Änderung des Arbeitsgesetzbuchs durch den Regierungsbeschluss Nr. 65/2005 ist ein wichtiger Schritt im Prozess der Harmonisierung der rumänischen Gesetzgebung mit den EU-Rechtsnormen gewesen. „Von der legislatorischen Übernahme bis zur praktischen Wirksamkeit ist jedoch ein weiter Weg zurückzulegen. Die schnelle Transformation, die Abkehr von den alten staatssozialistischen Formen und Riten der Wahrung der Interessen der Werktätigen, die teilweise deutlich zum reinen Marktprinzip neigende Wirtschaftspraxis und der noch entwicklungsbedürftige Stand autonomer Sozialer Dialoge erschweren die Praxis gegengewichtiger Vertretung von Arbeitnehmerinteressen in den Entscheidungsprozessen der Unternehmen."[827]

Fraglich ist weiterhin, ob die nationalen Unternehmen, die nicht gemeinschaftsweit operieren und daher nicht unter die EU-Regelungen zur Arbeitnehmermitwirkung fallen, gänzlich allein gelassen werden sollen und gar keine Arbeitnehmerbeteiligung haben müssen – abgesehen von der Unterrichtung und Anhörung aufgrund der Richtlinie 2002/14/EG. Die EU befindet sich insofern an einem Scheideweg: Entweder sie spricht sich für eine einheitliche europäische Regelung der Arbeitnehmermitbestimmung durch eine Richtlinie aus, wobei diese in den einzelnen Staaten umgesetzt werden muss und damit auch nationale Unternehmen erfasst, oder sie regelt – wie die bisherige Tendenz aufgrund der sehr unterschiedlichen Systeme der einzelnen Mitgliedsstaaten es für wahr-

---

825 Weiss, NZA 2003, 177 (184)
826 Rebhahn, NZA 2001, 763 (772)
827 Höland -Höland/Homann-Dennhardt, S. 164

scheinlicher erachten lässt – neue Formen von gemeinschaftsweiten Unternehmen, die mit einer Arbeitnehmermitwirkung ausgestattet sind. Auf die letztere Art und Weise werden die nationalen Unternehmen der Mitgliedsstaaten größtenteils allein gelassen und können eine Arbeitnehmermitbestimmung überwiegend ausschließen, müssen jedoch Richtlinien zur Unterrichtung und Anhörung umsetzen.

Als weitergehender Regelungsinhalt für eine europäische Richtlinie wäre die Einführung einer angeglichenen Arbeitsgerichtsbarkeit wünschenswert. Eine grundsätzliche Rechtskontrolle und Rechtsdurchsetzung ist in jedem der Mitgliedsstaaten vorhanden und ein äußerst wichtiges Instrumentarium. Allerdings verfügt nicht jeder Mitgliedsstaat über eine eigene Arbeitsgerichtsbarkeit. Nach allem, was über die Möglichkeiten der Rechtskontrolle und die üblicherweise äußerst lückenhaft mögliche Sicherung bestehender Rechte aus den untersuchten Ländern berichtet wird, ist das Fehlen einer speziellen Arbeitsgerichtsbarkeit in 14 der 16 osteuropäischen Staaten ein Defizit, deren Schließung mehr als überfällig ist. Sie verhindert wesentlich die uneingeschränkte Ausübung der Koalitionsfreiheit und der Wahrnehmung des Sozialen Dialogs ebenso wie auch individueller Rechtstatbestände.[828] Diese Lücken der Rechtsdurchsetzung wären durch eine Richtlinie, die die Mitgliedsstaaten verpflichtet, entsprechende Instanzen einzurichten, zu beheben. Die EU muss darauf hinwirken, dass eine juristische Überprüfung arbeitsrechtlicher Themen nicht nur in den westlichen Mitgliedsstaaten *usus* ist, sondern auch in den süd- und osteuropäischen möglich und durchsetzbar wird.

III. Fazit

„Europa dominiert immer deutlicher das Recht in Deutschland und in den anderen Mitgliedsstaaten. Insider wissen seit längerem, dass in fast allen Kerngebieten des Rechts die wichtigen Reformanstöße aus Europa kommen, dass Europäisches Recht zunehmend alle Eckpunkte besetzt."[829] Dies schließt das Arbeitsrecht insbesondere die Arbeitnehmer- und Unternehmensmitbestimmung sowie Anhörung und Unterrichtung, mit ein. Allerdings ist ein Europäisches Arbeitsrecht zum derzeitigen Zeitpunkt aufgrund der Verschiedenheit der arbeitsrechtlichen Regelungen sowie der unterschiedlichen Entwicklungsstufen in den Mitgliedsstaaten nicht möglich. Die Unterschiede im kollektiven Arbeitsrecht hängen viel mehr mit der „starken Verflechtung der gewachsenen Sozialstrukturen und Machtverhältnissen in den jeweiligen Gesellschaften zusammen als im Individualarbeitsrecht"[830]. Eine gemeinschaftsweite Vereinheitlichung der Strukturen erscheint daher nicht möglich. „Diese naive Harmonisierungsidee unterschätzte die Wirkkraft gewachsener Strukturen. Deshalb war es richtig, sich auf

---

828 vgl. Eurofound, Europäische Betriebsräte in der Praxis, 1 (6)
829 Riesenhuber, Europäisches Arbeitsrecht, Geleitwort von Stefan Grundmann, Seite VII
830 vgl. Krause, EuZA 2010, 19 (19)

ein Konzept umzustellen, das den bestehenden Unterschieden Rechnung trägt und statt auf Einheitlichkeit auf Vielfalt setzt."[831] Allein am Vergleich zwischen Rumänien und Deutschland erkennt man erhebliche Unterschiede im System des kollektiven Arbeitsrechts. Nimmt man die anderen 25 Mitgliedsstaaten hinzu, bestehen wohl fünf verschiedene „Typen der Arbeitsbeziehungen"[832]. Daher ist auch der Gemeinschaftsgesetzgeber nicht mehr wie früher darauf bedacht, eine bestimmte institutionelle Ausprägung der Arbeitnehmermitwirkung oktroyieren zu wollen, sondern schlicht die Idee der Arbeitnehmermitwirkung voranzubringen und alles Weitere den damit befassten Akteuren zu überlassen.[833] „Nur eine starke Krise, die alle Mitgliedsstaaten erfasst, könnte allenfalls bewirken, dass sich die wirtschaftliche und soziale Lage in den Mitgliedsstaaten so annähert, dass gleichartige Lösungen nahe liegen.[834]

Abschließend bleibt zu sagen, dass ein europäisches Arbeitsrecht bzw. eine europäische Arbeitnehmermitbestimmung in nächster Zukunft nicht umgesetzt werden wird, die EU aber im Hinblick auf die Arbeitnehmermitwirkung durch gemeinschaftsweit einheitliche Gesellschaftsformen sowie durch die Richtlinie zur Unterrichtung und Anhörung der Arbeitnehmer einige erfolgreiche und wünschenswerte Änderungen – vor allem in bis dahin weitgehend mitbestimmungsfreien Mitgliedsstaaten – erreicht hat und dieser Weg weiter zu beschreiten bleibt, bis die verschiedenen Strukturen der Systeme in Europa sich soweit angeglichen haben, dass ein einheitliches Arbeitsrecht in augenmerkliche Nähe rückt.

---

831 Weiss, NZA 2003, 177 (184)
832 so Rebhahn anlässlich seiner Rede auf dem siebten Göttinger Forum zum Arbeitsrecht; abgedruckt unter Rebhahn, EuZA 2010, 62 (64 f.)
833 Weiss, NZA 2003, 177 (184)
834 Rebhahn, EuZA 2010, 62 (86)

Teil G: Zusammenfassende Betrachtung

Das deutsche kollektive Arbeitsrecht ist ca. 100 Jahre[835] „älter" als das rumänische. Durch den Vergleich der Regelungen des kollektiven Arbeitsrechts im deutschen und im rumänischen Recht wurden wichtige Erkenntnisse bezüglich beider Rechtsordnungen gewonnen. Die einzelnen Analyseschritte dieser Untersuchung in beiden Rechtsordnungen konnten eine Reihe wesentlicher Strukturunterschiede der Rechtsgrundlagen und der Praxis der industriellen Beziehungen aufzeigen. Der Vergleich hat gezeigt, dass das kollektive Arbeitsrecht in Rumänien durchaus ein eigenständiges und funktionierendes Rechtssystem ist, das dem deutschen Recht in vielen Punkten ähnlicher ist, als man auf den ersten Blick meinen würde. Der Vergleich hat aber auch viele bestehende Unterschiede offengelegt.

I. Rechtliche Grundlagen

Das Ergebnis des Vergleichs im Bereich der rechtlichen Grundlagen liegt in der Feststellung der Vergleichbarkeit des kollektiven Arbeitsrechts. Es besteht in beiden Rechtsordnungen eine Vereins- und Koalitionsfreiheit. Ein wesentlicher Unterschied besteht jedoch bei der Reichweite der Koalitionsfreiheit. Während die Koalitionsfreiheit im deutschen Recht sehr ausgeprägt ist, wurde sie in Rumänien eher verhalten geregelt. Wesentliche Einschränkungen der Koalitionsfreiheit bestehen durch zahlenmäßige Mindestvorschriften für die Gründung einer Gewerkschaft. Auch dürfen bestimmte Arbeitnehmergruppen von vornherein nicht einer Gewerkschaft beitreten. Dadurch wird einem großen Teil der Arbeitnehmer, vor allem in kleineren und mittleren Unternehmen, die Wahrnehmung ihrer Mitwirkungsrechte sowie die Möglichkeit der Einflussnahme auf ihre Arbeitsbedingungen durch Tarifverträge verwehrt. Auch auf Branchen- und nationaler Ebene wird die Koalitionsfreiheit durch hohe Hürden bei den Repräsentativitätsvoraussetzungen erschwert.

Darüber hinaus bestehen in Rumänien eingeschränktere Durchsetzungsmöglichkeiten der Rechte als in Deutschland. Eine Kontrolle der Koalitionsrechte durch die Verwaltung oder durch Gerichte ist in der Praxis meist nicht durchführbar oder wenig erfolgreich. Daher bleiben Verletzungen beispielsweise der Gewerkschaftsrechte durch einen Arbeitgeber meist ungeahndet und somit sanktionslos. Im Gegensatz hierzu ist die gerichtliche Rechtsdurchsetzung in Deutschland sehr ausgeprägt. Gerade im Arbeitsrecht hat die Rechtsprechung einen weiten Ermessensspielraum und somit einen besonderen Wert. Diesbezüglich müssten die Gewerkschaften die Einrichtung einer spezialisierten Arbeits-

---

835 Die Gewerkschaftsbewegung von 1862/63 bis 1869/79 war die Grundlage der gewerkschaftlichen Bewegung als Teil der deutschen Arbeiterbewegung. Die Arbeiterausschüsse um 1890 gelten als der Vorreiter für die betriebliche Mitbestimmung; vgl. Richardi, [3. Aufl.] (2009), § 2

gerichtsbarkeit mit zeitnahen Entscheidungen bei Verletzungen vorhandener rechtlicher Standards und Normen ausdrücklich fordern.

Ein weiterer Unterschied zwischen den Rechtsordnungen findet sich auch in der Gesetzessystematik selbst. Den rumänischen Arbeitsgesetzen fehlt es an Stringenz. Vielmehr kann man von einer verwirrenden gesetzlichen Regelung sprechen, in der etliche Rechtsnormen fast wortgleich doppelt vorkommen und in unterschiedlichen Gesetzen oder Verordnungen normiert sind. Diese Regelungsintensität kann als übertrieben und unnötig empfunden werden. Viele Gesetze sind erst im Zuge des EU-Beitritt Rumäniens erlassen worden. Hieran kann man gut erkennen, dass der EU-Beitritt das rumänische Rechtssystem vor eine Vielzahl an Herausforderungen gestellt hat, musste doch eine schnelle Umsetzung des *acquis communautaire* erfolgen, was die beteiligten Organisationen deutlich überfordert hat. Zwar fehlt in Deutschland ein einheitliches Arbeitsgesetzbuch, das deutsche Recht weist jedoch eine viel systematischere Regelung auf.

Es bestehen zwar die Grundvoraussetzungen für ein erfolgreiches und wirkungsvolles kollektives Arbeitsrecht in Rumänien; es benötigt jedoch sicherlich noch einige Zeit und Feinarbeit, um ein solch funktionierendes und freies Koalitionsrecht zu schaffen, wie es in Deutschland besteht.

II. Gewerkschaften und Arbeitnehmermitwirkung

Ein wesentlicher Unterschied der beiden Rechtsordnungen besteht in der Interessenwahrnehmung der Arbeitnehmer. Die Arbeitnehmer in Rumänien und Deutschland werden durch verschiedene Institutionen vertreten, die im Grundsatz die gleiche Funktion haben. In Deutschland werden die Arbeitnehmer im Koalitionsrecht durch Gewerkschaften, im Betrieb durch den Betriebsrat und die Arbeitnehmervertretung im Aufsichtsrat vertreten. Im Gegensatz dazu werden Arbeitnehmer in Rumänien nur durch Gewerkschaften vertreten und das in jeglicher Hinsicht. Lediglich, wenn keine Gewerkschaft im Betrieb besteht, dürfen Arbeitnehmer eine Arbeitnehmervertretung aus ihrer Mitte wählen, welche die Aufgaben der Gewerkschaften dann ersatzweise wahrnehmen. Allerdings sind die Rechte dieser Arbeitnehmerräte im Gegensatz zu den Gewerkschaftsrechten teilweise eingeschränkt wie beispielsweise bei der Teilnahme an Sitzungen der Führungsebene im Betrieb oder Unternehmen. Ein Defizit der Arbeitnehmervertretung in Rumänien besteht hauptsächlich bei der Wahrnehmung und Realisierung von Rechten im Betrieb. Den einzigen Schutz der Arbeitnehmer – auch im Betrieb – kann in Rumänien nur eine Gewerkschaft gewährleisten. Trotz dessen wird die Ähnlichkeit der Funktion der rumänischen Gewerkschaften mit den deutschen Betriebsräten vor allem dadurch deutlich, dass rumänische Gewerkschaften wie auch die deutschen Betriebsräte im Betrieb vertreten sind. In dieser Hinsicht wäre eine Öffnung des Rechts aber auch der Gewerkschaften gegenüber dem Gedanken einer zweigleisigen Interessensvertretung im Betrieb mit gesicherten Kompetenzen wünschenswert.

Der Vergleich hat auch gezeigt, dass die Arbeitnehmermitwirkung im eigentlichen Sinne in Rumänien viel restriktiver geregelt ist als in Deutschland. Unabhängig davon, welche Institution zur Interessenwahrnehmung der Arbeitnehmer berufen ist, stehen den Arbeitnehmern in Rumänien weniger Rechte zur Mitwirkung im Betrieb, geschweige denn Mitbestimmung zur Verfügung. Erst durch die Umsetzung der Richtlinie 2002/14/EG im Dezember 2006 wurde das Recht der Arbeitnehmer auf Unterrichtung und Anhörung eingeführt. Es bestehen weder Mitbestimmungsrechte der Arbeitnehmer noch eine Unternehmensmitbestimmung.

III. Sozialdialog

Da das kollektive Arbeitsrecht, insbesondere die Vertretung durch Gewerkschaften und die Tarifautonomie, ein recht neues Institut in Rumänien darstellt und es wenig praktische Erfahrung mit ihm gibt, hat der Vergleich mit dem deutschen Recht eine wichtige tatsächliche Bedeutung.

Bei der Gegenüberstellung des deutschen und rumänischen Systems zeigt sich, dass die Beteiligung des Staates an den industriellen Beziehungen in Rumänien um einiges ausgeprägter ist. Dies erkennt man leicht an der starken Betonung der dreigliedrigen nationalen Institutionen (der wichtigste darunter der Wirtschafts- und Sozialrat). Dieses mit der Geschichte des Landes zu erklärende Phänomen sollte im Hinblick auf das Europäische Sozialmodell eher an einer autonomen Gestaltung durch die organisierten Interessenverbände ausgerichtet werden.

Nichtsdestotrotz verfügt das System über starke Gewerkschaftsrechte im tarifvertraglichen Bereich, die in manchen Fällen sogar ausgeprägter sind als in Deutschland, nehme man beispielsweise den Verhandlungsanspruch. Zur Sicherstellung von Kollektivverhandlungen gehen das deutsche und das rumänische Recht unterschiedliche Wege. Während die Koalitionsfreiheit in Deutschland den Kern der Kollektivverhandlungen darstellt, regelt das rumänische System dies durch einen Verhandlungsanspruch der Gewerkschaften gegen den Arbeitgeber bzw. Arbeitgeberverband. Die Arbeitgeberseite ist sogar verpflichtet, jährlich Kollektivverhandlungen ohne Aufforderung anzustoßen. Diese gesetzlich fixierte Verpflichtung der rumänischen Arbeitgeber in Betrieben mit mehr als 20 Arbeitnehmern, in Verhandlungen über einen Tarifvertrag einzutreten, stellt eine Regelung dar, die in Deutschland ein großes Problem mit der Kollektivautonomie aufwerfen würde; dennoch kann sie auch als positiv angesehen werden. Sie ist in einem Land, in dem die Koalitionsfreiheit noch jung ist und Gewerkschaften und Arbeitgeber freie Kollektivverhandlungen erst noch üben müssen, eine Garantie dafür sein, dass sich die Sozialpartner überhaupt über die

Arbeitsbedingungen unterhalten. Dies ändert nichts an der Freiheit, einen Tarifvertrag abzuschließen oder nicht.

Auch die Allgemeinverbindlichkeit von Tarifverträgen ist ein starkes Gewerkschaftsrecht, da der geschlossene Tarifvertrag für alle Arbeitnehmer gilt. Eine solche Regelung kennt das deutsche Recht nicht in dieser Selbstverständlichkeit, bei dem Tarifverträge nur auf Gewerkschaftsmitglieder Anwendung finden, sofern sie nicht für allgemeinverbindlich erklärt werden.

Eine unterschiedliche Regelung zwischen den beiden Rechtsordnungen findet sich auch im Bereich der Gewerkschaftspluralität bzw. der Tarifeinheit. In Rumänien können mehrere Gewerkschaften im Betrieb nebeneinander bestehen wobei auf einer Ebene jeweils nur ein Tarifvertrag geschlossen werden darf, so dass die Gewerkschaften eine Tarifgemeinschaft schließen müssen. In Deutschland besteht seit kurzem Tarifpluralität.

Beim Vergleich des deutschen und rumänischen kollektiven Arbeitsrechts ist auch festzustellen, dass die Dezentralisierung der Tarifverträge in Rumänien viel ausgeprägter ist als in Deutschland.

IV. Schlussbemerkung

In Folge einer vergleichenden Gesamtbetrachtung wurde erkannt, dass das deutsche Tarifvertragssystem vom Grundsatz her flexibler ist als das Rumänische. Im rumänischen Recht ist eine Flexibilität der Tarifverhandlungen und damit der Koalitionsfreiheit nicht vorhanden. Die Hauptgründe hierfür sind die starre Pflicht des Arbeitgebers, jährliche Tarifverhandlungen einzuleiten, die festen Repräsentativitätsvoraussetzungen, die Allgemeinverbindlichkeit von Tarifverträgen sowie die zwingende Anwendbarkeit von Tarifvereinbarungen, die auf einer höheren Ebene abgeschlossen wurden und die Unmöglichkeit von verschlechternden Bedingungen im Einzelfall.

Es wurde jedoch auch herausgestellt, dass das rumänische Tarifvertragssystem trotz dieser Starrheit über Instrumente wie den Verhandlungsanspruch und die Tarifeinheit in Verbindung mit dem Gewerkschaftspluralismus verfügt, die Kollektivverhandlungen erfolgreich machen.

Der Vergleich des rumänischen mit dem deutschen kollektiven Arbeitsrecht hat gezeigt, dass das neue rumänische Recht zur Arbeitnehmermitwirkung und der Sozialdialog an vielen Stellen noch verbessert werden kann und auch sollte, da es den Anforderungen der Kollektivautonomie nicht gänzlich entspricht. Es reicht noch nicht heran an den deutschen Standard bei der Arbeitnehmermitbestimmung und der Organbeteiligung, wobei das deutsche Recht in diesen Bereichen in Europa an der Spitze steht. Im Bereich des Tarifrechts liegt Deutschland eher in der Mitte. In diesem Feld ist das rumänische Recht zwar unflexibel und damit nicht allzu frei, jedoch umfangreich. Die Regelungen des rumänischen kollektiven Arbeitsrechts sind gleichzeitig als ausreichend zu erachten, um dem erfolgreichen Sozialdialog dienlich zu sein.

Diese Arbeit hat des weiteren gezeigt, dass ein institutioneller Wechsel im Kontext einer Veränderung weg von einer Zentralwirtschaft zu einer sozialen Marktwirtschaft nicht ohne die historischen Altlasten von statten geht und dass die früheren institutionalisierten Einrichtungen eine wichtige Rolle während des Übergangsprozesses spielten. Berücksichtigt man die begrenzten empirischen Daten und die Tatsache, dass sich die Arbeitsinstitutionen noch im Fluss befinden, sind weitere Forschungen in dieser Richtung erforderlich.

Literaturverzeichnis

Ascheid, Reiner/Preis, Ulrich/Schmid, Ingrid: Kündigungsrecht. Großkommentar zum gesamten Recht der Beendigung von Arbeitsverhältnissen. 3. Aufl. München 2007
Zitiert: Ascheid/Preis/Schmid - *Bearbeiter*, Kündigungsrecht

Athanasiu Alexandru, Dima Luminita: Dreptul Muncii (Das Recht der Arbeit). Bukarest 2005.

Bardenhewer, Nikolaus: Der Firmentarifvertrag in Europa. Ein Vergleich der Rechtslage in Deutschland, Großbritannien und Frankreich, 1. Aufl. Baden-Baden 2006

Bauer, Arnold: Tarifliche Differenzierungsklauseln – Gewerkschaften auf Abwegen!, NZA 2005, S. 1209 ff.

Bayreuther, Frank: Tarifautonomie als kollektiv ausgeübte Privatautonomie, München 2005

Brummer, Paul: Info - Siebtes Göttinger Forum zum Arbeitsrecht - "Die Zukunft der Kollektivautonomie in Europa", AuR 2009, S. 413 ff.

Candland, Christopher/Sil, Rudra: The Politics of Labor in a Global Age: Continuity and Change in Late-Industrializing and Post-Socialist Economies, 2001

Ciutacu, Constantin, The development and current situation of employers' organisations, in: Eurofound, Europäische Stiftung zur Verbesserung der Lebens- und Arbeitsbedingungen, 2003

Cismarescu, Michael: Einführung in das rumänische Recht, Allgemeine Grundzüge und Tendenzen, Darmstadt 1981

Däubler, Wolfgang/Bepler, Klaus: Tarifvertragsgesetz - Mit Arbeitnehmer-Entsendegesetz, 2. Aufl., Baden-Baden 2006
Zitiert: Däubler/Bepler - *Bearbeiter*, TVG

Däubler, Wolfgang: Die offenen Flanken des Arbeitsrechts. AuR 2010, S. 142ff.

Däubler, Wolfgang: Gewerkschaftsrechte im Betrieb, 11. Aufl. Baden-Baden 2010

Deinert, Olaf: Arbeitsrechtliche Herausforderungen einer veränderten Gewerkschaftslandschaft, NZA 2009, S. 1176 ff.

Deinert, Olaf: Vorschlag für eine europäische Mitbestimmungsrichtlinie und Umsetzungsbedarf im Betriebsverfassungsgesetz, NZA 1999, S. 800 ff.

Deutscher Gewerkschaftsbund: Stellungnahme des DGB Bundesvorstandes, Abt. Mitbestimmung und Rechtspolitik zu dem Bericht der "Kommission Mitbestimmung" von BDA und BDI, 2004

Dieterich, Thomas: Flexibilisiertes Tarifrecht und Grundgesetz, RdA 2002, S. 1 ff.

Dieterich, Thomas/Hanau, Peter/Schaub, Günther/Müller-Glöge Rudi/Preis, Ulrich/Schmid, Ingrid: Erfurter Kommentar zum Arbeitsrecht, 10. Aufl. München 2010
Zitiert: ErfKomm - *Bearbeiter*

Dima, Luminita: "The evolution of labour law in Romania" In: Europäische Kommission (Hg.): The evolution of labour law in the EU-12 (1955-2005). 3. Aufl. 2009, S. 408 ff.

Dimitriu, Raluca: Romania's First Year within the EU. Some Characteristics of the Romanian Labour Law, EuZA 2008, S. 89 ff.

Dimitriu, Raluca: Romanian industrial relations law, Antwerp 2007

Dütz, Wilhelm/Jung, Heike: Arbeitsrecht, 14. Aufl., München 2009

Ehleben, Moritz/Schirge,Barbara/Seipel,Matthias: Datenschutz rund ums Arbeitsverhältnis, AiB 2009, 192 ff.

EPSU (European Federation of public Service Unions): Bericht: Reform öffentlicher Dienstleistungen: Welche Rolle für den Sozialen Dialog?, 2008

EPSU (European Federation of public Service Unions): Bericht: Strengthening social dialogue in the local and regional government sector in the 'new' Member States and candidate countries, 2005

Europäische Kommission: Arbeitsbeziehungen in Europa 2008 - Zusammenfassung, 2009

Europäische Stiftung zur Verbesserung der Lebens- und Arbeitsbedingungen (Eurofound): Europäische Betriebsräte in der Praxis: Wichtigste Forschungsergebnisse, 2009
Zitiert: Eurofound, Europäische Betriebsräte in der Praxis

Europäische Stiftung zur Verbesserung der Lebens- und Arbeitsbedingungen (Eurofound): Die Europäische Unternehmenserhebung. Erste Ergebnisse, 2010

Europäische Stiftung zur Verbesserung der Lebens- und Arbeitsbedingungen (Eurofound): Capacity building for social dialogue in Romania - Aufbau der Kapazitäten für den Sozialen Dialog in Rumänien, 2006
Zitiert: Eurofound, Capacity building for social dialogue in Romania

Europäische Stiftung zur Verbesserung der Lebens- und Arbeitsbedingungen (Eurofound): Impact of the information and consultation directive on industrial relations. Hg. v. European Foundation for the Improvement of Living and Working Conditions. Dublin, 2008
Zitiert: Eurofound, Impact of the information and consultation directive on industrial relations

Europäische Stiftung zur Verbesserung der Lebens- und Arbeitsbedingungen (Eurofound): European Company Survey, 2010
Zitiert: Eurofound, Europäische Unternehmenserhebung 2009

Europäische Stiftung zur Verbesserung der Lebens- und Arbeitsbedingungen (Eurofound): Sozialer Dialog, Arbeitszeitregelungen und Vereinbarkeit von Berufs- und Privatleben in europäischen Unternehmen, 2010
Zitiert: Eurofound, Sozialer Dialog 2010

Evju, Stein: Die Zukunft der Kollektivautonomie und das nordische Modell, EuZA2010, S. 48 ff.

Fitting, Karl/Engels, Gerd/Trebinger, Yvonne/Linsenmaier, Wolfgang: Betriebsverfassungsgesetz, 25. Aufl., München 2010
Zitiert: Fitting, BetrVG

Franzen, Martin: Informationspflichten und Widerspruchsrecht beim Betriebsübergang nach § 613a Abs. 5 und 6 BGB, RdA 2002, S. 258 ff.

Franzen, Martin: Die EU-Richtlinie 2009/38/EG über Europäische Betriebsräte, EuZA 2010, S. 180 ff.

Freckmann, Anke: Interessenausgleich und Sozialplan Überblick und Verfahrensablauf, DStR 2006, S. 1842 ff.

Gamillscheg, Franz: Die Mitbestimmung der Arbeitnehmer - Eine Skizze der Anfänge, Festschrift für Adolf F. Schnitzer (1979). In: Franz Gamillscheg (Hg.): Ausgewählte Schriften zu Arbeitsrecht und Rechtsvergleichung, 1. Aufl., Baden-Baden 2006, S. 417 ff.

Gamillscheg, Franz: Tarifvertrag zu Lasten der Gewerkschaft? Festschrift für Karl Kehrmann (1997), In: Franz Gamillscheg (Hg.): Ausgewählte Schriften zu Arbeitsrecht und Rechtsvergleichung, 1. Aufl., Baden-Baden 2006, S. 371 ff.

Gamillscheg, Franz: Überlegungen zur Allgemeinverbindlicherklärung des Tarifvertrags, Festschrift für Hyung-Bae Kim (1995). In: Franz Gamillscheg (Hg.): Ausgewählte Schriften zu Arbeitsrecht und Rechtsvergleichung. 1. Aufl., Baden-Baden 2006, S. 349 ff.

Gaul, Björn/Janz, Alexandra: Chancen und Risiken tariflicher Lösungen, NJW-Beilage 2010, S. 60 ff.

Hanau, Peter/Adomeit, Klaus: Arbeitsrecht. 13. Aufl., Neuwied 2005.
Zitiert: Hanau/Adomeit - *Bearbeiter*

Hantke, Frank: Gewerkschaften im 21. Jahrhundert. Ein Diskussionshandbuch für Gewerkschaften in den Transformationsländern, Hg. v. Friedrich-Ebert-Stiftung, Berlin, Bonn 2009

Henssler, Martin/Heiden, Ralph: Anmerkung zu AP Nr. 4 zu § 2 TVG Tariffähigkeit

Höland, Armin: Die Mitwirkung der Arbeitnehmer im erweiterten Europa. Ein Beitrag zum Ausbau des europäischen Gesellschaftsmodell, in: Armin Höland/Homann-Dennhardt (Hg.): Arbeitnehmermitwirkung in einer sich globalisierenden Arbeitswelt, Liber Amicorum Manfred Weiss, Berlin 2005, S. 151 ff.

Hopfner, Sebastian, „Europäischer Arbeitnehmerbegriff" Subunternehmerhaftung und andere Brennpunkte des Grünbuchs Arbeitsrecht, in Rieble, Volker: Das Grünbuch und seine Folgen. Wohin treibt das europäische Arbeitsrecht?, 4. Ludwigsburger Rechtsgespräch (ZAAR-Schriftenreihe 11), München 2008, S. 72 ff.

Hornung-Draus, Renate: Herausforderung des nationalen Modells der Arbeitnehmerbeteiligung durch europäische Integration und Internationalisierung aus der Perspektive der unternehmerischen Praxis; in: Peter & Seul Otmar Jansen (Hg.): Das erweiterte Europa: Arbeitnehmerbeteiligung an der Entscheidungsfindung in Unternehmen: Peter Lang 2009, S. 129 ff.

Houben, Christian-Armand: Nachbindung und Nachwirkung im Tarifrecht - Zu Struktur und Anwendungsbereich von §§ 3 III und 4 V TVG, NJOZ 2008, S. 2170 ff.

Hromadka, Wolfgang/Maschmann, Frank: Kollektivarbeitsrecht und Arbeitsstreitigkeiten, Band 2, 3. Aufl., Berlin 2004

Husmann, Manfred: Die Richtlinien der Europäischen Union, NZS 2010, S. 655 ff.

ILO- Bericht des Generaldirektors: Sich zusammenschließen für Soziale Gerechtigkeit. Internationale Arbeitskonferenz 92. Tagung 2004. 1. Aufl. Hg. v. Internationales Arbeitsamt Genf

Institute for Eastern European Studies Free University of Berlin: Pepper IV-Bericht, 2008

Junker, Abbo: Grund und Grenzen der Arbeitsrechtsvergleichung, in: Heldrich, Andreas/ Prölss, Jürgen/Koller, Ingo (Hg.): Festschrift für Claus-Wilhelm Canaris zum 70. Geburtstag. München 2007, S. 705 ff.

Junker, Abbo: Betriebsverfassung im europäischen Vergleich, in: Institut der deutschen Wirtschaft Köln: Perspektiven der Mitbestimmung in Deutschland. Wissenschaftliche Round-Table-Jahrestagung 24. Oktober 2007 in Berlin. Köln 2008: Dt. Inst.-Verl. (IW-Symposien), S. 23 ff.

Kirchner, Hildebert/Butz, Cornelie, Abkürzungsverzeichnis der Rechtssprache, Berlin, 2003

Kohl, Helmut: Die Mitbestimmung - historischer Irrtum oder Zukunftsmodell?, in: Armin Höland und Homann-Dennhardt (Hg.): Arbeitnehmermitwirkung in einer sich globalisierenden Arbeitswelt, Liber Amicorum Manfred Weiss. Berlin 2005, S. 247 ff.

Kohl, Heribert: Wo stehen die Gewerkschaften in Osteuropa heute? Eine Zwischenbilanz nach der EU-Erweiterung, Hg. v. Friedrich-Ebert-Stiftung, 2008

Kohl, Heribert: Koalitionsfreiheit, Arbeitnehmerrechte und sozialer Dialog in Mittelosteuropa und im westlichen Balkan, Hg. v. Europäisches Gewerkschaftsinstitut Otto-Brenner-Stiftung, Hans-Böckler-Stiftung, Friedrich-Ebert-Stiftung 2009

Kommission der Europäischen Gemeinschaften: Rumänien - Monitoring-Bericht vom Mai 2006.

Kommission der Europäischen Gemeinschaften: Grünbuch - Ein modernes Arbeitsrecht für die Herausforderungen des 21. Jahrhunderts, Brüssel 2006

Kommission der Europäischen Gemeinschaften: Mitteilung der Kommission an den Rat, das Europäische Parlament, den Europäischen Wirtschafts- und Sozialausschuss und den Ausschuss der Regionen, Ergebnis der öffentlichen Anhörung zum Grünbuch der Kommission „Ein moderneres Arbeitsrecht für die Herausforderungen des 21. Jahrhunderts. Brüssel 2007

Kommission Mitbestimmung: Die Empfehlungen von 1998. Mitbestimmung und neue Unternehmenskulturen - Bilanz und Perspektiven. Bertelsmann Stiftung, Hans-Böckler-Stiftung, 1998

Körner, Marita: Formen der Arbeitnehmermitwirkung. Das französische Comite d'enterprise - eine Länderstudie, Baden-Baden 1999

Körner, Marita: Arbeitnehmerbeteiligung im Mitbestimmungsrecht in Deutschland. In: Peter & Seul Otmar Jansen (Hg.): Das erweiterte Europa: Arbeitnehmerbeteiligung an der Entscheidungsfindung in Unternehmen: Peter Lang, 2009, S. 81 ff.

Krause, Rüdiger: Gewerkschaften und Betriebsräte zwischen Kooperation und Konfrontation RdA 2009, S. 129 ff.

Krause, Rüdiger: Was sind geeignete Vergleichsparameter und was rechtfertigt die Länderauswahl?, EuZA 2010, S. 19 ff.

Krebber, Sebastian: Aufgabe, Möglichkeiten und Grenzen des Arbeitsvölkerrechts im liberalisierten Welthandel, JZ 2008, S. 53 ff.

Küttner, Wolfdieter/Röller, Jürgen/Eisemann, Hans/Griese, Thomas/Kania, Thomas/Kreitner, Jochen/ Macher, Ludwig/ Reinecke, Birgit/Röller, Jürgen/ Ruppelt, Michael: Personalbuch 2010, Arbeitsrecht, Lohnsteuerrecht, Sozialversicherungsrecht, 17. Aufl., München 2010
Zitiert: Küttner - *Bearbeiter*, Personalbuch 2010
Le Friant, Martine: Kollektivautonomie als Aufgabe und Herausforderung, EuZA 2010, S. 23 ff.

Lecher, Wolfgang/Optenhögel, Uwe: Regulated deregulation - an option for Central and Eastern Europe, Transfer 1995, S. 393 ff.

Löwisch, Manfred/Rieble, Volker: Tarifvertragsgesetz, 2. Aufl., München 2004
Zitiert: Löwisch/Rieble, TVG

Lubitz, Robert: Sicherung und Modernisierung der Unternehmensmitbestimmung (Dissertation, ZAAR-Schriftenreihe, 4.), München 2005

Martin, Roderick: Transforming management in Central and Eastern Europe, Oxford Univ. Press. 1999

Maunz, Theodor/Dürig, Günter: Grundgesetz Kommentar, 60. Aufl., München 2010
Zitiert: Maunz/Dürig- *Bearbeiter*

Moll, Wilhelm/Altenburg, Stephan: Münchener Anwaltshandbuch Arbeitsrecht. 2. Aufl., München 2009
Zitiert: Moll/Altenburg - *Bearbeiter*

Müller-Jentsch, Walther: Wie robust ist das deutsche Mitbestimmungsmodell? In: Armin Höland und Homann-Dennhardt (Hg.): Arbeitnehmermitwirkung in einer sich globalisierenden Arbeitswelt, Liber Amicorum Manfred Weiss, Berlin 2005, S. 273 ff.

Niedenhoff, Horst-Udo: Mitbestimmung im Europäischen Vergleich, IW-Trends 2005, S. 1 ff.

Niklas, Thomas: Beteiligung der Arbeitnehmer in der Europäischen Gesellschaft (SE) - Umsetzung in Deutschland. NZA 2004, S. 1200 ff.

Nipperdey - Ulf Kortstock: Nipperdey Lexikon Arbeitsrecht, Textsammlung, Stand 01.05.2010

Pollert, Anna: Ten Years of Post-Communist Central Eastern Europe: Labour's Tenuous Foothold in the Regulation of the Employment Relationship, Economic and Industrial Democracy 2000, S. 183 ff.

Pop, Tudor-Aurel: Das sowjetische und das rumänische Arbeitsrecht und ihre sozialpolitischen Auswirkungen sowie die Sozialversicherung in Rumänien, Bern 1985

Popescu, Alina Mihaela: Europäische Lernprozesse - Zur Bewertung der Eingliederungshilfe in Rumänien. In: Roland Sturm und Heinrich Pehle (Hg.): Die neue Europäische Union. Die Osterweiterung und ihre Folgen. Opladen: Budrich 2006, S. 207 ff.

Preda, Diana: The development and current situatuion of trade unions. Hg. European industrial relations observatory (EIRO), 2003

Preda, Diana: Capacity building for social dialogue in Romania. Hg. Europäische Stiftung zur Verbesserung der Lebens- und Arbeitsbedingungen (Eurofound), 2006

Radu, Roxana: Dreptul muncii, Arbeitsrecht, Bukarest 2008

Rebhahn, Robert: Das Kollektive Arbeitsrecht im Rechtsvergleich, NZA 2001, S. 763 ff.

Rebhahn, Robert: Die Zukunft der Kollektivautonomie in Europa - Tarifautonomie im Rechtsvergleich, EuZA 2010, S. 62 ff.

Reichold, Hermann: Durchbruch zu einer europäischen Betriebsverfassung - Die Rahmen-Richtlinie 2002/14/EG zur Unterrichtung und Anhörung der Arbeitnehmer, NZA 2003, S. 289 ff.

Richardi, Reinhard: Betriebsverfassungsgesetz mit Wahlordnung, 12. Aufl., München 2010; Zitiert: Richardi - *Bearbeiter*, BetrVG

Richardi, Reinhard: Individuelles Arbeitsrecht in Osteuropa, Referate der VIII. Münchener Ost-West-Rechtstagung 2000, Berlin: (Studien des Instituts für Ostrecht München, Band 39)

Richardi, Reinhard: Anmerkung zu AP Nr. 4 zu § 2 TVG Tariffähigkeit, RdA, S. 117-121

Richardi, Reinhard: Kollektives Arbeitsrecht, München, 2007

Richardi, Reinhard/Wlotzke, Otfried/Wißmann, Hellmut/Oetker, Hartmut: Münchener Handbuch zum Arbeitsrecht, Band 1, 3. Aufl. München 2009, Band 2, 3. Aufl. München 2009;
Zitiert: Münchener Handbuch ArbeitsR Bd. -*Bearbeiter*

Richardi, Reinhard: Tarifeinheit im tarifpluralen Betrieb, in: Jobst-Hubertus Bauer, Michael Kort, Thomas M. J. Möllers und Bernd Sandmann (Hg.): Festschrift für Herbert Buchner zum 70. Geburtstag. München 2009, S. 731 ff.

Rieble, Volker: Arbeitsmarkt und Wettbewerb. Der Schutz von Vertrags- und Wettbewerbsfreiheit im Arbeitsrecht, Freiburg 1995

Rieble, Volker: Gewerkschaftsnützige Leistungen an Betriebsräte, BB 2009, 1016 ff.

Riesenhuber, Karl: Europäisches Arbeitsrecht. Eine systematische Darstellung, Heidelberg 2009

Säcker, Franz Jürgen/Rixecker, Roland: Münchener Kommentar zum Bürgerlichen Gesetzbuch, Band 1, §§ 1-240, 5. Aufl., München 2006
Zitiert: MünchKommBGB - *Bearbeiter*

Schäfer, Dirk: Der europäische Rahmen für Arbeitnehmermitwirkung, (Diss), Bonn 2004

Schaub, Günter/Koch, Ulrich/Linck, Rüdiger: Arbeitsrechts-Handbuch. Systematische Darstellung und Nachschlagewerk für die Praxis, 11. Aufl., München 2005
Zitiert: Schaub/Koch/Linck - *Bearbeiter*, Arbeitsrechts-Handbuch

Schubert, Jens: Kollektives Arbeitsrecht und Grundrechte Charta - Aktuelle Problemfelder. In: Joachim Heilmann, Jens Schubert und Hartwig Donner (Hg.): Europa - Verfassung, Arbeit, Umwelt. Liber amicorum Hartwig Donner. 1. Aufl. Baden-Baden 2007, S. 83 ff.
Zitiert: Heilmann/Schubert/Donner - *Bearbeiter*, Europaverfassung

Schulze-Doll, Christine: "Kontrollierte Dezentralisierung" der Tarifverhandlungen. Neue Entwicklungen der Kollektivverhandlungen in Deutschland und Frankreich, (Diss), Halle 2007

Siegrist, Carolin: Einschränkung der unternehmerischen Entscheidungsfreiheit durch Arbeitnehmervertreter im deutsch-amerikanischen Vergleich, (Diss) Frankfurt (Main) 2006

Simitis, Spiros: Mitbestimmung - Wandel oder Ende? Anmerkungen zu einer scheinbar endlosen Auseinandersetzung. In: Armin Höland und Homann-Dennhardt (Hg.): Arbeitnehmermitwirkung in einer sich globalisierenden Arbeitswelt, Liber Amicorum Manfred Weiss. Berlin 2005, S. 219 ff.

Staudingers, Julius v./Albrecht, Karl-Dieter: Buch 2, Recht der Schuldverhältnisse Teil 8, Berlin 2009
Zitiert: Staudinger – *Bearbeiter*

Stein, Micheal, Referenzrahmeneines eines „European Labour Contract", in Rieble, Volker: Das Grünbuch und seine Folgen. Wohin treibt das europäische Arbeitsrecht?, 4. Ludwigsburger Rechtsgespräch (ZAAR-Schriftenreihe 11), München 2008, S. 93 ff.

Goette, Wulf/Habersack, Mathias: Münchener Kommentar zum Aktiengesetz, Band 2, 3. Aufl., München 2008
Zitiert: Mü-Ko AktG - *Bearbeiter*

Stefanescu, Ion Traian: Tratat de dreptul muncii (Abhandlung über das Arbeitsrecht), Bukarest 2007

Stettes, Oliver: Unternehmensmitbestimmung in Deutschland. Vorteil oder Ballast im Standortwettbewerb?, Frankfurt 2007

Thüsing, Gregor: International Framework Agreements: - Rechtliche Grenzen und praktischer Nutzen, RdA 2010, S. 78 ff.

Thüsing, Gregor: Wege zur Tarifeinheit: Ausländische Rechtsordnungen als Vorbilder für Deutschland? NZA-Beil. 2010, S. 104 ff.

Ticlea, Alexandru: Tratat de dreptul muncii (Abhandlung über das Arbeitsrecht), 2. Aufl. Bukarest 2007

Trappe, Julie: Rumäniens Umgang mit der kommunistischen Vergangenheit, Göttingen 2009

Traxler, Franz: Collective Bargaining in the OECD: Developments, Preconditions and Effects, European Journal of Industrial Relations 1998, S. 207 ff.

Traxler, Franz/Behrens Martin: Collective bargaining coverage and extension procedures. Hg. v. European Foundation for the Improvement of Living and Working Conditions, 2002

Trif, Aurora: Overwiew of industrial relations in Romania, in: South-East Europe Review for Labour and Social Affairs 2004, S. 43 ff.

Trif, Aurora: Collective Bargaining Practices in Eastern Europe: Case Study Evidence from Romania, Hg. v. Max Plank Institut für Gesellschaftsforschung, Köln 2005

Trif, Aurora: Explaining Diversity in Industrial Relations at Company Level in Eastern Europe: Evidence from Romania (MPIfG Discussion Paper 05/3), Hg. v. Max Plank Institut für Gesellschaftsforschung, Köln 2005

Volonciu, Magda: Inregistrarea si publicitatea contractului colectiv de munca, in: Studii de Drept Romanesc 1999, S. 283 ff.

Volonciu, Magda: Integritatea si publicitatea contravtului colektiv de munca, in: Studii de Drept Romanesc 1999, S. 98 ff.

Wank, Rolf/Schmid, Benedikt: Neues zur sozialen Mächtigkeit und organisatorischen Leistungsfähigkeit einer Arbeitnehmervereinigung. Die Entwicklungslinien der BAG-Rechtsprechung und konkrete Folgerungen, RdA 2008, S. 257 ff.

Wannöffel, Manfred; Kramer, Julia: Industrielle Beziehungen in Südosteuropa und der Türkei, Hg. v. Gemeinsame Arbeitsstelle Ruhr-Universität Bochum/IG Metall, Bochum 2007

Weiss, Manfed: Arbeitnehmermitwirkung in Europa, NZA 2003, S. 177 ff.

Wendeling-Schröder, Ulrike: Auf der Suche nach einem modernen Tarifvertragsrecht, in: Wolfhard Kothe, Hans-Jürgen Dörner und Rudolf Anzinger (Hg.): Festschrift für Hellmut Wißmann, Arbeitsrecht im sozialen Dialog. München 2005, S. 174 ff.

Wiedemann, Herbert/Thüsing, Gregor: Die Tariffähigkeit von Spitzenorganisationen und der Verhandlungsanspruch der Tarifvrtragsperteien, RdA 1995, S. 280 ff.

Wiedemann, Herbert/ Oetker, Hartmut: Tarifvertragsgesetz, 7. Aufl., München 2007
Zitiert: Bearbeiter-Wiedemann, TVG

Willemsen, Mehrens: Das Ende der Tarifeinheit – Folgen und Lösungsansätze, NZA 2010, S. 1313 ff.

Zweigert, Konrad/ Kötz, Hein: Einführung in die Rechtsvergleichung auf dem Gebiete des Privatrechts, 3. Aufl., Tübingen 1996

Zundel, Frank: Die Entwicklung des Arbeitsrechts im Jahre 2010, NJOZ 2011, S. 97 ff.

Abbildungsverzeichnis

Abbildung 1: Organisationsgrad von Gewerkschaften und Arbeitgeberverbänden.. 78
Abbildung 2: Themen der bereitgestellten Informationen...................... 91
Abbildung 3: Qualität der bereitgestellten Informationen zur Vertretung der Arbeitnehmer im europäischen Vergleich........................ 92
Abbildung 4: Strategischer Einfluss der Arbeitnehmervertretung 156
Abbildung 5: Ansicht des Managements, ob die Arbeitnehmervertretung konstruktiv ist für die Verbesserung der Arbeitsleistung....... 157
Abbildung 6: Überblick über die Vielzahl an dreigliedrigen Organisationen 163
Abbildung 7: Verbreitung von Tarifverhandlungen in den Mitgliedsstaaten (in %) 175
Abbildung 8: Zentralisierungsgrad am Beispiel der Lohnverhandlungen durch Tarifverträge 210
Abbildung 9: Vergleich über die vorherrschende Tarifverhandlungsebene 212

Studien des Instituts für Ostrecht München

Begründet von Professor Dr. Reinhart Maurach
Herausgegeben von Professor Dr. Friedrich-Christian Schroeder,
Dr. h.c. (Breslau), Regensburg

Band 41 Manfred Gratzl: Die Reform der tschechischen Strafprozeßordnung nach 1989. Im Spannungsfeld von Rechtsstaatlichkeit, Verfahrensökonomie und Effizienz. 2002.

Band 42 Thomas Paintner: Die Insolvenz des Unternehmers in Polen. 2003.

Band 43 Niels von Redecker (Hrsg.): Deutsch-Estnische Rechtsfragen. 2003.

Band 44 Niels von Redecker: Die polnischen Vertreibungsdekrete und die offenen Vermögensfragen zwischen Deutschland und Polen. 2003. 2., durchgesehene Auflage 2004.

Band 45 Niels von Redecker: Das polnische Beamtenrecht. Entwicklung und Stand beim Beitritt Polens zur Europäischen Gemeinschaft. 2003.

Band 46 Cornelia Stefanie Wölk: Das Deliktsrecht Rußlands nach dem neuen Zivilgesetzbuch. 2003.

Band 47 Petr Bohata: Untersuchungshaft im deutschen und tschechischen Recht. 2003.

Band 48 Attila Széchényi: Das neue ungarische Strafprozessrecht im Spannungsverhältnis zwischen Rechtsstaatsprinzip, Verfahrensökonomie und Effizienz. 2003.

Band 49 Agnes Balawejder: Das polnische Telekommunikationsrecht. Umsetzungsbemühungen und -stand des telekommunikationsrechtlichen acquis communautaire im polnischen TK-Recht vor dem Unionsbeitritt Polens. 2004.

Band 50 Sven I. Oksaar / Niels von Redecker (Hrsg.): Deutsch-Estnische Rechtsvergleichung und Europa. 2004.

Band 51 Friedrich-Christian Schroeder (Hrsg.): Justizreform in Osteuropa. 2004.

Band 52 Herbert Küpper: Kollektive Rechte in der Wiedergutmachung von Systemunrecht. Teil I und Teil II. 2004.

Band 53 Sören Langner: Der GmbH-Geschäftsführer im tschechischen Recht. Organstellung und Anstellung im Rechtsvergleich. 2005.

Band 54 Herbert Küpper: Einführung in die Rechtsgeschichte Osteuropas. 2005.

Band 55 Anja Spitzweg: Das russische föderale Gesetz „Über Investmentfonds". 2007.

Band 56 Herbert Küpper: Die ungarische Verfassung nach zwei Jahrzehnten des Übergangs. Einführung mit Textübersetzung. 2007.

Band 57 Axel Boës: Die Gesellschaft mit beschränkter Haftung im russischen und deutschen Recht. 2007.

Band 58 Katrin Heinritz: „Defekte Demokratisierung" – ein Weg zur Diktatur? Turkmenistan und die Republik Sacha (Jakutien) in der Russischen Förderation nach dem Ende der Sowjetunion. 2007.

Band 59 Stefan Hülshörster: Recht im Umbruch. Die Transformation des Rechtssystems in der Ukraine unter ausländischer Beratung. 2008.

Band 60 Carsten Dewald-Werner: Versicherungsmarkt und Versicherungsaufsicht in der Russischen Föderation. 2008.

Band 61 Oleksiy Feliv: Die Hypothek im deutschen und ukrainischen Recht. Der systematische Vergleich des Hypothekenrechts in Deutschland und der Ukraine einschließlich der rechtstheoretischen Grundlagen und der Ausblicke für das gemeinsame Hypothekenrecht. 2009.

Band 62 Christoph Kurzböck: Die Abwicklung deutsch-tschechischer Erbfälle. 2010.

Band 63 Friedrich-Christian Schroeder / Herbert Küpper (Hrsg.): Die rechtliche Aufarbeitung der kommunistischen Vergangenheit in Osteuropa. 2010.

Band 64 Herbert Küpper / Wolfgang Brenn (Hrsg.): Rechtstransfer und internationale rechtliche Zusammenarbeit. Deutsche und japanische Erfahrungen bei der Kooperation mit Osteuropa und Zentralasien. 2010.

Band 65 Daniela Horner / Dragan Bataveljić: Grundeigentum und Registrierung von Liegenschaften in Serbien. Eigentumsschutz in der Praxis. 2010.

Band 66 Nail Mammadov: Die Straffreistellungsgründe im russischen und aserbaidschanischen Strafrecht im Vergleich zur deutschen Strafrechtsdogmatik. 2010.

Band 67 Matthias Farian: Dingliche Nutzungsrechte an fremden Grundstücken im russischen Recht. 2010.

Band 68 Manuchehr Kudratov: Die Straftatausschließungsgründe nach tadschikischem Strafrecht. Eine Analyse aus deutscher Perspektive. 2011.

Band 69 Michael Holland: Die Staatsanwaltschaft im russischen Strafprozess. 2012.

Band 70 Herbert Küpper: Ungarns Verfassung vom 25. April 2011. Einführung – Übersetzung – Materialien. 2012.

Band 71 Friedrich-Christian Schroeder / Manuchehr Kudratov (Hrsg.): Das strafprozessuale Vorverfahren in Zentralasien zwischen inquisitorischem und adversatorischem Modell. 2012.

Band 72 Tina de Vries (Hrsg.): Mediation als Verfahren konsensualer Streitbeilegung. Die deutsche, polnische und ukrainische Perspektive. 2012.

Band 73 Monika Lipińska: Die Sexualstraftaten im polnischen Strafkodex im Vergleich zum deutschen Strafgesetzbuch. 2013.

Band 74 Mirona Marisch: Das System der Arbeitnehmervertretung und des Sozialen Dialogs im rumänischen Recht im Vergleich zum deutschen Recht. 2013.

www.peterlang.de